THE ROOTS OF CIVIL LAW

民法的根基

郏立军 —— 著

图书在版编目(CIP)数据

民法的根基/郏立军著. —北京:北京大学出版社,2024.1
ISBN 978-7-301-34755-3

Ⅰ.①民… Ⅱ.①郏… Ⅲ.①民法—研究—中国 Ⅳ.①D923.04

中国国家版本馆CIP数据核字(2023)第242954号

书　　名	民法的根基 MINFA DE GENJI
著作责任者	郏立军　著
责 任 编 辑	朱梅全
标 准 书 号	ISBN 978-7-301-34755-3
出 版 发 行	北京大学出版社
地　　址	北京市海淀区成府路205号　100871
网　　址	http://www.pup.cn　新浪微博:@北京大学出版社
电 子 邮 箱	zpup@pup.cn
电　　话	邮购部 010-62752015　发行部 010-62750672 编辑部 021-62071998
印 刷 者	北京鑫海金澳胶印有限公司
经 销 者	新华书店 730毫米×1020毫米　16开本　20.75印张　319千字 2024年1月第1版　2024年1月第1次印刷
定　　价	78.00元

未经许可,不得以任何方式复制或抄袭本书之部分或全部内容。
版权所有,侵权必究
举报电话:010-62752024　电子邮箱: fd@pup.cn
图书如有印装质量问题,请与出版部联系,电话:010-62756370

前　言

本书是在民法教学和研究的基础上，思考"民法是什么"和"民法如何变化"，是对民法最为基础的问题进行研究。本书主要对民法的概念及民法在私法中的地位、作为民法特别法的商法关系、民法理念与民法立法技术、民法的历史沿革与民法基本原则的演变、民法法源与民法解释方法、民法与人等问题进行系统研究，探讨民法基础问题。本书主要从六个方面进行论述：

第一，讨论民法的概念及其性质问题，解决民法的概念及其内涵问题，并研究民法在整个法律体系中的地位问题，认为民法是私法且是私法的一般法。关于民法的概念，学说上存在多种观点，主要集中在从何种角度去定义、如何把握民法的概念的内涵和外延、探究民法的本质是什么等，它们是界定民法概念的关键。在立法上，如何界定民法，在我国学说上有"人文主义"与"物文主义"之争，《中华人民共和国民法典》（以下简称《民法典》）采用的是"人文主义"立法模式。本书认为，民法的概念应当体现自由和平等内容，如何看待人、看待权利，民法在不同时代具有不同的时代内涵。关于民法的本质属性，存在着诸多理论。我国学者对民法的本质属性有多种理解，其中有矛盾之处，有不同标准组合，如有私法、权利法、国内法、实体法、普通法、继受法、人法、市场经济的基本法、行为规范兼裁判规范等观点，使民法的本质属性更加模糊。本书通过研究认为，民法应注重从形式正义到实质正义的实现，以适应社会的发展，反映民法的社会化功能，民法的性质应为私法的一般法。

第二，民法并非一成不变，在解决了民法的概念与地位之后，本书探讨了"民法如何变化"的问题，就作为私法特别法的商法与作为一般法的民法之间的关系进行分析，认为商法是罗马私法（民法）的"急先锋"与"开拓者"，与商品经济的发展程度相关，实质上是对民法的发展而非与之对立。在此基础上，本书讨论了我国《民法典》的立法体例是采用民商合一还是民商分立立法模式，是采用商法民法化的法典还是民法商法化的法典等问题，指出我国《民法典》采纳的是以民法为主的民商合一模式而非以商法为主的民商合一模式，从而确立了民法的基础地位。

第三，确立了民法的基础地位之后，本书对民法应采取何种立法理念进行了探讨，特别是有关民法典是否要归属于某一特定法系、是否要有特定的体系模式，需要探究民法的立法技术和立法理念。由于民法首先发展的是技术方面，近代以后又开始提倡民法理念，因而先讨论民法技术，后讨论民法理念，符合历史逻辑。有关民法立法技术，主要有两种思路，即从民法的思考方法上研究民法技术、从对制度与规定分类方面研究民法技术。两种思路异途同归，都是关于如何从历史视角和地域视角去研究民法，把握民法的共同之处和不同之处，了解民法的法律体系、民法的基本法律内容、各种权利义务关系、民事责任以及救济方法和程序，为构建或完善民法典提供了技术上的支持。从历史的角度来看，民法已经发展成为具有高度技术性的法。私法的原理、原则规范着人类社会生活的基本制度，体现了法学上最为精致的概念体系，民法技术实际上是从制度和规定的视角去研究民法，而民法理念则是通过民法技术将其反映在民法的制度和规定之中。

第四，在确立了"民法是什么"及其地位后，本书从民法的历史沿革与民法基本原则的演变入手，研究了民法从纵向上是如何变化的问题。随着人们对法律调整社会关系的规律的掌握，法律演变经历了由诸法合体到体系化的法律部门划分的转变。民法的历史演变也不例外，其经历了以罗马法为基础的大陆法系国家或地区民法典的制定、继受和演变过程。民法的历史演变实际上就是以罗马法为基础的近现代大陆法系民法典制定和演变的历史。罗马私法中确立了平等原则、所有权不受侵犯原则和契约自由原则等，尽管其平等与自由仅限于自由民之间享有，与近现代意义上的平等和自由内涵不同，其平等也是公开的不平等，但这些原则为后世各国或地区的民法所继受。近代民法基本原则确立为所有权绝对原则、契约自由原则和过错责任原则。现代民法基本原则对近代民法三大基本原则进行了限制和修正：强调所有权上的社会义务，将所有权绝对原则修正为所有权相对保护原则；强调对经济上处于弱势地位的人进行保护，将契约自由原则修正为契约相对自由原则；针对过错责任原则，强调在工商业等特殊领域对劳动者、消费者等弱势群体的特殊保护，确立无过错责任原则为过错责任原则的例外，对受害者进行赔偿救济。除此之外，各国或地区民法典又发展了诸如诚信原则、禁止权利滥用原则、公序良俗原则等，注重从形式正义到实质正义的实现，以适应社会的发展，反映了民法的社会化功能。

第五，从民法横向上是如何变化的入手，解决民法的源流问题，以民法法源与民法解释方法为视角进行研究。通俗地讲，所谓民法法源就是"民法是怎么得来的"。民法法源具有多元性的特点，但不论哪种法源，均须由国家制定或得到国家的认可。针对民法典本身与生俱来的不周延性和滞后性，可以根据民法典的开放性特点，通过探求各种民法法源从而弥补因法典化而产生的形式上的固有缺陷。法律解释就是对法的意旨的阐释。法律解释的任务是探求法律意旨，而这个意旨体现在人类共同生活上追求正义，法律解释必须把握这个意旨并帮助实现。法律均需解释，因而法律解释方法尤为重要。

第六，通过对法律上人的历史变迁的梳理阐释了法律上人的演进特征，同时对人与民法的本体进行讨论，民法与人之间是何种关系，也是"民法如何变化"的一个重要视角。本书主要从两个角度讨论民法与人的关系：一是"民法中的人"，讨论人在民法的财产法、人格权法以及家庭法中如何被对待和调整问题；二是"人中的民法"，讨论民法是如何规制人的行为及生活等问题。

本书的写作是笔者不断学习的过程，因民法理论博大精深，个人学识水平有限，难免存在诸多问题和不足之处，敬请诸位海涵和指教。

目 录

第一章　民法的概念及其性质

第一节　民法的概念　　004
第二节　民法的性质与民法总则的地位　　021

第二章　特别私法：商法的产生与发展

第一节　商法的产生：罗马私法（民法）的
　　　　"急先锋"与"开拓者"　　047
第二节　商法的发展　　054
第三节　中国商法：历史、问题与展望　　065

第三章　民法技术与民法理念

第一节　民法技术　　074
第二节　民法理念　　102
第三节　民法技术与民法理念的对接与区分及理解　　111

第四章　民法的历史与民法基本原则的演变

第一节　民法的历史渊源　　123

第二节　我国民法典编纂与民法基本原则　　171

第五章　民法法源与民法解释

第一节　民法法源　　209

第二节　民法解释　　231

第六章　民法与人

第一节　民法中的人　　247

第二节　人中的民法　　270

结　语　　311

参考文献　　315

第一章

民法的概念及其性质

> "民法是什么"这一问题,对于民法学者来说,是最初也是最终的问题,虽说从最初研究民法的时候就开始考虑了,但是时至今日都不能很有自信地作出回答。
>
> ——〔日〕星野英一

> 民法不只是一项项制度的组合体,而是法律制度与平等、诚信、自尊与他尊的人类精神的融合,是形与神的高度统一。深藏在民法制度背后的人类精神对于我们来说,单纯用我们的感官去接受它,是远远不够的,需要我们用心灵去感悟它。
>
> ——柳经纬

阅读材料

Leading papers：

- 〔美〕艾伦·沃森：《民法法系的演变及形成》，李静冰、姚新华译，中国法制出版社2005年版。
- 〔德〕拉德布鲁赫：《法哲学》，王朴译，法律出版社2013年版。
- 〔日〕星野英一：《现代民法基本问题》，段匡、杨永庄译，上海三联书店2012年版。
- 〔加拿大〕欧内斯特·J. 温里布：《私法的理念》，徐爱国译，北京大学出版社2007年版。
- 〔日〕美浓部达吉：《公法与私法》，黄冯明译，中国政法大学出版社2003年版。
- 〔德〕迪特尔·梅迪库斯：《德国民法总论》，邵建东译，法律出版社2001年版。
- 〔德〕卡尔·拉伦茨：《德国民法通论》（上、下册），王晓晔、邵建东、程建英、徐国建、谢怀栻译，法律出版社2003年版。
- 柳经纬：《感悟民法》，人民法院出版社2006年版。
- 徐国栋：《民法哲学（增订本）》，中国法制出版社2015年版。
- 史尚宽：《民法总论》，中国政法大学出版社2000年版。
- 谢怀栻：《外国民商法精要（增补版）》，法律出版社2006年版。
- 俞江：《近代中国民法学中的私权理论》，北京大学出版社2003年版。

在"郭某敲诈勒索再审改判无罪案"中，2008年国内一些奶粉公司被发现在奶粉中添加了化工原料三聚氰胺，致使食用问题奶粉的婴儿患有肾结石，郭某带其女儿去医院检查后发现女儿"双肾中央集合系统内可见数个点状强回声"，于是向销售商和奶粉公司索赔，达成补偿郭某40万元和郭某不再追诉并放弃赔偿要求的和解协议。后来郭某早前接受某电视台采访谈及维权经历的节目播出，奶粉公司又派人与郭某沟通，双方达成300万元赔偿协议，后该公司认为郭某进行敲诈勒索而报案。广东省潮安县人民法院于2010年1月8日作出一审判决，判决郭某犯敲诈勒索罪，处有期徒刑五年。广东省潮州中院二审及再审均裁定维持原判。郭某于2014年7月22日刑满释放。后广东省高级人民法院根据郭某的父母提出的申诉，启动审判监督程序提审该案。广东省人民检察院认为郭某不构成敲诈勒索罪，针对"郭某不再追诉并放弃赔偿要求"后再次索赔的行为是否具有正当性目的问题，检察官在庭后解释称："奶粉的生产厂家与郭某女儿之间存在侵权法律关系，其依法具有索赔的权利。郭某代表女儿围绕侵权事实索赔，是在行使民事权利，不影响其目的的正当性。至于郭某是否违反诚实信用原则，其索赔300万元能否得到实现，由双方协商确定或法院依法作出判决。在此之前，属于有争议的民事法律关系。郭某索取300万元赔偿，是行使民事权利的一种方式，不属于'以非法占有为目的'。"① 最终，广东省高级人民法院认为："郭某因犯敲诈勒索罪，被潮州市两级法院判处有期徒刑五年，案经本院提审认为原审认定郭某以非法占有为目的，使用威胁、要挟的方法，强行索取财物行为的事实不清，证据不足，郭某的行为性质未超出民事纠纷的范畴，不能认定郭某构成敲诈勒索罪，经本院审判委员会讨论，撤销潮州市两级法院判决，改判郭某无罪。"②

该案引起了私法与公法界限问题的争论，即是维权问题还是敲诈勒索问题。即使构成了民法上的胁迫但也并非一定就构成刑法上的敲诈勒索，关键在于郭某是否有权处理该纠纷。作为消费者的郭某与奶粉公司

---

① 韦磊：《广东省检察院再审建议对郭某案改判无罪》，http://www.gd.jcy.gov.cn/xwzx/ajjj/201704/t20170411_1975028.shtml，2023年4月20日访问。
② 广东省高级人民法院赔偿委员会（2018）粤委赔11号国家赔偿决定书。

之间平等协商解决争议，在双方达成补偿或赔偿和解协议后反悔，再次索赔并未超出民事纠纷范畴，至于该赔偿要求是否合理，奶粉公司是否同意该赔偿要求，这应该属于民法调整范围。最后法院认为，该案没有证据证明郭某有非法占有目的的犯罪事实，不符合敲诈勒索罪的犯罪构成要件，不能认定其构成该罪，不应属于作为公法的刑法调整范围。可见，要明确民法的概念以及公法与私法的区别是非常重要的。

第一节　民法的概念

民法是什么？日本学者星野英一认为，对于民法学者而言，"民法是什么"问题是最初研究民法时就会考虑但至今仍不能自信作出回答的问题。[①] 柳经纬教授也认为，"民法是什么"不论是对于欲入门者还是对于已经修过民法课程甚至有相当研究的已入门者而言，都是一个非常困惑的问题。欲入门者想要弄清楚"民法是什么"；已学过民法体系基本知识的入门者哪怕是对民法诸多问题已有相当深入的研究，仍然会觉得民法体系博大精深而难以把握，因而不得不思考"民法是什么"问题。[②] 关于"民法是什么"问题，我国已有部分学者作了专门研究。我国教科书多以《中华人民共和国民法通则》（以下简称《民法通则》）第 2 条或《民法典》第 2 条规定作为民法的定义，但部分学者认为法律规定并非一般民法的定义。李锡鹤教授认为，民法是"调整平等主体之间的财产关系和人身关系的规定的总和"[③]；章礼强教授认为，民法是"规范私主体个人与私主体个人之间的关系"[④]；侯佳儒教授认为，"所谓民法，即关于个人意思自治的文化承诺，这是从文化视角考察的结论；所谓民法，是关于个体行为自由的社会契约，这是从历史的角度、

[①] 参见〔日〕星野英一：《现代民法基本问题》，段匡、杨永庄译，上海三联书店 2012 年版，第 46 页。
[②] 参见柳经纬：《感悟民法》，人民法院出版社 2006 年版，第 1—2 页。
[③] 李锡鹤：《论民法的概念》，载《法学》1999 年第 2 期。
[④] 章礼强：《民法何为——对民法本质追求的思考》，载《河北法学》2006 年第 8 期。

社会学角度的定义;所谓民法,是维护个人意思自治、旨在实现个人意思自治的规范体系。这个定义……是从意思自治角度对民法进行的定义"[1]。可见,"民法是什么"确实是一个很难回答的问题。

一、民法的语源与传统含义

(一)民法的语源

"古代中国有无民法"问题,学说上有肯定说与否定说之分。其中肯定说又包括直接肯定说、"民刑合一"说和"民法与礼合一"说。持否定说的梁启超先生认为:"我国法律之发达垂三千年,法典之文,万牛可汗,而关于私法之规定,殆绝无之";"观之唐律以至《大清律例》之内容,仍未脱政事法及刑事法之范围。……吾国在清末以前,无民事法之可言。"王伯琦先生也认为:"(历代律令)中户役、田宅、婚姻、钱债等篇,虽亦含有个人与个人间应遵循之规范,但其所以制裁者,仍为刑罚……而非民事法。"持直接肯定说的梅仲协先生认为:"我国春秋之世,礼与刑相对立……礼所规定之人事与亲属二事,周详备至,远非粗陋残酷之罗马十二表法所敢望其项背者。""礼为世界最古最完备之民事法规也","以唐律为最完备。惜乎民刑合一,其民事部分,唯户婚、杂律中。"持"民刑合一"说的杨鸿烈先生认为,古代"公法典占绝大的部分,纯粹的私法典简直寻找不出一部"。"这些公法典里的私法的规定也是很为鲜少,如亲族法的婚姻、离婚、养子、承继,物权法的所有权、质权和债权法的买卖、借贷、受寄财物等事也不过只规定个大纲而已,简略已极。"持"民法与礼合一"说的学者潘维和先生认为:"民法与礼合一说……谓古来民刑区分,民法并无专典,而礼中之一部分,除刑事、政事外,即为民事规范。"胡长清先生从形式意义与实质意义民法视角分析称:"(《大清律例》)《户律》……虽散见杂出于《刑律》之中,然所谓户役、田宅、婚姻、钱债者,皆民法也。谓我国自古无形式

---

[1] 侯佳儒:《民法是什么?——学说的考察与反思》,载《中国政法大学学报》2014年第2期。

的民法则可,谓无实质的民法则厚诬矣。"① 从前述四种学说中可知,从实质意义上的民法立场而言,认为我国古代有民法的学说占优。尽管我国古代从《周礼》到历代刑法志和明清档案,从皇帝诏旨到乡规民约等包含丰富的民事法律史料,有着博大精深的民事法律文化,但梁慧星教授认为:"中国历史上的中华法系,并无现今民法、刑法、程序法这样的法律领域的划分,各种社会关系,均由同一法律调整,即学者所谓'诸法合一'。……个人自由、平等、权利、义务等观念无由发生,不具备近现代民法产生和发展的基本条件。现今中国民法,非中华本土所产,是从外国民法继受而来。"② 可见,我国古代并不具有现代意义上的民法内涵,也没有用现代意义上的"民法"一词作为律典名称。

有学者认为,"民法"一词源于《尚书·孔氏传》所提到的"咎单,臣名,主土地之官,作明居民法一篇,亡"。③ 对于这种观点,有学者认为,《尚书·孔氏传》所提到的"明居民法"是中国的"堪舆之术",即民间营造房屋时的"阳宅风水"问题,与作为法律概念的"民法"实在是风马牛不相及,④ 我国古代所称的"民法"没有现代私法意义上的民法内涵。⑤ 实际上,"民法"一词并非我国法律史上的概念。我国目前所使用的"民法"一词源于日本明治维新时期引进西方法制时所创,是日本学者对荷兰语中相当于民法的词"Burgerlyk Regt"[该词转译自罗马法的"市民法"(*ius civile*)]的翻译而来。⑥ 有学者认为,"民法"一词最早在我国法律上采用是于1911年完成的《大清民律草案》。⑦ 也有学者认为,《大清民律草案》及民国初年制定的《中华民国民律草案》

---

① 上述有关我国古代民法肯定说与否定说观点的讨论均来自俞江:《关于"古代中国有无民法"问题的再思考》,载《现代法学》2001年第6期。
② 梁慧星:《中国民法:从何处来,向何处去》,载《中国改革》2006年第7期。
③ 参见彭万林主编:《民法学》,中国政法大学出版社1994年版,绪论;王利明:《民法总则》,中国人民大学出版社2017年版,第3页。
④ 参见谭启平主编:《中国民法学(第二版)》,法律出版社2018年版,第5页。
⑤ 参见许中缘、屈茂辉:《民法总则原理》,中国人民人学出版社2012年版,第27—28页。
⑥ 参见〔日〕星野英一:《民法劝学》,张立艳译,北京大学出版社2006年版,第43页;许中缘、屈茂辉:《民法总则原理》,中国人民大学出版社2012年版,第27页。
⑦ 参见佟柔主编:《中国民法》,法律出版社1990年版,第2页。

并非称为"民法",而是"民律",因而"民法"一词最早出现在 1929 年 5 月 23 日南京国民政府公布的《民法总则》(民法典的第一编)之中。① 笔者赞同该种说法。

通说认为,"民法"一词滥觞于罗马法上的"市民法"②。罗马法分为"市民法"与"万民法"(*ius gentium*),③ 其中,"市民法"一词为后世民法的语源。罗马法中的"市民法"是适用于罗马市民的所谓特权阶级法律,该词含有现代意义上公法和私法的内容,后转换为仅与民法相关联的私法意义上的法律,适用于所有人,而不再包含规定统治与被统治者关系的公法上的内容。这是因为,罗马法中的"市民法"是在承认身份制情况下仅适用于一个阶级的法,近代的市民法并非为具备市民身份的人的法律,也并非是仅适用于社会上支配阶级的法律,而是适用于所有国民的法律。近现代民法原则上适用于所有人,如《法国民法典》所使用的"droit civil"即为"在所有市民相互间保持的关系中的法律"④,表明"civil"一词在近现代意义上已发生转换。除了法语中的"droit civil"之外,英语中的"civil law",德语中的"Bürgerliches Gesetzbuch"和"Bürgerliches Recht",荷兰语中的"Burgerlyk Regt""Burgerlyk"都可称为"市民法"。

经学者考察民法历史认为,罗马市民法虽是公法与私法诸法合体,

---

① 参见魏振瀛主编:《民法(第四版)》,北京大学出版社、高等教育出版社 2010 年版,第 2 页。

② "*ius civile*"由名词"*ius*"和形容词"*civile*"组合而成。古罗马实行民兵制,全民皆兵,所有市民都是军人。"*civile*"是"*civis*"(召集、发动之意)的形容词。"*civis*"是对市民的军人属性的描述;"*civis*"的集合构成"*civitas*"(城邦或市民社会),它是"许多战士集合起来所组成的军队或战斗团体",即市民的共同体。详见徐国栋:《民法总论》,高等教育出版社 2007 年版,第 22 页。按照古典的含义,古罗马是城邦结构,它被理解为参与城市生活和防卫的自由人的组织。为了巩固市民的共同体,它的法被视为市民自己的市民法。参见魏振瀛主编:《民法(第四版)》,北京大学出版社、高等教育出版社 2010 年版,第 2 页。

③ 市民法是适用于罗马市民之间的法律,而万民法乃适用于罗马市民与寄居罗马城邦内的外邦人以及外邦人相互之间的法律。后罗马境内所有人被授予市民权,市民法与万民法融合,两法之间的差别近乎消除。参见刘得宽:《民法总则(增订四版)》,中国政法大学出版社 2006 年版,第 3 页。

④ 〔日〕星野英一:《民法劝学》,张立艳译,北京大学出版社 2006 年版,第 43 页。

但还是以"民"或"私"作为主要特点,为近现代民法之语源。① 到了欧洲中世纪以后,随着商品经济的发展,市民法的公法痕迹渐褪,被认为就是关于调整商品经济的商事法律。因此,美国学者艾伦·沃森(Alan Watson)认为:"在中世纪,'民法'专用来指罗马法以及在罗马法基础上发展起来的法律,以与教会法相区别。这个术语直到现代仍然用来指私法,与刑法或军法相对称。"② 可见,近现代意义上的"市民法"概念,源于中世纪后期的市民国家,即由工商者聚居地发展起来且独立于封建诸侯国家的城市国家,为近代资本主义法的萌芽,《法国民法典》为此种"市民法"发展到高级阶段的成果。就民法的语源来讲,"民法"一词滥觞于罗马法的市民法;就民法所调整的所有市民间的社会关系性质来说,"民法"一词滥觞于中世纪后期市民国家的市民法。

此处有关日本学者把荷兰语中的"市民法"翻译为"民法"的背景需要作一说明,为何将"市民法"直译为"民法"?这是日本学者在充分考虑到欧洲是以城市为中心的城邦社会和东方社会幅员辽阔的乡村社会之间的差别的结果。在欧洲古代社会,一个城邦的市民就是一个城邦国家的国民,即欧洲人认为市民就是国民或公民。"*civitas*"这个名词在罗马人中含有作为秩序社会的民族的意思,然而在日本和中国的东方社会,"市民"(城市人)与"乡村人"相对应,并不具有"公民"含义,只有"民"才能涵盖"城市人"与"乡村人"概念,具有一国所有人的内涵。③ 同时,古罗马法学划分了公法与私法体系,分为规范罗马城邦的法和规范私人之间生活的法,罗马法中的市民法概念在内涵和外延上与近现代意义上的民法不同,当时的市民法并非仅为调整私人生活的法,其首先关注的是作为城邦公民即罗马市民在政治国家中对国家的义务和享有的政治权利,其次才关注社会生活。

---

① 参见何勤华、严存生编著:《西方法理学史》,清华大学出版社2008年版,第178页。转引自魏振瀛主编:《民法(第四版)》,北京大学出版社、高等教育出版社2010年版,第2页。

② 〔美〕艾伦·沃森:《民法法系的演变及形成》,李静冰、姚新华译,中国法制出版社2005年版,第2页。徐国栋教授认为,教会法和民法适用于两个不同的管辖范围,前者是灵界的,后者是世俗的,教士不受世俗的民法管辖而受教会法管辖。参见徐国栋:《民法哲学(增订本)》,中国法制出版社2015年版,第21页。

③ 参见江平主编:《民法学》,中国政法大学出版社2000年版,第2页。

民法中的诸多概念均具有其特定的历史背景或者特定的含义。由于我国所引进的"民法"概念,在我国没有相应的历史或者制度背景,在早期导致错误地认为法人之间的纠纷适用合同法而由经济庭管辖、公民之间的纠纷称为民事纠纷适用《民法通则》而由民庭管辖,因此,厘清"民法"一词的语源,了解其真正含义,对于民法研究人员和学者来说非常重要。

(二)民法的传统含义

星野英一教授认为,"civil"从"有市民权的人的"意思转变为"个人相互之间的"意思,在法律用语和政治思想上具有重要意义。古希腊的都市国家"polis"的形容词是"politic",而"civil society"曾经是"国家"的意思,因此"civil"与"politic"具有同义。从黑格尔开始"civil"失去了"politic"的意思,"市民社会"作为政治国家的对立面,从国家中分离出来,用来表示自律运行的非政治性的经济社会。①

因此,"等级法"(贵族法、神职人员法等)仍被理解为"民法"的相对概念,自从"等级法"消亡之后,"民法"概念与"私法"概念合二为一。但是,后来又产生了一个新的"民法"的相对概念——"特别私法"。所谓特别私法,仅指适用于特定的职业群体或者生活领域的私法,包括商法(适用于商人的特别私法)、经济法(适用于营利经济的特别私法)、劳动法(适用于非独立劳动的特别私法)、无形财产法(关于著作权和工业产权的法律)以及保险法等。之所以称为特别私法,是因为其与民法之间无法划出清晰界限:首先,特别私法均以民法的存在为前提,其本身仅规定一些纯补充性规范,没有自成一体的规则;其次,在特别私法与民法之间缺少一种必要的体系上的理由,这是因为作为"一般私法"的民法并非每一个规范都适用于任何人,如离婚只能针对结过婚的人,而特别私法也并非仅适用于某个封闭的群体(这也是特别私法与等级法之间的区别所在),如每个人都可以成为商人或雇员,

---

① 参见〔日〕星野英一:《现代民法基本问题》,段匡、杨永庄译,上海三联书店2012年版,第54—55页。

受到商法或劳动法的调整。特别私法与民法之间不存在原则上的对立，这是由历史原因造成的，学说汇纂立法体系难以容纳民法的特别领域，在很多方面特别私法如劳动法、经济法以及保险法已经超越了私法而及于公法的界限。[①] 不过，"民法"尽管为大陆法系国家或地区所采用的法律术语，但没有形成一个统一的概念。

在西方比较法学家看来，"民法"概念具有特别含义，"它用来特指西欧大陆国家（包括斯堪的纳维亚）的法律制度，以及深受西欧大陆国家法律制度影响的国家（例如拉丁美洲一些国家）的法律制度"[②]。不过，这是在解释民法法系而非民法部门。这种从法系角度论述的"民法"概念观点与民法学者从具体制度上理解部门法的观点相去甚远。

那么，什么是民法？《奥地利普通民法典》（2012 年 7 月 25 日修改）第 1 条规定："确定本国居民相互间私权利和义务之法律整体，构成民法。"[③]《德国民法典》经过 1887 年的第一草案、1895 年的第二草案以及 1896 年的第三草案后获议会通过，自第一草案后就没有民法的定义，但附在第一草案后的理由书指出，民法"规定符合作为私人的人的法律地位与规定作为私人的人的相互关系的各种规定的总体"。法国学者让·多玛（Jean Domat）认为，民法应与罗马法中仅适用于一个阶级社会的"市民法"不同，原则上应适用于所有人。另一位法国学者孟德斯鸠也认为，民法是"在所有市民相互间保持的关系中的法律"。以上学说和法律规定的共通之处在于，民法不是规定统治与被统治的关系即权力服从关系，而是规定个人相互间即对等者之间关系的法律，亦即民法是规定自立的平等人之间相互的非权力性自由关系的基本法。[④] 在

[①] 参见〔德〕迪特尔·梅迪库斯：《德国民法总论》，邵建东译，法律出版社 2001 年版，第 15、17—18 页。

[②] 〔美〕艾伦·沃森：《民法法系的演变及形成》，李静冰、姚新华译，中国法制出版社 2005 年版，第 2 页。

[③] 《奥地利普通民法典》（2012 年 7 月 25 日修改），周友军、杨垠红译，清华大学出版社 2013 年版，第 1 页。

[④] 参见〔日〕星野英一：《民法劝学》，张立艳译，北京大学出版社 2006 年版，第 42—43 页，第 76 页。

传统意义上，所谓民法，是指适用于无等级社会的全体人的法，[①] 是以个人之间的平等和自决（私法自治）为基础，规定个人之间关系的法。[②] 换言之，民法是规范私人领域和私人之间关系的法。

综上所述，以前的民法强调的是整个私法，"民法"与"私法"概念等同，现在的民法则适用于每个人，相对于仅适用于特定私法领域的特别私法而言，为一般私法。[③] "民法"概念并非指公民地位的法律，传统意义上的"民法"属于私法的一部分，是根据平等原则和自决原则，调整人与人之间的法律关系（与公法相反），即普遍适用于任何人。特别私法仅适用于特定人群或特定调整事项，而民法的适用不要求从属于特定状态或特定人群。[④] 由此可见，民法是私法的基础。

二、我国民法概念与评析

（一）我国两种民法概念学说

我国学者对民法进行界定时，通常以是否在概念中附加形式化、法典化等额外的体系要求，增减民法概念的外延，主要是从形式意义与实质意义两个方面来理解民法概念。[⑤]

1. 实质意义上的民法概念

我国学者一般认为，实质意义上或实质的民法是指作为独立法律部门的"民法"，不附加形式化或法典化特别要求，仅需满足民法内涵的

[①] 参见〔德〕迪特尔·梅迪库斯：《德国民法总论》，邵建东译，法律出版社2001年版，第15页。

[②] 参见〔德〕卡尔·拉伦茨：《德国民法通论》（上册），王晓晔、邵建东、程建英、徐国建、谢怀栻译，法律出版社2003年版，第3页。

[③] 参见〔德〕汉斯·布洛克斯、沃尔夫·迪特里希·瓦尔克：《德国民法总论（第41版）》，张艳译、冯楚奇补译，中国人民大学出版社2019年版，第13页。

[④] 参见〔德〕本德·吕特斯、阿斯特丽德·施塔德勒：《德国民法总论（第18版）》，于馨淼、张姝译，法律出版社2017年版，第2页。

[⑤] 参见王利明主编：《民法（第九版）》（上册），中国人民大学出版社2022年版，第5—7页；刘得宽：《民法总则（增订四版）》，中国政法大学出版社2006年版，第4页；史尚宽：《民法总论》，中国政法大学出版社2000年版，第6页；谭启平主编：《中国民法学（第二版）》，法律出版社2018年版，第6—8页。

最低水平的要求，有广义与狭义之分。① 广义上的民法，在民商合一国家或地区包括民事特别私法，是指规定所有私人生活关系的法律，包括民事特别私法在内的私法全体；狭义上的民法，在民商分立国家或地区是针对商法等特别法而言的，即除去商法以及其他特别私法部分的私法，指的是规范私法关系的原则性和一般性事项的私法，即适用于人类普遍日常的私生活关系的法律。

2. 形式意义上的民法概念

我国学者一般认为，形式意义上或形式的民法"就是指民法典"②，"谓以法典方式而命为民法之成文法"③，或是"拥有法典或类似形式的民法规范体系"④。在大陆民法传统意义上，编纂体系完备的民法典或者类似民法典体系化的集成性法律规范文本（如我国1986年的《民法通则》），标志着一国民法的发达程度。但是，形式意义上的民法并非从独立部门法意义上研究民法概念的整体，而是从民法的发展与发达形态上考察民法的局部，⑤ "不能网罗实质民法之全部"⑥，民法典之外，还有诸多民事单行法和特别法。

3. 两种民法概念的比较分析

自近代民法法典化运动以来，大陆法系各国或地区民法典的编纂和作为最高形式的成文法推动了其民法的体系化和逻辑上的自洽性，具有形式合理性的民法典体现了民法典体系上的完整性。"形式理性意味着，法律以其自以为合理的制度形式存在着，但法律本身却不是目的。……法律只不过是工具而已。……然而，实现正义、自由或规范社会的其他方法仍然存在。……适应法律的目的，这是一个普遍现象，无论是以公开的或暗示的态度，他们都敢于承认法律的缺陷，但也并没有因此而导

---

① 参见刘得宽：《民法总则（增订四版）》，中国政法大学出版社2006年版，第4页；史尚宽：《民法总论》，中国政法大学出版社2000年版，第6页；谭启平主编：《中国民法学（第二版）》，法律出版社2018年版，第7页。
② 王利明主编：《民法（第九版）》（上册），中国人民大学出版社2022年版，第5页。
③ 史尚宽：《民法总论》，中国政法大学出版社2000年版，第6页。
④ 谭启平主编：《中国民法学（第二版）》，法律出版社2018年版，第7页。
⑤ 同上。
⑥ 史尚宽：《民法总论》，中国政法大学出版社2000年版，第6页。

致社会的混乱。"① "有必要在考虑法律形式之外还要考虑制度的目的或功能。"② 相对于形式意义上的民法注重外在的形式,由于民法典不能涵盖民事活动的所有规范,实质意义上的民法除了注重形式意义上的民法典,还注重其他民事法律规范和不成文法(如公序良俗、民事习惯甚至法理等),涵盖范围更广,能更好地实现法律的目的。另外,实质意义上的民法也能够克服形式意义上的民法的局限性。

(二)我国立法上的民法概念及评析

1.《民法通则》与《民法典》中的民法概念

《民法通则》第 2 条规定:"中华人民共和国民法调整平等主体的公民之间、法人之间、公民和法人之间的财产关系和人身关系。"

《民法典》第 2 条规定:"民法调整平等主体的自然人、法人和非法人组织之间的人身关系和财产关系。"

根据两部法律对民法的界定来看,民法所规定的民事主体的法律地位是平等的,调整的对象为人身关系和财产关系。其中的区别在于两个方面:一是民事主体,《民法通则》规定的是平等主体的公民和法人,采用的是主体"二分法",而《民法典》规定的是平等主体的自然人、法人和非法人组织,采用的是主体"三分法";二是调整的对象顺序,《民法通则》规定的是调整财产关系和人身关系,而《民法典》则是调整人身关系和财产关系。

2. 两部立法上民法概念的理论分析

在罗马法早期,市民法与万民法之间的界限分明,当时的罗马市民相当于现代意义上的"公民",市民法仅适用于罗马城邦市民之间,不适用于外邦人员。后来市民法与万民法融合,包括外邦人在内的罗马帝国境内所有居民均取得罗马市民权和适用市民法,此时罗马法上的市民相当于现代的"自然人"。可以说,罗马法上的民事主体经历了由"公民"向"自然人"的演变过程。

---

① 〔美〕艾伦·沃森:《民法法系的演变及形成》,李静冰、姚新华译,中国法制出版社2005年版,第 32—33 页。

② 〔意〕罗道尔夫·萨科:《比较法导论》,费安玲、刘家安、贾婉婷译,商务印书馆2014年版,第 316 页。

在现代意义上,自然人是按照自然规律出生的具备伦理意义上的人格和法律人格的生物人,[①] 涵盖本国和外国或无国籍的自然人,一般为私法概念;而公民是指具有一国国籍的自然人,不包括外国国籍或无国籍的自然人,多为公法概念。很显然,"公民"和"自然人"是法律上的两个不同概念,内涵与外延也不相同。近代以降,各国或地区制定民法典时都有各自特殊的政治社会背景,如1804年的《法国民法典》旨在构建经法国大革命取得政权后贯彻自由、平等和博爱思想的法律秩序,1896年的《德国民法典》旨在实现一个民族、一个国家和一部法律的目标,1898年的《日本民法典》旨在实现变法图强的目标。[②] 1922年《苏俄民法典》是世界上第一部社会主义民法典,旨在巩固社会主义革命取得的成果,实行新经济政策,主要调整在流通领域中产生的商品经济关系。[③] 基于否认公法与私法划分的理念,《苏俄民法典》认为"自然人"这一概念完全撇开了经济与政治因素而不能区分苏维埃法律和资产阶级法律的本质,因而使用"公民"概念。[④] 我国1986年《民法通则》是在当时经济体制改革初始阶段制定的,旨在调整社会主义商品经济关系,促进经济改革的进行,保障民事主体的权利。[⑤] 由于历史原因,我国在公法和私法上都没有使用过"市民"一词,而是均使用"公民"一词,深刻的社会变革已经使公民分别含有公法上的人(公民)和私法上的人(市民)的含义。[⑥] 又由于我国受到《苏俄民法典》的影响,《民法通则》在对民法进行界定时用"公民"概念取代了"自然人"概念,虽然在《民法通则》第二章"公民(自然人)"题名括号包含了"自然人",并在《民法通则》第8条第2款作出"本法关于公民的规定,适用于在中华人民共和国领域内的外国人、无国籍人,法律另有规

[①] 参见〔德〕卡尔·拉伦茨:《德国民法通论》(上册),王晓晔、邵建东、程建英、徐国建、谢怀栻译,法律出版社2003年版,第45页。
[②] 参见王泽鉴:《民法总则》,北京大学出版社2009年版,第17—18页。
[③] 参见彭万林主编:《民法学》,中国政法大学出版社1994年版,"绪论"第5页。
[④] 参见魏振瀛主编:《民法(第四版)》,北京大学出版社、高等教育出版社2010年版,第51页。
[⑤] 参见佟柔主编:《中国民法》,法律出版社1990年版,"前言"第2—3页。
[⑥] 参见刘士国:《中国民法典制定问题研究》,山东人民出版社2003年版,第8页。

定的除外"的规定，理解起来没有多大问题，但不符合现代民法特点，不甚妥当。同时，《民法通则》对民事主体的"二分法"，也被认为规定得不周全，一般认为应为"三分法"，即自然人、法人和非法人组织。所以，《民法典》的主体"三分法"立法更符合现代民法关于民事主体的规范。

一旦说到法，与近代和现代的人指的是世俗法不同，不论是罗马人还是中世纪的人，都会同时提到教会法和市民法。人文主义最初是对中世纪以神为中心的"神文主义"世界观的否定而产生于意大利文艺复兴时期，强调人是世界的中心；而物文主义是以物为世界中心的观点，强调民法的首要功能为调整市场经济所产生的法律关系，将民法解释成为经济法，把一切与财产法无关的内容排除出民法范畴，忽略了民法的社会组织功能，掀起了一场世界性的民法为财产法化运动，在我国表现为商品经济的民法观（如主体是商品所有人、客体是商品所有权、行为是商品交换），即将一切民法制度均以商品为核心构建，把不能解释商品的制度如婚姻法、亲属法和继承法排除在民法制度之外。在此背景下，有学者提出了新人文主义，确认人身关系法是财产关系法的基础，民法典编纂时应当将人身关系法置于财产关系法之前，主张重人轻物理念，前者优于后者，回归先规定人后规定物的传统顺序。[①] 王利明教授主编的《中国民法典草案建议稿及说明》认为，《民法通则》将"财产关系"放置于"人身关系"之前，为"物头人身"，属于物文主义的立法理念。[②]

在罗马法《法学阶梯》的编纂体系中，第一编是人法，第二编是物法，第三编则为诉讼法；《法国民法典》第一编是人法，第二编是财产及对于所有权的各种限制，第三编为取得财产的各种方法；《德国民法典》分为五编，分别为总则、债的关系法、物权法、亲属法、继承法，其中，总则编依次规定"人""物""法律行为"等内容；《瑞士民法典》第一编是人法，第二编是亲属法，第三编是继承法，第四编是物权法，

[①] 参见徐国栋：《民法哲学（增订本）》，中国法制出版社2015年版，第17—23页。
[②] 参见王利明主编：《中国民法典草案建议稿及说明》，中国法制出版社2004年版，第291页。

第五编是债务法。另外，如《意大利民法典》《荷兰民法典》《魁北克民法典》等法典在编纂时均为人法在先、物法在后的编排体系。从民法理念上讲，这种编排体系表明人法优于物法的人文精神；从法律逻辑上讲，这种编排体系反映了人法优于物法的形式和理性。可见，各国或地区的民法典一般都从形式理性方面确立了人法优于物法的地位和民法理念，而我国《民法通则》在人法与物法顺序的逻辑性和形式的合理性上，不能准确反映人文主义的民法理念。《民法典》将人身关系置于财产关系之前，调整了《民法通则》第2条的表述顺序，解决了民法学界有关"人文主义"或"新人文主义"和"物文主义"之争。

另外，有学者认为，《民法典》将人身关系置于财产关系之前，"宣示了民法对公民人身权利的保护，强调人身自由和人格尊严不受侵害"①。也有学者不赞成民法的调整对象是人身关系和财产关系，认为应当是"人之间的关系"，主要包括亲属关系、继承关系、物权关系、知识产权关系和债权关系等五类关系，并认为亲属关系是身份关系，物权关系、知识产权关系和债权关系是财产关系，继承关系兼具身份关系和财产关系属性，进而认为民法的调整对象基本上可以为身份关系和财产关系。②

（三）如何看待平等主体之"平等"

《民法通则》第2条和《民法典》第2条都规定了民法调整平等主体之间产生的法律关系。对于在主体之前是否需要加上"平等"两字进行限制，在各大民法典建议稿草案中，除了梁慧星教授主持的《中国民法典草案建议稿》第2条③没有加上"平等"限制之外，其他建议稿大多在主体之前加上了"平等"以强调主体之间的关系。

赞成在主体前面加上"平等"的学者认为，④民法主要调整平等主

---

① 王利明主编：《民法（第九版）》（上册），中国人民大学出版社2022年版，第4页。
② 参见徐国栋：《民法总论》，高等教育出版社2007年版，第67页。
③ 该建议稿第2条规定："本法调整自然人、法人和非法人团体之间的财产关系和人身关系。"参见梁慧星主编：《中国民法典草案建议稿》，法律出版社2013年版，第3页。
④ 参见王利明：《民法总则》，中国人民大学出版社2017年版，第17—18页；佟柔主编：《中国民法》，法律出版社1990年版，第3页。

体之间的关系,民事主体之间是平等的。此处的平等主体是指主体以平等的身份介入具体的社会关系,而不是一般意义上判断主体间的平等性,如国家和公民在一般意义上不是平等关系,但以平等身份出现在某些具体法律关系中,即可判断二者之间具有平等性。此处的平等不涉及政治关系中当事人的地位平等问题,指的是人身关系和财产关系中当事人的地位平等,一方不得将自己的意志强加于对方。除了地位平等和自治平等之外,还包括适用规则平等和权利保护平等。当然,也存在例外,在身份法领域,如亲权关系、监护关系等就不完全是平等的;民法对消费者、劳动者等弱势群体加以保护以实现实质平等与形式平等、结果平等与机会平等之间的调和,从而达到实质正义;国家行使征收权所产生的补偿关系可以理解为平等主体之间关系。

反对在主体前面加上"平等"的学者认为,在主体前无须"平等"限制。有学者认为民事主体本身就含有"平等"应有之义,而且民法本身有平等原则,没有必要在主体前加上"平等"进行限制。[1] 有学者认为,除了俄罗斯强调民法调整对象的平等性之外,一般国家或地区都未将平等设定为限制民法调整对象的因素,其认为这一限制语不妥和不予采用的主要理由在于:一是人格和权利能力是由国家授予且可以被剥夺的,本身表达了一种不平等关系;二是民法主要通过身份设置来调整社会关系,但是身份本身就能够制造不平等,而且民法规范本身也是一个纵横交错的体系。[2] 还有学者认为,只要不属于行政、司法这些典型的公权隶属关系中的主体行使公权力形成的关系,均符合"平等"要求,属于民法的适用范围。[3] 也有学者认为,民事主体之间的关系并非都是平等关系,私法中有隶属关系(如父母与其未成年子女之间的关系),公法中也存在平等关系(如两个地方政府之间订立某一区域归属于某个地方政府管辖范围的协议),[4] 对民事主体设置"平等"限制语具有一

---

[1] 参见梁慧星主编:《中国民法典草案建议稿附理由·总则编》,法律出版社2004年版,第7页。
[2] 参见徐国栋:《民法总论》,高等教育出版社2007年版,第75页。
[3] 参见陈甦主编:《民法总则评注》(上册),法律出版社2017年版,第15页。
[4] 参见〔德〕迪特尔·梅迪库斯:《德国民法总论》,邵建东译,法律出版社2001年版,第11—12页。

定的缺陷，适用范围会受到限制，因此不应当加上限制语"平等"。

不论是赞成还是反对在"主体"前加上"平等"一词，各位学者在争论时的大前提和核心思想是共通和一致的，即民法是私法。问题在于，能否孤立地去看待和理解"平等"含义？笔者认为不应孤立地去看待"平等"一词。民事主体地位平等是法律上的一种理想和追求，也是民法赖以建立的基础。① 民法调整的社会关系都具有平等属性。何为平等？平等是两个处于同等地位之上的人之间的关系，当事人能够在这种关系中保持自己独立的意志自由，即当事人的平等地位是为其意志自由创造条件。因此，主体地位平等是自治的基础，平等的落脚点和基础是相关当事人的意志自由，自由是平等的目标，没有平等，自由就不能实现。意志自由称为意思自治或私法自治，也就是说，意思自治是平等的逻辑结果。凡以平等与意思自治为基础的人身关系和财产关系均属民法调整的社会关系，不以平等和意思自治为基础的社会关系将被排除在民法调整范围之外。② 简言之，民法只规定和调整个人之间的关系，而不规定和调整国家与个人之间的关系。③ 所以，没有必要将两种观点对立起来，两者目的是将民法与行政法和刑法等典型性的公法调整范围相区别，以强调民法是规定自立的平等人之间相互的非权力性自由关系的法。

综上，所谓"平等"限制语取舍之争，乃是公法与私法调整范围之争，实质为私法自治与国家干预立场之争，由此也可以从"平等"角度将民法概念定义总结为："民法（私法）是在权利平等与意思自治的原则上调整私人之间的相互关系的法律部门。"④ 该定义强调了私法关系应注重私法自治、尊重当事人的意思，国家不能任意对私法关系进行干预。

---

① 参见李永军：《民法总论》，法律出版社 2006 年版，第 89 页。
② 参见彭万林主编：《民法学》，中国政法大学出版社 1994 年版，第 3 页。
③ 参见谢怀栻：《外国民商法精要（增补版）》，法律出版社 2006 年版，第 4 页。
④ 同上书，第 8 页。谢怀栻先生认为，权利平等原则区分了公法与私法，因为公法只有权力与服从关系。

三、民法概念的界定

对于"民法是什么",我国学界主要有如下几种观点:从调整对象出发,认为民法是调整平等主体之间财产关系和人身关系的法;从民法与社会制度之间的关系出发,将民法本质定义为"市民社会的法""商品经济的法";采用多元主义视角,从"意思自治是民法基本原理"出发,将民法界定为是关于个人意思自治的文化承诺,是关于个体行为自由的社会契约,是维护个人意思自治,旨在实现个人意思自治的规范体系。[①] 这些关于民法概念的观点在具体的社会语境下具有一定的作用,但均有一定的局限性。

关于民法概念,学界主要有"民法是私法的一般法"、民法是"商品经济的法"或"商品交换的法"、民法是"市民社会的法"以及民法是"调整平等主体之间的财产关系和人身关系(或人身关系和财产关系)的法"四种观点。[②] 第一,"民法是私法的一般法"观点是从民法在国家法体系,尤其是以宪法为最高位阶的制定法体系中的地位而言的,民法的"实质性内容"究竟为何,完全没有说明清楚;包括民法典在内的民法制度中有关于私法的规定,也有关于公法的规定,还有关于公法私法共通的一般法规定,以及私法特别法的规定。第二,民法是"商品经济的法"或"商品交换的法"这样的定义比较片面,没有包括婚姻家庭法和继承法,因而这种观点很难全面把握民法概念。第三,针对民法是"市民社会的法"观点,学者之间关于何谓"市民"或"市民社会"问题,因各自立场不同而见解各异,难以形成统一的概念。另外,民法是"市民社会的法",是否将婚姻家庭法中的亲属关系方面的法律与有关交易的法律基于相同法律进行调整,也为一大问题,这种概念不够全面,不能涵盖所有情形。第四,针对民法是"调整平等主体之

[①] 参见侯佳儒:《民法是什么?——学说的考察与反思》,载《中国政法大学学报》2014年第2期;李锡鹤:《论民法的概念》,载《法学》1999年第2期;章礼强:《民法何为——对民法本质追求的思考》,载《河北法学》2006年第8期。

[②] 参见〔日〕星野英一:《现代民法基本问题》,段匡、杨永庄译,上海三联书店2012年版,第48—51页。

间的财产关系和人身关系（或人身关系和财产关系）的法"观点，有学者认为，"民法是关于财产和人身关系法律规范的总和"并非民法定义，而只是民法对调整对象的描述。① 同时，以民法的调整对象为标准划分法律部门，难以避免部门法之间的交叉和融合，并非泾渭分明，在理论上会受到质疑，民法调整对象究竟具体为何内容，有待统一。王泽鉴教授认为，民法具有社会性，应以一定的社会模式为出发点，应社会变迁而发展。② 民法学者应从社会基础角度研究在新的社会条件下民法的定义。民法应当正视过去关于其他部门法不能作用于民法领域的旧理念，公法与私法接轨应受到重视，以自由为主要规范的是私法规范，以管制为主要手段的是公法规范。③ 另外，公法与私法接轨，也是对基于"意思自治是民法基本原理"采多元主义视角界定民法的评析，在现今社会背景下，民法实质上是在私法自治与国家强制之间寻求平衡。

传统民法上的所有权保障、合同自由、过错责任等基本制度在与宪法价值相适应的人的保护范围内，附加社会内容的义务，不再以19世纪的绝对化的形式出现，以调和私人之间的以及私人与社会之间的利益冲突。当民法理论试图通过自身内部回应新的社会情势对民法规范提出挑战时，尽管可以借助于诚实信用、公序良俗等民法基本原则作为一般条款，以填补民法适用时出现的法律漏洞，使得民法不断适应对社会生活的调整，但这些原则内涵不确定而需要进行价值补充和解释。传统民法同某个特定的市民社会与政治共同体具有难以分割的联系，与此相联系的政治共同体对民法规范的创制和适用进行控制，人们不再相信民法规范、理论与价值判断足以自治，民法是法律秩序整体构成部分，宪法的基本理念和价值判断从根本上重新塑造了传统民法的基本理论，民法的价值基础依托于公法，民法的理论与实践受到公法的控制和影响。④ 从法律逻辑上而言，民法脱离于公法的控制是不大可能的。当然，公法与私法接轨，不影响民法理论与实践中使用民事主体、民事权利、民事

---

① 参见〔加拿大〕欧内斯特·J.温里布：《私法的理念》，徐爱国译，北京大学出版社2007年版，"译者前言"第7页。
② 参见王泽鉴：《民法总则》，北京大学出版社2009年版，第30页。
③ 参见孙莹：《我国民法调整对象的继受与变迁》，法律出版社2012年版，第224页。
④ 参见薛军：《"民法—宪法"关系的演变与民法的转型》，载《中国法学》2010年第1期。

义务、民事责任与法律行为等传统民法概念，不影响确立私法主体地位、保障人格尊严以及意思自治等制度，也不影响使用诸如公法—私法、物权—债权类型划分。

民法特别是民法典体系的建立，在自治法层面之外，还要建立自治与管制的接口，从而使民法体系的自治规范和法律体系内的管制规范实现平衡。① 自罗马法以来，法律人通过公法与私法标准创造了日益精细的法律部门划分，人为创造的大小法律部门划分给法律人带来诸多认识论上的便利的同时，也使得法律人在思考问题时受到无形的约束和阻碍，不利于建立更为有效的社会治理模式，法律部门的划分很可能变成教条主义，公法与私法如何接轨，是解决法律部门划分的教条主义的一条实用路径。社会生活中某些法律关系常会同时出现在公法与私法领域，例如，自然人购买商品房，其成为产权人取得物权的效力取决于国家颁发的房地产证，同时还要缴纳相应的税费，购房合同和取得房产的效力取决于公法行为或会引起公法上的后果。再如，某人构成交通肇事罪的同时，受害人还可以要求其承担损害赔偿责任，同一事实既可以引起公法上的后果也可以引起私法上的后果。

基于上述分析，本书对民法概念界定为：民法是在尊重人格尊严和人格平等的基础上，体现私法自治与国家干预之间的平衡，规范调整私人（自然人、法人、非法人组织）之间的人身关系和财产关系等社会关系以及婚姻家庭关系的法律。

第二节 民法的性质与民法总则的地位

一、民法的性质

（一）"公法与私法划分"之争与划分意义

1. "公法与私法划分"之争

"公法与私法划分"最早是由罗马法学家乌尔比安（Ulpianus）提

---

① 参见苏永钦：《寻找新民法（增订版）》，北京大学出版社2012年版，第54页。

出的。英美法系是普通法系，公法与私法的划分并不重要，英国分析法学派的代表人物奥斯丁（John Austin）就不承认公法与私法的划分，这在英美法系是较为正常的现象。① 在大陆法系，维也纳学派学者、奥地利著名法学家凯尔森（Hans Kelsen）坚决否定公法与私法的区别，反对将法律分为两个法域，应限于一个法域，主张一切法（公法和私法）都属于国家法，国家和人民的关系从法律上而言不是权力服从关系而是权利义务关系，性质上与个人相互间的关系没有差异，并认为公法与私法作区别在理论上是不可行的。② 甚至有学者认为"私法是伪装了的公法"③，以证明私法与公法之间不存在区别，否认私法。否定说大兴于19世纪末20世纪初，在清末由日本传入我国，真正尝试彻底否定"公法"和"私法"概念的，是试图建立一套新的法律分类体系的我国学者黄右昌在其1930年出版的著作《法律的新分类》中提出的。20世纪中后叶，中国法学因为一些原因而否定这对概念。④ 中华人民共和国成立以来关于公私法划分学说的争论主要出现在20世纪80年代，有学者认为社会主义也应有公私法之分，但有的学者认为不需要作此区分。⑤ 到了90年代争论再起，有学者认为主张公私法划分是为了发展私有制，⑥ 又有学者撰文驳斥此种否定公私法划分的观点。⑦

---

① 参见俞江：《近代中国民法学中的私权理论》，北京大学出版社2003年版，第69页。
② 参见〔日〕美浓部达吉：《公法与私法》，黄冯明译，中国政法大学出版社2003年版，第6—8页。
③ Leon Green, Tort Law Public Law in Disguise, *Texas Law Review*, Vol. 38, No. 3, 1960, p. 258.
④ 参见俞江：《近代中国民法学中的私权理论》，北京大学出版社2003年版，第69—70、83页。
⑤ 参见袁成弟：《社会主义法也应有公私法之分》，载《法学季刊》1986年第4期；禄正平：《与袁成弟同志商榷——社会主义法不应有公、私法之分》，载《法学季刊》1987年第2期。转引自刘士国：《中国民法典制定问题研究》，山东人民出版社2003年版，第11页。
⑥ 参见晓南：《当前我国法学研究中的若干问题》，载《求是》1996年第5期；孙国华：《当前我国法理学研究中的几个问题》，载《法学》1996年第4期；张光博：《学习邓小平建设有中国特色的社会主义理论 引领法学沿着正确道路向前发展》，载《中国法学》1995年第4期；张光博、李冬梅：《制度、体制和法》，载《现代法学》1996年第2期。转引自刘士国：《中国民法典制定问题研究》，山东人民出版社2003年版，第11页。
⑦ 参见丁以升：《要警惕右，但主要是防止"左"》，载《法学》1996年第6期。转引自刘士国：《中国民法典制定问题研究》，山东人民出版社2003年版，第12页。

凯尔森否定公私法划分的主要理由是公法与私法有同为国法的共同性质，认为两者具有共通性。当然，凯尔森主张公法与私法都是国法是正确的，但是以两者有共通性而否定其区别，未免忽略了国家人民间的法和个人相互间的法在性质上的显著差异，忽略了同中有异，从而犯了以偏概全的错误，在理论上不能得到支持。[①] 我国学者否定公私法划分的理由主要有三点：一是认为公私法划分的理论是由资产阶级提出来的，掩盖了法的阶级本质。二是引用了列宁在制定《苏俄民法典》时的指示："我们不承认任何'私人'性质的东西，在我们看来，经济领域中的一切都属于公法范畴，而不是什么私人性质的东西。……因此必须：对'私法'关系更广泛地运用国家干预；扩大国家废除'私人'契约的权力"[②]。三是认为私法是以私有制为基础，主张公私法划分、私法优位，本质上就是主张优先发展私有制。

有学者认为，否认公私法划分的三点理由不能成立：[③] 首先，公私法划分源自罗马法上的公私法划分理论，因而公私法划分理论难以证明其掩盖阶级本质的作用，也不符合资本主义公私法的内容，最多只能说这种理论没有揭示法的阶级性。与其将公私法划分理论当作一种阶级观点，不如说是一种法学观点更为科学、妥当。其次，列宁所言的"不承认任何'私人'性质的东西"，是指不承认完全的私法自治，不能照搬资本主义公私法理论，强调国家对私法的干预、限制合同自由，从而使建立在公有制为基础的第一个社会主义民法典不同于建立在私有制基础上的资本主义民法。最后，私法的经济根源在于商品经济，社会主义也建设市场经济，商品交换的本质属性决定了当事人在平等基础上自愿交换，决定了私法不同于公法的特点，正如恩格斯在《路德维希·费尔巴哈和德国古典哲学的终结》一文中指出："如果说国家和公法是由经济关系决定的，那么不言而喻，私法也是这样，因为私法本质上只是确认

[①] 参见〔日〕美浓部达吉：《公法与私法》，黄冯明译，中国政法大学出版社2003年版，第12—13页。
[②] 《列宁全集》第42卷，人民出版社2017年版，第438页。
[③] 参见刘士国：《中国民法典制定问题研究》，山东人民出版社2003年版，第12—14页。

单个人之间的现存的、在一定情况下是正常的经济关系。"① 从历史角度来看，私法源于私有制；从商品经济角度来看，私法是商品经济发展的产物，社会主义也发展市场经济，并非仅是私有制产物，也就是说，私法也可以是社会主义公有制的产物。这种否认公私法划分的观点认为社会主义国家法律具有公法性质，不存在私法，乃是计划经济的反映，导致过分强调国家利益和国家干预，从而漠视了私人利益和私人自主调整，② 与我国社会主义市场经济发展要求不符。

2. "公法与私法划分"的理论学说和评析

如前所述，公法与私法的划分源于罗马法，两者意义有所不同。私法是整个法律制度的组成部分，以个人与个人之间的平等和自决（私法自治）为基础，规定个人与个人之间的关系。与私法相对的公法是法律制度的另外一个组成部分，规定了国家和其他被赋予公权的团体相互之间、它们同它们的成员之间的关系以及这些团体的组织结构。③ 私法上的决定自由以私法自治和所有权人自由为两大支柱。私法自治在合法的范围内保障个人根据自己的意志，通过法律行为构筑法律关系。所有权人自由是指所有权人有权在法律和第三人权利的框架内，排除他人干预并可任意处分其物。一般情况下，行为人不需要对任何人说明作出决定的原因，法律不对这些决定是否具有合理动机进行监控。而在公法上，对决定自由进行限制，法律对大部分有待作出的决定作了非常详细的规定，对权力的行使必须陈述理由。这主要是因为：首先，国家因拥有权力工具实力远在单个的人之上，需要运用法律制度对国家这种超强实力进行限制，否则这种权力就会变成一种"极权"；其次，与私法中自己对自己的行为负责不同，公法中一般不存在将法律后果归属于决策者的情形。可见，私法与公法之间存在着实体上的差异：私法中占据主导地位的是自由的和无须说明理由的决定，而公法中占据主导地位的是受约

---

① 《马克思恩格斯选集》第 4 卷，人民出版社 2012 年版，第 259 页。
② 参见王利明：《民法总则》，中国人民大学出版社 2017 年版，第 11 页。
③ 参见〔德〕卡尔·拉伦茨：《德国民法通论》（上册），王晓晔、邵建东、程建英、徐国建、谢怀栻译，法律出版社 2003 年版，第 3 页。

束的决定。①

(1)"公法与私法划分"的理论学说

公法与私法是现代法律理论与实践的重要区别之一，但二者区分的确切标准至今很难统一，仍然是一个令人棘手的问题。马克斯·韦伯（Max Weber）认为，根据社会学的标准，将公法限定为调整国家活动的规范的总和，国家活动是指国家依据既定法律制度的授权进行的活动，即必须有法律明文规定才能进行活动；将私法限定为由国家颁布、调整非国家活动的规范的总和。由于这一定义是非技术性的而难以适用，但这确实是属于试图区分这两大法律部门的基础，将公法视为"授权性"规范的总和，这些规范是专门规定有关国家工作人员职责的，不为任何个人设立个人的"权利"，但不同于所谓的"权利要求的规范"。然而，必须正确理解这一区别，因为公法也可以设立个人的权利（如法律规定的选举中的投票权），不过这种法律属于公法领域。从法学角度看，个人的公权是个人作为国家的代表，为了特定目的而进行的活动时享有的权利，尽管形式上表现为权利，但仍然属于"授权"的表现，而不是"权利要求"的结果。实际上，在法律制度中的一切权利要求，都属于私法领域的权利，均为赋予性的权利。因此，有人认为，所有的公法在法律意义上都属于授权性规范，而不是说授权性规范都属于公法领域。这种说法也并非完全正确，因为个人享有的有些宪法权利是不可侵犯的，是赋予性的权利。② 可见，这一区别的确切标准，很难准确划分公法与私法，很难形成统一概念。有关"公法与私法划分"的理论学说较为丰富，③ 此处择其中重要的几种学说作一说明。

第一种学说为"利益说"。④ 利益说来源于罗马法学家乌尔比安在

---

① 参见〔德〕迪特尔·梅迪库斯：《德国民法总论》，邵建东译，法律出版社2001年版，第5—11页。

② 参见〔德〕马克斯·韦伯：《论经济与社会中的法律》，张乃根译，中国大百科全书出版社1998年版，第39—40页。

③ 详见〔日〕美浓部达吉：《公法与私法》，黄冯明译，中国政法大学出版社2003年版，第23页以下；〔德〕迪特尔·梅迪库斯：《德国民法总论》，邵建东译，法律出版社2001年版，第11页以下。

④ 参见〔德〕迪特尔·梅迪库斯：《德国民法总论》，邵建东译，法律出版社2001年版，第11页。

《学说汇纂》中所说的"公法是有关罗马国家稳定的法,私法是涉及个人利益的法。事实上,它们有的造福于公共利益,有的则造福于私人。公法见之于宗教事务、宗教机构和国家管理机构之中。私法则分为三部分,实际上,它是自然法、万民法或市民法的总和"[①]。查士丁尼(又译为"查士丁尼")在《法学总论——法学阶梯》中进一步阐明"法律学习分为两部分,即公法与私法。公法涉及罗马帝国的政体,私法则涉及个人利益"[②]。利益说认为,应以涉及的是公共利益还是私人利益为标准来判断一种法律关系或一条法律规范属于公法还是私法。法律目的是保护一定的利益,因而此说又称为"目的说"。

第二种学说为"隶属说",又称为"从属规范说"。[③] 隶属说长期处于主导地位。该说认为,公法的根本特征在于调整隶属关系,而私法的根本特征则在于调整平等关系。也就是说,规范上下级隶属关系的法律是公法,规范平等主体之间关系的法律是私法。还有一种学说[④]用合作型法律与隶属型法律来区别公法与私法,认为私法涉及的法律事务是若干当事人相互交往,法律视他们的关系是合作型的,他们之间的法律关系由立法、司法、法律交易或他们自己决定;而在公法领域,掌握国家权力的人可以对隶属他的人发布命令,当然,由公法调整的国家机关活动不限于命令之类,各国家机关即各同级权力机关之间的关系调整均属于公法领域,公法领域不仅包括国家机关及其下属之间的关系,而且包括通过下属的活动创立的隶属关系以及对这些机关的控制。

第三种学说为"主体说"。[⑤] 该说分为"主体说"和"新主体说"(又称为"特别法规说")。其中,主体说以法律关系的主体为划分标准,由德国学者耶律内克(Georg Jellinek)提出,为通说。主体说认

---

① 转引自〔意〕桑德罗·斯奇巴尼选编:《正义和法》,黄风译,中国政法大学出版社1992年版,第33页以下。

② 〔罗马〕查士丁尼:《法学总论——法学阶梯》,张企泰译,商务印书馆1989年版,第5—6页。

③ 参见王泽鉴:《民法总则》,北京大学出版社2009年版,第13页;〔德〕迪特尔·梅迪库斯:《德国民法总论》,邵建东译,法律出版社2001年版,第11页。

④ 参见〔德〕马克斯·韦伯:《论经济与社会中的法律》,张乃根译,中国大百科全书出版社1998年版,第40页。

⑤ 参见王泽鉴:《民法总则》,北京大学出版社2009年版,第13页。

为，若某个公权载体以公权载体的身份参与法律关系，即法律关系主体一方或双方为国家，则存在公法关系；如果法律关系的主体双方都是私人，则调整私人之间的法律关系为私法关系。具体而言，要看参与人相互间是否处于一种隶属性质的公权关系之中，并且要看公权载体是应用了归属于它的、公法上的法律规范，还是应用了对每个人都适用的法律规定。[1] 新主体说认为，国家或机关以公权力主体地位作为法律关系的主体所适用的法律是公法，对任何人都可以适用的法律是私法。

第四种学说为"法律关系说"。[2] 该说以法律关系的性质作为区分公私法标准，又称为"性质说"。法律关系说又分为四种学说：一是权力关系说，认为公法为权力服从关系（不平等法律关系），私法为权利义务关系（平等法律关系）；二是统治关系说，认为调整国家与被统治者间关系的法律是公法，调整非统治阶级间关系的是私法；三是生活关系说，将生活关系分为国民生活关系和社会生活关系，前者是基于国民资格发生的关系，属于公法（如做公务员、纳税），后者是基于社会成员的地位而发生的关系，属于私法（如婚姻、买卖）；四是社会关系性质说，根据社会关系的性质划分公法和私法，凡调整市民间关系的法就是私法，凡调整公民与国家间关系的法就是公法。[3] 与社会关系性质说相类似的有法律规范实质说，该说也认为凡规范与国家生活有直接关系的法律为公法，凡规范与私人生活有关联的法律为私法。

第五种学说为"决策说"。[4] 该说对上述诸学说进行了批评，认为这些划分公法与私法界限公式化的表述存在缺陷，其主要根源在于将各个具体的法律制度或者法律关系归属于某个法律领域受到了历史原因的影响，显得不合理，任何一种旨在用一种空洞的公式来描述公法和私法之间的界限都是没有意义的，合理的界定应为：公法是指受约束的决策的法，而私法是指自由决策的法。

---

[1] 参见〔德〕迪特尔·梅迪库斯：《德国民法总论》，邵建东译，法律出版社2001年版，第12页。

[2] 参见林诚二：《民法总则》（上册），法律出版社2008年版，第4页。

[3] 参见刘士国：《中国民法典制定问题研究》，山东人民出版社2003年版，第15页。

[4] 参见〔德〕迪特尔·梅迪库斯：《德国民法总论》，邵建东译，法律出版社2001年版，第13—14页。

(2) 对各种"公法与私法划分"学说的评析

实际上,任何法律皆要兼顾公益和私益,根据"利益说"很难将公共利益与私人利益截然分离,如被归入私法范畴的婚姻制度本质上也服务于公共利益,属于公法范畴的道路交通安全法律制度很大程度上也会涉及私人利益。又如我国《民法典》第185条"侵害英雄烈士等的姓名、肖像、名誉、荣誉,损害社会公共利益的,应当承担民事责任"的规定,源于对死者人格利益保护的法理,对英雄烈士的人格利益进行民法保护的目的既是为了保护英雄烈士的人格利益和近亲属的情感利益即私人利益,也是为了保护社会公共利益。所以,"利益说"很难区分和界定公法和私法。

隶属关系也会出现在私法中(例如,父母与其未成年子女之间的关系是私法问题;雇主对于雇员进行管理不属于公法调整范围,二者之间的关系是平等主体之间的合同引起的),而公法中也存在平等关系(如两个地方政府之间签订合作协议),因而采用平等关系或者隶属关系标准的"隶属说"也不能区分和界定公法和私法,充其量只能作为判断某种法律关系是属于公法还是私法范围的依据之一,而不能将其作为一个可靠标准。①

"主体说"一定程度上能避免"利益说"和"隶属说"受到的责难,按照"主体说",对公法与私法的界定,可以以是否有公共机构(特别是国家)以公权力主体的性质参与某项法律关系为标准,没有公共机构参与某项法律关系的情形才存在私法。但"主体说"有一个关键问题没有解决,即主体何时行使的是公权,且行使的方式足以表明国家是在上述定义的意义上参与法律关系的?众所周知,国家可以实施权力措施以公权力主体从事活动(为公法性质),也可以实施权利措施从事民事活动(为私法性质),但在这两类行为之间还存在国家行为的另一种形态——从事具有照顾性质的行为(如国家提供社会救济、提供补贴或提供各类生活服务设施),很难区分是公法性质还是私法性质。不过,一

---

① 参见〔德〕卡尔·拉伦茨:《德国民法通论》(上册),王晓晔、邵建东、程建英、徐国建、谢怀栻译,法律出版社2003年版,第5页。

般认为国家的照顾行为属于公法领域,其是作为公权力主体而不是私法主体出现的,因为国家在此方面的决策必须受到法律的约束,而且必须说明理由。① 可见,"主体说"并不能完全解决公法与私法界定中的所有问题。②

"法律关系说"不能解释国家与公民之间不完全是命令和服从的关系,国家也承担保护公民的义务,不能说明国家与公民间的关系也是平等关系,因而该说不可取。

"决策说"虽然抓住了公法与私法划分的实质,但在具体判断何种法律为受约束的决策的法、何种法律为自由决策的法时,不能用来独立判断以便于作出区分,依然不能脱离目的、社会关系以及主体等载体来进行划分归类。

与"私法"相对的概念是"公法",这种分类源自罗马法,经过欧洲中世纪一直延续至今。拉德布鲁赫(Gustav Radbruch)认为,"私法"和"公法"的概念只是先验意义上的法律概念,并非实证法上的概念,它不能满足任何一个实证的法律规则,也不能揭示每一个法律领域都必须明确归属于私法还是公法范畴(如劳动法领域存在的私法与公法混杂状态)。正因为"私法"概念和"公法"概念是先验的,公法与私法的价值关系与等级关系服从于历史的发展和价值世界观。③ 尽管有学者认为区分私法与公法不具有法律实践意义或"实益",但是有关两者的区分标准,成为学者探讨的重点。公法与私法之间并非能够根据前述学说完全加以区分。但是,"我们必须对公法和私法作出尽可能精确的界定。因为,某条或某些法律规范的适用以及各个不同的法院部门之间的不同分工,都是以这种界定为基础的"④。日本学者星野英一先生从

---

① 参见〔德〕迪特尔·梅迪库斯:《德国民法总论》,邵建东译,法律出版社2001年版,第6页。
② 参见〔德〕卡尔·拉伦茨:《德国民法通论》(上册),王晓晔、邵建东、程建英、徐国建、谢怀栻译,法律出版社2003年版,第6—7页。
③ 参见〔德〕拉德布鲁赫:《法哲学》,王朴译,法律出版社2013年版,第142—143页。
④ 〔德〕卡尔·拉伦茨:《德国民法通论》(上册),王晓晔、邵建东、程建英、徐国建、谢怀栻译,法律出版社2003年版,第4页。

两者的特征上提出了两点区别：第一，公法与私法规定在对象上有差异。公法是规定国家的组织、其相互关系以及其与其他个人之间的关系，而私法规定的是个人与个人之间的关系。第二，两者对社会关系的规定方式不同。公法上，国家等可以拥有优越于私人的地位，可以单方面规定作为相对方的私人的义务，并以实力实现国家等的利益；而私法以预定个人是平等的，予以对等的对待为原则，双方权利义务的设定除法律规定外，由个人之间的自由合意来设定，但不能单方面课以对方义务，也不能通过实力实现设定的权利。① 总之，"无论是公法还是私法，其宗旨都不仅仅在于促进或保护某些公共的或个人的利益，而在于适当地平衡各方面的利益，创造正义和公正的局面"②。私法不单指个人相互间的法，更含有经国家承认和保护的意义，只有国家承认和保护的法才能称为私法，其对于国家的关系，是服从国家的监督和请求国家的保护，这也是私法与公法区别的根本理由所在。③ 可见，公法与私法之分仍然是一个需要研究的问题。

另外，还有学者提出我国应该用英美法系的普通法或衡平法来重构中华法系。这种观点也不可行，究其原因，除了观念上与英美法系有差距以外，大陆法系的概念的系统性、连续性、完整性和逻辑的严密性对我国产生了深远的影响，这套概念体系输入了一套新的法律观念、一套认识法律和社会的工具以及一种法律分析方法，制约着人们对法律的认识。④ "公法"与"私法"概念，则是这套概念体系的纲领和基础。

3. 划分公法与私法的意义

首先，"只有通过由那种法律规则订立的公法和私法彼此并立关系和法律规则划分为私法和公法之间的法律关系的方法，一项法律规则的

---

① 参见〔日〕星野英一：《民法劝学》，张立艳译，北京大学出版社2006年版，第47—48页。
② 〔德〕卡尔·拉伦茨：《德国民法通论》（上册），王晓晔、邵建东、程建英、徐国建、谢怀栻译，法律出版社2003年版，第5页。
③ 参见〔日〕美浓部达吉：《公法与私法》，黄冯明译，中国政法大学出版社2003年版，第22页。
④ 参见俞江：《近代中国民法学中的私权理论》，北京大学出版社2003年版，第82—83页。

特点才能够明确地表达出来"①。在现代社会，对公法与私法进行划分，有利于明确国家权力与私人权利行使的界限，赋予私法以独立自治的领域，贯彻私法领域的独立精神与价值，有利于提高人们的法律意识和保护其权益。

其次，公法与私法划分确立了不同法律关系的性质，在程序法上具有重要意义。2018年修订后的《中华人民共和国人民法院组织法》第2条第2款规定："人民法院通过审判刑事案件、民事案件、行政案件以及法律规定的其他案件，惩罚犯罪，保障无罪的人不受刑事追究，解决民事、行政纠纷，保护个人和组织的合法权益，监督行政机关依法行使职权，维护国家安全和社会秩序，维护社会公平正义，维护国家法制统一、尊严和权威，保障中国特色社会主义建设的顺利进行。"结合《中华人民共和国刑事诉讼法》《中华人民共和国民事诉讼法》和《中华人民共和国行政诉讼法》三大诉讼法规定，表明在我国民事审判庭审理私法方面的民事纠纷案件，刑事审判庭和行政审判庭审理公法方面的刑事和行政案件，公私法划分有利于法院内部专业化分工和当事人提起诉讼。"若要决定某事件可否向法院起诉，就有先决定该事件究为公法关系之争讼抑为私法关系之争讼的必要。在尚未辨明其所属之前，想决定应否视该事件为合法的民事诉讼而受理，是不可能的事。"② 关于法院管辖的诉讼案件，主要争议发生在基于行政而提供的给付或服务是公法行为还是私法行为，有时很难认定，应在个案中加以认定。可见，公私法划分具有重要的实践意义。

再次，公法与私法划分有利于国家间的民商事交往活动。世界贸易组织（WTO）的设立以及国家或地区之间多边和双边谈判达成协议，目的是追求贸易自由化，调整国际民商事活动遵循的法律规则与法律观念越来越趋同，承认民法是私法，"对于自由主义来说，私法是所有法律的核心，公法是一个狭义的保护性框架，它保护私法（私权）"③，

---

① 〔德〕拉德布鲁赫：《法哲学》，王朴译，法律出版社2013年版，第145页。
② 〔日〕美浓部达吉：《公法与私法》，黄冯明译，中国政法大学出版社2003年版，第5页。
③ 〔德〕拉德布鲁赫：《法哲学》，王朴译，法律出版社2013年版，第143页。

有利于国家间的民商事交往活动。

最后,公法与私法划分对于法学理论研究具有重要意义。法律体系分为公法和私法,具体法律可归类于公法或是私法,但实质上两者并非完全分离、互不相关,两者关系密切,共同规范社会生活,从而构建统一的法秩序。[①] 对于学者来说,出于理论研究的需要,将法学研究对象分为公法与私法领域后,形成了两个不同的研究领域,私法领域主要研究权利,公法领域主要研究权力。

4. 公法私法化、私法公法化和私法的优先性问题

(1)"公法私法化"与"私法公法化"问题

"在公法与私法之间,并不能用刀子把它们精确无误地切割开,就像我们用刀子把一个苹果切成两半一样。公法与私法在许多方面相互交替一起,其中历史上的原因起着一定作用。"[②] 例如,德国学者梅迪库斯比较了现已是国企的德国联邦铁路和联邦邮政,认为联邦铁路受私法规范,原因是许多铁路作为股份公司产生于自由资本主义时期,而邮政产生于专制主义时期,是德国皇帝和帝国阶层享有的经济特权的体现,邮政的行为长期以来一直被归属于公法范畴。"在联邦铁路和联邦邮政以同样的方式从事行为时,将二者归属于不同的法律领域就特别使人奇怪:红色的联邦铁路公共汽车的法律性质,不同于黄色的联邦邮政汽车!"[③] 又如,劳动法中既有公法的成分,也有私法的成分,公法与私法交错。

随着社会发展,私法的统一性受到越来越多的分离和自成体系的威胁(如家庭法、劳动法、公司法、消费者权益保护法等),同时带有私法和公法因素的单独规则出现,私法与公法的传统区分有时难以发挥作

[①] 参见王泽鉴:《民法总则》,北京大学出版社2009年版,第15页。
[②] 〔德〕卡尔·拉伦茨:《德国民法通论》(上册),王晓晔、邵建东、程建英、徐国建、谢怀栻译,法律出版社2003年版,第5页。
[③] 1989年7月1日以后,德国《邮政结构法》给这种无稽之谈画上了一个句号。现在,被一分为三的邮政通常是以私法主体的身份同顾客打交道。参见〔德〕迪特尔·梅迪库斯:《德国民法总论》,邵建东译,法律出版社2001年版,第13页。

用。① 因此，有学者想以"三分法"（私法、社会法和公法）来取代传统的"二分法"（公法和私法），并认为在社会法领域内没有区分公法与私法的必要。不过，这种"三分法"的划分方法存在问题，尽管这类团体或利益代表机构参与决定经济生活并能承担相应的责任，为当代经济秩序和社会的一个基本特征，但由于这些所谓社会法领域的法律关系一般属于私法领域，因而为学者所反对。②

公法关系改变性质转换为私法关系，被称为"公法私法化"，主要表现为三类：① 因义务的履行或权利的实现而生的转换。这类主要是以财产的价值为内容的公法关系，它还可以分为两类，一为公法上的债权，在义务人履行义务的场合如纳税保证人代纳税义务的场合，纳税义务人对国家承担的是公法上的义务，纳税保证人履行义务后对纳税义务人则享有私法上的赔偿请求权；二为公法上取得物权的权利，在权利人行使其权利的场合，如国家征收房屋属于公法上的行为，但征收后取得所有权的结果是私法上的权利。② 因扣押财产而生的转换。例如，当私法上的债权人扣押债务人公法上的金钱请求权（如公务员工资），被扣押的权利本来是公法上的权利，但扣押权人因扣押命令及转付命令结果，向作为第三债务人的国家或公共团体请求支付的权利，为私法上的权利。③ 因公物废止公用而生的转换。如公法上的物权或权利，当被国家废止其公用后，即失去其公法性质而转换为私法上的权利。

国家依据权力调整个人之间的法律关系的秩序，转换为个人与国家间的关系，即不但使违反限制个人相互间的法律关系无效，而且进一步以国家权力对违反者予以公法上的制裁，课以公法上的义务，强制其遵

---

① 参见〔德〕本德·吕特斯、阿斯特丽德·施塔德勒：《德国民法总论（第18版）》，于馨淼、张姝译，法律出版社2017年版，第4页。

② 学者帕夫洛夫斯基（Pawlowski）认为，在私法领域，个人在对全体成员都适用的法律范围内，根据自己的利益判断来决定法律关系的形成。在公法领域，国家或其他依公法组织的团体通过其公务员决定法律关系的形成；公务员必须严格遵循其上司的指示，上司又必须严格遵守法律和宪法。而在社会法领域，某些自愿组合而成的团体（如工会、雇主联合会）或通过选举产生的利益代表机构（如企业委员会）也在参与着决定法律关系的形成。参见〔德〕卡尔·拉伦茨：《德国民法通论》（上册），王晓晔、邵建东、程建英、徐国建、谢怀栻译，法律出版社2003年版，第7页。

守，此时便为"私法公法化"，主要表现为四个方面：① 所有权在公法上的限制，即所有权社会化，如征收征用。② 企业经营的公共化，由国家特别监督，并课以公法上的义务，如邮政、铁路。③ 契约自由在公法上的限制，如禁止出版和买卖违法出版物、强制缔约等。④ 公法与私法的结合，如同一行为既构成犯罪又构成侵权行为，其中，犯罪系违反公法上的义务，侵权行为含有违反私法上的义务。这种公法与私法的结合主要出现在劳动法和未成年人保护法律当中，如使用童工。① 日本学者美浓部达吉认为："国法的一切规律，无不属于公法或私法之一方，且因所属而不同其意义。间中亦有一个成文法规的规定、是同时属于公法和私法的双方的，但这不过是可拆而为两的不同的规律，在文字上被结合规定在一个条文中而已，并非在任何场合两者都不能区别的。""即不过将公法和私法结合于同一的规定中而已，并不是在公法和私法之外另行构成第三区域的。"② 可见，这些特殊私法领域并不因为含有公法因素（如物权法中有关不动产登记规则既有私法规范也有公法规范），法律关系的性质就会发生改变，这些针对特定人群或特定调整事项的法律可称为特别私法或是民法的特别法。所谓"私法公法化"，本质上属于私法转换为公法调整；所谓"公法私法化"，本质上还是公法转换为私法调整。

（2）私法的优先性问题

所谓私法，是指规定平等的个人之间的关系，尊重他们的合意等的法律。③ 自由主义认为，私法是所有法律的核心，公法保护私法（私权），公法提供了一个狭义的保护性框架。这种由自由主义假设的私法和公法等级关系的思想能够在社会契约论中找到痕迹。所谓社会契约论，其实是"一种私法和公法之间的中介"，它试图将国家中的掌权者和隶属者之间的关系视为一种被同等对待的个体之间的协议。就实证法方面来说，这种从私法到公法的等级关系的自由主义观点清楚表达了私

---

① 参见〔日〕美浓部达吉：《公法与私法》，黄冯明译，中国政法大学出版社2003年版，第3、224—251页。

② 同上书，第3、40—41页。

③ 参见〔日〕星野英一：《民法劝学》，张立艳译，北京大学出版社2006年版，第48页。

法对等概念向公法的渗透，这也是法治国家本质的一部分。国家将自己定位为国有资产的代表，并受到私法的约束，将自己置于与个人相同的法律地位之上。与之相对的是公法优于私法的观点。对于公法优先权的起因，超个人主义保守立场的观点认为国家相对于个人具有不可动摇的优先权，个人主义的社会立场观点则认为国家作为经济弱势群体的保护者具有优先权，私法意味着社会义务向私人权利的渗透，通过法律照顾弱势群体。①

民事责任优先原则是私法优先性的一种体现。民事责任优先原则解决了因同一行为而发生民事责任、行政责任与刑事责任竞合的问题，当某一责任主体的财产不足以同时履行民事赔偿责任、缴纳行政责任中的罚款与刑事责任中的罚金时，应当优先承担民事赔偿责任。民事责任优先原则体现了法律的人道和正义的价值需要，是维护市场经济秩序和交易安全的需要。② 我国《民法典》第187条规定："民事主体因同一行为应当承担民事责任、行政责任和刑事责任的，承担行政责任或者刑事责任不影响承担民事责任；民事主体的财产不足以支付的，优先用于承担民事责任。"该条规定了财产优先用于承担民事责任。例如，企业生产伪劣产品造成消费者人身损害，并构成生产伪劣产品罪，当其财产不足以同时支付对受害人的民事赔偿和刑事罚金时，对受害人的民事赔偿优先于罚金受偿。除了《民法典》之外，《中华人民共和国刑法》（以下简称《刑法》）等法律也规定了民事责任优先原则。例如，我国《刑法》第36条第2款规定："承担民事赔偿责任的犯罪分子，同时被判处罚金，其财产不足以全部支付的，或者被判处没收财产的，应当先承担对被害人的民事赔偿责任"；《中华人民共和国证券法》（以下简称《证券法》）第220条规定："违反本法规定，应当承担民事赔偿责任和缴纳罚款、罚金、违法所得，违法行为人的财产不足以支付的，优先用于承担民事赔偿责任"；《中华人民共和国食品安全法》第147条规定：

---

① 参见〔德〕拉德布鲁赫：《法哲学》，王朴译，法律出版社2013年版，第143—145页。
② 参见黄薇主编：《中华人民共和国民法典总则编释义》，法律出版社2020年版，第495—499页。

"违反本法规定,造成人身、财产或者其他损害的,依法承担赔偿责任。生产经营者财产不足以同时承担民事赔偿责任和缴纳罚款、罚金时,先承担民事赔偿责任";《中华人民共和国公司法》(以下简称《公司法》)第214条规定:"公司违反本法规定,应当承担民事赔偿责任和缴纳罚款、罚金的,其财产不足以支付时,先承担民事赔偿责任";《中华人民共和国消费者权益保护法》(以下简称《消费者权益保护法》)第58条规定:"经营者违反本法规定,应当承担民事赔偿责任和缴纳罚款、罚金,其财产不足以同时支付的,先承担民事赔偿责任。"

任何社会在决定如何以公法还是私法形成社会生活时,必须区分公法与私法。公法与私法遵循不同的规范原则:公法须有法律依据及一定权限方能作出有强制或拘束力的内容;私法强调自主决定,以个人自由决定为特征。但公法与私法并非完全分离、互不相关,两者关系密切,相互补充,共同构建了统一的法秩序。基于对个人自由权利的保障,应遵循"有疑义时为自由"原则,以私法为优先,因为个人是自己事务的最佳判断者和照顾者,国家必须保障私法制度发挥作用,同时也要限制契约自由的滥用。国家对于更高的价值或公益进行强制或干预时应当有正当理由,必须符合比例原则,① 以达到限制公权与保护私权的目的。

另外,私法赋予的决策自由对于主体来说更为有利,为摆脱财政预算法等的约束,公共机构不断将其重要领域置于私法范围,交由私法管辖,并非事出无因。② 例如,我国推动邮政、铁路体制改革,实现政企分开,相关运营业务归入私法领域,体现了私法优先性。

(二) 有关民法性质的学说

有关民法的性质,学者有多种观点。有学者认为,民法的性质是私法。③

---

① 参见王泽鉴:《民法总则》,北京大学出版社2009年版,第15—16页。
② 参见〔德〕迪特尔·梅迪库斯:《德国民法总论》,邵建东译,法律出版社2001年版,第14页。
③ 参见史尚宽:《民法总论》,中国政法大学出版社2000年版,第5页;谢怀栻:《外国民商法精要(增补版)》,法律出版社2006年版,第52页;王泽鉴:《民法总则》,北京大学出版社2009年版,第12页;刘士国:《中国民法典制定问题研究》,山东人民出版社2003年版,第11页;李永军:《民法总论》,法律出版社2006年版,第16页;崔建远等:《民法总论(第二版)》,清华大学出版社2013年版,第2页。

有学者认为，民法是私法的一部分，属于私法的组成部分，即私法的基础和核心部分。① 有学者认为，民法的性质为一般性的私法。② 有学者认为，民法是市民社会的法、私法、行为规范兼裁判规范、实体法。③ 有学者认为，民法的性质为私法、市场经济的基本法、市民社会的基本法、权利法、实体法。④ 有学者认为，民法的性质为私法、调整市场经济关系的基本法、调整市民社会关系的基本法。⑤ 还有学者认为，民法的性质为权利法、普通法、实体法、继受法、任意法兼强行法、严正法兼衡平法、国内法、人法，并批判"民法的性质为私法和市场经济的基本法观点"以偏概全，认为民法包含一些公法因素，不完全是私法，民法内容并非全都调整市场经济关系，同时还完全否定了"民法是市民社会的法"的观点。⑥

这里先来讨论两种观点：一是民法是私法的一般法；二是民法是市民社会的法。这两种观点是从两个不同角度回答了"民法是什么"问题。其中，"民法是私法的一般法"说的是民法在国家法律体系中的地位或位阶，即从规范的观念体系角度所作的说明；"民法是市民社会的法"是对"民法规定什么样的社会关系，具有怎样的社会意义的法律"问题的回答，是从社会规范方面把握民法的观点所作的说明。⑦ 从学者对民法的定性来看，因划分标准不尽相同，导致有多种观点，有关民法定性的共同之处在于认可民法是私法。

市民社会是相对于政治国家提出来的，也是公法与私法划分的重要基础。一般认为，私法是调整市民社会的法或基本法。星野英一先生将

---

① 参见〔德〕本德·吕特斯、阿斯特丽德·施塔德勒：《德国民法总论（第18版）》，于馨淼、张姝译，法律出版社2017年版，第2—3页。
② 参见〔日〕星野英一：《民法劝学》，张立艳译，北京大学出版社2006年版，第46页；刘得宽：《民法总则（增订四版）》，中国政法大学出版社2006年版，第4页。
③ 参见梁慧星：《民法总论（第五版）》，法律出版社2017年版，第31—36页。
④ 参见王利明：《民法总则》，中国人民大学出版社2017年版，第10—17页。
⑤ 参见魏振瀛主编：《民法（第四版）》，北京大学出版社、高等教育出版社2010年版，第10—13页。
⑥ 参见徐国栋：《民法总论》，高等教育出版社2007年版，第82—97页。
⑦ 参见〔日〕星野英一：《民法劝学》，张立艳译，北京大学出版社2006年版，第45—46页。

市民社会分为广义和狭义两种，所谓广义的市民社会，是指以自律运行的经济社会与作为权力机构的国家的二元性为背景，独立于国家的自律性社会（包括经济社会在内的社会），并借用花田达郎引用哈贝马斯（Jürgen Habermas）主张的"市民社会A"的部分作为"与国家对峙"的"（广义上的）市民社会"，把经济社会的"市民社会"作为"市民社会B"，把不包括经济社会、"与国家对峙"的社会作为"市民社会C"。所谓狭义的市民社会，大体上指的是从"广义的市民社会"中除去市场经济社会部分的概念，即与前述"市民社会C"大致相当。① 可见，民法作为前提构成其背景的社会就是广义上的市民社会。② 作为规范市场经济社会的法律，相对于民法的特别法（如商法、知识产权法），民法处于一般法的地位。为了区别于其他法律，学者从多个角度理解民法的性质，如私法相对于公法、实体法相对于程序法等，学者提出的所谓市民社会的法、市场经济的法、人法、权利法等，为私法具体内容的组成部分或是特点，是从社会规范的视角讨论民法的性质，都为广义市民社会的范畴，与私法概念并非同一层次和划分标准。民法是私法已成为理论与实践中对民法性质的共识。因此，本书认为，作为私法的基础和核心部分的民法的性质为私法的一般法。

二、民法总则在民法中的地位

民法总论与民法总则不同，前者属于学说范畴，后者属于立法范畴。但两者又有联系，在大陆法系的制度发展历史上，先有学说后有立法，再有受立法影响的新的学说出现。③

（一）民法总则在潘德克顿体系产生之后在民法中的地位

民法总则应当包括适用于民法典以下诸编的规则，即民法总则包含

---

① 参见〔日〕星野英一：《民法劝学》，张立艳译，北京大学出版社2006年版，第71—73页。
② 此处需要说明的是，作为私法组成部分的民法和私法本身的区分，与法律用语的明确性要求相反，并非始终严谨地被关注，在某种程度上源于历史上这两个概念曾被重叠使用。参见〔德〕本德·吕特斯、阿斯特丽德·施塔denjing勒：《德国民法总论（第18版）》，于馨淼、张姝译，法律出版社2017年版，第3—4页。
③ 参见徐国栋：《民法总论》，高等教育出版社2007年版，第1页。

在某种程度上被提取和抽象的一般性内容。总则包含的被提取和抽象的一般性内容决定了它的内容，具体而言，就是权利主体、权利客体、法律行为与权利行使等规定。[①]《德国民法典》由五编组成，分别为总则、债的关系法、物权法、亲属法和继承法。在第一编总则中，立法者采取"提取公因式"的方式阐述了整个民法统一构成的基本法律概念和规范，这些基本法律概念和规范也适用于《德国民法典》后续其他编和具有私法性质的单行法。

从历史的角度看，这样的提取和抽象的立法技术要求立法者对法律材料进行非常深入的研究，如将买卖、租赁、婚姻等归纳为"合同"后再和单方行为如遗嘱抽象到一个更高的程度，可得出"法律行为"的上位概念。[②]《德国民法典》采纳了潘德克顿学派的观点设立了总则编，即在民法典中首先规定基础的、在后续其他编反复出现的法律制度，其本质上是将法律上重要的表示和行为共有的因素整合在一起（尽管在不同的法律领域利害关系不尽相同）。这也是《德国民法典》区别于其他典型的欧洲民法典之所在，如 1804 年《法国民法典》、1907 年《瑞士民法典》以及 1811 年《奥地利普通民法典》中都没有相应的规范体系规定。[③]

《德国民法典》总则编规定了一些概念和规则，这些被"提取公因式"的概念和规定如"意思表示"对于《德国民法典》的其他各编甚至对其他私法规范（如《德国商法典》）具有重要意义。立法者无须对这些普遍有效的概念进行重复规定或定义，这也意味着，它们一般作为没有具体法律后果的抽象概念出现，其实践意义和生命价值仅在将它们与具体的法律安排结合起来考察时方能表现出来。[④] 如"物"的概念，只有当该物被转移、出质或出卖时才能获得一般概念的生命；再如"行为

[①] 参见〔德〕迪特尔·梅迪库斯：《德国民法总论》，邵建东译，法律出版社 2001 年版，第 22 页。

[②] 同上。

[③] 参见〔德〕本德·吕特斯、阿斯特丽德·施塔德勒：《德国民法总论（第 18 版）》，于馨淼、张姝译，法律出版社 2017 年版，第 6—7 页。

[④] 参见〔德〕哈里·韦斯特曼：《德国民法基本概念（第 16 版）（增订版）》，张定军、葛平亮、唐晓琳译，中国人民大学出版社 2013 年版，第 10 页。

能力"概念,只有具有行为能力的人才能买卖某物,才能立遗嘱等等。也就是说,总则编规定了抽象的概念,其法律效果则规定在其他各编。同时还应注意,具体法律制度的特别价值基础在于对一般规则有所例外,并且在同时适用总则和分则的规定时先考虑特别规定,再考虑总则部分的规定。正如德国学者拉伦茨(Karl Larenz)所言:"'总则'中的规定通常也属于这些可能适用的法律规定。因此,'总则'中的规定,大部分都是些适用范围非常广泛的规范。这些规范的本质很难明确把握,因此它们本身还不足以成为调整某一过程或生活事实的完整手段。为达成这一目的,我们必须适用各分则中的有关法律规定,我们的目光因此也应不断地在法典的各编之间游弋。"[1]

潘德克顿体系民法典的立法结构包含一般规定的总则与具体法律制度规定,尽管抽象的如"法律行为""处分""意思表示"等法律术语被批评有过度抽象倾向以及没有其他民法典那样亲民,其总则编的法律制度及其体系上的联系很难理解,但是,总则编通过立法技术包含对于其他所有法律部门不可或缺的、有关意思表示和法律行为的概念和规定,诠释了立法技术概括化的顶峰,作为全面考虑细节的总则编的教义学,其对于法律规范的明确性和简洁性以及可靠的术语(如与《法国民法典》相反)具有决定性的作用。[2] 潘德克顿体系不仅是法律体系,其中民法总则的内容特别是契约和法律行为学说的一般理论影响到诸多国家的民法典制定,特别是表现在学说理论上。

当然,对于民法典设置总则,有学者批判其具有抽象(如不说买卖,必须说合同)、例外(如意思表示错误规则不适用于婚姻或遗嘱)和理解上的困难(如寻找一个具体问题的法律规定,要在总则一般规定和分则特殊规定中寻找适用规则)的缺陷;[3] 有学者认为,民法总则虽省去了许多重复性或援引性规定,但在其他地方多出了限制性和细分性

---

[1] 〔德〕卡尔·拉伦茨:《德国民法通论》(上册),王晓晔、邵建东、程建英、徐国建、谢怀栻译,法律出版社2003年版,第40页。
[2] 参见〔德〕本德·吕特斯、阿斯特丽德·施塔德勒:《德国民法总论(第18版)》,于馨淼、张姝译,法律出版社2017年版,第7页。
[3] 参见〔德〕迪特尔·梅迪库斯:《德国民法总论》,邵建东译,法律出版社2001年版,第33—34页。

的规定，法律适用并未因此容易多少；① 有学者批判总则不完全是"总"的，也不包括全部的一般性规则，总则是反生机的，过于形式主义，与负有社会伦理义务的自然主义，与法的现实基准、一个符合目的公平的社会塑造的诸意愿相对立，从中感受不到生活世界、贴近大众甚至正义的层面，"在关于一个总则的表述中也看不到其最后的目的"。② 不过，只有认清了总则中的法律规定和各分编中的各种法律规定之间的交错关系，才能完整地认识到法律是如何调整法律关系的。设置总则的优点是，立法者无须在分则中重新规定，黑克（Philipp Heck）将总则编的这一功能比喻为"列车时刻表符号说明"：前面已经说明过的东西，后面就没有必要再作重复了。也就是说，如果不设总则编，立法者不能达到既全面又不重复的立法目的。③ 总体而言，民法总则虽然对于非专业人士难以理解，但为研究法律提供了一种很有价值且不可或缺的辅助材料。

（二）民法总则在我国民法典中的地位

由于受理性主义和经验主义的影响，大陆法系民法的主要形式是民法典，英美法系民法的表现形式为判例。大陆法系的民法典框架也不尽相同。在用语、技术、结构和概念构成上，《奥地利普通民法典》清晰、理性，《瑞士民法典》具有通俗性和简明性，《法国民法典》激荡着关于公民权利平等、自由和博爱理想的简洁有力的文字。相较而言，《德国民法典》乃是德国学说汇纂学派及其深邃、精确但又抽象的学识成果的结晶，其有意识地放弃通俗易懂性和民众教育的作用，以抽象概念、精确的语言和严谨的思想编纂而成。④ 在形式结构上，《法国民法典》承继罗马法传统，采取"三编制"，而《德国民法典》采取的是"五编

---

① 参见〔德〕卡尔·拉伦茨：《德国民法通论》（上册），王晓晔、邵建东、程建英、徐国建、谢怀栻译，法律出版社2003年版，第40页。
② 参见〔德〕罗尔夫·克尼佩尔：《法律与历史——论〈德国民法典〉的形成与变迁》，朱岩译，法律出版社2003年版，第33页。
③ 参见〔德〕迪特尔·梅迪库斯：《德国民法总论》，邵建东译，法律出版社2001年版，第30页。
④ 参见〔德〕茨威格特、克茨：《比较法总论》（上），潘汉典、米健、高鸿钧、贺卫方译，中国法制出版社2017年版，第270—271页。

制"。大陆法系国家或地区有采取法国民法典模式，也有采取德国的潘德克顿模式。

我国在法学教育启蒙中，习惯于从最抽象的远离现实生活的部分开始，并且将总则思想贯穿在民法典其他各编，因此可以说，我国在民法典编纂过程中，模仿的是《德国民法典》的结构形式。

当然，我国民法典编纂的基本框架也有其特别之处。我国民法典框架的主要内容为第一编总则、第二编物权、第三编合同、第四编人格权、第五编婚姻家庭、第六编继承和第七编侵权责任，另外再加上附则。

总之，民法总则的体系构建通过抽象化、逻辑化和体系化的方式，强调从具体的特殊的社会现实中总结出抽象的法律概念和规则，强调抽象的概念和规则之间严谨的逻辑关系，强调经逻辑编排的概念和规则能构成自足的法律体系。也就是说，没有总则，民法典的其他内容没有相互连接的途径或载体，它们在处理实际问题时会各行其是，结构上会重复，民法典乃至整个民法体系会变得零碎不成体系。因此，民法总则使民法典的抽象性、逻辑性和体系性保持自足，总则实为民法典中的"统帅"和"皇冠"。[①] 我国民法典中总则部分是采用潘德克顿体系的民法典的总纲，规定了民法的基本原则和基本制度，统领民法规模庞大、内容丰富和范围广泛的体系，从而构建了一个和谐、有序、自足的民法体系和秩序。

---

① 参见谢哲胜、常鹏翱、吴春岐：《中国民法典立法研究》，北京大学出版社 2005 年版，第 34 页。

第二章

特别私法：商法的产生与发展

> 假设我们今天仍然将等级法理解为民法的相对概念，那么自从等级法消亡以后，"民法"与"私法"这两个概念就合二为一了。不过，后来又产生了一个新的、民法的相对概念，即特别私法。……不过，要想在民法和特别私法之间划出一条清晰的界限是不可能的：首先，各特别私法没有自成一体的规则。其次也是主要的原因是，对于特别私法与民法之间的划界缺少一种必要的、体系上的理由。……所以，在特别私法与民法的各个部分之间，并不存在原则上的对立。
>
> ——〔德〕迪特尔·梅迪库斯

阅读材料

Leading papers：

- 〔德〕汉斯·布洛克斯、沃尔夫·迪特里希·瓦尔克：《德国民法总论（第41版）》，张艳译、冯楚奇补译，中国人民大学出版社2019年版。
- 〔法〕伊夫·居荣：《法国商法》（第1卷），罗结珍、赵海峰译，法律出版社2004年版。
- 〔德〕C. W. 卡纳里斯：《德国商法》，杨继译，法律出版社2006年版。
- 周枏：《罗马法原论》（上、下册），商务印书馆2014年版。
- 范健、王建文：《商法的价值、源流及本体》，中国人民大学出版社2004年版。
- 张谷：《商法，这只寄居蟹——兼论商法的独立性及其特点》，载《清华法治论衡》2005年第2期。
- 朱世文：《论商法的第二次勃兴》，载《商业时代》2010年第5期。
- 张雅辉：《论商法外观主义对其民法理论基础的超越》，载《中国政法大学学报》2019年第6期。
- 赵旭东：《民法典的编纂与商事立法》，载《中国法学》2016年第4期。
- 许中缘：《我国〈民法总则〉对民商合一体例的立法创新》，载《法学》2017年第7期。

法律规范由具有不同任务的不同部分构成，每个部分又可划分为不同的部门。民法是私法的组成部分，是私法的基础和核心部分，其对于理解特别私法是不可或缺的。民法相对于仅适用于特定私法领域的特别私法而言，为一般私法。早在简单的商品经济社会，民法与私法概念相同，但随着商品经济的发展，越来越多的特别法律领域（如针对商人等特定人群）的特别私法相应而生。与民法相区别，特别私法仅适用于特定人群或特定调整事项。例如，商法是适用于商人的特别私法；劳动法是调整雇员和雇主之间的法律关系的特别私法；经济法是经营型经济活动的特别私法；知识产权是著作权和工业产权（专利、商标等）的特别私法。特别私法的各个领域都是从一般私法的民法中分离出去的，所以这些法律领域在一般私法的背景下理解更为清楚，可以说，对民法的理解是探究特别私法的前提条件。另外，这些特别私法与公法的界分有时并不完全清晰，如商法、劳动法和经济法中均含有私法性质与公法性质的内容。[1] 这些特别私法均体现了私法自治与国家干预理念。

民法与商法之间的交集有限，主要集中在合同（主要指买卖合同、保险合同等特殊合同）与动产法律领域，民法中的自然人、亲属和继承法律规范与商法几无交集，而公司企业、商事合同、商号、知识产权、融资租赁、破产与重整等方面的商事规范与民法离得比较远。[2] 本章拟以作为特别私法的商法的产生与发展为例来探讨其与作为一般私法的民法的联系与区别，即探讨罗马法时期的民法如何演变为近代作为一般私法的民法与作为特别私法的商法这种二分格局的历史路径，作为私法组成部分的民法与商法的规范目的之间存在何种差异，以及我国《民法典》虽然采用了以民法为主的民商合一的民法典，但商法的部分内容无法为民法典所抽象涵盖等问题。

---

[1] 参见〔德〕汉斯·布洛克斯、沃尔夫·迪特里希·瓦尔克：《德国民法总论（第41版）》，张艳译、冯楚奇补译，中国人民大学出版社2019年版，第13—14页；〔德〕本德·吕特斯、阿斯特丽德·施塔德勒：《德国民法总论（第18版）》，于馨淼、张姝译，法律出版社2017年版，第2—3页。

[2] 参见张谷：《商法，这只寄居蟹——兼论商法的独立性及其特点》，载《清华法治论衡》2005年第2期。

典型案例

在"合肥古井假日酒店、安徽广达建设工程有限公司旅店服务合同纠纷案"[①]中,安徽广达建设工程有限公司(以下简称"广达公司")入住合肥古井假日酒店(以下简称"古井酒店"),并按照酒店安排将其轿车停在酒店停车场。次日,广达公司取车时发现轿车被酒店停车场楼顶脱落的墙坯砸坏致损。后双方因赔偿问题达不成协议而诉至法院。古井酒店认为,广达公司的车辆系由第三人违法施工致损,古井酒店没有任何过错,并非本案侵权主体,应当由第三人承担相应的赔偿责任。广达公司向古井酒店主张违约责任没有法律依据,因古井酒店允许广达公司车辆免费停放在酒店停车场,属于无偿保管合同,古井酒店没有过错且不存在重大过失,古井酒店依约不应当承担赔偿责任。一审法院认为,根据《消费者权益保护法》第18条规定,古井酒店作为经营场所宾馆的经营者应当对消费者尽到安全保障义务,保证其提供的服务符合保障消费者的人身、车辆等财产安全的要求,支持了广达公司的相应诉讼请求。二审法院认为,广达公司的车辆虽由第三人施工行为致损,但广达公司与古井酒店之间形成旅店服务合同关系,古井酒店未依约保障广达公司车辆安全致其受损,古井酒店应承担违约责任,因此本案性质为合同之诉,因第三人并非合同相对人,不能成为本案的诉讼主体。

由上述案件可知,古井酒店认为其提供的服务是无偿保管合同,主张在保管期内,根据《民法典》第897条"无偿保管人证明自己没有故意或者重大过失的,不承担赔偿责任"的规定而免责,实际上是混淆了商事法律关系与民事法律关系的区别。判断某一活动是否属于商法调整的范畴,首先要确定它是否属于商事行为,将其和民法内容区别开来。一般而言,从事商事活动时产生的商事义务都是商事行为,从属行为随同主要行为的性质,为从属性商事行为问题,例如,商事主体免费送货

---

① 参见安徽省合肥市中级人民法院(2019)皖01民终2260号民事判决书。

的行为，虽在性质上属于民事法律行为，但仍视其为商事行为，因为它是从事商事活动时实施的行为。从形式上看，本案中古井酒店向广达公司提供免费停车服务在性质上属于无偿保管的民事法律行为，但该免费的保管行为实际上为从属性商事行为，是为了商事活动的需要而实施的行为，其最终目的是要从事缔结有偿住宿的商事行为。

类似的看似民事法律行为实质为从属性商事行为的情形还有很多，需要根据具体情况判断。例如，超市提供自助寄存柜的免费服务、"买一送一"的无偿赠送、免费试用商品、免费赠送礼品等，在形式上为免费服务和不具有营利性，但这是商事活动的组成部分，不能认为其为民法上的无偿提供行为，以免商事主体以免费来逃避义务和责任，从而减轻商事主体的安全注意义务和减免其应承担的责任。可以说，民法与商法之间的联系与区别值得探讨。

第一节　商法的产生：罗马私法（民法）的"急先锋"与"开拓者"

罗马法是罗马帝国时期的法律制度，以成文法为主要表现形式，其中以私法最为完备，是古代法中保护私有制、保护商品生产和商品交换最完备最典型的法律，对其后资本主义国家和其他国家的私法影响最为深远。就罗马法适用时间起止范围而言，罗马法起始于公元前753年罗马建城之时，终于1453年东罗马帝国灭亡，历时2206年；或者自公元前450年《十二表法》制定之时起算，到东罗马帝国灭亡时止，历时1903年。[1] 当时罗马的商品经济属于简单的商品经济。罗马法学家对罗马法的分类如下：一是将罗马法分为公法和私法，前者指调整与国家关系或国家利益有关的法律，后者指调整私人之间关系的法律；二是将罗

---

[1] 参见周枏：《罗马法原论》（上册），商务印书馆2014年版，第7—16页。

马私法分为市民法和万民法,① 前者即为民法的语源,是维护城邦社会生活所必需的生活规则的总和,主要是调整本国人之间关系的法律,后者是调整本国人与外国人、外国人与外国人之间关系的法律,为国际私法的渊源。从上述两种分类来看,尽管罗马法内容庞杂,但其精华在于私法,市民法和万民法都包含私法的很多内容,且与当时罗马社会的商品关系联系在一起,况且民法本来就是对商品生产和商品交换关系的经典、普遍的法律表现。可见,罗马私法的本质属性是调整商品交换关系的法律。

为了促进简单商品经济的发展,古代罗马通过立法明确对买主和卖主、债权人和债务人、契约、债务等简单商品经济社会中的社会关系作了规定,形成严整的罗马私法体系。一开始,公法与私法的界限并不清晰,如《十二表法》中公法性质与私法性质的规范混合在一起。随着罗马社会商品经济发展与罗马对外扩张,应运而生的万民法对市民法进行补充和完善,并最终融合统一了市民法与万民法,在此基础之上,形成了公法与私法彼此分立、有机协调的罗马法体系。② 所以,恩格斯在谈到罗马法的本质属性时说:"罗马法是简单商品生产即资本主义前的商品生产的完善的法。"③ 也可以说,具有私法主要特征的罗马法就是当时简单商品经济的产物。为什么说最早的商法产生与罗马法联系在一起,并且又成为罗马私法的"急先锋"和"开拓者"呢?这与商法发端过程是紧密相关的。

一、早期调整商事活动的法律规范是罗马私法

我国民法学者佟柔先生认为,罗马法内容庞杂,其精华在于调整人与人之间的各种法律关系的私法。④ 如前所述,罗马私法区分为市民法

---

① 罗马人首先关注的是民法,不过也是第一次对贸易组织作出了规定。市民法与万民法的区分是民法与商法区分的先兆。当然,这种分析不能走向极端,因为万民法是适用于非公民的法律,而并不是商业贸易关系特有的法律。参见〔法〕伊夫·居荣:《法国商法》(第1卷),罗结珍、赵海峰译,法律出版社2004年版,第13页。
② 参见公丕祥:《民法与市民社会关系述要》,载《江苏社会科学》2007年第4期。
③ 《马克思恩格斯全集》第36卷,人民出版社1975年版,第169页。
④ 参见佟柔主编:《民法原理(修订本)》,法律出版社1987年版,第2页。

和万民法，不过，值得注意的是，当时调整交换关系的规范，不是来自有狭隘民族性及浓厚形式主义的市民法，而是带有某些国际性特点的商业习惯法，即万民法。① 这是因为在简单商事交易发展的初期，人类从自给自足的原始社会进入奴隶社会后，进行简单的商品生产与商品交换，尤其是在货币出现以后，奴隶社会的商事交易市场呈现出日益繁荣的景象，因应简单商事交易的发展和需要，罗马私法中出现了简陋的商事法律规范。在罗马帝国时代，罗马法的私法领域包括了某些性质上属于商事法的规范，诸如关于旅店业、银行业、运送人、海上借贷契约的规定等，都适应了当时罗马人商事活动的需要。"正是这种万民法支配着罗马帝国范围内绝大多数类型的商业交易。"②

无疑，古代商事法被深深打上了奴隶制商品经济不发达的烙印，商事法规范虽然已出现，但尚未从一般民法规范中分离出来，还不是特别的商事法。当时商事交易发达的地中海沿岸的欧洲诸国就一直在沿用商事习惯，至今尚未发现当时有特别的商事法律规范。原因在于，其一，当时的商人还没有成为一个独立的阶层，商事交易仅为普通民事关系的一部分，尚不需要单独编纂或制定商事法对其加以调整；其二，根据当时的法学理论水平和立法经验，法律的编纂或制定技术超越"诸法合一"水平的条件尚不具备，因此不可能编纂或制定出商事特别法，更不可能编纂或制定出商法典。这一阶段商事活动适用的法律规范是罗马私法。

二、中世纪商人法不是真正的商法

欧洲中世纪的商事法是近代商法的起源，这已成为国内外商事法学界的一种通说。③ 商人们所适用的商事法正是罗马私法，马克思认为罗马法已超出了一国的范围，它是"商品生产者社会的第一个世界性法

---

① 参见王瑞：《商法本质的变迁》，载《政法论坛》2002年第6期。
② 〔美〕哈罗德·J.伯尔曼：《法律与革命》，贺卫方、高鸿钧、张志铭、夏勇译，中国大百科全书出版社1993年版，第413页。
③ 参见柳经纬主编：《商法》（上册），厦门大学出版社2002年版，第23页；范健主编：《商法（第二版）》，高等教育出版社、北京大学出版社2002年版，第21页。

律"①。中世纪的欧洲是封建专制统治的欧洲，当时还处于农业社会阶段。但是，随着地中海沿岸城市的发展，经济的专门化促进了商品交换的发展，除本地及市镇市场以外，出现了大的定期集市，其中最著名的是香槟伯爵领地的四大集市。这些定期集市独立于封闭的领主庄园之外，逐渐形成和发展起一系列有关集市贸易的商事惯例规则，涉及内容十分广泛。随着 11 世纪城市的成长，产生了商会，它领导了城市自治的斗争。手工业行业兴起后，为了控制城市政权而与大商人进行斗争。除伦巴第联盟、汉萨同盟等城市外，多数城市受制于国王或诸侯政府，国王为商人提供保护，同时以获得报酬来作为财政支持。不过，由于商人已成为众多独立阶层中的一个阶层，他们不再满足于现状，迫切需要法律对其利益给予保障，以实现商业发展和商事交易的自由。然而，中世纪服务于封建统治的法律和受宗教支配的法律都不可能实现商人阶层的这一要求，反而在法律上对商人之间的交易加以限制约束，如前者否定交付行为无因性规则，确认连带债务分别偿还原则，肯定卖方得以低于市价的一半为理由而撤销其买卖行为，甚至设置种种歧视性规定，使商人阶层难以忍受；后者规定严禁贷款收息，不准借本经商，并视不经加工而转让货物为违法行为，也使商人阶层难以接受其约束。这些对商人不利的法律对于当时商品经济的发展非常不利，而直接修改教会法和世俗法又不可能，处于两难境地，因此默许和承认商人自治组织的自治权便成为必然选择。于是商会在自身发展中形成了自己的自治权，有条件运用其商事生活习惯订立自治规约，并实施于本行会内。这种自治规约于 11 世纪至 14 世纪施行了数百年，最终形成了中世纪商事法即商人法。②

所谓商人法，一般认为是中世纪有关商人、商业事务的习惯法规和原则的总称，更具体是指中世纪时地中海沿岸诸城市的商事习惯法，是商人们自己为了管理他们之间的交往而采用的规范。最初商人法基本上由专门的准司法性质的所谓民间法庭执行，如当时在意大利由行会法庭

---

① 《马克思恩格斯选集》第 4 卷，人民出版社 2012 年版，第 259 页。
② 参见王保树：《商法总论》，清华大学出版社 2007 年版，第 65—66 页。

执行，在英国由正式成立的"泥足法庭"执行。① 当然，如果认为国家强制力保障是法的基本特征之一，那么作为现代商法起点的商人法并不是法。但正因为封建法无论从实体上还是程序上都排斥"商"，不能胜任对商事的调整，商人们才需要从故（羊皮）纸堆里找出罗马法，以自治方式处理商事纠纷。②

11世纪是欧洲尤其是地中海沿岸诸城市的商业复兴时期，特别是地中海贸易的繁盛、通向东方的商路的重新开放，极大促进了沿岸诸城市商业的发达。商业发达带来的成果之一是商人阶层的形成。商人法是11世纪早期发展起来的，成因即在于保护不受当地法律管辖和保护的外国商人，适用罗马法中的万民法。事实上，商人之间需要一种法律规则，以便规范他们之间的契约商谈、合伙以及买卖等各项事宜。随着商人从一地到另一地，商人法逐渐传播开来。商人们在城市乃至集市设立裁判庭，执行一种适用于整个欧洲的所谓统一的商人法。商人法主要根据的是罗马法，但其中也受到日耳曼法的影响，商人法构成近代商法的基础。③ 可以说，商人法的出现是欧洲社会经济条件发展到一定阶段的必然结果，是当时商人们客观要求的产物。

由上分析可知，自治城市的兴起和商品经济的进一步发展促成了商人阶层的发展壮大，他们强烈要求由新的法律来调整不断扩大的商业贸易关系，由于罗马法是当时调整私有制条件下商品生产者和所有者之间各种关系的完善法律，④ 正好适应了这种需要。但是，当时的罗马法中并不存在专门调整商人和商行为的完善的规则体系，因此它不可能是专门的商事法。⑤ 所以，从严格意义上讲，当时还没有商法。⑥

---

① 参见《不列颠百科全书（国际中文版）》（第9卷），中国大百科全书出版社1999年版，第504页。
② 参见史际春、陈岳琴：《论商法》，载《中国法学》2001年第4期。
③ 参见《不列颠百科全书（国际中文版）》（第9卷），中国大百科全书出版社1999年版，第504页。
④ 参见周枬：《罗马法原论》（上册），法律出版社2014年版，第19页。
⑤ 参见任先行、周林彬：《比较商法导论》，北京大学出版社2000年版，第141—147页。
⑥ 参见范健、王建文：《商法的价值、源流及本体》，中国人民大学出版社2004年版，第91页。

三、商法是罗马私法的"急先锋"和"开拓者"

如前所述,中世纪的欧洲,尤其是地中海沿岸诸城市,商品生产和交换高度发达,不但有了商人的独立阶层,产生了商会,在发生纠纷中,还将罗马法中的习惯法作为商人法运用,这种自治契约的商事生活习惯法行之数百年。

无论是罗马市民法还是罗马习惯法,包括万民法在内,都不足以解决在11世纪晚期和12世纪出现的各种商业问题。作为那个时期的特征,商法最初的发展在很大程度上是由商人自身完成的。商人作为特殊阶层出现于封建庄园经济和教会占统治地位的背景下,商人们从在商业上占据优越地位逐渐演进为在经济上、社会上具有优越地位,进而发展到在法律上具有优越地位,最后在政治上取得自治地位的商人争取到了商人法。商业贸易活动的跨国界、跨地区性,使得商人们必须遵循共同的交易惯例和规则,以便于交易,也可防止各国法律对外国人的不公平待遇,从这个意义上说,商人法从一开始就带有国际性,而这种国际性正来源于民法。① 当然,当时作为商事准据或市场活动规范的是罗马私法,而非是罗马公法,商人法表现为商人习惯或商事习惯法的形式,体现的是商人共同意志,未受国家意志的介入。②

中世纪的商法虽然还是以商人习惯法为主,但是已经摆脱了民法及其他法律科学的束缚,初步形成了一个完整的理论体系,经过几个世纪的艰苦奋斗,终于走上了相对独立发展的道路。同时,它不断适应商业往来的需要,保障了商人之间的正常交易秩序,进而推动了私法的发展,正如拉德布鲁赫所说:"商法总在不断扮演着一般私法的开拓者和急先锋的角色。"③ 中世纪的商法已经充分表明了一个私法领域独立法律部门的本质特征,随着商业的不断发展,古罗马法简陋的交易规范和

---

① 参见史际春、陈岳琴:《论商法》,载《中国法学》2001年第4期。
② 参见〔法〕勒内·达维德:《当代主要法律体系》,漆竹生译,上海译文出版社1984年版,第42页。
③ 〔德〕拉德布鲁赫:《法学导论》,米健等译,中国大百科全书出版社1997年版,第73页。

习惯已远远不能满足日益扩大的交易范围和不断增加的交易规模对商事活动规则的时代要求,"商法的各种特性最终也变成了它的各种有机发展的趋势"①。"也正是在那时,商法在西方才第一次逐渐被人们看作是一种完整的、不断发展的体系,看作是一种法律体系。"② 近代商法的确立,是与商人阶层的出现及其在自治的基础上采行罗马法,以自由平等的"商"即资产阶级精神对抗封建法和教会法,最终夺得政权的努力相联系的。商人即市民,商人法的形成与近代"市民社会"理念的勃兴,强调市民社会与政治国家严格分野,经济活动是市民社会的私事,国家不得干预的理念是密切相关的。可以说,商人法逐渐从游离于国家法律之外变成国家认可和制定的法律——商法,是对传统私法的不足所进行的一种补充和发展。

四、商法成为私法特别法的意义

法律的发展是随着社会的发展而不断向前发展,与其说商法是对罗马私法的突破,不如说商法是适应时代的要求而出现的,是对民法的发展,因为两者皆为私法,并非对立,本质上并无区别。随着中世纪商业的蓬勃发展和商品经济的发达,在封建经济条件下产生了商人这一新型社会主体,进而有了独立的商人阶层的出现,有了较之教会法和其他世俗法更为先进合理且有别于传统民法的商事立法的诞生,促进了商品经济的发展。商人阶层相对独立立法权和司法权的谋取既是向阻碍商品经济发展的封建法律的挑战,也是促进商品经济向高层次发展的历史契机。一系列的历史因素使得起源和形成期的西方商法具有了与封建法、庄园法和教会法相并列的独立倾向化,③ 从而使得商法可免受其他法律因素的负面影响而继续向前发展。同时,由于商事活动日益发展完善而具备了较强的技术性和专业性,而国家公权力由于历史条件的限制当时

---

① 〔美〕哈罗德·J. 伯尔曼:《法律与革命》,贺卫方、高鸿钧、张志铭、夏勇译,中国大百科全书出版社1993年版,第432页。
② 同上书,第406页。
③ 参见〔法〕勒内·达维德:《当代主要法律体系》,漆竹生译,上海译文出版社1984年版,第46—59页。

不具备涉足这一复杂领域并将其纳入国内法的能力，这就更为商人法的发展留出了广阔的空间。作为罗马私法的"急先锋"和"开拓者"，商法的产生充分体现了私法自治的精神，推动了私法的进一步发展。正如拉德布鲁赫所说："没有任何领域比商法更能使人清楚地观察到经济事实是如何转化为法律关系的。"①

早期的商法规范是以罗马私法为适用规范，随着中世纪的商人在法律上对贸易活动调整的客观需要，罗马私法已不能适应当时的社会经济发展。正如学者所言："作为商品生产社会的第一部世界性法律，罗马法确定了简单商品所有者的一切本质的法律关系。但随着经济社会的继续发展和市场深度和广度的不断拓展，以民法为基本内容的罗马法显然不能包揽一切，民法中有关贵族和平民、过错等观念日渐陈旧，各种繁杂的交易手段也非简单货物买卖所能涵盖，民法理念和解决纠纷机制在商品世界的缺失为商法的萌生和崛起留下了空间。"② 由于当时教会法和世俗法等各种因素对商业的发展和商人的利益不利，商人阶层先是自发地而后自觉地创设并发展了内部的贸易活动准则——商人法，经过斗争最后上升为法律。可以说，商法在向阻碍商品经济发展的封建法律发起挑战的同时也促进了民法（私法）的发展，成为私法的特别法。

第二节 商法的发展

一、民法与商法的联系与区别

商法在传统上被理解为"贸易私法"。商法是"在民法之外，专门规范大多数生产、销售与服务活动的一个私法分支"。这是因为生产、销售与服务活动并不始终都要遵守民法规则。③ 同样都作为私法，商法

---

① 〔德〕拉德布鲁赫：《法学导论》，米健等译，中国大百科全书出版社1997年版，第74页。
② 朱世文：《论商法的第二次勃兴》，载《商业时代》2010年第5期。
③ 参见〔法〕伊夫·居荣：《法国商法》（第1卷），罗结珍、赵海峰译，法律出版社2004年版，第1、3页。

和民法的关系最为亲近。商法在实质性内容上和民法没有不同，商法中的许多重要问题在基本结构上具有民法特征。从法律理性来讲，民商法不可截然分开，商法的概念体系、权利义务体系和研究方法不能与民法完全分离。但在适用上，作为特别私法的商法优于作为一般私法的民法，如德国《商法典施行法》第 2 条规定："在商事活动中，《民法典》仅在《商法典》未作其他规定时方可适用。"不过，商法规范在解决案件时很少单独适用，一般与民法规范的原则相结合。[1]

　　商法作为私法的特别法，实质上是一般私法制度的延伸，具有一定的独立性。传统民法与商法从形式到内容的分立，可以追溯到中世纪商人习惯法相对于封建法和教会法的独立。最早出现的商人习惯法运用罗马私法中的法律术语及权利义务观念，吸收了教会法中的善意、公平交易和信守合同的道德观念，这些构成了近代商法的基础。所以，19 世纪的法典化运动中出现了商法典和民法典的分立，更多地源于历史和文化传统。瑞士没有商法典，但仍然区分一般性的民法和商法。从历史源流上看，商法是从商人间有效的习惯和交易惯例中不断发展而来的。商法作为特别私法，完全为现代私法制度对商事主体和商事交易领域行为的特别反映。[2] 通说认为，近代商法肇始于欧洲中世纪的商人习惯法。不过，并非古代社会没有调整商事活动的法律，而是古代社会诸法合体，尽管有一些商事活动的具体规范，但没有形成一个与民法相区别、调整商人或者商行为等特定对象的相对独立的规范体系。即使高度发达的古罗马法时代，也没有近现代意义上的商法。11 世纪之后，欧洲中世纪地中海沿岸的商品贸易伴随着农业发展逐渐繁荣，推动了商业城市的建立和海上贸易的发达，商业城市和海上贸易构成了近代商法产生的两个重要条件。调整商业活动的成文法和习惯法随之出现，主要表现为城市法、商人同业行会自治规则、商事和海事判例、商人习惯法以及国王、教会颁布的单行法规等。[3]

---

[1] 参见〔德〕C. W. 卡纳里斯：《德国商法》，杨继译，法律出版社 2006 年版，第 6 页。
[2] 同上书，"译者序"第 4、6 页。
[3] 参见范健主编：《商法（第四版）》，高等教育出版社、北京大学出版社 2011 年版，第 23—24 页。

商法是私法的一个分支，适用的技术大部分为民法技术（特别是有关债法的一般理论）。只有懂得民法，才能懂得商法。尽管商法与民法之间存在共同基础，但商法与民法之间的区别很明显。例如，商法上的外观主义源于民法上的善意取得制度。民法注重主观意思的体系逻辑，在善意取得制度中注重真实权利人的可归责性，而在商法中的善意取得制度重心向信赖倾斜，更加注重善意相对人的信赖，自风险责任引入外观主义，以外观为中心联结真实权利人可归责性与善意相对人信赖的善意取得的商法理论架构不同于民法的主要原则，构建了自身理论架构，契合商法体系逻辑的风险责任是商法的归责原则，其使商法上的外观主义成为与民法有实质性区别的基本原则，风险责任成为商法的一种特殊的责任状态，这也是商法对民法的超越。[①] 由于商人之间的交易对灵活性、快捷性、简易性和保障性有较高要求，商法体现了人们对商人在交易熟练程度和交易经验方面的较高要求。民法中的法律规则（自然法则）是"因果关系法则"，而商法中的法律规则是"目标法则"。商人与普通个人所追求的目标不同，因而达到目标的法律技术也有所不同，具有独特性。商法比民法更加务实，较少关注一般理论，其唯一追求的是给予商人实现其商务的手段。由此使商法具有以下不同之处：[②]

（1）商法拥有更大的私法自治范围。从商法历史上看，商法是合同自由的积极"领路人"，相较于民法而言有更大的自由，不论是在形式上还是在内容上都扩大了自由原则。这体现了商人间交易的特征：一方面，商人需要法律特别保护的程度较低，这是因为预期商人对交易非常熟练并有丰富的经验；另一方面，对私法自治的限制也与商事交易要求最大限度地减少形式束缚和其他限制相抵触。

（2）在商法中，合同当事人的个人身份并不是很重要。民法中一个

[①] 参见张雅辉：《论商法外观主义对其民法理论基础的超越》，载《中国政法大学学报》2019年第6期。

[②] 参见〔德〕C. W. 卡纳里斯：《德国商法》，杨继译，法律出版社2006年版，第9—10页；〔法〕伊夫·居荣：《法国商法》（第1卷），罗结珍、赵海峰译，法律出版社2004年版，第7—10页。

占主导地位的原则就是对无行为能力人的保护原则；而商法观念与此不同，有时商法完全排除无行为能力人从事某些特定的活动，即使通过法定代理人从事这些活动也不准许（如商业票据），但有时又拒绝考虑当事人的无能力问题。① 商法不重视合同当事人本人的人身资格。商事主体在法律上被推定为有能力的和有经验的，有关能力、意思表示瑕疵、对"意思表示自由"的保护等，退到了次要位置，如证券法、票据法中的规定。商法也很少考虑当事人的人身资格，对自然人、法人平等对待。当然，不应过分夸大对当事人人身资格的淡化考虑，就某些重大合同特别是长期约束当事人的合同，如"商业租让"合同，习惯上还是要考虑合同当事人的支付能力及其商业信誉。

（3）商法对交易保护和信赖保护有较高的要求，外部表象在商法中有重要地位。这主要体现在权利外观责任上，如商事登记的公告保护制度、善意取得制度、表见代理制度以及经理权范围的强制性设定。商法中的外部表象通过各种法定的公告措施进行了确认，进行商业交易活动的人一般不会对其交易相对方进行细致的审查，而是仅凭得到正式承认的外部表象就可能对其产生信任。例如，有关公司法定代表人的任命，经过合法手续公告之后，包括股东在内的任何人都不得以该项任命不符合规定为由，摆脱自身应承担的义务。此外，为增强合同当事人的交易安全，法律还规定公司章程有关限制经理权条款对第三人不产生对抗效力。因此，商业交易活动的完成，比订立民事合同更快。

（4）适应商业需要的"形式主义"所具有的重要地位。商人认为，格式合同不仅不会妨碍合同的订立和商事的成交，反而给他们带来方便。但这样的标准合同也有缺陷，表现在合同的订立没有经过自由谈判，为制止附合合同中出现滥用强势经济地位的条款，国家会进行干预。不过，商人已经从"形式主义"过渡到运用各种机制处理商事，如证券交易与商业汇票。

（5）规定了商人的特别注意义务和职责。如《德国商法典》第 377

---

① 如公司的设立是以合同为基础，在设立公司的问题上，即使有无能力人的参与，"公司合同"仍为有效。但如果运用民法规则，合同会因某一无能力人而被撤销，不考虑民法规则可以协调保护无能力人与商务活动安全两项要求。

条对商事买卖中检查和异议义务的规定。这又体现了对商人有较高要求以及对快捷性与保障性要求相统一的特点。该条仅在双方均为商人情况下有效，一方面它仅在买受人为商人时对其适用，另一方面出卖人具有商人身份时方能带来好处。

（6）信贷在民法与商法中的地位不同。过去只有商人才使用信贷，现在普通个人也可以进行信贷。不过，普通个人不像工业企业经营者或者商人那样经常使用信贷，因而法律对其采取特别保护措施，以防止其在没有充分考虑情况下，贸然进行有风险的投入活动。工业企业经营者与商人运用信贷的目的是进行或扩大生产，但其还有其他筹措资金的手段，如商业票据分期支付等。

（7）商法常为法律发展的"开拓者"。例如，在商事交易中创立的经理制度是对罗马法中的禁止代理原则的突破。还有诸如对赌协议、协议控制等，也是对现有制度的突破。

（8）其他。如商法比民法更加具有国际性质，商法比民法演变得更快。

二、商法的发展

经过三次社会大分工①，人类从野蛮时代进入文明时代。其中，第三次社会大分工表现为"商业和生产的分离"，在生产之外出现了一个独立的专门商业行业，在商业交换活动中人们必须遵守一定的规则，这些规则即为商法的萌芽。

如前所述，古罗马帝国时代民事法律比较发达，关于交换的具体规则已经存在，包含适用于达成各种类型契约（包括金钱借贷、财物借贷、抵押、买卖、租赁、合伙和委托）的一套复杂、完善的规则。不过，古罗马法上对商业契约和非商业契约调整没有作出区分，所有契约均为民事契约，这是因为古罗马帝国时代的交易行为基本围绕着家庭生产和生活的需要而展开，因而难以将交易与家庭生产和生活区分开来，

---

① 第一次社会大分工是社会分裂为两个阶级，即奴隶主和奴隶或者说剥削者和被剥削者；第二次社会大分工是手工业从农业中分离出来，开始有直接以交换为目的的商品生产；第三次社会大分工为"商业和生产的分离"，出现了一个不从事生产只从事交换的商人阶级。

同时也没有近现代意义上的商事账簿。有学者认为这一时期的交易具有"家商一体"的特点。尽管在古罗马，许多契约由包括万民法在内的习惯法所调整而不是由市民法调整，但是，市民法和万民法都不能解决11世纪晚期之后出现的商业问题。所以，真正商法的基本概念和制度形成于欧洲11世纪晚期。

有限责任、商业信用与自治机制是中世纪商法创造的三大理论。(1) 有限责任。有限责任制度首先是商人在实践中创造的，其后才上升为理论层面。康曼达（Commenda）组织形式是最早的一种商业合伙形式，在该组织形式中，双方合伙人在对外责任上不同，提供资金等的一方合伙人仅以其出资为限，从事经营的一方合伙人承担无限责任。(2) 商业信用。最为典型的是票据。另外，买卖、有价证券、租赁、担保、信托、海商、保险、破产等，也通过商业信用机制建立商法制度。商人之所以重视信用，在于信用是交易的基础，否则就丧失了秩序保证。(3) 自治机制。即自立（交易的行为规则自我形成）、自律（严格遵守自己的习惯和习惯法）、自裁（由商人自己组织的法庭审判纠纷，而不是将纠纷交由国家设立的审判机关）。①

（一）近代商法的发展

近代商法是在中世纪商法基础上发展起来的，其范围特指在中世纪之后、二战之前的商法。② 17世纪以前，商法是由商人创制和适用的法律制度，并且仅仅与商人有关。随着中世纪后期资本主义经济的兴起，商品贸易日益繁荣，以宗教为核心的封建割据势力日渐衰落，统一的民族主权国家逐步形成，原先分散于自治城邦和商业团体的立法权逐步由国家统一行使，商法逐渐被纳入各国立法的范畴，商法由商人习惯法演变为由国家制定，并由国家统一实施。这一时期，在地中海沿岸各国和德国、荷兰等一些欧洲国家，都先后制定了成文商法。其中法国和德国的商事立法最具代表性。欧洲这一时期的成文商法主要是对中世纪以来

---

① 参见〔美〕哈罗德·J. 伯尔曼：《法律与革命》，贺卫方、高鸿钧、张志铭、夏勇译，中国大百科全书出版社1993年版，第426页以下。

② 参见叶林、黎建飞主编：《商法学原理与案例教程》，中国人民大学出版社2006年版，第30页。

长期形成的商人习惯法予以确认，而商人身份是立法的逻辑起点，商法本身带有浓厚的属人法特征。在立法体例上，主要有三种情形：一是制定独立的商事法规；二是实行民商合一；三是在一般法律中列出有关商法的专门规章。当时商法涉及的商事规范内容已经比较广泛，如无限公司、两合公司、居间、行纪、商号、商标、商事账簿、商事交互计算、银行、运输、仓储、寄托、营利保险等。① 这些商事规范为近现代商法典及单行商事法律的制定提供了法源。

特别是法国国王路易十四时期制定的两部商事法典，对欧洲近代商法的产生与发展影响重大，一部是1673年的《商事条例》——第一部由国家制定的商事法，另一部是1681年的《海事条例》。之后欧洲各国相继制定商事单行成文法规（涉及如陆商、海商、公司、票据、银行、保险以及商事仲裁）。英国还对司法判例作出整理，同时将商人习惯法纳入普通法体系，完成了商人习惯法向国内法的转化。②

19世纪初到第一次世界大战，是近代商法的形成与发展时期，也是商法在体系上建立和完善的时期。这一时期形成了世界上三大商法体系，即法国商法法系、德国商法法系、英美商法法系。③

1. 法国商法法系及其商法典

法国商法法系以法国商法为核心，以行为主义和客观主义为法系的重要特征和商事法规的立法基础。法国商法是由《法国商法典》及与其相关的商事法律法规组成的。《法国商法典》颁布于1807年，是近现代第一部独立的商法典，为大陆法系国家或地区民商分立体制开了先河。该法典总计四卷，内容包括通则（含公司、商行为和票据）、海商、破

---

① 参见王建文、陈丽丽：《论前法典化时期商法独立生长的轨迹与缺陷》，载《当代法学》2008年第5期；范健、王建文：《商法基础理论专题研究》，高等教育出版社2005年版，第34—39页。
② 参见叶林、黎建飞主编：《商法学原理与案例教程》，中国人民大学出版社2006年版，第30页。
③ 下述三大商法体系与商法典论述详见范健主编：《商法（第四版）》，高等教育出版社、北京大学出版社2011年版，第25页以下；叶林、黎建飞主编：《商法学原理与案例教程》，中国人民大学出版社2006年版，第30页以下。

产和商事法院,共 648 条。① 法国的单行商事法律法规主要有 1867 年《公司法》、1909 年《营业财产买卖设质法》、1917 年《工人参加股份公司法》、1919 年《商事登记法》以及之后的《有限责任公司法》《证券交易所法》《保险契约法》《票据法》等商事法律。在整个 19 世纪,法国商法在大陆商法法系中处于领先地位,许多国家或地区的商事立法深受其影响,纷纷效仿法国,以其商法典为蓝本制定商法典,主要代表有 1821 年《希腊商法典》、1829 年《西班牙商法典》、1838 年《荷兰商法典》、1850 年《土耳其商法典》和 1867 年《比利时商法典》,以及意大利、葡萄牙、埃及、波兰、罗马尼亚、巴西、智利与阿根廷等国家的商法典。②

1807 年《法国商法典》是一部划时代的法典,它建立了完整的商事制度,摒弃了古典商法中的商人法立法主义,为近现代商法中的商行为主义之滥觞,改变了中世纪以来商法只适用于商人阶层的传统,确立了商行为为商法的规制对象,扩大了商法的适用范围,树立了"经商自由"的原则。

2. 德国商法法系及其商法典

德国商法法系以德国商法为核心,以属人主义即主观主义原则为主要特征和立法基础。按照主观主义原则,商人是商法的核心。同一行为,若系商人所为,则适用商法;若非商人所为,则适用民法或其他法律,而不适用商法。德国商法由《德国商法典》及相关商事法规构成。德国在统一前于 1861 年以《普鲁士普通邦法》和《法国商法典》为蓝本制定了《德国普通商法典》(俗称旧《德国商法典》),但它不大适合德国国情。1871 年德国统一后,对旧《德国商法典》进行修改,于 1897 年颁布了新《德国商法典》。新《德国商法典》分五编,共有 31

---

① 2000 年法国颁布新的《法国商法典》,其立法部分为九卷,包括商事总则、商事公司与经济利益合作组织、特定形式的买卖与排他性条款、价格与竞争自由、商业票据与担保、企业困境、商事法院及商事组织、某些受特别规则约束的职业、适用于海外(省、领地)的规定。2000 年《法国商法典》与 1807 年《法国商法典》有重大差别。详见《法国商法典》(上、中、下册),罗结珍译,北京大学出版社 2015 年版。

② 参见叶林、黎建飞主编:《商法学原理与案例教程》,中国人民大学出版社 2006 年版,第 31 页。

章905条，五编为总则（商业性质）、商事公司和隐名合伙、商业账簿、商行为和海商。此外，德国还制定了大量的商事单行法，包括1892年《有限责任公司法》、1895年《内水航行法》、1908年《保险契约法》、1909年《反不正当竞争法》以及之后的《票据法》《股份公司法》和《经营组织法》等。以《德国商法典》直接或间接为蓝本的主要有奥地利、挪威、瑞典、丹麦、日本和清末的中国等制定的商法典。

《德国商法典》的立法基础是商人本位，即该法典坚持商人主义原则。在德国商法法系中，瑞士首开民商合一立法之先河，将商事法规纳入民法典，归类于债编，不过其内容和基本精神依然仿照《德国商法典》，仅仅是立法模式不同而已。

3. 英美商法法系及其商法典

在英美法系国家，没有法律部门意义上的商法概念，只是在学说上即通过一系列教科书和学术著作形成了比较完整的商法体系。受近代英美法系商法体系影响的国家主要有澳大利亚、加拿大、印度、马来西亚和新加坡等。

英美商法法系以英美国家商法为代表，其特点是商事习惯法、判例法与商事成文法并存。英美商法起源于英国法，而英国商法源于中世纪商人法，随着商人法的没落，商人法被纳入普通法。英国是传统的判例法国家，没有成文法上的商法典，它以习惯法和判例法为其法律渊源，与大陆法系有明显的区别。在英美法中，商事法则是指一般商事习惯和判例所形成的法律，它们接受普通法和衡平法的支配。因英国判例法体系庞大，难免存在冲突，19世纪英国学者要求将其法典化以便使其条理化和明确化。不过，英国在商法改革过程中，并未制定商法典，而是对商法某些特定领域法律和判例作法典化处理，形成了成文法与判例法并存的局面。英国的商事规范主要涉及公司、合伙、破产、票据和保险等方面，包括1774年《人寿保险法》、1876年《保险单法》、1882年《票据法》、1885年《载货证券法》、1889年《商务代理法》、1890年《合伙法》、1893年《货物买卖法》、1894年《商船法》、1906年《海上保险法》、1907年《有限责任公司法》、1914年《破产法》以及之后涉及海运、空运等方面的单行商事法律。

美国法律制度总体上承袭英国法体系,没有清晰地划分法律部门,采用习惯法和判例法。美国商事法也以英国普通法为基础,19世纪后,商事立法在美国盛行,制定了内容庞大的法典。美国进行商事立法源于美国宪法规定关于贸易立法权原则上属于各州,联邦仅对涉及州际贸易和国际贸易的事项享有立法权,由于各州立法内容各异,且各州法院的司法判例也各有不同,使得商事交往大为不利,于是美国展开统一州立法运动,于1889年在美国律师协会推动下成立了"统一州法全国委员会",旨在统一各州立法,制定了1896年《统一流通票据法》、1906年《统一买卖法》、1906年《统一仓库收据法》、1909年《统一股票交易法》、1909年《统一载货证券法》、1909年《统一提单法》、1918年《统一附条件买卖法》、1928年《统一商事公司法》以及1933年《统一信托收据法》等商事法律。这些商事法律对于后来美国在1952年整理编纂《美国统一商法典》具有重要的和决定性的作用。

(二)现代商法的发展

《美国统一商法典》是"以英国近代商事立法为渊源,在大陆法的影响下,为适应美国经济的迅速发展,调整各州商法而产生的"[1]。有关《美国统一商法典》是否为现代商法的开端,学者之间存有争议。区分现代法与近代法,从理论上讲,不只是表现在产生的时间顺序上,更在于现代商法的理念和制度上。大陆法系商法是否因应时代需要修改而进入现代法时代,学者之间也有不同意见。有学者认为,大陆法系商法仍处于近代商法的理论体系与结构框架之内,《美国统一商法典》乃是现代商法之典范。[2] 也有学者认为,《美国统一商法典》主要是针对商事买卖行为和银行业务的调整进行的制度设计,尽管比较先进,但整体上很难反映现代商法的特点。还有学者认为尽管现代商法含义较为模糊,但一般来讲,现代商法指的是20世纪以来特别是20世纪中期以后的商法体系和商法制度。[3] 本书赞同这种有关现代商法的观点。

---

[1] 吴志忠:《美国商事法研究》,武汉大学出版社1998年版,第7页。
[2] 参见徐学鹿主编:《商法学(修订版)》,中国人民大学出版社2008年版,第62页。
[3] 参见叶林、黎建飞主编:《商法学原理与案例教程》,中国人民大学出版社2006年版,第35页。

现代各国或地区商法呈现以下新的发展趋势：①

第一，从商自然人到企业的商主体观念变革。最初的商主体主要是商自然人形态，而且是纯粹的商自然人，这自然是受制于当时的商事交易的特定背景。为弥补传统商人概念的不足，企业概念被引入商法。相当多的法学家认为，现代社会经济活动的主体已不再是传统观念上的商人，而是具有一定经济规模和组织形式的企业；企业才是商法中的主体和商法调整的对象，应处于商法的核心地位。

第二，商法体系更新即商法的动态化趋势。首先，各国或地区商法典频繁修改，以适应社会变迁。其次，大量制定商事单行法，以满足经济生活的快速变化。

第三，商法内容趋同与商法的国际化趋势。例如，《德国商法典》的适用是以法律主体的人格特征即商人的身份为前提的，采用的是"主观主义标准"。而采用相对的"客观主义标准"的法典如《法国商法典》，根据有关法律主体行为的特征进行判断。这两种标准的选择是立法适当性问题，两者之间不存在立法上的优劣问题。由于主观主义标准采用的是身份标准，会引起主观主义标准有损法律主体平等性原则的误解，实际上很少使商人享有特权，反而会导致对商人适用更为严格的要求和标准。采用主观主义标准的立法也会采用客观主义标准，如《德国商法典》规定，《汇票本票法》《支票法》和《海商法》仅需要汇票、本票、支票或者海商行为存在即可适用，无须具备商人身份。另外，采用客观主义标准的《法国商法典》也保留了很多主观主义标准的规定。②从法律规范而言，采用主观主义标准与客观主义标准两种立法体系有趋同趋势。总的来说，商法典采用的是主观主义标准和客观主义标准的折中标准。随着世界市场的形成和发展，大陆法系与英美法系商法相互渗透，国际经济日趋一体化。这种一体化既表现为国家或地区间商品的自由流通，也表现为国家或地区间人员、资本、劳务的自由流动。由此，

---

① 参见刘宏渭：《商法总则基本问题研究》，华中科技大学出版社2013年版，第16—20页；叶林、黎建飞主编：《商法学原理与案例教程》，中国人民大学出版社2006年版，第36—39页。
② 参见〔德〕C.W.卡纳里斯：《德国商法》，杨继译，法律出版社2006年版，第3页。

人们在缔结商事关系时对法律规则有了统一的要求，迫切需要商法的国际化和统一。尽管有国际私法，用以解决由于各国或地区法律差异而产生的冲突，但如果有统一的适用于全球的交易法律规范则更佳。商法国际化表现为：首先，各国或地区商法合理的、进步的东西相互吸收；其次，制定有关商法的国际条约；最后，地域性的商法统一日益明显。

第四，商法本位从私法本位向商法的社会化变迁的趋势。商法在本质上属于私法，崇尚并遵循行为自由和意思自治。私法的权利本位（自由资本主义时期）从尊重个人自由变为重视社会公共福利，社会本位的立法思想逐渐形成，表现为制定反不正当竞争法、反垄断法、环境保护法、消费者权益保护法、劳动合同法等。商法既要重视对商人利益的保护，也要兼顾社会利益，尤其是要消除有碍他人实现正当权益的旧有规则。

第三节 中国商法：历史、问题与展望

一、中国商法的历史演进

中国古代社会长期奉行诸法合体，所有部门法被纳入一部法典之中，在立法体例上没有部门法的划分，当然也就不存在独立的商法部门或集中的商法制度。[①] 不过，与世界上其他国家或地区一样，商法的最初萌芽也可以在中国古老的商事活动中找到端倪，如有关买卖、钱庄、银票、手工作坊以及店铺牌匾等商事立法散见于中国古代诸多的律令之中。这些规定从属性上而言具有明显的行政法与刑法色彩，同时因中国古代重农抑商，商品经济极不发达，所以不存在真正意义上的商法。

中国近代意义上的商法滥觞于清朝末年，如 1904 年制定了《商人通例》《公司律》《公司注册试办章程》，1906 年制定了《破产法》，1909 年在日本法学博士志田钾太郎协助下起草了《大清商律草案》，但未及颁行清王朝即告覆灭。这一阶段的商事立法采取民商分立模式，并

---

① 参见范健、王建文：《商法基础理论专题研究》，高等教育出版社 2005 年版，第 26—27 页。

制定了相关单行的商事立法。中华民国建立后，宣布不与国体抵触的清代法律有效，在大清商事法律的基础上制定颁布了一批商事法律，包括分别于 1914 年 1 月和 3 月颁布的《公司条例》和《商人通例》。1917 年民国政府将商法总则部分（如商人、经理人、代办商和商行为中的买卖、交互计算、行纪、仓储、运输等）编入民法债编，其余商法部分置于民法之外以单行法形式颁布，主要是《票据法》《海商法》《公司法》《船舶法》《商业登记法》《船舶登记法》《商业会计法》《银行法》《证券交易法》《动产担保交易法》等商事法律，① 形成以民法典为中心、以商事单行法为补充的民商合一立法模式。

中华人民共和国成立后，废除了"六法全书"，重新制定了各种法律。但由于我国在一段时期内实行高度集中的计划经济，否定商品经济，商事活动几乎不存在，商事立法几乎处于空白状态。20 世纪 70 年代末以后，随着我国经济体制改革的不断深入，商品经济得到长足发展，商事活动日益活跃，相应的商事立法空前高涨，主要有 1979 年的《中华人民共和国中外合资经营企业法》、1985 年的《工商企业名称登记管理暂行规定》、1986 年的《中华人民共和国企业破产法（试行）》、1986 年的《中华人民共和国外资企业法》、1988 年的《中华人民共和国中外合作经营企业法》和《中华人民共和国全民所有制工业企业法》、1992 年的《中华人民共和国海商法》等。自 1993 年我国确立建立社会主义市场经济体制改革目标以后，商法获得发展的空间，一系列商事立法相继面世，主要有《公司法》《证券法》《中华人民共和国票据法》《中华人民共和国合伙企业法》《中华人民共和国个人独资企业法》《中华人民共和国保险法》《中华人民共和国商业银行法》《中华人民共和国企业破产法》《中华人民共和国信托法》《中华人民共和国证券投资基金法》等，这些商事法律在调整商事关系，规范商事主体及其行为过程中发挥着重要作用。可以说，商法已经成为我国法律体系中一个独立的法律部门。

---

① 参见叶林、黎建飞主编：《商法学原理与案例教程》，中国人民大学出版社 2006 年版，第 34—35 页；范健、王建文：《商法基础理论专题研究》，高等教育出版社 2005 年版，第 27 页。

二、中国商法中的问题与展望

(一) 商人阶层与商人精神

在我国封建社会,商人阶层长期处在重农抑商的环境之下,直到明清时代,商人的社会地位才达到从未有过的高度,其根源在于该时期较为宽松的经济、政治环境。商业社会与自给自足的传统的农业社会不同,商人追求利益,随着商业的繁荣和商人势力的强大,出现了保护自身利益的商人社团,其内部也形成了商人团体规约。我国古代商人伦理在对儒家传统的道德伦理扬弃的基础上,创造性地将符合经商实际需要的儒家"五常"①中的"智"和"信"转化为商业伦理和商人精神,②形成中国商人独特的商业文化。

从我国商事立法的历史和现实而言,尽管我国近现代商事法律制度的建立与发展是近现代社会政治和经济变革的产物,并且受到西方民商法律文化的影响,但从根源上讲,带有明显的我国古代商人精神与现代工商文明相衔接、相过渡的时代特征。③传统商法所推崇的"营利至上"的精神也随着商事主体特别是企业的身份和地位发生革命性转变而具有公共组织的色彩,"营利"已不再是商法所保护的商事经营活动的最高目标,商事主体在一个国家的政治、经济和社会稳定方面发挥着比以往更大的作用,不仅要对其成员与消费者承担责任,还要对全社会承担责任,法律必须阻止不公正或者对他人及社会产生负面或消极影响的营利行为。④因此,如何借鉴和利用我国古代和西方商人精神、商法文化,对构建我国社会主义现代商法具有重要意义。

现在,随着商业的发达,我国商人阶层在政治上和社会主义市场经济中确立了自己的地位,商人阶层在为社会创造财富和完善相关法律的同时,如何提高自身的精神和文化层次,形成商人精神和商业伦理,诚

---

① 儒家"五常"为"仁、义、礼、智、信"。
② 参见刘宏渭:《商法总则基本问题研究》,华中科技大学出版社 2013 年版,第 26 页。
③ 参见李功国:《商人精神与商法》,载王保树主编:《商事法论集》(第 2 卷),法律出版社 1997 年版,第 1—45 页。转引自刘宏渭:《商法总则基本问题研究》,华中科技大学出版社 2013 年版,第 27 页。
④ 参见范健:《当代商法学研究的几个理论问题》,载《南京大学法律评论》1998 年秋季号。

信守约，具有重要的实际意义。

（二）我国商事立法模式与选择

民法典的编纂既是民商法发展机遇，也是我国民商法立法体例究竟是实行民商合一还是民商分立的立法模式的选择过程。有学者认为，各国或地区商事立法表明，商法典从未有一个统一经典的体系和公认的范围，社会发展过程中商法典呈现不断衰败趋势，①如《德国商法典》事实上就是一部商法典衰败的历史，②由此来看，不宜制定商法典。有学者提出，我国应参照《民法通则》的模式制定一部《商事通则》，规定商事活动的原则、商事权利、商主体以及商事企业的基本形式、商事账簿、商行为和商业代理，以此规范商事经营活动，③为统一我国商事立法奠定基础。还有学者认为，在研究民法典的同时，将民法典体例安排与商法通则立法的探讨归结为以下四种可能的方案："一是完全分立式。即在民法典体系之外制定单独的商法通则，同时在民法典中对民法与商法通则的关系与适用作出接口性的链接规定；二是独立成编式。即在民法典体系之内制定商法通则，将其独立成编，与民法总则、物权法、债权法、侵权责任法、亲属法等并列；三是独立成章式。即在民法典的民法总则中独立设章，统一规定商法通则的内容；四是分解融合式。即将商法通则的内容全部分解，设定具体条款融入到民法总则各个章节之中。"④也有学者提出四种商事立法模式以供选择：第一种模式是制定一部完全意义上的民商合一的民法典，规定商事基本法律制度内容，以

---

① 自法国颁布世界第一部商事法典肇始，民事法典和商事法典分别独立沿着各自轨迹立法，形成民商分立的主流。不过，到了20世纪中叶，商事法典化运动渐渐停寂下来，商法的衰微主要体现在商事法典立法进程的逐渐式微。从《法国商法典》至今，采取私法二元（民商分立）体制的国家或地区的商法体系无论是概念、原则和规范都没有形成合理的结构体系。为解决法典的体系冲突，1847年意大利学者摩坦尼利（Motanelli）提出了"民商合一"理论，影响了之后的立法。1937年，瑞士将其债法典（主要内容属商法）并入1912年民法典，实现了形式上的民商合一。意大利原本采纳民商分立体制，但在1942年制定了包括商法在内的新民法典。此外，土耳其、泰国、俄罗斯、匈牙利等均是如此，民商合一成为私法发展的世界主流。参见朱世文：《论商法的第二次勃兴》，载《商业时代》2010年第5期。
② 参见范健：《德国商法的历史命运》，载《南京大学法律评论》2002年秋季号。
③ 参见江平：《中国民法典制订的宏观思考》，载《法学》2002年第2期。
④ 赵旭东：《民法典的编纂与商事立法》，载《中国法学》2016年第4期。

单行法的形式对属于传统和现代的具体商事法律制度内容加以规定；第二种模式是实行完全意义（形式意义）上的民商分立，分别制定民法典和商法典；第三种模式是不另行制定商法典，只制定一部规范传统民法领域内容的民法典，对属于传统和现代的商事法律以单行法的方式另行规定；第四种模式是制定一部规范传统民法领域内容的民法典，同时制定一部对基本商事法律制度和关系加以规定的总纲性的商事基本法律《商法通则》，对具体的商事法律制度和关系以单行法的方式作出规定。①

"纵观西方国家，尤其大陆法系国家私法发展的历史可以看到，商法起源于商事交易习惯和惯例，不像民法那样起源于罗马法，它是一门实践性法学，从一开始就没有完整的理论，许多国家是先有商事习惯后有商事法律，再有商法理论。商法理论在一定程度上仅仅在于解释法律，而不在于指导、甚至创造立法。与民法相比，商法理论滞后于商事立法从一开始就是普遍存在的问题。""中国商法的建立，不是外国商法的简单继承和借鉴，它首先是中国现实社会关系发展的必然产物，其次才是它国经验教训借鉴的结果。"② 可见，随着社会历史的变迁发展，我国商法不能只是简单地承继传统商法，而应当在传统商法基础上进行制度创新，在商法理论的指导下，成为我国现实商事法律关系、商事法律理论和商事法律经验的产物。

从我国民法典编纂的实际情况来看，我国在商事法律立法体例中采取的是民商合一模式，即制定一部完全意义上的民商合一的民法典，规定商事基本法律制度内容，以单行法的形式对属于传统和现代的具体商事法律制度内容加以规定。这种民商合一的立法模式使民法典对商事法律规范起到总纲作用，并依此来制定单行商事法律规范。因此，在民法典之外制定一部总纲性的《商事通则》或《商法通则》，就可行性而言，不太切合实际。

---

① 参见任尔昕、石旭雯：《商法理论探索与制度创新》，法律出版社 2005 年版，第 176 页。
② 范健：《当代商法学研究的几个理论问题》，载《南京大学法律评论》1998 年秋季号。

第三章

民法技术与民法理念

> 法律是人类的作品,并且像其他的人类作品一样,只有从它的理念出发,才可能被理解。人们也曾做过一次尝试,对一件非常简单的人类作品——比如桌子——的用途进行定义,结果大致是这样的:桌子是一块带有四条腿的平板。针对这个定义有人立即提出了异议:有些桌子是三条腿的,有些是一条腿的,甚至比如有些折叠桌是没有腿的……因此通过其他方式都不如通过其用途能更好地区分它们,这样我们也得以确立这个概念:桌子是一件用具,是为坐于它旁边的人摆放东西的用具。一个无视人类作品目的的,亦即,一个无视人类作品价值的思考是不可能成立的,因此对法律的,或者任何一个个别的法律现象的无视价值的思考也都是不成立的。
>
> ——〔德〕拉德布鲁赫

阅读材料

Leading papers：

- 〔德〕马克斯·韦伯：《论经济与社会中的法律》，张乃根译，中国大百科全书出版社1998年版。
- 〔英〕丹尼斯·罗伊德：《法律的理念》，张茂柏译，新星出版社2005年版。
- 〔英〕彼得·斯坦、约翰·香德：《西方社会的法律价值》，王献平译，中国法制出版社2004年版。
- 〔英〕詹姆斯·斯蒂芬：《自由·平等·博爱》，冯克利、杨日鹏译，广西师范大学出版社2007年版。
- 〔德〕卡尔·拉伦茨：《法学方法论（全本·第六版）》，黄家镇译，商务印书馆2020年版。
- 〔日〕大村敦志：《民法总论》，江溯、张立艳译，北京大学出版社2004年版。
- 〔日〕星野英一：《民法劝学》，张立艳译，北京大学出版社2006年版。
- 〔美〕查尔斯·弗里德：《契约即允诺》，郭锐译，北京大学出版社2006年版。
- 苏永钦：《寻找新民法（增订版）》，北京大学出版社2012年版。
- 王泽鉴：《民法总则》，北京大学出版社2009年版。
- 黄茂荣：《法学方法与现代民法（第五版）》，法律出版社2007年版。
- 杨代雄：《民法上的"逻辑一秒钟"》，载《中外法商评论》2021年第1卷。

法学学者通常认为，人们可以通过目的来理解法律。例如，为了理解侵权责任法，需要先明确侵权法所服务或者应该服务的目标，即是补偿受害人还是威慑可能产生损害的行为，又或是在受害人的权益保护和侵权人的行为自由之间寻求平衡。这种通过目标理解法律的观点被称为"功能主义"。学者对私法的功能定位的理解源于"法律的目的是服务于人类的需要"这一命题。私法的功能主义重点关注具有独立的正当理由的目的，而不直接关注、漠视或者排除私法的概念、制度等具体内容。

实际上，私法是由一组概念、一套特殊的制度设定、一种有特点的推理模式所构成的，如对不当行为提出权利要求，需要一组有关责任的规则，私法之内存在着大量复杂的学说、原则、概念、程序、案例等系统性特征内容，而非简单地绘制在功能主义外在目的之上。制度和概念特征在私法上有着特殊地位。以侵权为例，在制度层面，私法制度确认当事人的权利和义务，以及特定救济的权利或者侵犯权利或义务而产生的损害赔偿。在概念层面上，私法包含一套相关权利义务的制度的概念，这些权利义务连同其他制度的概念，突出了损害的因果关系和不当行为或失职行为的区别。这些制度和概念整体形成了私法的架构和最低限度的特性，将私法当作法律秩序的特殊模式。所以，私法只能从内在角度把握，而非只是一组外在目的的司法表达，私法的目的就是私法。[1]民事立法者面对的自治与管制的平衡即公私法接轨问题，既有政策和技术层面的问题，还有实体和程序层面的问题，[2]需要通过法律技术处理。私法本身的目的不能简单地被当作毫无意义的同义反复，需要通过目的的术语表达理解私法。

在民法技术和模式的选择方面，如前文所述，世界多数国家或地区的民法典采纳了古罗马《法学阶梯》的编纂体系，确立了人法的优先地位，仅将诉讼法编改造成了单独的民事诉讼法而排除在民法典之外，修改了人法、物法，在法律体系的形式结构编排上运用了民法技术。与之不同的是，《德国民法典》采用的是《学说汇纂》的总分结构体系，其

---

[1] 参见〔加拿大〕欧内斯特·J. 温里布：《私法的理念》，徐爱国译，北京大学出版社2007年版，第3—12页。

[2] 参见苏永钦：《寻找新民法（增订版）》，北京大学出版社2012年版，第54页。

编纂立法体系为五编，分别为总则、债的关系法、物权法、亲属法、继承法。我国《民法典》采用的也是总分结构的潘德克顿体系，为总则、物权、合同、人格权、婚姻家庭、继承以及侵权责任等七编编纂立法体系。

本章所探讨的内容有关民法使用的技术和民法所体现的理念或思想，主要从规范视角进行考虑，由于民法首先发展的是技术方面，近代以后才开始提倡"自由、平等、博爱"等价值理念，因而先讨论民法技术，后讨论民法理念，符合历史逻辑。

第一节 民法技术

技术规定，就是为因应实质规定达成目的而就其衔接事项所作的规定，其目的一般包括突显表征（如不动产转移登记）、周边安排（如权利存续期间）、权宜关系（如文字与数字不一致时取文字舍数字）、便捷流通（如票据行为的独立性与无因性）等。[1] 法律技术是指为达成一定政策目的而限制或扩张保护权利（如扩张侵权责任）时采取的手段。[2] 大村敦志认为，民法技术并非指的是所有的技术，也并非是各种法律的个别技术，而是最为基本的方法，就是人们运用民法思考方式对民事法律关系进行思考的方法。这种民法技术的思考方法主要分为两种：第一种是构建民事法律关系的思考方法，首先是选定基本要素，然后将这些基本要素进行组合；第二种是把握各种各样的法律关系原因的思考方法，主要通过作为产生民事法律关系原因的"自然"和"作为"来进行对比和组合。[3] 星野英一认为，民法技术实际上是超越了社会经济体制的差异，通过民法制度与规定对社会经济关系进行规范的方法。作为民法典中包含的制度与规定的分类涉及民法技术，这些制度与规定具有基

---

[1] 参见曾世雄：《民法总则之现在与未来》，中国政法大学出版社2001年版，第31页。
[2] 参见王泽鉴：《侵权行为法》（第一册），中国政法大学出版社2001年版，第56页。
[3] 参见〔日〕大村敦志：《民法总论》，江溯、张立艳译，北京大学出版社2004年版，第33页。

本技术和模式的意义。依照制度与规定分类的民法技术主要从三种方法去规范：第一种是规范民事法律关系中人的权利义务的构成要件、法律效果的具体法律制度与规定，对民事主体从事生产、分配等具体的社会经济活动直接作出规定；第二种是为共同适用的更抽象的类似总则"提取公因式"的制度与规定；第三种处于第二种与第一种的中间，是制定相对的、消极的、多为关于发生了人们所不希望状况的场合的事后处理的具体社会关系的制度与规定，如侵权行为制度。①

可见，大村敦志是从民法的思考方法上去研究民法技术，而星野英一是从制度与规定分类方面去研究民法技术，下面就这两种视角进行解读。

一、民法技术：民法的思考方法视角

马克思在运用商品变动的原因和结果来解释商品交换的过程时指出："商品不能自己到市场去，不能自己去交换。因此，我们必须找寻它的监护人，商品占有者。……为了使这些物作为商品彼此发生关系，商品监护人必须作为有自己的意志体现在这些物中的人彼此发生关系，因此，一方只有符合另一方的意志，就是说每一方只有通过双方共同一致的意志行为，才能让渡自己的商品，占有别人的商品。"② 这段话揭示了如果要实现商品交换并形成民商事法律关系，需要具备三个基本要素：一是主体要素，因为商品交换必须有市场交换的主体，这个主体就是商品所有者（监护人）；二是物权，即商品所有者（监护人）对商品享有所有权，对该商品具有支配力，能够将"自己的意志体现在"商品之上；三是商品交换的形式只能为商品所有者（监护人）之间的合意，即"双方共同一致的意志行为"，双方只有通过合意才能"让渡自己的商品，占有别人的商品"。这三个基本要素体现在民法制度上就是民事主体制度、物权制度和债（合同）制度。

民事主体制度、物权制度和债（合同）制度是自罗马法以来构成民

---

① 参见〔日〕星野英一：《民法劝学》，张立艳译，北京大学出版社 2006 年版，第 82 页。
② 《马克思恩格斯选集》第 2 卷，人民出版社 2012 年版，第 127—128 页。

法体系的三大基本制度。民法的其他制度诸如人格权、法律行为、代理、消灭时效、侵权行为、侵权责任、知识产权、婚姻家庭、继承制度等,围绕着这三大基本制度构建,共同构成了完备的民法法律体系。民事主体制度、物权制度和债(合同)制度还体现在婚姻家庭制度中,婚姻家庭的主体为夫妻及家庭成员,婚姻(包括结婚和离婚)是建立在契约基础上的身份关系,夫妻共同财产是物权等财产的特殊形式。这三大民法基本制度也体现在作为特别私法的商法领域,商主体是民事主体在商法领域的特别称呼,章程是商主体之间的协议,票据行为、保险、信托、证券等商行为是合同的具体表现形式,交易的是商主体的商品或财产。包括这三大民法基本制度在内的民法制度的要素结合形成具体的民事法律规定与制度,同时结合相应的法律事实(法律行为与事实行为、事件与状态),构成民事法律关系,在法理学视角研究实为一种形式推理,即确定大前提(法律规范)、小前提(法律事实)与结论的过程。

笔者认为,大村敦志的民法技术的两种思考方法就是按照这种演绎推理的逻辑展开的,这里就其从两种思考方法视角①研究民法技术进行解读。

(一)构建法律关系的思考方法——要素和关系

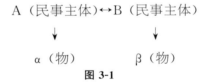

图 3-1

为了更好地理解民法技术,大村敦志运用图 3-1 构建了法律关系的思考方法,简单地将图中的民事法律关系表述为:A(民事主体)是 α(物)的所有权人,B(民事主体)是 β(物)的所有权人,A 与 B 两民事主体之间缔结契约的目的是为了交换各自的物 α 和 β。这幅图形象地勾勒出了民法的构成要素及其基本的民事法律关系,将私人间的交易法律关系还原到图中,体现了民法的基本构想方法——构建法律关系的思

---

① 参见〔日〕大村敦志:《民法总论》,江溯、张立艳译,北京大学出版社 2004 年版,第 34—43 页。

考方法。

权利的概念是私法的基本概念,关于权利如何定义,学者意见不一。拉伦茨教授认为,权利通常的概念是,权利是法律为了满足某人的需要而赋予其一种"意思的力"或"法律的力",是一个"确定的、对这个人来说合适的权力关系"。"权力关系"指的是社会领域而非规范内的事实,"法律的力"是指一种规范即法律制度对权利人的授权,是一种"可以作为"或"法律上的可能"。[①] 权利的内容既可以源自法律规定,如人格权和物权,也可以源于私法自治范围内当事人之间的约定,如买卖合同。

1. 支配:所有权—物权—权利

此处的支配实际包括权利主体、义务主体、绝对权与客体,由权利人行使支配权利与他人的义务所形成的法律关系。

(1) 支配的权利

物权是指直接支配标的物,而享受其利益的具有排他性的权利。[②] 我国《民法典》第114条第2款规定:"物权是权利人依法对特定的物享有直接支配和排他的权利,包括所有权、用益物权和担保物权。"对于图3-1中连接民事主体A和物α的箭头"↓",大村敦志认为,这表示民事主体A对物α的"权利",即A对于物α的"所有权",表明民事主体A在法律与事实上支配了对于物α的权利,这种支配地位是正当的且排他的,不受他人非法干涉。将物先抽象为"所有权",再抽象到其上位概念"物权",后上升为更高位阶的抽象概念"权利",并用"权利"概念来表示所有的法律关系,构建民事法律关系的思考方法,是近代民法的思考方法,也就是以权利为中心来构建民事法律关系,非权利主体就是权利客体,物权如果不是完全权利的所有权则为限制物权。在民法立法技术上,民法多从义务方面加以规定,如我国《民法典》第314条规定:"拾得遗失物,应当返还权利人。拾得人应当及时通知权利人领取,或者送交公安等有关部门。"所有权法律关系是在一

---

① 参见〔德〕卡尔·拉伦茨:《德国民法通论》(上册),王晓晔、邵建东、程建英、徐国建、谢怀栻译,法律出版社2003年版,第276—279页。

② 参见王泽鉴:《民法总则》,北京大学出版社2009年版,第94页。

个特定人与他人之间形成的；限制物权法律关系是在权利人与物的所有人之间形成的，因物权可以对抗一切人，这种法律关系中的权利人可以对抗任何第三人。从这种意义上讲，此类要素的核心是权利，民法是作为权利的体系而构建的。

（2）权利主体与权利客体——人和物

人是权利的主体，包括自然人、法人与非法人组织。有主体就有客体，权利客体依权利的类型不同而有所不同。"权利以有形或无形之社会利益为其内容或目的，例如物权以直接排他的支配一定之物为其内容或目的，债权以要求特定人之一定行为为其内容或目的，为此内容或目的之成立所必要之一定对象，为权利客体（Rechtsgegenstand）。即物权之客体为一定之物，债权之客体为特定之人，人格权之客体为人之本身，亲属权之客体为立于一定亲属关系之他人，无体财产权之客体为精神之产物。故权利之客体，依各种之权利而有不同。而私权之客体，并不以物为限。"[①] 这里需要注意的是，权利主体不能是权利客体，因为不存在自己对自己或他人支配的权利，人格权不能被理解为自我支配权；婚姻家庭中的夫妻因权利主体的自由和平等而共同生活的权利，不能被理解为对配偶的支配权；父母对未成年子女的照顾并非赋予父母对未成年子女的支配权，而为照顾权；债务人也并非权利客体，债权仅为债权人对债务人提出履行义务的命令或请求。[②] 民法范畴的物，是指除人的身体外，能为人力所支配，独立满足人类社会生活需要的有体物与自然力。[③] 图3-1中连接民事主体A和物α的箭头两端的A和α之间的关系区分为权利主体的"人"和权利客体的"物"，亦即"人与物"的两分法。就物权而言，所有权人可以对物占有、使用、收益和处分。尽管"人"与"物"之间的界限未必分明，特别是有关胎儿和人体部分，如"胎儿"是为"人"还是"物"存在争论问题，脱离人身的一部分、身体内的假牙、尸体等是否属于物也存在争议，但严格区分支配的主体

[①] 史尚宽：《民法总论》，中国政法大学出版社2000年版，第248页。
[②] 参见〔德〕汉斯·布洛克斯、沃尔夫·迪特里希·瓦尔克：《德国民法总论（第41版）》，张艳译、冯楚奇补译，中国人民大学出版社2019年版，第338页。
[③] 参见王泽鉴：《民法总则》，北京大学出版社2009年版，第198—199页。

"人"和客体"物"的思考模式依然存在,而且民事主体 A 对物 α 的权利是不可侵犯的且是排他的。

综上,民事主体 A 对物 α 的支配关系形成物权关系,是不可侵犯的且具有排他性,民事主体 B 对物 β 的支配关系也是不可侵犯且排他的。但由于这是在静态情形中讨论民事主体对民事客体的支配关系,A 和 B 之间并无实际交易,因此,没有法律事实的出现,不会产生积极的法律关系。

2. 交换:合同—债权—权利

此处的"交换"为何义,是债权行为还是物权行为,又或是两者兼具,应当考察一下基于法律行为的物权变动的不同模式以作确定。

基于法律行为的物权变动是否要具备特定形式要件,可将物权变动模式分为意思主义与形式主义两种情形,此处的意思主义实际为债权意思主义,形式主义又可以分为物权形式主义和债权形式主义,而在物权形式主义与债权意思主义之间还有一种折中主义,故物权变动模式有四种模式。①

第一种模式是债权意思主义,指认为物权变动是债权行为的当然结果,产生债权的意思表示即为物权变动的意思表示,仅需当事人的合意就完成物权变动的法律行为,公示方法为对抗要件而非生效要件,不承认物权行为。这种模式的典型代表为《法国民法典》和《日本民法典》。

第二种模式是物权形式主义,指物权行为因法律行为而变动时,除了债权合同外,还需要当事人就物权的变动达成一个独立于债权行为之外的合意,并履行交付或登记的法定形式。这种模式区分债权行为与物权行为,坚持债权行为的有效与否不影响物权行为效力的物权行为的无因性。这种模式的典型代表为《德国民法典》。

第三种模式为债权形式主义,指法律行为引起的物权变动,除了需要当事人之间的债权合意外,还需要履行交付或登记的法定形式,但无须另有物权变动的合意,不承认独立的物权行为和物权行为的无因性,交易安全借助于公示公信原则,即此模式采债权意思主义与交付或登记

---

① 参见梁慧星、陈华彬:《物权法(第七版)》,法律出版社 2020 年版,第 82—86 页。

结合。《西班牙民法典》《韩国民法典》采此模式。

第四种模式为介于物权形式主义与债权意思主义之间的折中主义。这种模式区分债权行为与物权行为，认为物权行为的效力受其原因行为（债权行为）的影响，采物权行为的有因性，强调债权行为的效力约束物权行为的效力，否认物权行为的无因性，交易安全委之于公示公信原则加以保护。这种模式的典型代表为《瑞士民法典》，该民法典在物权变动方面区分了债权行为与物权行为，物权行为主要为动产交付和不动产登记申请，并采有因性原则。① 值得注意的是，《欧洲示范民法典草案》采用的折中主义模式既承认某些情形为有因性（如因欺诈等原因撤销债权行为，物权行为也无效），又承认另一些情形为无因性（如根本违约导致合同解除，债权合同无效，物权合同有效），被称为折中的折中主义模式。

（1）法律行为：意思—行为

在图 3-1 中，民事主体 B 可以通过正当途径如物权变动的原因（即债权行为）得到民事主体 A 所支配的物 α，A 也可以通过物权变动的原因（即债权行为）得到 B 所支配的物 β，A 和 B 还可以通过合同的方式互相交换各自支配的物 α 和 β。针对物 α 来说，A 对 B 表明交换的意思，B 表明接受的意思，双方达成合意，达成的合意即为契约。B 处理物 β 也是同样的民法原理。上述两个契约的达成是 A 和 B 双方成立的法律行为（意思表示）的结果，也是图 3-1 中横向箭头"↔"表示的意思。可见，不管是否区分债权行为与物权行为、是否承认物权行为或争论物权行为具有无因性还是有因性，此处的意思表示在不同物权变动模式下均可解释为债权行为与物权行为（如不承认物权行为，则仅为债权行为），根据意思表示（如承认物权行为，则为物权行为中的意思表示；如不承认物权行为，则仅为债权行为中的意思表示）进行所有权转移，其中的意思表示和法律行为等概念是基于人为的选择而产生的概念，在某种意义上说，这些概念是划时代的法律技术的产物。

---

① 参见常鹏翱：《另一种物权行为理论——以瑞士法为考察对象》，载《环球法律评论》2010 年第 2 期。

(2) 物债二分：物权—债权二元体系

从民法技术上讲，私法规范只要是在物债二分框架下展开，则债权行为与物权行为分离；若进而使物权变动公示具有公信力，则抽象原则为逻辑结论，均为意思表示解释的结果。针对我国物债二分的立法格局在《中华人民共和国物权法》出台之后基本确立，有学者认为，不论立法者是否意识到其与物权行为理论相关，债权行为与物权行为分离为逻辑必然，不影响实证规范逻辑的展开。① 物债二分体系在逻辑思考方式上为产生债法效力的法律行为（债权行为，负担行为）和产生物法效力的法律行为（物权行为，处分行为）分离，在法律效果上表现为债法效果与物法效果的分离。如民法不作物债二分，则不承认分离原则，所有权变动效果合一于债权合同（如电脑买卖合同）。

物权与债权二权是大陆法系民法体系中的基础概念，《德国民法典》明确区分债权行为和物权行为并规定两者在效力上相互独立，《法国民法典》不区分债权行为和物权行为，《奥地利普通民法典》区分债权行为和物权行为但物权行为生效的前提是债权行为有效。可见，区分物权和债权在大陆法系民法中具有重要的法律地位，民法区分物权和债权主要是因为契约（如买卖）通常有时间落差，交易一般并非在瞬间完成。② 具体来说，在民法的诸多领域特别是物权法与债权法领域存在"逻辑一秒钟"，民法原理通过"逻辑一秒钟"对法律事实或法律效果从时间的落差上进行排序。③ 前述民事主体 A 对物 α 的所有权，根据 A 和 B 两个民事主体之间的契约转让给 B，也就是说，B 通过契约获得了要求 A 转移所有权的地位（权利），通过"逻辑一秒钟"，区分了 B 对 A 的权利和 A 对 α 的权利。前者为对人的权利即债权，后者是对物的权利即物权。所有权人的法律地位在所有权转移时，原则上全部转移给权利承受人，包括所有物上的公共负担和与所有权结合在一起的对所有权

---

① 参见朱庆育：《物权行为的规范结构与我国之所有权变动》，载《法学家》2013 年第 6 期。
② 参见郑观、徐伟、熊秉元：《为何民法要分物权和债权？》，载《浙江大学学报（人文社会科学版）》2016 年第 6 期。
③ 参见杨代雄：《民法上的"逻辑一秒钟"》，载《中外法商评论》2021 年第 1 卷。

的限制。担保物权的转移也是一样,如我国《民法典》第 407 条规定:"抵押权不得与债权分离而单独转让或者作为其他债权的担保。债权转让的,担保该债权的抵押权一并转让,但是法律另有规定或者当事人另有约定的除外。"这便是 A 对 α 的支配权和通过 A、B 之间的契约导致支配权转移的思考模式中产生的区别。通过引入这种物债二分,债权行为与物权行为相区别,便构成了物权—债权二元体系。

3. 有关民法技术构建法律关系的思考方法的反思

通过上述分析,人与物的两分法以及作为这两者媒介的行为确立了近现代民法的三个基本要素即民事主体、物权和债(合同),形成民法体系的三大基本制度,其中的思考方式便是民法的基本法律技术。通过对民法的历史考察可以发现,这种技术在罗马法时代就有,但在欧洲大陆制定近代民法典之前并未得到贯彻,在这种意义上看,这些技术是通过近代民法典的制定而成为普遍化的法律技术。

现在民法上的人的人格以权利能力为本质构建,民法上的人包括自然人、法人和非法人组织,只有伦理意义上的人才有尊严,可以对他人请求尊重和承认其权利,如被侵犯则可以要求他人承担相应的责任。因法人不是伦理意义上的人,由此人在伦理意义上的关联被切断。除此伦理意义受到挑战之外,现在人与物的两分法也受到挑战,如对胎儿、受精卵、脱离人体的器官、产妇分娩后的胎盘、被检测的人的基因、遗体等在法律上的处理,这些民法上的身体权的身体要素被客体化甚至被学者称为"物化"。另外,人工智能的出现也模糊了人与物之间的界限。民法中的人与物这种主体与客体二元对立的格局,受到了生物科技发展的冲击,导致出现人不为人、物不为物的情况,人体和物可能会相互转化,人对自己的身体以及身体与物之间原先清晰的界限被打破,主体人面临被沦落为客体的风险和现实的威胁。① 生物科技模糊了人与物的明确界限,可能会在客体地位上增加人体,进而使人受到尊重的伦理受到挑战。对人格和人身的保护,凸显了作为客体的"人"的侧面;随着各种知识产权、信托等财产管理技术重要性的增加,对"物"的概念本身

---

① 参见常鹏翱:《物权法的展开与反思(第 2 版)》,法律出版社 2017 年版,第 8 页。

和"所有"的概念需要进行再思考。

另外，对采纳债权意思主义的法律行为仅通过意思表示这种瞬间、全体决定而产生或转移权利的权利变动方式，被认为不甚妥当，而围绕信息提供义务、再交涉义务、不公平的格式条款以及非典型的复合契约的讨论，以意思表示为核心的采纳债权意思主义模式的法律行为理论，正逐渐成为批评的目标。债权意思主义尽管具有物权变动程序简单与便利交易的优点，但因债权行为的意思表示，物权变动生效，不能从外部公示其物权变动，妨害了交易安全，仅以交付或登记作为对抗要件，难以处理当事人的内部关系和对第三人的外部关系不一致即一物二卖情形，为物权形式主义和债权形式主义所批判。

虽然债权行为与物权行为在概念上区分为民法乃至法学上的一项重大成就，但采物权行为与债权行为分离的物权形式主义模式受到了物权行为与债权行为不能同一命运的挑战，使人们对物权行为具有独立性提出质疑。王泽鉴教授认为，不存在独立的物权行为，也不会发生无因性问题，主张采纳意思主义与交付原则的混合制度，承认物权行为的有因性，认为债权形式主义较为合理。① 不论采取何种基于法律行为引起的物权变动模式，均不能全面否定"人""物""（法律）行为"是民法要素的事实，同时还需要对这些基本概念如何适应当下时代要求的更新作出合乎规范的解释。

私法的第一个基本概念是作为"权利主体"的人（权利的所有者和义务的承担者），第二个基本概念就是法律关系。一般而言，法律关系从一个人的视角看是权利，但从另外一个人的视角看则是义务或为一种法律上的约束。可见，法律关系是一种作为权利主体的人与人之间的法律关系，其实质要素是权利以及与此相关的义务或法律约束。就法律关系结构来说，法律关系的主要要素是权利（即对人的尊严的尊重）和与

---

① 参见王泽鉴：《民法学说与判例研究（修订版）》（第一册），中国政法大学出版社2005年版，第254—256页。王泽鉴教授认为物权形式主义改采债权形式主义的理由为：第一，当事人之间有买卖合同或其他移转设定物权的合意，但没有交付或登记，不发生物权变动的效力；第二，债权行为不成立或无效时，即使标的物已经交付或登记，物权不发生变动；第三，虽然不存在物权行为无因性理论，但善意第三人可以依据善意取得制度受到保护，交易安全不受影响。

之相应的义务（即注意不要去损害他人），可以作为适用于所有法律关系的模式的概念。法律关系是法律规定人与人之间的关系，可以存在于两个或多数的特定人之间，也可以存在于一个人与所有否定这种法律关系、不尊重这个人权利的其他人之间。据此，法律关系可划分为两种法律关系：第一种法律关系是参与主体为特定的人，表现为债权债务关系的一种特殊法律关系，权利与义务仅存在于参与者之间；第二种法律关系是一个人对于所有其他人的权利，其表现形式主要为人格权法律关系和所有权法律关系，是法律保证一个可以排除其他人的特定人的自由空间的权利，所有其他人都应尊重这种权利且不能侵犯这种权利。① 法律关系是一种权利和义务的总和。

大村敦志的第一种民法技术的思考方法是要通过"要素和关系"，分别从物权法律关系和债权法律关系探讨权利与义务要素，构建法律关系的思考方法，尽管论证过程简单，但却是可行的。

（二）法律关系原因的思考方法——作为与自然

法律关系的产生、变更与消灭需有一定的原因，导致法律关系变动的原因为法律事实。法律事实在民法原理上指的是能够引起法律关系产生、变更和消灭的客观事实或现象。根据是否与当事人的意志有关，法律事实可分为事件或自然事实与人的行为两类。其中，事件（自然事件与社会事件）与状态或自然事实（事件与状态）与当事人的意志无关，行为与人的意识活动相关。民事法律事实区分的主要价值在于民法的调控方式不同：对于法律行为的调整，依据民事主体的意思安排当事人之间的利益关系，采用意思主义调控方式；对于准法律行为、事件或自然事实与事实行为的调整采用法定主义的调控方式，若符合法律认可的事实构成，则法律直接对当事人之间的利益安排作出决定。

民法对人的行为的理解，应为符合民法规定的行为，但学者对于人的行为的具体类型因标准不同而存有争议。有学者认为，人的行为分为法律行为（如悬赏广告、买卖合同、遗嘱）、准法律行为（如催告、意

---

① 参见〔德〕卡尔·拉伦茨：《德国民法通论》（上册），王晓晔、邵建东、程建英、徐国建、谢怀栻译，法律出版社 2003 年版，第 255—259 页。

思通知、观念通知、宽恕)、事实行为 (如添附、先占、画画等创作作品的行为)、违法行为 (如侵权行为、违约行为)、行政行为 (如没收、罚款、征收、产权登记)、司法行为 (如判决离婚、确认产权);有学者将人的行为分组为表意行为与事实行为、合法行为与违法行为、非权力行为与权力行为;有学者认为,人的行为可以分为合法行为 (如法律行为、准法律行为、事实行为)、违法行为 (如违约行为、缔约过失、侵权行为) 和其他行为 (前两个行为之外的行为,如防卫过当、紧急避险过当、民法之外的其他法律如行政法规定的行为),但也有学者将事实行为分为合法的事实行为 (如拾得遗失物或漂流物、先占、无因管理) 与不合法的事实行为 (如侵权行为、违约行为)。其中有争议的是,无民事行为能力人的行为和在无意识或神智错乱中的完全民事行为能力人所为的行为是否属于行为。有学者认为,因无意识能力而作出的动作为无意识的活动 (如梦游中的行为),不能称为行为范畴,而应属于事件范畴,即并非人的一切行为都能成为法律事实。①

所以,对"作为"与"自然"的处理方式,不同于前述权利与人、物、法律行为、物权、债权这些基本概念,它们是判断与当事人的意志是否有关、是否引起法律关系变动的原因。民法将行为与事实对立作为权利 (债权) 的产生原因,实际情形是权利 (债权) 的产生原因是法律行为与不法行为的对立。在权利主体之间所形成的婚姻家庭关系的成立原因方面,同样也存在行为与事实的对立情形,例如,在夫妻关系的成立上重视男女双方关于缔结婚姻的合意,在亲子关系上重视事实。但是,"作为"和"自然"之间的关系,并非这样。这里首先从债权产生的原因开始讨论"作为"和"自然"法律关系原因的思考方法。

1. 债权:基于意定与法定

债法的研究对象为债权债务关系,为当事人之间存在的一种特别的结合关系。基于法律行为中债务人的同意或基于法律的规定,债权人有权向债务人请求给付。债务不是由债权人任意决定的客体,而是合同约

---

① 参见梁慧星:《民法总论 (第五版)》,法律出版社 2017 年版,第 63 页;崔建远等:《民法总论 (第二版)》,清华大学出版社 2013 年版,第 92 页。

定或法律规定应履行给付的义务,分别为法定之债与意定之债。所谓债权,是指债权人请求债务人为特定给付的权利。债权的本质属性为请求权,而非支配权,所以债权人只能请求债务人履行给付义务,不能直接支配债务人应当给付的财产,除非是在债务人或第三人的财产上设定了担保物权,同时也不能直接支配债务人的人身及其行为。由此可见,债权是一种针对特定人的权利,要求债务人对债权人履行某种给付,其一方面针对特定的义务人(债务人),另一方面针对某个目的即要求履行给付,给付履行了则债权的目的实现,债务随之消灭。① 当然,尽管请求权是债权的核心,但两者不能等同,这是因为债权的权能除了请求权之外还有受领请求权、强制执行力、处分权能等权能,且请求权在债权履行期到来之前不能行使。我国立法上对债权的定义规定在《民法典》第118条第2款:"债权是因合同、侵权行为、无因管理、不当得利以及法律的其他规定,权利人请求特定义务人为或者不为一定行为的权利。"该定义既规定了债权的发生原因,又规定了债权的本质含义。

(1) 法律行为——意定之债原因

债权产生的原因有"契约""无因管理""不当得利""侵权行为或不法行为",其中,"契约"和"侵权行为或不法行为"形成了债权产生的两大原因。基于法律行为所发生的债,被称为"意定之债"。其中,单方法律行为与合同为意定之债发生的主要原因。由合同所生之债是通过当事人的意思表示或意思合意使合同缔结,由此产生债之权利义务,近代民法典中立法者把意思作为要素对契约进行体系上的把握,但各国或地区对意思表示作为法律行为要件的看法不一。尽管有观点将法律行为与意思表示作同义词使用,但是,在经过人为设计的法律行为理论中,意思表示是法律行为的本质核心要素,并不等同于法律行为。意思表示并非唯一确定的因素,还残留着不能还原为意思的事实性要素,与意思表示同被作为法律行为成立要件的因素(如原因、目的),法律行为并非仅通过意思表示才能使意思的所有内容全部发生效力,否则无须

---

① 参见〔德〕卡尔·拉伦茨:《德国民法通论》(上册),王晓晔、邵建东、程建英、徐国建、谢怀栻译,法律出版社2003年版,第287页以下。

将其他因素作为其成立要件。如《法国民法典》保留着"原因"和"目的"等概念，《日本民法典》虽抛弃了"原因"概念但还保留着"目的"概念。可见，法律行为并非只是依意思表示而成立，而是以某种"原因"作为理由、以某个具体的"目的"作为对象而成立的，如买卖契约中卖主所承担的义务内容要受到约定的对象物的制约，"目的不能"法理就表明了此种情形；对于买主来说，要承担支付价款义务，对方交付物是产生债务的原因。现在，学说上有关"目的"这一概念变得淡化，世界范围内出现承认将意思主义彻底化的倾向，即使自始不能的契约依然成立。但大村敦志认为，此点正好说明意思很容易脱离物，"约定就是约定"这种不受事物的存在支配的抽象观念依然存在，需要慎重对待。

（2）不法行为或侵权行为——法定之债原因

人们一般认为债务的产生原因为法律行为和事实行为，其中不法行为与契约并列成为债务产生的两大原因。基于法律规定所生之债被称为"法定之债"，如无因管理、不当得利、缔约过失、侵权行为等事实行为所生之债。此处的事实，并非受到侵害的事实本身（如受伤），而是成为受到侵害原因的人的"所为"，不法行为在某种意义上要求与行为者的意思之间有一定的关联（如要求故意或过失），只不过不作为意思而作为事实来理解，"所为"自身能产生具有一定内容的债权（如损害赔偿债权）。法律行为层面的意思为意思表示，不产生积极的法律效果，而事实层面的意思为还原事实，由法律规定其法律效果。当然，一般认为实施不法行为的人，包括无意识能力的人，如果不具备不法行为能力，就无须审查其在具体情况下是否尽了应有的注意义务，[①] 其被认定为没有过错，从而无须承担责任。

综上，法律行为与不法行为都是人的行为，两者均存在意思，将意思作为民事法律关系产生的原因。但是，不法行为不能产生行为人想要追求的法律效果，因为将"所为"评价为不法行为，并使义务人承担其应当承担的债务，意思的参与是必要的，是判断过错的重要要素，但不

[①] 参见〔德〕卡尔·拉伦茨：《德国民法通论》（上册），王晓晔、邵建东、程建英、徐国建、谢怀栻译，法律出版社2003年版，第156页。

法行为中的意思与法律行为中的意思应在不同层面去理解，积极追求某种效果的意思与成为某种事实原因的意思是不相同的。行为层面的意思与事实层面的意思要加以区分，行为层面的意思是积极追求某种效果的意思，而成为某种事实原因的意思是法律规定的不法行为的法律效果，这种法律行为与事实行为的"作为与自然"的思考模式对于区分"约定就是约定"与"把意思还原成事实"，是法律关系原因的思考方法，以避免"约定也要遵从事实"，从而将法律行为与事实行为区分开来，构建相应的法律关系。

2. 婚姻家庭

拉德布鲁赫认为，婚姻家庭法与婚姻事实构成的自然性基础即夫妻关系和血缘关系之间越来越直接地重叠。法律婚姻观可以分为个人主义婚姻观和超个人主义婚姻观两大部分，个人主义婚姻观是在夫妻共同订立的契约关系背景下解释婚姻关系，注重夫妻相互之间的关系，婚姻被称为"爱情共同体"；超个人主义婚姻观是在结婚双方共同进入婚姻生活状态的概念下思考婚姻关系，将夫妻与子女的关系作为出发点思考，婚姻被称为"生育共同体"。[①] 婚姻家庭是具有高度人身属性的私人领域。婚姻曾长期被界定为以性别差异为基础的男女，以缔结夫妻关系的意思表示一致而实施的结婚行为并在法律上获得的身份关系；家庭是基于婚姻、血缘和收养而形成的一定范围内亲属之间的共同生活体。[②] 家庭的概念随着社会的发展而不断发生变化，传统意义上的家庭以婚姻和血缘关系为主，血缘关系又以父母子女关系为主，现在还有如不以婚姻为基础的基于同居而产生的非婚姻父母子女关系。作为与自然、意思与事实，这种法律关系原因的思考模式不仅在债权中是重要的民法技术方法，而且在婚姻家庭关系的形成中也具有重要作用，不论是基于自然还是基于法律规定的事实，结构上都体现了民法技术方法的运用。[③]

[①] 参见〔德〕拉德布鲁赫：《法哲学》，王朴译，法律出版社2013年版，第170—174页。
[②] 参见蒋月：《婚姻家庭法前沿导论（第二版）》，法律出版社2016年版，第1页。
[③] 参见〔日〕大村敦志：《民法总论》，江溯、张立艳译，北京大学出版社2004年版，第41页。

(1) 夫妻——基于法律行为的身份关系

身份行为是以发生身份关系变动为内容的法律行为。身份行为有形成自己身份关系的变动，如婚姻（结婚与离婚）、收养等；有形成他人身份关系的变动，如收养的撤销、撤销监护人；还有补助他人身份形成行为，如对于他人身份形成行为的同意。身份行为如有特别规定，则与财产行为有不同处理规则，如形成他人身份关系的身份行为需要行为人有行为能力，在这以外的身份行为只需要行为人有意思能力即可。身份行为原则上不得代理，不得附条件或期限。① 在婚姻家庭领域内限制此类契约自由是民法技术的合理方法的运用，是出于支配性的伦理道德或政治利益的考量，是现代民法制度的特点，是对"契约奴隶"的禁止。② 国家对结婚形式具有强制性和公开性的要求，公开登记的男女结合才构成婚姻，而长期共同生活的男女虽满足公示性的要求，但不符合强制性要求。所以，同居关系既不构成婚姻，也不属于婚姻家庭法律制度的调整对象，婚姻被认为是男女共同生活的唯一合法形式，而非婚共同生活的同居关系则成为家庭生活形式之外的另一种生活方式。③ 也就是说，婚姻是通过国家机关缔结的婚姻，属于法律意义上的婚姻，而纯粹事实上的男女共同生活被认为是同居关系，不具有法律意义上的婚姻关系。

婚姻被认为是一种契约，是与身份相关的契约，尽管与一般契约不同，但至少承认婚姻中存在契约的要素。男女在一起生活并非表明他们是夫妻，只有明确表示"是夫妻"的形式公开并符合具有强制性的法定条件才能成为夫妻。例如，《德国民法典》《法国民法典》与我国《民法典》都使用了"结婚"（缔结婚姻契约）的表达方式，婚姻之外非婚姻状态的男女共同生活被定性为同居，不构成婚姻关系。可见，婚姻是根据当事人的意思所形成并符合法定形式而缔结为夫妻的法律关系。

---

① 参见史尚宽：《民法总论》，中国政法大学出版社2000年版，第319—320页。
② 参见〔德〕马克斯·韦伯：《论经济与社会中的法律》，张乃根译，中国大百科全书出版社1998年版，第118—119页。
③ 参见〔德〕迪特尔·施瓦布：《德国家庭法》，王葆莳译，法律出版社2010年版，第26页。

(2)亲子——基于自然事实或法律行为的身份关系

亲子关系即父母子女关系为大陆法系的民法典所重视的关系,法律上也承认婚姻之外即非婚子女的亲子关系。例如,《法国民法典》第310条规定:"亲子关系依法得到确定的所有子女,在其与父母的关系中均享有相同的权利、承担相同的义务,每一个子女均属于其家庭的一个成员。""非婚生子女的父母,如同(正式)结婚的父母一样,有义务……抚养和教育他们的(非婚生)子女。"亲子关系原则上以血缘关系为唯一依据,这种观念是基于生物学上的血缘关系被承认。婚生子女的推定为血缘关系直接认定的例外规则,世界多数国家或地区立法大体有四种推定方法:第一种方法,婚姻存续期间受孕而未出生的子女推定为婚生子女,如古罗马《十二表法》第四表"家长权"第5条规定:"婴儿自父死后十个月内出生的,推定他为婚生子女";《法国民法典》第312条规定:"婚姻期间受孕的子、女,夫为其父。"第二种方法,婚姻关系存续期间出生的子女推定为婚生子女,如《瑞士民法典》第255条规定:"夫妻在婚姻关系存续期间出生的子女,则推定丈夫为其父亲。""子女在丈夫死亡后三百天内出生,或在三百天后出生,但能够证明妻子在丈夫死亡前已受孕,则推定丈夫为其父亲。""如丈夫被宣告失踪,自其生命危险发生之日或最后音讯知悉之日开始计算,在三百天内出生的子女,推定丈夫为父亲。"第三种方法是婚姻存续期间或者婚姻解除后300日内出生的子女推定为婚生子女,如《法国民法典》第311条规定:"法律推定子女系在其出生之日前的第三百日至第一百八十日期间受胎。第三百天与第一百八十天包括在内。""视子女的利益所要求的,受胎时间推定为该时期内的任何时刻。"《瑞士民法典》第256条第a2款规定:"自结婚之日起第一百八十天之后出生的子女,或在因死亡解除婚姻之日起第三百天以内出生的子女,应被推定其为在婚姻关系存续期间受孕。"第四种方法为综合规定,如《魁北克民法典》第525条第1款规定:"如子女出生在婚姻期间、异性缔结的民事结合期间或在解除婚姻或宣告婚姻无效后三百天内,推定其母之配偶为父"。不过,既然是推定,如有相反证据即可推翻,当事人可以依据一定事实向法院提起否认婚生子女的诉讼,如我国《民法典》第1073条第1款规定:

"对亲子关系有异议且有正当理由的,父或者母可以向人民法院提起诉讼,请求确认或者否认亲子关系。"另外还有子女请求亲子关系确认的规定,如《民法典》第1073条第2款规定:"对亲子关系有异议且有正当理由的,成年子女可以向人民法院提起诉讼,请求确认亲子关系。"

另外,除了彻底贯彻血缘主义的国家或地区承认亲子关系外,还承认拟制的、契约式的亲子关系即养子关系。早在罗马法中就可以通过合同设立拟制亲子关系,在现在被称为"收养"。收养的性质是法律行为,我国《民法典》第1113条规定:"有本法第一编关于民事法律行为无效规定情形或者违反本编规定的收养行为无效。无效的收养行为自始没有法律约束力。"所谓收养,是指在收养人与非直系血亲的被收养人之间依法确定拟制父母子女身份关系的法律行为。我国《民法典》第1105条第1款规定:"收养应当向县级以上人民政府民政部门登记。收养关系自登记之日起成立。"《民法典》第1111条规定了拟制的养父母子女之间的法律效力:"自收养关系成立之日起,养父母与养子女间的权利义务关系,适用本法关于父母子女关系的规定;养子女与养父母的近亲属间的权利义务关系,适用本法关于子女与父母的近亲属关系的规定。养子女与生父母以及其他近亲属间的权利义务关系,因收养关系的成立而消除。"法律框架内的收养制度分为合同体系和宣告体系,[①] 合同体系是通过收养人和子女之间的合同成立,宣告体系是通过国家主权行为的收养即由法院或行政机关登记宣告成立,被收养的子女产生婚姻家庭法上的子女的效果。

可见,作为与自然的区别、意思与事实的区别,是法律关系原因的思考方法,是贯穿于民法及其体系的一种基本思考模式。

二、民法技术:制度与规定分类视角

星野英一关于民法技术的观点[②]主要从制度与规定分类视角进行

[①] 参见〔德〕迪特尔·施瓦布:《德国家庭法》,王葆莳译,法律出版社2010年版,第395页。
[②] 参见〔日〕星野英一:《民法劝学》,张立艳译,北京大学出版社2006年版,第81—89页。

解读。

（一）作为理念的（直接规定具体社会、经济关系的）制度与规定

民法制度是由一定的法律理念构建的原则和规范所形成的民法体系。如果民法的原则和规则所构成的制度体系是民法外部的形式，那么民法的理念就是民法内部的价值体现。

美国法学家庞德（Roscoe Pound）教授在《法律史解释》一书中曾言："法律的思想，在求一般安全之社会利益，不能不使人企求确定的基本条理，以为行为之客观的准则，使安定的社会秩序得以维持。"[1]庞德教授的论述谈到了法律理念、法律原则与法律规范的关系。对于民法而言，作为内部价值体现的民法理念通过民法基本原则渗透并表现在民法规范上，民法理念决定民法基本原则，民法基本原则决定民法规范，民法规范反映和贯彻民法基本原则进而体现民法理念。民法规范承载着实现民法基本原则宣示的民法诸种理念或价值的重任。[2]星野英一认为，这种制度与规定构成了各种社会的"根干"，是与"作为思想的民法"相对应的制度与规定。但由于不同社会经济体制的差异，相应的基本理念也各不相同。例如，封建制度下土地的权利人是该土地上居住的人，而近代以后对纯粹物（土地）的支配权包含了"公法"性的权利。作为近代民法理念的私法自治和私权神圣，是民法在长期的历史发展过程中形成的博大精深的民法文化和浓厚的精神底蕴的产物，[3]是民事主体参与民事活动所积累的精髓所在。值得注意的是，在某些情形下，各种民法理念之间可能会存在冲突，此时需要在各种理念之间进行利益衡量。民法的各种理念实质是民法的各种价值取向，如果某种民法理念或价值得到实现，可能会牺牲其他民法的价值。契约自由原则为私法自治原则的价值的体现，公序良俗原则属于民法上禁止性规定的最后

---

[1] 转引自〔英〕丹尼斯·罗伊德：《法律的理念》，张茂柏译，新星出版社2005年版，中文版序。

[2] 参见董学立：《民法基本原则研究》，法律出版社2011年版，第32页。

[3] 参见许中缘、屈茂辉：《民法总则原理》，中国人民大学出版社2012年版，第38页。

防线的秩序要求，如以有违公序良俗原则为由限制私法自治原则，由于私法自治原则与公序良俗原则之间没有具体的可比性，需要在个案中进行利益衡量，即要在代表私法自治原则的理念自由和代表公序良俗原则的秩序之间进行利益衡量。

（二）作为抽象概念的制度与规定

抽象概念是人们创造出的普遍的或特殊的概念，它为人类的思考、沟通和决策提供了重要的工具。抽象概念不是一个具体的实体。法律与人类的社会生活密切相关，抽象化的法律概念只有具体运用在法律制度与规定之中才能真正发挥效用。[①] 例如，合同制度需建立一套可以控制的、由概念组成运作的架构，使合同、要约、承诺、错误或虚伪的意思表示等发生效力，从而构成合同法中的复杂观念、规则与概念。

民法中最具有技术性的民法制度与规定包括自然人、法人、非法人组织、权利能力、行为能力、法律行为、代理、条件、时效、期限、期间、知识产权、所有权、用益物权、担保物权、共有、相邻关系、合同、义务的履行与不履行、合同的成立与终止、合同解除、无因管理、不当得利、人格权、婚姻家庭、继承、侵权行为、侵权责任等，其中，"民事主体"（自然人、法人、非法人组织）、"民事客体"与"法律行为"是最为基础性的制度与规定。

民事主体只能作为权利的享有者和义务的承担者，不能作为支配的对象或客体。例如，在民法技术层面，法人依据法律规定取得权利能力与行为能力，获得权利主体资格，可以通过法人机关从事民事活动。民事客体是指物、权利以及给付行为等，为民事主体所支配的对象，但不能成为民事主体。例如，有人将财产遗赠给自己的宠物猫或者狗，由于猫或狗不具有权利能力，不能作为权利的享有者即民事主体。"法律行为"与"法人""权利能力"等民法概念均是由德国民法理论创设的，"法律行为"是德国法学在19世纪形成的概念，并规定在《德国民法

[①] 参见〔英〕丹尼斯·罗伊德：《法律的理念》，张茂柏译，新星出版社2005年版，第231页以下。

典》中。法律行为至少包括一个意思表示，通常还需要其他构成要件（如民事主体的行为能力、标的、形式要件，甚至包括事实行为、行政行为等），法律制度才承认民事主体之间的法律行为所希望发生的法律效果。法律行为以意思表示为本质核心、以合同为主要表现形式、尊重人的意思，并尽可能承认当事人之间基于合意意欲发生私法效果而成立的法律行为产生法律效果。它使类似于法律行为的概念得以形成，如"代理"。在现代社会，为扩张民事活动范围或补充行为能力的不足或专业知识的不足，民事权利主体可以不必亲自去从事某种法律行为，而由他人在授权或法定权限内即取得代理权后代为完成该法律行为，即意思表示可以通过代理人作出或者接受，意思表示的法律效果直接归属于被代理人而非行为人即代理人，除非代理人背离被代理人的意思表示。另外，被代理人行为能力上的瑕疵可由法定代理权弥补，此种法定代理情形不能基于被代理人的意思而成立。所以，针对不同情形，构建了法人的代理人、法定代理人、委托代理人、代理的有效要件、有权代理、无权代理、表见代理等概念，由此形成了相应的制度与规定。再如有关合同制度，规定了要约与承诺、合同的履行、合同的效力、违约责任、缔约过失责任、终止与解除等问题。这些民事制度与规定对法律主体之间权利义务关系的设立、变更与终止作出规定，作为通则或总则以一般规定的形式存在，与社会的具体变化无关。

当然，需要注意的是，这一类抽象概念的制度与规定基本与价值无涉，都是中性的、具有普遍意义的。不过，在不同的历史时期，不同的国家或地区受思想背景或者社会经济背景的影响，也会采取不同的民事法律制度。例如，《法国民法典》在制定时对于国家与个人之间是否应规定中间团体问题，立法者持强烈的否定态度，因而当时没有规定法人制度；我国《民法典》在制定时对于有关典权问题也没有作规定。

（三）社会问题的消极性处理等制度与规定

关于社会问题的消极性处理等制度与规定主要是指给他人造成伤害场合的损害赔偿制度与规定，其中损害赔偿包括侵权损害赔偿、合同损害赔偿等，如物权请求权保护、违约责任、侵权责任等制度与规定。违约责任、侵权责任均为债法上的责任。

当然，这些制度与规定也会因社会体制、思想背景的差异而出现区域差异、发生历史变迁。例如，是基于只要给他人造成损害的事实就应赔偿的"原因主义""无过失主义"或者"结果主义"，还是基于仅限于违反注意义务等得到证明的场合才进行赔偿的"过失主义"，历史上，罗马法时代采用前者作为损害赔偿基础，而受基督教的影响和为与近代自由经济相适应以及其他理由则转向后者。可见，侵权行为法的机能在历史发展过程中不断变迁，有赎罪、惩罚、威吓、教育、填补损害以及预防损害等形式，因时因国或地区而有所不同，反映了当时的社会经济状态和伦理道德观念。① 其主要功能在于填补损害与预防损害。

关于给他人造成伤害场合的损害赔偿的侵权行为制度，民法规定的一般侵权责任归责原则是过错责任，如果满足侵权行为的构成要件、违反法律且有过错，行为人要承担赔偿受害人遭受的损害的责任。如果没有过错则不构成侵权，但如果受害人享有赔偿请求权有正当理由时或符合公平原则时，则会考虑危险责任（无过错责任）或者公平分担责任。由于危险责任（无过错责任）产生于立法上对于不可避免允许特定的行为和状态的存在，如发生产品责任、民航事故、环境污染，对他人存在一定的危险时，由相应的行为人或造成危险源的人在可控的范围内承担相应的法律后果。如我国《民法典》第1202条规定："因产品存在缺陷造成他人损害的，生产者应当承担侵权责任。"第1229条规定："因污染环境、破坏生态造成他人损害的，侵权人应当承担侵权责任。"对于公平分担责任，也应当依据明确的法律规定，《民法典》第1186条规定："受害人和行为人对损害的发生都没有过错的，依照法律的规定由双方分担损失。"还有一种惩罚性赔偿制度，在于惩罚与威慑侵权人或者违约方，目的并不在于救济受害人或守约方。例如，《民法典》第1207条规定："明知产品存在缺陷仍然生产、销售，或者没有依据前条规定采取有效补救措施，造成他人死亡或者健康严重损害的，被侵权人有权请求相应的惩罚性赔偿。"《民法典》第587条规定："债务人履行

---

① 参见王泽鉴：《侵权行为法》（第一册），中国政法大学出版社2001年版，第7页。

债务的,定金应当抵作价款或者收回。给付定金的一方不履行债务或者履行债务不符合约定,致使不能实现合同目的的,无权请求返还定金;收受定金的一方不履行债务或者履行债务不符合约定,致使不能实现合同目的的,应当双倍返还定金。"

作为物被侵夺或者受到妨碍或损害要求恢复原状时,在法律制度上有物权请求权和侵权请求权,其中物权请求权有所有物返还请求权、损害赔偿请求权、收益返还请求权、妨害排除请求权、妨害防止请求权、占有人的费用偿还请求权,侵权请求权有侵权法上的物权损害赔偿请求权、占有保护请求权。[①] 除此之外,还有基于不当得利占有保护请求权、基于不当得利所有权保护请求权,即作为财物的转移没有法律上根据的场合要求恢复原状的"不当得利"制度等。我国《民法典》就物权请求权与占有保护请求权分别在物权编第一分编和第五分编作了规定,分为物权法保护和债法保护,其中债法上的保护请求权包括侵权行为损害赔偿请求权和不当得利返还请求权。

(四)作为法律技术的制度与规定方法的思考

此处需要注意的是,星野英一提到的民法技术为民法典提供模式范例的说法过于抽象,应在具体语境中理解。笔者认为,民法技术和模式的选择不同,制度与规定在体系的编排方面也会有差异。例如,《德国民法典》与《法国民法典》的编纂结构不同,从形式而言,主要有三个方面的差别:

第一,不同于《法国民法典》,《德国民法典》设置了总则编。《德国民法典》设置总则编,使原本没有联系的人法和物法两部分在民法体系中变为有机联系的完整整体;在总则编规定了"人""物""法律行为"等概念,特别是从合同、婚姻契约、遗嘱等行为中抽象出"法律行为"概念,总则编的构建核心正是法律行为。

第二,《德国民法典》严格区分债权与物权即形成物债二分体系。《法国民法典》中的债法并无独立地位,债的关系只是作为取得财产的

---

① 参见〔德〕鲍尔、施蒂尔纳:《德国物权法》(上册),张双根译,法律出版社2004年版,第185页以下。

手段。19世纪前的法学家认为合同法是财产法的附庸,《法国民法典》在结构上将担保物权（质权、优先权与抵押权）规定在各种合同之后，即担保物权附属于债权。《德国民法典》则从法律关系与权利性质的角度认为债权与物权是属于不同性质的权利，担保物权与所有权属于物权范畴，而合同、不当得利、无因管理与侵权行为等属于债的关系范畴，应当分别规定。因此，《德国民法典》将债法与物权法并列，分置于债法编和物权法编。不过，《德国民法典》在买卖合同中划分债与物权受到英美法的批评，因为英美法系中的合同法既解决债权行为或负担行为（买卖双方的义务）问题，也解决物权行为或处分行为（买方取得所有权）问题，但《德国民法典》却分别由债法和物权法解决债权行为问题与物权行为问题。

第三，《德国民法典》设置了独立的继承编。《法国民法典》从财产移转角度将继承规定在第三编"取得财产的各种方法"中，与买卖等合同并列，在理论上存在问题，不够合理。因为买卖为一般债的关系，交易主体不限定于身份关系之间。而继承限定在具有一定的身份关系的人之间，继承与一般债的关系的法律规则有很大不同，不应将继承与买卖等合同并列规定。《德国民法典》设置独立的继承编，相比较而言更加合理。

从民法技术对于民法体系的内容构建方面看，作为抽象的概念构建制度与规定的方法，在总则或通则或一般规定中简单规定了一些概念与规则，为避免重复规定，通常会对这些抽象出来的概念构建的规则不规定具体的法律后果。例如，关于物权，我国《民法典》在总则编部分仅规定了第114条至第116条三个条文，只有当物被转让、抵押、质押或者买卖时，才使这些一般抽象的概念获得具体的法律安排。权利能力与行为能力对于整个民法体系具有重要意义，如同物的法律安排，只有有权利能力的人才能享有权利和承担义务，只有具有行为能力方能买卖货物，才能立遗嘱或因侵权行为而承担侵权责任。由此可见，抽象的概念规定于总则或通则或一般规定之中，其法律效果则分散于法典各编，如基于债务人履行瑕疵产生的损害赔偿请求权，在《民法典》合同编的具体瑕疵担保责任规则中作了明确规定，即第618条规定："当事人约定减轻或者免除出卖人对标的物瑕疵承担的责任,因出卖人故意或者重大过失不告知买受人标的物瑕疵的,出卖人无权主张减轻或者免除责任。"

另外,民法中还存在适用于公法与私法的通则性制度与规定,这些均为民法的技术性规定。这是历史性原因所导致的,其源头为公法与私法不分的罗马法,致使近现代民法典中存在着许多公法与私法通用的一般性规定。

三、有关民法技术的思考

通过对大村敦志和星野英一关于民法技术观点的分析可知,两位学者有关民法技术观点的共同之处在于,民法技术均以民法的基本要素为中心,围绕人、物、行为、责任或者权利、义务与责任来进行设计。不同之处在于,大村敦志是从民法思考方法角度研究民法技术,分别从构建法律关系和法律关系的原因两个方面进行论证;而星野英一是从对制度与规定分类方面去研究民法技术,从理念、抽象的概念、侵权责任以及民法中出现的公法与私法通则性制度等四个方面进行论证。两位学者的观点异途同归,都是关于如何从历史视角和地域视角去研究民法,把握民法的共同之处和不同之处,了解民法的法律体系、民法的基本法律内容、各种权利义务关系、民事责任以及救济方法和程序,为构建或完善民法典提供了技术上的支持。

不过,单纯将抽象概念的体系要素以及"类观点"的思考方式并列,不足以取代体系的构建。不管是形式逻辑的、概念式的乃至"类观点"学的论证都不能发现"内部体系",只能借助于法律原则的发现及其具体化、类型化和规定功能的概念才能实现。上述这些均为法学的特殊思考形式,既是"价值导向",也是体系性的思考。[①] 例如,《德国民法典》在体系上与《法国民法典》存在明显差别,直接原因主要是德国古典私权一般理论。德国的私权一般理论解构了从古罗马流传下来的"人法",将"人法"解构为民法总则中的权利主体制度与民法分则中的

---

① 参见〔德〕卡尔·拉伦茨:《法学方法论》,陈爱娥译,商务印书馆 2003 年版,第 362 页。

家庭（权）法。这种源于德国古典自然法学的理论使德国民法学在体系架构上偏离了传统罗马法的轨道，导致研究民法现象的视角和组织民法素材的逻辑工具发生改变，传统罗马法的"人法"解体了，由民法总则中的权利主体制度与分则中的家庭法取而代之，"物法"也按照权利客体的差别被分解和区分为物权法、债权法与继承法，形成了潘德克顿式民法体系。《法国民法典》仍然遵循传统罗马法的"人法＋物法"的体系模式，这是因为该法典在起草之时，法国的民法学中还没有形成私权一般理论。可见，从古罗马时代到 19 世纪初，法学阶梯式的民法体系一直传承下来，而随着伦理人概念的出现，最终改变了民法体系的基本构型：伦理人概念向民法学渗透而使权利成为民法的核心范畴，并以之为逻辑主线，最终形成一个与传统的法学阶梯式民法体系迥然有别的潘德克顿式民法体系，进而形成了民法体系构造两大模式的对立格局。[1]

在人的概念这一问题上，萨维尼（Friedrich Carl von Savigny）在《当代罗马法体系Ⅱ》中提出了法律关系理论，并且根据人的本质将人限制在法律关系主体的意义上，即"任何法律关系都是产生在一个人与其他人之间的关系。作为法律关系第一个必要组成部分，对这个概念需要进行研究的，是人可以和他人相互之间建立其法律关系的这一本质。对此还应该回答这样一个问题：谁可以作为法律关系的承担者或者说是法律关系的主体？这个问题涉及到某种权利享有的可能性，或者说涉及到权利能力……"[2] 萨维尼没有在"人"这一概念的定义上多作纠缠。他说到人时总是使用复数。因为，要建立一个法律关系至少需要两个人。这就大大地缩小了人的问题所涉及的范围。这样，人就成了实现一种崇高目标所必需的构成要素。人不再是法律的基础。对法律上的人而言，起决定性作用的只是对法律关系的建立发挥作用的那个特性：权利能力。《德国民法典》拒绝了人格权理论，而采纳了萨维尼的理论。《德国民法典》一开始并没有规定"人"这一概念，而是规定了"权利能

---

[1] 参见杨代雄：《伦理人概念对民法体系构造的影响》，载《法制与社会发展》2008 年第 6 期。

[2] 转引自〔德〕汉斯·哈腾鲍尔：《民法上的人》，孙宪忠译，载《环球法律评论》2001 年冬季号。

力",这是萨维尼法律行为理论的反映。① 按照萨维尼法律行为理论,在《德国民法典》中就没有单独概括式地规定与传统的罗马法法学阶梯式立法例中的"人法",在民法立法技术上采用了权利能力构建法律上的人,"人法"被认为不合乎其立法体系的内部体系。

作为一般私法的民法体系,由"外部的"体系和"内部的"体系组成。"外部的"体系是依照形式逻辑规则建构的抽象的一般概念式体系,是诸多法律特别是民法典的体系基础。"外部的"体系的形成有赖于从作为规整客体的构成事实中分离出若干确定要素,并将这些要素抽象化后,如将家畜、野生动物、鱼类、鸟类等抽象为动物,再形成类别概念,如动物在法律上并非放在生物学中的"生物"概念之下,而是归类为"动产"概念之下,然后通过增减若干种差特征类别的要素,就可以形成不同抽象程度的概念。在此基础上,将抽象程度较低的"下位"概念涵摄到若干抽象程度较高的"上位"概念之下,如将前面的"动产"抽象为"物权"概念,最后可将大量的法律素材归结到少数"最高"概念上,由此构成"完整的"体系。这些抽象概念亦被称作外部体系的基石。② 借助这些一般的概念(如法律主体、法律客体与法律行为等概念),建立关于这些概念的整个适用范围的规则,构建原则性规定或总则,以免重复规定,如合同的类型不能穷尽列举,有关合同的成立要件、有效要件和生效要件作一次规定即可适用于任何合同类型。

抽象概念越高层、越一般,其意义内涵也越空洞,超越个别规则集合体的法律思想与评价标准会显现出来,这是"内部的"体系的任务,需要转向去探讨法律原则。所谓"内部的"体系,是指由一般法律原则所构成的体系,但应将相应的法律概念体系归属于原则之下。法律原则并非一般的规则,法律原则运用于案件中需要被具体化,因此,需要区分不同的具体化阶段。最高层的原则不能分化出构成要件和法律效果,

---

① 转引自〔德〕汉斯·哈腾鲍尔:《民法上的人》,孙宪忠译,载《环球法律评论》2001年冬季号。
② 参见〔德〕卡尔·拉伦茨:《法学方法论》,陈爱娥译,商务印书馆2003年版,第316—319页;〔德〕卡尔·拉伦茨:《法学方法论(全本·第六版)》,黄家镇译,商务印书馆2020年版,第549、552—553页。

"一般法律思想"为进一步具体化工作指明了方向（此类原则有法治国原则、社会国原则、尊重人格尊严原则以及自主决定与个人负责原则）。下位的一类原则区分构成要件和法律效果，并以此构建具体规则，这些原则包括同类案件在法律上应同等对待的信赖原则，如负担性法律禁止溯及既往、作为私法信赖责任基础的诚信原则。即使这是"下位原则"，也不可以直接用于裁判具体个案，与裁判具体个案的规则相比相去甚远，这类原则仍需要进一步由立法者来具体化，而最终的具体化规则多由司法裁判针对具体的特定个案适用。诸多原则之间可能会存在矛盾，此时每一原则应向其他原则妥协直至两者得到最佳实现。关于内在的阶层秩序，相较于财产法益，宪法赋予生命、自由、人格尊严较高的位阶。反之，在私法领域，自主决定、自己负责以及信赖责任等原则，相较于过错责任原则与其他损害原则的归责标准，彼此之间并无阶层秩序差异。在不同的具体化阶段，原则之间需要相互补充和相互限制的协作。当然，内部体系绝非封闭的，而是一种"开放的"体系，一方面诸原则的协作可能有所改变，另一方面可能出现新原则。作为"开放的"体系，因内部体系不能将所有规范或规则集合于一体，如大部分的"法律技术性的"规则（如形式上的土地登记、公证事务等）不能纳入其中，因而是"不完全的"，所以需要"外部的"体系。[①] 可见，运用民法技术建构和完善民法的内在体系和外在体系是不可或缺的。

民法立法技术有助于法律的安定性与可预见性，必须建立在高度抽象化思考方法与概念体系形成的法学之上。例如，采用潘德克顿体系的现代民法典编制体系建立在"由抽象到具体""由一般到特殊"的立法技术之上，将共同事项归纳在一起。[②] 民法技术的运用，需要具备一定的法律知识，遵循法律逻辑关系，以价值为取向进行思考和合理的分配，运用法律思维，从而预防和处理争议。也就是说，理解法学概念形成与体系构造，运用民法技术，构建和维护一个公正和谐的国家和社会

[①] 参见〔德〕卡尔·拉伦茨：《法学方法论》，陈爱娥译，商务印书馆2003年版，第348—362页；〔德〕卡尔·拉伦茨：《法学方法论（全本·第六版）》，黄家镇译，商务印书馆2020年版，第593—613页。

[②] 参见王泽鉴：《民法总则》，北京大学出版社2009年版，第22—23页。

秩序，并通过法律来实现正义。

第二节 民法理念

民法探讨和研究私法的原理原则，规范人类社会生活的基本制度，体现了法学上最为精致的概念体系。学习民法总则或总论，结合民法其他各编，主要是了解私法的以人为本，自由、平等、博爱，以及私法自治等理念，运用好立法技术和规范功能。私法自治是私法的核心价值，私法自治体现于法律行为，法律行为以意思表示为要素，强调人的自主性，民法总则或总论则创设了法律行为制度。[①] 运用民法技术贯彻何种民法理念，从而构建整个私法秩序的规范模式与体系架构，是摆在立法者和学者面前的问题。

何为理念？"理念"一词最早来自柏拉图，属观念形态，为一种内在价值，从字面意义上理解为理想和信念，是事物（制度）最高价值与终极宗旨；理念在法律领域应达到最终目的的一种观念状态的表现就是法律理念；法律理念在民法领域的具体化和专门化，就是民法理念。[②] 从历史的角度来看，民法已经发展成为具有高度技术性的法。由于民法是以权利的体系进行构建的，必然会带上个人主义和自由主义的色彩，因而民法是与自由、平等、博爱和连带等这些近代社会哲学的基本价值整合在一起的。[③] 自由、平等、博爱等这些民法中的基本价值是构建民法典的基本思想（价值观）或民法理念，也就是说，民法典用何种方法规定社会关系或人的关系，即"民法中的人"与"人中的民法"问题是民法典的理念问题，这种理念应当贯彻在民法典的各项制度和规定中。[④] 民法理念经历过变迁，需要对传统的近代民法理念及其向现代民

[①] 参见王泽鉴：《民法总则》，北京大学出版社2009年版，序言。
[②] 参见董学立：《民法基本原则研究》，法律出版社2011年版，第22—25页。
[③] 参见〔日〕大村敦志：《民法总论》，江溯、张立艳译，北京大学出版社2004年版，第43页。
[④] 参见〔日〕星野英一：《民法劝学》，张立艳译，北京大学出版社2006年版，第90页。

法理念的变化进行研究。对于传统近代民法中的自由、平等等民法理念或基本价值向现代民法理念的变迁，要从交易领域或财产领域和婚姻家庭领域两方面来进行探讨。

一、传统的近代民法理念和财产法理念向现代民法理念的变迁

作为最早的近代民法典的《法国民法典》是在习惯法的内容中加入人权宣言的精神、理念制定出来的，其中自由、平等、人身、所有权及其他权利的保护就是符合人权宣言的精神、理念。① 近代民法以法国大革命所标榜的自由和平等为其精髓。② 不过，除了自由和平等，学者们认为近代民法理念还应包括法国大革命提出的"博爱"（即同为兄弟，同为人类），再加上现在使用较多的"连带"（即对全体负有责任，与他人相关）。③ 例如，日本学者星野英一提出了"博爱和连带"民法理念，认为作为法国大革命精神之一的"博爱"在法律上未得到实现，它本来是作为基督教教义的中心被倡导的观念，基于同样宗旨的"连带"的主张也未得到实现，应当将"博爱与连带"作为与自由、平等相并列的民法新理念。④ 史尚宽先生认为，法国大革命以自由、平等和博爱作为当时立法的三大原则和理念，但偏重于个人主义，当时的《法国民法典》极端尊重个人自由，对于平等与博爱则并未相提并论，有涉及形式上的平等理念但忽视了平等之要义，博爱主义也没有实现。他认为，自由、平等、博爱三个理念"相牵相引，相抑相制，而为用"，"以物理言之，自由有如远心力，博爱有如向心力，平等有如均衡力，使皆运用得宜，则可入正轨。无自由则不得各尽其能，无平等则行不得其道，无博爱则运用不灵"。⑤ 他据此认为，自由、平等与博爱理念对于民法制定具有重要意义。日本学者大村敦志认为，连带原理是否为民法的理念存有异议，博爱能否与自由、平等并列成为第三个原理或理念，也不无疑问，

---

① 参见〔日〕星野英一：《民法劝学》，张立艳译，北京大学出版社 2006 年版，第 91 页。
② 参见刘得宽：《民法总则（增订四版）》，中国政法大学出版社 2006 年版，第 27 页。
③ 参见〔日〕大村敦志：《民法总论》，江溯、张立艳译，北京大学出版社 2004 年版，第 47—48 页。
④ 参见〔日〕星野英一：《民法劝学》，张立艳译，北京大学出版社 2006 年版，第 101 页。
⑤ 参见史尚宽：《民法总论》，中国政法大学出版社 2000 年版，第 67—70 页。

但不能否认其在近代社会中的基础作用。同时，如何定位连带原理，是与自由和平等相对立还是实质保障自由和平等，也是个问题，值得研究。①

在法律制度的历史发展过程中，财产为一种核心概念，财产权为维持社会秩序制度的重要手段。原始法律制度的主要目的在于维持社会安宁并以有序的方式解决社会成员之间产生的争端，基于等级制度的社会地位都与财产权相关。人们普遍认为罗马法中的"财产权"概念是绝对的。西方传统法律对财产重要性的评价很高，这是因为财产得到保护，则自由、社会秩序等基本价值就会得到保护。近代将财产看作神圣不可侵犯的价值，②财产不可侵犯，财产所有权人不负担义务或比他人负担更低义务，即使出于社会公共利益也不例外，但后来受到禁止权利滥用的限制。罗马法以所有权的绝对处分为中心，所有权的意义是绝对的、抽象的。③所有权在罗马法上指的是所有权人对其所有物行使的最完全、最绝对的权利，包括使用权、收益权和处分权。《法国民法典》第544条影响深远，但未脱离罗马法的基础④，第544条规定："所有权是最绝对地享有和处分物的权利，但法律或条例禁止的使用除外。"这个定义可能是法国大革命后反对封建所有权制度强加给农民的各种限制的体现，表明所有权是指对物有绝对无限制地使用、收益和处分的权利，除了法令禁止使用外。一般认为，所有权绝对是大陆法系上的财产概念的绝对主义。

以所有权绝对为基础的契约自由和形式上的平等是近代民法的基础，通过契约设定权利并承认其自由行使，为民法的"自己决定"这一价值观或理念，⑤通过私有财产制度（所有权绝对原则）、私法自治原

---

① 参见〔日〕大村敦志：《民法总论》，江溯、张立艳译，北京大学出版社2004年版，第48页。

② 参见〔英〕彼得·斯坦、约翰·香德：《西方社会的法律价值》，王献平译，中国法制出版社2004年版，第292页以下。

③ 参见史尚宽：《物权法论》，中国政法大学出版社2000年版，第1页。

④ 参见《法国民法典》（上册），罗结珍译，法律出版社2005年版，第453页。

⑤ 参见〔日〕大村敦志：《民法总论》，江溯、张立艳译，北京大学出版社2004年版，第44页。

则（契约自由原则）和保障私法自治原则（过错责任原则）表现出来。① 从历史角度而言，传统近代民法典是建立在将人作为以人格尊严为人格本质的平等主体对待，不再以身份和财产为人格本质，尊重属于人的所有权、使人自由行动，从而形成良好的社会关系的思想基础上，此处法律上的平等实质上是形式意义上的"机会平等"，而非实质意义上的"结果平等"，② 为强势意义上的平等。近代自由资本主义时期对人完全放任的自由，导致法律上自由的人事实上既不能行为自由，也不能体现实质平等，这种个人权利本位的自由的弊端日益显现，表明当时每个国家的民法典规定的并不是将所有人实际平等地享有权利作为民法的理念。随着传统的自由经济体制发生转型，即从自由资本主义时期走向垄断资本主义时期，为了维持经济制度和保护社会的弱者，国家强行介入民商事活动，个人本位主义的民法理念逐渐转向以社会为本位的民法理念。由于社会政策的要求，法"社会化"得以推进，限制自由的观点在民法上得以确认，如公序良俗原则、诚实信用原则以及禁止权利滥用原则等等，另外又受到德国私法自治理论的影响，开始承认"自己决定"的权利，③ 即在此基础之上，也强调尊重自己决定权。

从抽象意义上的自由和平等的理念来看，要实质保护权利，首先，民法要使社会上的弱者（事实上既不自由也不平等的人）享有自由以实现社会上的平等，既要保护弱者免受契约被强者滥用的侵害又要强化其权利；其次，民法要在某种程度上对强者的自由加以限制以实现实质平等，需要国家对自由经济进行限制作为私法自治的补充。例如，日本民法为达到这个目的，进行了三个系列的立法作为民法的特别法：修正劳动法，规定劳动者结成团体的自由、合理的劳动条件、团体交涉和解决劳动争议以及最低劳动条件，从而保护劳动者；修正租地、租房问题，规定对租地、租房人不利的契约条款无效，限制契约自由，即对房屋所有权人等主体利用有利的经济社会条件签订对自己过分有利而对相对方

---

① 参见刘得宽：《民法总则（增订四版）》，中国政法大学出版社2006年版，第28页。
② 参见〔日〕星野英一：《民法劝学》，张立艳译，北京大学出版社2006年版，第90页。
③ 参见〔日〕大村敦志：《民法总论》，江溯、张立艳译，北京大学出版社2004年版，第45页。

明显不利契约的自由进行限制；修正消费者问题，确立产品责任，规范企业与消费者之间的格式条款，纠正不利的格式条款以保护消费者的权利，对契约自由原则进行限制。① 又如，英国在传统的雇佣法领域内实行严格的合同概念，尽管工人在工作中提供的劳务会被推定为财产，但法律会责令工人向雇佣者赔偿由于违反雇佣合同造成的损失，不会命令其实际履行雇佣合同和恢复原状，否则会"把服务合同变为奴役合同"，但英国总体倾向于偏离了雇佣的合同性质而接近于财产性质。② 这些都是为了保障实质平等或结果平等，对处于不利地位的弱者进行救济，实现法律上的公平与正义，是对"自己决定"与"自己责任"的一种限制。因此，应该以怎样的自由和平等为原理，来划定自己决定和自己责任的范围，是需要解决的问题。③ 由此可见，相较于抽象的自由和平等的法律理念，实质上的自由和平等的法律理念更强调平等优于自由。

由此可见，近代民法理念与财产法理念向现代民法理念与财产法理念转变，实质上是以个人为本位的民法理念向以社会为本位的民法理念的转变。此外，连带原理或理念在民法上具有重要意义，如在劳动合同中，每个国家都有规制劳动合同内容的法律，考虑到各当事人之间的自由和平等的同时，还要求考虑到诸多当事人形成制度和组织的共同目的，建立工会，签订集体合同，从而使劳动者在劳动合同上产生了连带的可能性。还有对所有权绝对原则进行限制问题，如相邻关系的限制、禁止高空抛物、公共利益的限制等，都体现了连带理念。另外，连带理念也体现在责任的承担上，强调责任人承担连带责任的法律效果的整体性。连带责任是法律上自己对自己负责原则的例外，应对连带责任作出严格限制，学说与立法上将其分为法定连带责任和意定连带责任。一般而言，意定连带责任的整体性源于私法自治原则基础上的各方当事人的意愿，而法定连带责任的整体性取决于法律就行为人是否具有共同过错

---

① 参见〔日〕星野英一：《民法劝学》，张立艳译，北京大学出版社2006年版，第97—100页。

② 参见〔英〕彼得·斯坦、约翰·香德：《西方社会的法律价值》，王献平译，中国法制出版社2004年版，第309—310页。

③ 参见〔日〕大村敦志：《民法总论》，江溯、张立艳译，北京大学出版社2004年版，第46页。

而承担责任作出的明确规定。可见，法定连带责任并不排斥基于私法自治原则的当事人意志的意定连带责任，将发生连带责任的原因限于法定或约定情形，如《民法典》第178条第3款规定，"连带责任，由法律规定或者当事人约定"，可以限制和防止连带责任被滥用。连带责任的本质属性是将责任主体整合成在法律上和经济上具有同一性的统一整体，如《民法典》第178条第1款规定，"二人以上依法承担连带责任的，权利人有权请求部分或者全部连带责任人承担责任"，强调法律效果的整体性，平衡受害人的利益和责任主体之间的利益，合乎公平正义。

二、传统的近代民法理念和婚姻家庭法理念向现代民法理念的变迁

自由、平等等民法理念除了适用于财产法领域，也适用于婚姻家庭法领域。罗马法规定，具有完全人格的人必须享有自由权、市民权和家长权，一个人因某种原因丧失三种权利中的一种或者全部，为人格减等。古代罗马所称的"家"，初指家长权之下的一切人和物，妻子最初也被视为物，和子女一样受家长权的支配；家庭由家长、妻子、子女等成员构成。[①] 在罗马法和日耳曼法中，所有妇女受到法律的永久监护，现在这一规定已经完全消失了。在罗马法前期，土地分配法规定财产不能在家庭与家庭之间转移，禁止女系亲属有继承权。后在某些因素的影响下，宗亲关系在继承中不起作用，承认完全以血缘关系为基础的继承制度，严禁女性成为遗产继承人的法律失去效力，[②] 人格减等也不会对继承有任何限制。

尽管自古罗马以来基于社会身份的不自由、不平等被废止了，但近代传统的民法中，自由和平等的民法理念在婚姻家庭关系中并没有得到相关法律制度的充分贯彻。婚姻家庭关系中未成年子女与父母之间的关系单纯依据自由和平等理念难以解决问题，这种理念保护作为弱者的未

---

① 参见周枏：《罗马法原论》（上册），商务印书馆2014年版，第151—152页。
② 参见〔法〕孟德斯鸠：《论法的精神》，夏玲译，红旗出版社2017年版，第91、422—430页。

成年子女，使其人格健全成长。子女必须依附于父母才能生存，需要体现博爱理念，制定法律时需围绕这一基本事实。罗马法和日耳曼法强调家父的家长权，子女依附于家族，受家长支配，家父一般拥有不受限制的处罚权，甚至有权出卖子女。近代早期，子女要顺从家父权威，否则会被处以公开的刑罚。19世纪复古主义的家庭理论认为家庭属于道德和私人领域，一般不受国家的干预和控制，强调丈夫和父亲的权威性与家庭的内部性。早期《法国民法典》规定"夫是家族统率之主"，主要是因为当时法国民法上的家庭是由夫和父所支配的一种团体，夫或父作为家长，婚姻家庭法中缺少女性。[①] 直至20世纪，开始承认妇女的平等权利，父母子女之间的关系虽然还保有家庭的内部性特征，但已从父母权力变为父母照顾，父母对子女事务的决定权仅为一种工具，目的是照顾和教育子女，强调子女的权利，将父母与子女之间的交往作为独立的权利加以保障。[②] 现在的婚姻家庭关系是关于夫妻之间生活与生育孩子等人类自然之事，是关乎人类社会存续的重要事项，家庭由婚姻形成，婚姻是对夫妻之间产生约束的真正合同，且婚姻不是一时性状态而是一种身份关系，只有婚姻的公示制度与要式性，才能预防不受法律保护的同居关系或不合法的暧昧关系；家庭是国家的基础，国家必须严格实施诸如一夫一妻、限制离婚、尊重婚生亲子关系等制度。

  另外，近代民法典在交易领域采用了个人概念，而在婚姻家庭领域并未作出相同的规定。在欧洲，世俗社会从教会手中夺取了与婚姻家庭相关的权限，近代民法实现了世俗化，根据国家法律来规制婚姻家庭关系。例如，在中世纪以及近代早期的法律中，婚约与结婚密切相关，具有法律上的约束力，中世纪的教会法甚至规定可以依据婚约提起诉讼和强制执行结婚。直到19世纪末，《德国民法典》才废除了婚约的可诉性和可执行性，其第1097条至第1302条对婚约只规定了有限的法律效果。关于结婚，《德国民法典》第1310条规定："婚姻唯有通过结婚当

[①] 参见〔日〕星野英一：《民法劝学》，张立艳译，北京大学出版社2006年版，第92—96页。
[②] 参见〔德〕迪特尔·施瓦布：《德国家庭法》，王葆莳译，法律出版社2010年版，第257—260页。

事人双方在户籍官员面前表示愿意相互缔结婚姻，始为缔结。结婚要件具备的，户籍官员不得拒绝协助结婚。"可见，随着现代社会的发展，婚约在民法中的地位大为降低，这与妇女的社会地位不断提高和性解放运动的发展有关，① 是自由与平等理念的体现。再如法国新人结婚要满足《法国民法典》中关于结婚条件的规定，在其有住所或居所的市镇行政区的户籍官员前公开举行，户籍官员以法律之名义，宣告他们因婚姻而结合，当场作成婚姻证书，结婚缔结完成，而不能仅在教堂举行婚礼仪式，表明婚姻家庭法的世俗化。在东方社会，如日本，因其民法典编纂之前不存在宗教势力控制家庭的情形，国家法律只是将其委于习惯、习俗调整，现在《日本民法典》在法律上将婚姻家庭关系予以明确，符合《日本民法典》规定的结婚条件的，婚姻依其户籍法规定申报而生效力。通过切断与宗教或者习俗的联系，重新构建了家庭关系与国家法的关系，但与交易领域情况相同，婚姻家庭领域的个人的自由和平等并未完全实现。② 又如，我国古代的聘娶婚是古代婚姻缔结的主要形式，民间习俗中订婚约是结婚的必经程序，无婚约则婚姻无效，聘娶婚中的嫁娶程序为"三书""六礼"③，其中，"六礼"为求婚到完婚的完整结婚程序，男方家纳吉送聘礼后，婚约成立，但婚约不得强制要求履行。我国司法实践中有限承认婚约中的彩礼，现在订婚约并非结婚的必经程序，只要满足我国《民法典》规定的结婚条件，婚姻即可成立。尽管东西方社会有关婚姻规定的情形因社会历史发展的背景不同而有所差异，但最终亦是殊途同归，走向法治，体现了自由与平等诸多民法理念。

直至20世纪六七十年代，自由和平等理念亦即男女（夫妇、父母）的平等理念在婚姻家庭法领域才得到完全贯彻，就连法国《人权与公民

---

① 参见〔德〕迪特尔·施瓦布：《德国家庭法》，王葆莳译，法律出版社2010年版，第28—29页。

② 参见〔日〕大村敦志：《民法总论》，江溯、张立艳译，北京大学出版社2004年版，第46—47页。

③ "三书"即聘书、礼书、迎书，是古时结婚过程中保障婚姻有效的文书，聘书为男方家在纳吉（订婚）时交给女方家的订亲书束，礼书为在过大礼时列明过大礼物品及数量的文书，迎书为男方在迎娶新娘时交给女方之文书。"六礼"即纳采、问名、纳吉、纳征、请期、亲迎，为我国传统嫁娶礼仪，其中"纳采"俗称为说媒，"问名"俗称为合八字，"纳吉"俗称为订婚，"纳征"俗称为大聘或完聘，"请期"俗称择日，"亲迎"俗称为正式举行婚礼。

权利宣言》中抽象承认的女性和子女的人权在婚姻家庭法中也得到了承认。婚姻家庭法的理念与财产法的理念相比，一方面，作为弱者的子女的保护和教育得到进一步强调；另一方面，与财产法的发展方向相反，自由和平等理念在法律上得到彻底贯彻，夫妻关系与亲子关系受到重视，向着亲情理念转变。与财产法中通过特别法限制强者的自由以实现实质上的自由和平等不同，婚姻家庭法是通过修改或制定民法典来改变男女之间的不平等、女性的不自由，从而实现两性权利的平等，婚姻家庭法的理念正朝着多元化和宽容化方向发展。①

不论欧洲还是东方社会（如日本），民法典中的婚姻家庭法产生出由家长和家庭成员共同构成的"家庭"。在家庭内部，没有实现个人的自由和平等，家长和家庭成员之间的关系开始以权利与义务的形式表现出来；在家庭的外部关系上，家长作为家庭财产的专门管理者来从事民事活动。由此可见，当今的婚姻家庭领域已经开始与交易领域或财产领域接轨。② 但婚姻与商业交易合同性质不同，商业合同受到合同的严格规则调整，不被仁慈和宽容情感所支配，而婚姻家庭关系则由分担和牺牲的精神所主导。家庭内部关系是由利他主义、共同目标、分担和牺牲的精神主导，并且是自愿的，随着子女的长大，子女可能会越来越难以容忍父母的强制。③ 婚姻是家庭和社会存在的基础，婚姻实际上是在当事人之间创设了一种身份的合同。婚姻关系一经形成，法律就设定了当事人之间的权利、义务和责任，当事人不能任意对该身份合同进行修改、限制、扩张或重新签订。婚姻关系包括财产合同因素，当事人也有权依法更改当事人婚姻关系的条款，即婚姻既涉及合同又涉及身份，通过合同方式缔结的婚姻在法律上兼具人身性质和财产性质。

罗马法法学阶梯式民法体系将人法编放在民法之首，将亲属法规定置于其中，法律关系是以依赖人的身份而定的时代产物，现在家庭规定

---

① 参见〔日〕星野英一：《民法劝学》，张立艳译，北京大学出版社2006年版，第101—103页。
② 参见〔日〕大村敦志：《民法总论》，江溯、张立艳译，北京大学出版社2004年版，第47页。
③ 参见〔美〕查尔斯·弗里德：《契约即允诺》，郭锐译，北京大学出版社2006年版，第104页。

依然存在，但家庭已非权利主体，个人已成为法律权利主体，基于家长与亲属身份的法律关系与一般法律关系一样，仅存在于家长与亲属之间，基于亲属的身份在法律上的效力和一般的法律关系也是一样的。婚姻家庭中的夫妻、子女等相互关系的伦理色彩浓厚，权利与义务结合紧密，如父母的义务、夫妻的义务、子女的义务，合同自由只在伦理许可的范围之内，其与义务结合的权利，应当依照诚信原则行使，否则构成权利滥用。① 此处需要注意的一种现象是关于现在与今后的婚姻家庭问题。随着城市化进程的推进，过去存在的牢固的血缘和地缘关系正在逐渐消失，现在的行政服务要满足市民的所有要求是不切实际的，由中间团体以各种方式开展支持市民的日常生活的可行性增加，此外还可以运用市场来提供必需的服务，以便寻找与家庭和地域不同的纽带。② 未来家庭如何规制，如何贯彻自由、平等、博爱、连带等诸多民法理念，有待理论上进一步研究。

第三节 民法技术与民法理念的对接与区分及理解

一、民法技术与民法理念的对接与区分

民法技术与民法理念的对接与区分，指的是通过民法技术对民法的内部体系和外部体系进行对接，同时区分民法理念、民法基本原则、民法制度和规定及民法概念，不能混淆。

民法技术实际上是从民法理念、民法制度和规定的视角去研究民法体系，而民法理念则是通过民法技术将其反映在民法的制度和规定之中。法的理念反映的是法的价值取向。从制度层面来看，民事主体制度、物权制度和债（合同）制度构成了民法的三大制度，民法的其他制度围绕着这三大制度展开，如婚姻家庭法或家庭法是民法三大制度在亲

---

① 参见史尚宽：《亲属法论》，中国政法大学出版社 2000 年版，第 3—5 页。
② 参见〔日〕大村敦志：《民法总论》，江溯、张立艳译，北京大学出版社 2004 年版，第 51—52 页。

属关系中的再现，相关制度是三大制度的延伸或者是这三大制度在特定社会关系中的体现，它们共同构成完整的民法体系。当然，法不是一套单纯的制度和纯技术性的规范体系，而是由一定的法律价值观所支撑的一套制度和规范体系，民法的制度和规范体系必须体现民法的价值理念。①

这里以显失公平制度为例说明。显失公平制度是我国处理民事法律行为效力问题的一项重要制度。显失公平制度以法律形式确定最早可追溯到《民法通则》第59条第1款："下列民事行为，一方有权请求人民法院或者仲裁机关予以变更或者撤销：（一）行为人对行为内容有重大误解的；（二）显失公平的。"该条文仅将显失公平作为民事法律行为被撤销或变更的一种法定情形，没有任何限制，很难与赠与合同相区分。《最高人民法院关于贯彻执行〈中华人民共和国民法通则〉若干问题的意见（试行）》（以下简称《民通意见》）第72条对显失公平作出了界定："一方当事人利用优势或者利用对方没有经验，致使双方的权利与义务明显违反公平、等价有偿原则的，可以认定为显失公平。"该条文虽然对显失公平的构成要件从主客观方面作出了规定，但是却并未明确显失公平成立的时间节点，以至于实践中是以合同订立时、成立时或生效时作为判断是否显失公平的时点，因缺乏确定性而对某一方当事人的利益保护不足，从而增加了利益的不平衡。之后，1999年《合同法》第54条对显失公平的判断标准时间节点规定为"订立合同时"。如果是即时合同，不会产生歧义，但如果是一个订立时间很长的合同，价格波动较大，则很难判断以何时点为标准时间节点，从而可能会造成另外一种不公平。《民法典》颁布后，其第151条规定："一方利用对方处于危困状态、缺乏判断能力等情形，致使民事法律行为成立时显失公平的，受损害方有权请求人民法院或者仲裁机构予以撤销。"《民法典》对显失公平制度与规定的时间节点进行了完善，将显失公平的时间节点界定为"民事法律行为成立时"，具有客观性。

法律对显失公平时间节点的判断标准从主观标准转向客观标准，以

---

① 参见柳经纬：《感悟民法》，人民法院出版社2006年版，第7—8页。

发挥制度的规范价值,还可以与显失公平规则相类似的情势变更制度相区分,因为情势变更发生时间节点的判断标准是在合同成立后履行完毕前,而非"民事法律行为成立时",但情势变更的目的不在于像显失公平制度中阻止优势方追求不公平结果。可见,从《民法通则》到《合同法》,再到《民法典》,显示公平制度的立法体制发生了显著变化。《民法典》整合了《民法通则》与《合同法》中相互独立的显失公平与乘人之危二元体系的制度与规定,将显失公平与乘人之危制度合二为一形成显失公平制度。关于双方当事人的权利义务不对等致使利益严重失衡的判断标准,则从《民法通则》的仅具备客观要件的"单一要件说"修改为《合同法》和《民法典》的同时具备客观要件与主观要件的"双重要件说"。显失公平制度适用的新近动向在逐步弱化主观要件的理论构成,这是由于要求受害人承担对行为人"利用对方处于危困状态、缺乏判断能力等情形"的举证责任,如果对受害人的举证责任规定得过于严苛,则难以使显失公平制度发挥应有作用。因此,在主观要件没有达到必要程度,而在客观要件上能证明一方所获利益明显严重失衡时,可判断显失公平成立,以客观要件来补足主观要件的不足,弱化主观要件,以实现个案正义,反之亦然,对主观要件和客观要件进行弹性化的动态体系评价。对主客观要件的弹性评价实为对显失公平制度的内在价值取向即民法理念之间进行平衡。显失公平的主观要件体现的是自由价值理念,客观要件体现的是公平价值理念,自由价值体现的民法基本原则是意思自治原理,公平价值体现为给付均衡的公平原理。① 意思自治原理与给付均衡的公平原理结合"动态体系论"对显失公平的主客观要件进行弹性评价和准确认定,从而实现显失公平的内在价值取向即民法理念与外在表现形式即民法制度和规定之间的协调。

  同时,要注意避免将民法基本原则当作民法理念,如认为民法理念为私法自治和私权神圣,② 或是民法本位的社会化、所有权绝对的限

---

① 参见王磊:《论显失公平规则的内在体系》,载《法律科学(西北政法大学学报)》2018年第2期。
② 参见许中缘、屈茂辉:《民法总则原理》,中国人民大学出版社2012年版,第38页。

制、契约自由的限制、无过错责任，①或是主体平等、权利的神圣性、意思自治、诚实信用和效率。② 学者一般认为民法理念包括"人格平等、私权神圣和意思自治"，还有学者将民法基本原则定义为"能够彰显民法的独特法律价值，承担民法特有的历史使命，并对民事活动起指导作用的法律理念和法律原则"。③ 这些观点导致民法理念与民法基本原则混淆不分。④

研习民法，应当深入领悟民法的制度和规范体系背后所蕴含的价值理念。如果研习者不能理解民法理念，甚至对民法制度作出有悖于法的价值理念的解读，必然会导致对法的背离。⑤ 体系为一种意旨上的关联，趋向于系统化，以排除或防止其在逻辑上或价值判断上的矛盾。⑥ 民法制度的体系性不仅体现为逻辑的一致性，而且体现为内在精神即民法理念的一致性。⑦

这里以除斥期间制度为例说明理解民法理念对于制度规定的重要性。除斥期间根据起算点是否依赖于当事人的认识，可分为客观除斥期间与主观除斥期间，起算点不依赖于当事人的认识的为客观除斥期间，依赖于当事人的认识的为主观除斥期间。当事人在主观除斥期间具有较大的自治空间，因客观除斥期间属于社会公共利益及法律安全与秩序主导且强制性较强，自治空间相对较小。除斥期间的规定反映了当事人之间可归责性与保护必要性的关系，而不同表意瑕疵的类型决定了当事人之间可归责性与保护必要性的差异。⑧ 不同立法技术对于除斥期间的规定反映了立法者在立法理念上的价值选择。

---

① 参见梁慧星：《从近代民法到现代民法——二十世纪民法回顾》，载《中外法学》1997年第2期。转引自董学立：《民法基本原则研究》，法律出版社2011年版，第28页。
② 参见柳经纬：《感悟民法》，人民法院出版社2006年版，第9页。
③ 赵万一：《民法基本原则：民法总则中如何准确表达》，载《中国政法大学学报》2016年第6期。
④ 参见董学立：《民法基本原则研究》，法律出版社2011年版，第27—28页。
⑤ 参见柳经纬：《感悟民法》，人民法院出版社2006年版，第17页。
⑥ 参见黄茂荣：《法学方法与现代民法（第五版）》，法律出版社2007年版，第642页。
⑦ 参见许中缘、屈茂辉：《民法总则原理》，中国人民大学出版社2012年版，第38页。
⑧ 参见尚连杰：《表意瑕疵视角下除斥期间规则的构建与适用》，载《现代法学》2019年第4期。

我国除斥期间立法的演变也反映了民法技术与民法理念。《民通意见》第 73 条第 2 款规定："可变更或可撤销的民事行为,自行为成立时起超过一年当事人才请求变更或撤销的,人民法院不予保护",采纳了"行为成立时"作为起算点的客观除斥期间,在保护当事人权利的同时,强调实现法的安定性目标,重在保护社会利益。《合同法》第 55 条规定,具有撤销权的当事人自知道或者应当知道撤销事由之日起超过一年内没有行使撤销权的,撤销权消灭,采纳了"知道或者应当知道撤销事由之日起"作为起算点的主观除斥期间,实为适当延长了当事人行使撤销权的期间,体现了尊重当事人的意思自治,重在保护当事人的利益。不同于《民通意见》和《合同法》的处理方案,《民法典》第 152 条区分了重大误解和其他表意瑕疵,采用了"主观除斥期间＋客观除斥期间"的模式,并对主观除斥期间作了区分,针对不同情形下的撤销权设置了不同的除斥期间,将重大误解情形下撤销权的行使期间限定为"当事人自知道或者应当知道撤销事由之日起九十日内",在欺诈与显失公平的情形下撤销权的行使期间限定为"当事人自知道或者应当知道撤销事由之日起一年内",将胁迫的情形下撤销权的行使期间限定为"自胁迫行为终止之日起一年内"。对除斥期间的类型化规定,彰显了立法上的利益衡量与价值判断。具体而言,在重大误解情形下,除了表意人的可归责性,还涉及相对人的信赖保护问题,此时保护的必要性在于撤销相对人,撤销权人具有可归责性,因而设置较短的 90 日的除斥期间;在欺诈、显失公平和胁迫情形下,撤销权人本身存在保护的必要性,撤销相对人具有可归责性,则设置较长的一年的除斥期间,除了胁迫情形为客观除斥期间外,其余均为主观除斥期间,体现了法律的除斥期间制度重在保护当事人的利益。但由于民事法律行为的有效或无效有时会涉及社会公共利益,因此对撤销权的行使期间限定为"当事人自民事法律行为发生之日起五年内"的客观除斥期间,重在保护社会公共利益。

从《民法通则》到《民法典》的除斥期间制度与规则设计上,在保护必要性和可归责性之间衡量了不同当事人之间的利益、社会公共利益,在行使权利自由与法律秩序及社会秩序的安定性、自由与公平之间进行价值衡量,体现了不同的法律价值取向即不同的民法理念。

二、关于"自由、平等、博爱"理念的理解

法国大革命产生了"自由、平等、博爱"的理念,但这些理念比法国大革命的寿命更长久。关于自由、平等、博爱理念的理解,英国学者詹姆斯·斯蒂芬(James Stephen)认为,自由是有秩序的自由,平等是法律之下的平等,而博爱则是一种与自由社会不相容的价值,① 博爱是对自由的限制。

将自由看作一种价值观念的主要理由是出于对他人的尊重,也就是说,自由必须明确每个人尊重其他人的义务。任何社会都不会允许其成员享有不受人类自制的完全的自由。② 自由应当是"有序的自由"或"道德和法律之下的自由",其价值在于允许个人作出自己的选择,但某些选择必须被禁止。对于人类而言,只有在道德、政治、法律和宗教制度构成的限制体系内,才有作出真正选择的可能,这些制度形成了种种社会安排,使个人能够追求与其他人相互协调自己的目标。也就是说,自由的性质和价值存在于规范自由的限制之中:没有限制,就没有自由。③ 可见,自由要衡量与他人利益、社会公共利益、国家利益之间的关系,实为在各利益价值之间进行衡量,在参与的民事活动中,不能突破国家的法律强制性规定以及社会公序良俗所维持的国家秩序和社会秩序,这适用于所有人。

民法的首要任务为对人的保护,维护人的个体性与人格关系。民法承认个人为权利义务的归属主体,而非他人支配的客体,以平等地位从事民事法律活动,在私人领域享有法律上的自由并与他人之间形成法律关系,体现了私法自治与权利行使自由原则。④ 个人的自由必须永远与平等结合在一起,以使社会中的所有人都有平等的能力做自己想要做的

---

① 参见〔英〕詹姆斯·斯蒂芬:《自由·平等·博爱》,冯克利、杨日鹏译,广西师范大学出版社2007年版,"序"第1页。
② 参见〔英〕彼得·斯坦、约翰·香德:《西方社会的法律价值》,王献平译,中国法制出版社2004年版,第201页。
③ 参见〔英〕詹姆斯·斯蒂芬:《自由·平等·博爱》,冯克利、杨日鹏译,广西师范大学出版社2007年版,"序"第7—8页。
④ 参见王泽鉴:《民法总则》,北京大学出版社2009年版,第29页。

事，其限度就是其他人也可以做同样的事。① 平等应作为一种不加限定的价值，它通常指的是财产平等，这个意义上的平等与自由相悖："把限制最小化，把最大限度的自由赋予所有人，结果不会是平等，而是以几何级数扩大的不平等……""在各项自由之中，最重要、得到最普遍承认的自由，莫过于获得财产的自由。"所以，平等应是法律之下的平等——同等情况同等对待。② 对于同等情况和同等对待的理解，是一个很难回答的问题，涉及形式平等与实质平等问题。

本书中所讨论的"博爱"，并非一种普世价值或者是普世信仰，③ 而是"人的相互尊重"伦理原则的法律化和社会关怀，④ 讨论的是一种爱和友情、一种美德，以及由此引起的某种互助，如邻人之爱、友人之爱和家庭之爱等等。从性质上说，博爱属于"超法律"的价值，当其应用于法律问题时，可能会影响法律规范的正常效力，在个人自由范围与权利行使考虑更高的价值利益或他人的利益时，需要一定的规则去规范博爱理念。法律与博爱之间的矛盾源于《圣经》，如在《圣约·旧约》的"十诫"中规定不偷窃、不谋杀等，而在《圣约·新约》中的一些告诫则与之截然不同。耶稣解释了"十诫"中的一些基本规则，每解释一个，耶稣都表明，法律规定的道德标准，比起他所要求的要低得多。"十诫"说不谋杀，而耶稣说，任何对自己的兄弟怀有仇恨的人都应被交付审判。法律所涉及的是人类的外部行为，通常对人的内心动机不感兴趣，只要人们不为法律所禁止的行为即可，比道德规定的要求低。《圣约·新约》并未列举这些诫命的特殊义务，也未规定任何违反爱的责任。在现实社会，许多问题往往产生于兄弟之爱观念的发生过程，社

---

① 参见〔英〕彼得·斯坦、约翰·香德：《西方社会的法律价值》，王献平译，中国法制出版社 2004 年版，第 201 页。
② 参见〔英〕詹姆斯·斯蒂芬：《自由·平等·博爱》，冯克利、杨日鹏译，广西师范大学出版社 2007 年版，"序"第 12 页、第 148 页。
③ 普世之爱或普世信仰经常患上狂热症，博爱的诉求表面上打着天下一家的招牌，实质上却很少关心现实中的人。博爱的鼓吹者认为，我们实际看到的人不符合标准，所以为了那些仅仅存在于抽象的理论世界的人，可以轻易把这些人抛进现实世界的垃圾箱之中。这些人的自由和幸福在博爱面前又算得了什么？参见〔英〕詹姆斯·斯蒂芬：《自由·平等·博爱》，冯克利、杨日鹏译，广西师范大学出版社 2007 年版，"序"第 15 页。
④ 参见王泽鉴：《民法总则》，北京大学出版社 2009 年版，第 29 页。

会并非都由圣人所组成，而是由具有普通人类情感的凡人所组成，这些人可以接受兄弟之爱观念但无法靠此生活，因此，他们需要一些法律规则保护——那些并非只为超人所制定，而是人们可以据以使自己的行为得到承认的规则的保护。① 民法以社会为本位的规定应扩及对如劳动者、消费者、妇女儿童等弱势群体的关怀。很多人比较厌恶博爱，认为这种爱是一种无礼的干涉，认为能够要求绝大多数人的不是爱，而是尊重和正义。实际上，博爱是在某些条件下和一定范围内，人们相互怀有的良好的愿望和相互帮助。② 博爱与平等的实现是以自由的限制为代价的，而非随意放纵。

三、自由、平等、博爱理念在我国民法中的体现——以《民法典》为例

自由、平等、博爱理念也体现在我国民法中，此处以《民法典》具体条文为例进行简述。

关于自由理念，《民法典》第 5 条规定："民事主体从事民事活动，应当遵循自愿原则，按照自己的意思设立、变更、终止民事法律关系。"第 33 条规定："具有完全民事行为能力的成年人，可以与其近亲属、其他愿意担任监护人的个人或者组织事先协商，以书面形式确定自己的监护人，在自己丧失或者部分丧失民事行为能力时，由该监护人履行监护职责。"另外，《民法典》合同编、物权编、婚姻家庭编、人格权编、继承编中的民事法律行为具体类型等也体现了自由理念。

关于平等理念，《民法典》第 4 条规定："民事主体在民事活动中的法律地位一律平等。"第 14 条规定："自然人的民事权利能力一律平等。"

关于博爱理念，《民法典》第 8 条规定："民事主体从事民事活动，不得违反法律，不得违背公序良俗。"第 16 条规定："涉及遗产继承、

---

① 参见〔英〕彼得·斯坦、约翰·香德：《西方社会的法律价值》，王献平译，中国法制出版社 2004 年版，第 4—8 页。

② 参见〔英〕詹姆斯·斯蒂芬：《自由·平等·博爱》，冯克利、杨日鹏译，广西师范大学出版社 2007 年版，第 197—198 页。

接受赠与等胎儿利益保护的，胎儿视为具有民事权利能力。但是，胎儿娩出时为死体的，其民事权利能力自始不存在。"第 26 条规定："父母对未成年子女负有抚养、教育和保护的义务。成年子女对父母负有赡养、扶助和保护的义务。"第 153 条规定："违反法律、行政法规的强制性规定的民事法律行为无效。但是，该强制性规定不导致该民事法律行为无效的除外。违背公序良俗的民事法律行为无效。"第 184 条规定："因自愿实施紧急救助行为造成受助人损害的，救助人不承担民事责任。"

这里要特别指出的是，我国社会主义核心价值观包含了自由、平等、博爱理念，内涵更为丰富。民法与社会主义核心价值观高度契合，社会主义核心价值观中的"富强、民主、文明、和谐"是国家层面的价值目标，有利于全体民众凝心聚力谋发展。从民法角度而言，渗透着对"富强、民主、文明、和谐"核心价值的要求，表明国家保障公民私有财产、促进我国经济的高速稳定发展、承认并保障人们行使合法权益、体现"法无明文禁止即可为"、人与人之间定分止争、人与社会之间利益平衡以及人与自然之间和谐共生。"自由、平等、公正、法治"是社会层面的价值取向。从民法角度来说，民法规范彰显了"自由、平等、公正、法治"社会层面价值，体现了意思自治、地位平等、公平正义、中国特色的社会主义法治体系等。"爱国、敬业、诚信、友善"是公民个人层面的价值准则，民法与"爱国、敬业、诚信、友善"的道德价值具有一致性，如《民法典》规定对英烈的人格权或者人格利益进行保护体现了对人们爱国之心的培养，对承担违约责任或侵权责任的民事主体要求尽到善良管理人或者一般注意义务的标准体现了敬业要求，作为民法帝王条款的诚信体现在《民法典》诸多条文中，而"好人"条款及好意同乘等行为规范则彰显了友善的价值观。[①]

"核心价值观"属于社会主流意识形态，是处于社会主导支配地位和引领社会价值方向的价值观。社会主义核心价值观与民法制度、民法

[①] 参见郭明龙、谢飞：《"民法典颁布与法治中国建设"学术研讨会会议综述》，载《天津法学》2020 年第 3 期。

精神、民法文化、民法理念在社会与经济背景、精神气质与价值取向等方面具有同质性和相关性。① 从我国现行民事法律制度看，社会主义核心价值观已全面融入民法基本原则、民事主体制度、物权制度、合同制度、人格权制度、婚姻家庭制度、继承制度、侵权责任制度等。社会主义核心价值观作为立法宗旨融入民法典，成为民法典的灵魂与导向，表明其既是一个法律制度体系，又是一个思想价值体系。② 可见，社会主义核心价值观是民族精神的高度凝练，是中国特色社会主义的精神动力与道德源泉，是中国特色社会主义法治的价值内核。法律法规作为践行社会主义核心价值观的制度载体，更好地体现了国家的价值目标、社会的价值取向和公民的个人价值追求，弘扬社会主义核心价值观体现的是法治与德治并重的治国理念，许多民法规范与核心价值观是相辅相成的。大力弘扬传统美德和社会公德，强化规则意识和依靠道德约束，倡导契约精神，维护公序良俗，既发挥了民法的规范作用，又发挥了道德的教化作用。③ 具体而言，《民法典》已将弘扬社会主义核心价值观列入其立法目的，统一指导民事立法和司法以及民事活动，具体体现在我国《民法典》第 1 条的规定之中，即"为了保护民事主体的合法权益，调整民事关系，维护社会和经济秩序，适应中国特色社会主义发展要求，弘扬社会主义核心价值观"。

---

① 参见钟瑞栋：《社会主义核心价值观融入民法典编纂论纲》，载《暨南学报（哲学社会科学版）》2019 年第 6 期。
② 参见李宏：《社会主义核心价值观融入民法典的理论意蕴》，载《河南师范大学学报（哲学社会科学版）》2018 年第 3 期。
③ 参见黄薇主编：《中华人民共和国民法典总则编释义》，法律出版社 2020 年版，第 9、15 页。

第四章

民法的历史与民法基本原则的演变

> 宏观比较和微观比较之间的界限当然是不易分清的。人们常常必须同时进行两种比较,为什么在某一外国的法律秩序中某一问题是这样解决的而不是另一个样子。要理解这一点,人们就必须一同考虑那些具有决定意义的规则由立法者或者法院判决怎样创制和发展的过程,以及它们在实践中是怎样贯彻执行的。
>
> ——〔德〕茨威格特、克茨

阅读材料

Leading papers：

- 〔美〕伯尔曼：《法律与宗教》，梁治平译，中国政法大学出版社2003年版。
- 〔英〕巴里·尼古拉斯：《罗马法概论（第二版）》，黄风译，法律出版社2004年版。
- 〔德〕罗尔夫·克尼佩尔：《法律与历史——论〈德国民法典〉的形成与变迁》，朱岩译，法律出版社2003年版。
- 〔德〕茨威格特、克茨：《比较法总论》（上），潘汉典、米健、高鸿钧、贺卫方译，中国法制出版社2017年版。
- 〔日〕大木雅夫：《比较法（修订译本）》，范愉译，法律出版社2006年版。
- 〔法〕雅克·盖斯旦等：《法国民法总论》，陈鹏等译，法律出版社2004年版。
- 米健：《比较法学导论》，商务印书馆2018年版。
- 曾世雄：《民法总则之现在与未来》，中国政法大学出版社2001年版。
- 杨代雄：《民法总论专题》，清华大学出版社2012年版。
- 贾文范：《罗马法》，清华大学出版社2019年版。
- 董学立：《民法基本原则研究》，法律出版社2011年版。
- 徐国栋：《民法基本原则解释（增删本）》，中国政法大学出版社2004年版。

第一节 民法的历史渊源

随着人们对法律调整社会关系的规律的掌握，法律演变经历了由诸法合体到体系化的法律部门划分的转变。民法的历史演变也不例外，其经历了以罗马法为基础的大陆法系国家或地区民法典的制定、继受和演变过程。民法的历史演变实际上就是以罗马法为基础的近现代大陆法系民法典制定和演变的历史。

一、《汉谟拉比法典》与《摩西十诫》

距今最古老的法典应当是约四千年前古巴比伦的《汉谟拉比法典》(Code of Hammurabi)，为 1901 年法国考古队在古埃兰王国的首都苏萨（今属伊朗）所发现。该法典共计 282 条，以民法为主。另外，旧约圣经里所记载的《摩西十诫》也历史久远。两部法典均铭刻在石头上，但都不如罗马法论理明确、体系上井然有序。[①]《汉谟拉比法典》为古代东方文明的法律文明代表，《摩西十诫》则对西方法律文化产生了一定的影响。

（一）《汉谟拉比法典》

《汉谟拉比法典》是世界上现存的第一部比较完备的成文法典，完成于古巴比伦第一王朝第六代国王汉谟拉比统治时代（约前 1792—前 1750），因国王汉谟拉比颁布而得名，它是最具有代表性的楔形文字法典。《汉谟拉比法典》以《乌尔纳姆法典》为范例，结合阿摩利人的氏族部落习惯法，统一了两河流域的法令。法典原文刻在一根高 225 厘米的黑色玄武岩石柱上，石柱上端是汉谟拉比国王双手毕恭毕敬地从太阳神和正义之神沙马什面前接受象征王权的权杖的浮雕，下端是用楔形文字刻写的法典铭文，石柱竖立在马都克神庙即最高法庭所在地，[②] 共计

---

① 参见刘得宽：《民法总则（增订四版）》，中国政法大学出版社 2006 年版，第 10 页。
② 参见史若冰：《汉谟拉比的历史功绩》，载《河北大学学报（哲学社会科学版）》1984 年第 3 期。

三千余行，因此又被称为石柱法。

《汉谟拉比法典》由序言、正文条文和结语三部分组成。法典的序言与结语部分约占整部法典的1/5，序言部分是对国王汉谟拉比的神化和将其视为正义的化身的赞美言辞，阐明制定法典的目的是"要让正义之光照耀大地，消灭一切罪与恶，使强者不能压迫弱者"；结语部分除继续对汉谟拉比进行美化和颂扬外，还通过规定"谁企图篡改这部法典，毁掉这部法典，哪怕是其中的一部分，谁企图在这部法典上用自己的名字来取代汉谟拉比的话，神一定会诅咒他"[1]，强调法典确定的原则具有不可改变性。法典正文条文对刑事、民事、贸易、婚姻、继承、审判等制度作了详细规定，内容不仅涉及刑法、兵役法、亲属法、财产法、继承法及债务法等，而且也涉及公社成员的权利和义务及奴隶制度，[2] 即涉及与现代意义上相似的诉讼法、民法、刑法、婚姻法等领域，具体包括诉讼程序、诬陷、盗窃、窝藏、抢劫、兵役、军人份地、租地、雇佣、商业高利贷、关于土地的经济纠纷、果园、实物租赁、商贸、托送、人质、债务、寄存保管、婚姻、继承、收养、人身伤害、医疗、理发、建筑、船业、租赁、委托放牧、关于奴隶的纠纷等内容，意在调解自由民之间的财产占有、继承、转让、租赁、借贷、雇佣等多种经济关系、社会关系和婚姻关系等。为避免对兵源和税源制度的动摇，《汉谟拉比法典》涉及社会生活的方方面面，对债务奴隶制和高利贷进行了必要的抑制，限制对小生产者过分的掠夺。《汉谟拉比法典》将巴比伦社会的居民划分为有公民权的自由民（即国王、贵族等，称为"阿维鲁"，享有完全的公民权）、无公民权的自由民（所有王室仆从称为"穆什钦努"，经济地位和社会地位低于阿维鲁但高于奴隶的中间阶层，即平民，其也享有很多特权）、奴隶（王室奴隶、自由民所属奴隶与公民私人奴隶，奴隶本身即为财产）三个等级。[3]《汉谟拉比法典》反映

---

[1] 宋龙根：《汉谟拉比法典简介》，载《阿拉伯世界》1986年第4期。
[2] 参见李季谷：《汉谟拉比法典中的古代巴比伦王国》，载《历史教学问题》1958年第8期。
[3] 参见于殿利：《试论〈汉谟拉比法典〉中商人的社会等级地位》，载《比较法研究》1994年第1期。

了当时社会经济制度和社会现实,严格保护奴隶制,体现了该法典的奴隶制社会的性质。

《汉谟拉比法典》建立在"以眼还眼,以牙还牙"和"让买方小心提防"这两大原则基础之上。① "以眼还眼,以牙还牙"原则又称为"同态复仇"原则,是指对已确定的伤害进行赔偿时,不考虑伤害的原因(如不论最初的伤害是否纯属意外),只考虑伤害结果而让造成伤害的行为人受到同样的伤害。例如,《汉谟拉比法典》第196条规定:"如果有人把别人的一只眼睛挖掉,则人们应当把他的一只眼睛也挖掉。"第197条规定:"打断别人骨头的人也要被打断骨头。"第200条规定:"打掉同等地位者牙齿的人将会被敲掉牙齿。""让买方小心提防"原则又称为"买者自慎"原则,是指在买卖契约订立过程中买者应当依赖自己掌握的知识作出判断,卖者对于有关契约标的物的信息没有告知的义务,契约达成之后卖者对于其所售标的物的瑕疵不承担责任。② 也就是说,针对卖方没有披露信息的欺诈行为,买方没有权利私自采取暴力手段加害或强制卖方。另外,《汉谟拉比法典》在契约、侵权行为、婚姻家庭以及刑法等方面确立了一些如盗窃他人财产必须受惩罚原则、损毁他人财产要进行赔偿原则、诬告和伪证反坐的刑罚原则以及法官枉法重处原则③等,以及要有证据才能定罪、设置公民陪审团、所有案件要立案并记录等法律原则,对后世立法产生了重大影响。

《汉谟拉比法典》在法律上的特点主要有:④ 第一,《汉谟拉比法典》保留了维护君主统治、体现团体本位的特点,该法典的制定是为了

---

① 资料来源:https://baike.sogou.com/v518113.htm?fromTitle=汉穆拉比法典,https://baike.baidu.com/item/汉谟拉比法典,2023年3月20日访问。

② 参见张鸣飞:《由"买者自慎"原则的发展谈美国合同法的缔约前披露义务》,载《私法》2003年第1卷。

③ 如《汉谟拉比法典》第1条规定:"倘自由民宣誓揭发自由民之罪,控其杀人而不能证实,揭发者应处死。"第3条规定:"倘自由民在诉讼中出示假证、伪证又无法证实所述,倘此案有关人命,此自由民将处死。"第5条规定:"倘法官审理案件作出判决后又更改,则应揭发其罪行,并撤销法官席位,终生不再录用。"第199条规定:"挖出奴隶眼睛或是打断奴隶骨头的人要赔偿奴隶价格的一半。"第245条规定:"租用他人的牛却将牛虐待或殴打致死者必须赔偿一头牛。"

④ 参见何勤华:《汉谟拉比法典:立法史上最完整的成文法典》,载《法制日报》2006年2月3日第10版。

维护奴隶主阶级的利益，保护奴隶制的财产私有制；① 第二，《汉谟拉比法典》产生于君主神权专制的社会，还保留了一些原始习惯法残余，如同态复仇原则和神判习惯②等；第三，《汉谟拉比法典》具有诸法合体、民刑不分的特点，并未区分现代意义上的公法（如刑法）和私法（如民法），采取的是诸法合一的混合体系。

《汉谟拉比法典》序言写道："要让正义之光照耀大地，消灭一切罪与恶，使强者不能压迫弱者。"汉谟拉比声称制定法典的目的是为"使强不凌弱"，是为了让人们能"伸张正义"。③ 从形式上看，该部法典的目的是为了公正公平与人人平等，但从"若贵族使平民及奴隶的眼睛受损可以免于赔款，无须赔偿；平民之间使对方眼睛受损则需要让自己的眼睛受到同样的损伤；平民使得奴隶的眼睛受损只需要赔付一半的费用；奴隶将贵族的眼睛损坏则要在耳内灌油灌铅"等规定来看，该法典实为保护皇权贵族和奴隶主本身，奴隶仅为财产而并非权利主体。法律划分了不同社会地位和等级的人，惩罚和正义并非平等适用于每一个人，如高阶层的人攻击低阶层的人的处罚较轻，而自由人之间的攻击则平等保护。④《汉谟拉比法典》并非如学者认为的，在实施中实现其发扬正义于世、为人民造福的立法目的。⑤ 与现代法律的人道主义和法律面前人人平等相比，《汉谟拉比法典》体现的是不平等和刑法的残忍。《汉谟拉比法典》的出台标志着古代西亚法律制度的进步。《汉谟拉比法典》为后起的古代西亚国家（如赫梯、亚述、新巴比伦等）所继受，还通过希伯来法对西方的法律文化产生了一定的影响，中世纪天主教教会

---

① 《汉谟拉比法典》明确规定，奴隶是不受法律保护的工具和财产，奴隶不属于人的范畴。法典还规定，在自由民中间也有严格的等级贵贱的区别。

② 如《汉谟拉比法典》第 2 条规定，在法庭上，当一方控告另一方犯有某种罪行，但提不出证据，被告一方也拿不出反驳的证据时，法官便会宣布把被告一方扔进幼发拉底河中，如果沉溺了，证明被告一方有罪，没收其全部家产归原告一方；假如没淹死，则证明无罪，那就处死原告一方，同时把原告一方的财产没收归被告一方所有。此称作交河神审判。

③ 参见严绪陶：《汉谟拉比法典与古巴比伦王国》，载《青海民族学院学报》1987 年第 2 期。

④ 参见徐爱国：《〈汉谟拉比法典〉与医患关系》，载《人民法院报》2018 年 7 月 6 日第 6 版。

⑤ 参见何勤华：《汉谟拉比法典：立法史上最完整的成文法典》，载《法制日报》2006 年 2 月 3 日第 10 版。

法的一些立法思想和原则也来源于该法典。总的来说，《汉谟拉比法典》的主要目的旨在维护奴隶主阶级的统治地位和巩固统治阶级的社会秩序，保护奴隶主阶级的利益，法典确立了财产私有制，全面调整自由民之间的关系，并保留了古老的同态复仇原则与神明裁判的习惯。

(二)《摩西十诫》

《摩西十诫》(The Ten Commandments)，又称"十诫"，传说是上帝耶和华在西奈山的山顶亲自传给摩西，为耶和华对以色列人的告诫。耶和华将这些话刻在石碑上，送给摩西。据《圣经·旧约》记载，大约3800年前，流浪在中东沙漠之中的犹太人祖先希伯来人信仰耶和华，耶和华便赐迦南作为他们永久家园，后旱灾迫使他们逃到埃及并成为奴隶。约400年后，希伯来人不甘于被奴役，在摩西的带领下逃出埃及。在返回迦南路上，摩西带领他的族人在西奈山祈祷耶和华为他的族人指一条道路。摩西作为犹太民族中睿智的先知和领袖，将耶和华在西奈山所传给的十条诫命带回，作为他们同耶和华立下的誓约。① 据《圣经·旧约》中记载，《摩西十诫》是律法的核心，为后世西方法律重要基础之一。② 之后因族人不遵从这些诫命，摩西怒将石碑毁损，后摩西根据

---

① 《摩西十诫》的内容为：第一条："我是耶和华你的神，曾将你从埃及地为奴之家领出来，除了我之外，你不可有别的神。"第二条："不可为自己雕刻偶像，也不可做什么形象仿佛上天、下地，和地底下、水中的百物。不可跪拜那些像，也不可侍奉它，因为我耶和华你的神是忌邪的神。恨我的，我必追讨他的罪，自父及子，直到三四代；爱我、守我诫命的，我必向他们发慈爱，直到千代。"第三条："不可妄称耶和华你神的名；因为妄称耶和华名的，耶和华必不以他为无罪。"第四条："当记念安息日，守为圣日。六日要劳碌做你的工，但第七日是向耶和华你神当守的安息日。这一日你和你的儿女、仆婢、牲畜，并你城里寄居的客旅，无论何工都不可做；因为六日之内，耶和华造天、地、海，和其中的万物，第七日便安息，所以耶和华赐福与安息日，定为圣日。"第五条："当孝敬父母，使你的日子在耶和华你神所赐你的土地上得以长久。"第六条："不可杀人。"第七条："不可奸淫。"第八条："不可偷盗。"第九条："不可作假见证陷害人。"第十条："不可贪恋人的房屋；也不可贪恋人的妻子、仆婢、牛驴，并他一切所有的。"参见朱小姣、张小虎：《浅析"摩西十诫"与西方传统法律文化》，载《牡丹江大学学报》2014年第8期；丛皓：《"摩西十诫"与西方法典的关系》，载《世纪桥》2011年第11期。

② 参见丛皓：《"摩西十诫"与西方法典的关系》，载《世纪桥》2011年第11期。

耶和华的命令重新制作了石碑，又放置在约柜（Ark of the Covenant）[①]里面，作为律法以供遵守。

作为《圣经》中基本行为准则的《摩西十诫》,[②] 影响深远，它是以色列人一切立法的基础，也是西方文明核心的道德观。西方的律法内容是由基督教神学的诫命、典章和律例三部分组成的，这三个内容组成的律法体现了"遵守法律与契约，如同内心的虔诚"的含义。其中，《摩西十诫》是律法的基本内容，典章是为了维持人与人之间正常关系的社会生活规范，律例是维持人与神之间正常关系的规定。典章和律例均是根据《摩西十诫》发展出来的。在《摩西十诫》的十诫中，前三条强调对上帝的信仰，认为爱上帝就是爱律法；后七条都是有关世俗社会伦理道德与律法方面的，《摩西十诫》将世间的道德、伦理与法律集于一体,[③] 可见，《摩西十诫》既是一种道德规范与伦理规范，还是一种法律规范。

《摩西十诫》是西方文明中宗教戒律的雏形，后历经世俗化演变，对西方法律文明和道德观等发展产生了深远的影响。《摩西十诫》对于西方法治的影响深远，被认为是人类历史上第二部保存完整的成文法律，体现了平等的"人神契约"精神。在《摩西十诫》的戒律中，上帝负有"爱我、守我诫命的，我必向他们发慈爱，直到千代"的义务，而犹太人必须信仰上帝、不可为自己雕刻偶像、不得妄称上帝之名、要记念安息日，要"孝敬父母""不可杀人""不可奸淫""不可偷盗""不可作假见证陷害人""不可贪恋人的房屋；也不可贪恋人的妻子、仆婢、牛驴，并他一切所有的"，双方都要恪守各自职责履行契约。其主要精髓体现在：[④]

[①] 以色列人将约柜看作圣物，放在圣殿里，任何人都不得擅自触摸。《圣经》里记载有人因为擅自触摸约柜而被雷击致死。到了公元前590年，新巴比伦王尼布甲尼撒二世攻打犹太国，耶路撒冷于公元前586年被巴比伦军队攻占，王宫和圣殿全被烧毁，从此约柜下落不明，刻有十诫的石碑也找不到了。

[②] 《圣经》中并没有明确提出"十诫"，具体十条诫命是后人总结的，各个教派的"十诫"条文不完全一样。

[③] 参见郭连法：《"摩西十诫"的文化内涵》，载《中国宗教》2011年第10期。

[④] 参见余宸欷：《从"摩西十诫"看法律和宗教的关系》，载《安徽文学》2008年第4期；丛皓：《"摩西十诫"与西方法典的关系》，载《世纪桥》2011年第11期。

第一，《摩西十诫》首先体现了人神平等的契约思想。①《摩西十诫》中的契约精神虽非现代意义上的平等基础上产生的合意，但为后世的西方法律奠定了重要的思想基础。《摩西十诫》第一条"我是耶和华你的神，曾将你从埃及地为奴之家领出来，除了我之外，你不可有别的神"，为人神契约成立的前提，表明对神的绝对忠诚和专注的排他性。

第二，《摩西十诫》体现了信守契约的法治精神，也体现了遵守社会秩序的法治思想。这反映在《摩西十诫》第二条关于违反约定必定受到惩罚的规定中。无论是人还是神或者上帝，立约双方都应信守契约，遵守人神之间签订的契约。神帮助那些信仰他的人们，履行了保护人们的承诺；人们在得救之后应当按照神制定的戒律来兑现承诺，要敬拜神和侍奉神。这后来演变成为西方法律中重要的信守契约精神，同时也演变成为遵守社会秩序的法治精神。

第三，《摩西十诫》对西方后世司法程序的影响。《摩西十诫》第九条规定"不可作假见证以陷害人"，对司法程序产生了重要影响。在后来的西方法庭中，无论是证人还是律师都需要举手宣誓，保证所言为真实，而不是作假证。

第四，《摩西十诫》对法律的影响是明确了个人的权利、义务与责任关系，成为后来整个西方法律坚持的一个基本原则。《摩西十诫》除第五条规定"当孝敬父母，使你的日子在耶和华你神所赐你的土地上得以长久"外，全部采用禁止性规范表达方式，对违反诫命的将要采取惩罚措施，在责任的结构形式上与现代法律相似。② 例如，根据《摩西十诫》第二条的规定，如果你违约了，是会有所谓的"恨我的，我必追讨他的罪，自父及子，直到三四代"。《摩西十诫》就是让人们形成遵守法律的信念。遵守法律本身就是一个人必须承担的社会责任，这个对西方法律文明产生了非常深远的影响。

第五，《摩西十诫》体现了个人财产的神圣不可侵犯原则。《摩西十

---

① 参见魏治勋：《早期基督教的人权观念与人权实践》，载《宗教学研究》2011年第2期。

② 同上。

诫》第八条规定"不可偷盗",第十条规定"不可贪恋人的房屋;也不可贪恋人的妻子、仆婢、牛驴,并他一切所有的",对私有财产的保护成为西方民商法体系的重要基础之一。

第六,《摩西十诫》体现了尊重生命原则,体现在第六条"不可杀人"规定中。

第七,《摩西十诫》体现了家庭婚姻伦理原则,如第五条规定"当孝敬父母",第七条规定"不可奸淫"。因为家庭婚姻关系都是经过上帝许可并经历了庄严的宣告仪式确定的。如在《荷兰民法典》中关于"无论多大年纪的孩子都应孝敬父母"的规定,受到了基督教自然法的影响,而其源头为《摩西十诫》。①

"契约"是圣经文化中的重要思想,它因出于上帝单方面的诫命而具有律法性质。契约具有确立平等、实现自由、维护权利、保障安全、平衡利害、敦化道德、规范秩序等意义,能够实现公正或正义理念或原则。《摩西十诫》中的约法条款被视为一种道德伦理与律法的规定。《摩西十诫》是《圣经》中的一个重要篇章,作为最早的宗教律法之一,着重于行为规范训导,是单方面的约定,并非通过一部分人为另一部分人立法以及根据契约平等原则形成,而是上帝与人类订立契约方式的"约法",赋予法律以神圣性和相互责任上的关联性,具有"他律"和"自律"的内涵,人类应当根据《圣经》中自己与上帝的契约自觉遵守律法。

事实上,《摩西十诫》一直作为西方社会运行规则的基础,基督教作为人的"心灵安慰和支撑"的理念对促进西方社会的发展和稳定起到了不可替代的作用,也为世俗社会普遍认同。《摩西十诫》经历了从旧约到新约再到世俗化的演变过程,对西方文明社会的法律和社会道德伦理产生了深远的影响。② 美国法学家伯尔曼(Harold J. Berman)在《法律与宗教》中概括称:"依'不可杀人'的诫命建立刑法,依'不可偷盗'的诫命建立财产法,依'不可奸淫'的诫命建立家庭法,依'不可作假见证'和'不可贪恋'的诫命建立契约法和有关私犯的法律。"

---

① 参见魏治勋:《早期基督教的人权观念与人权实践》,载《宗教学研究》2011年第2期。
② 参见郭连法:《"摩西十诫"的文化内涵》,载《中国宗教》2011年第10期。

"根据耶稣对律法的总结'要爱邻居如爱自己'建立了税法。""这些'主题'不仅存在于范畴或者标题之中,而且存在于一般原则之中。这是些基于神学的道德原则,居于下位的法律规则要根据这些原则加以解释。这是一种新的法律综合方法,它超越了早先对同一政治组织内部并存的法律体系的划分。"① 可见,《摩西十诫》体现了契约平等、关注个体、尊重秩序与保障私权等理念和精神,对后世西方法律特别是私法的影响非常大。

二、罗马法:从《十二表法》到《民法大全》

民法是社会商品经济关系发展到一定阶段的产物。一般认为,人类社会商品经济关系发展经历了三个阶段:简单商品经济阶段、资本主义商品经济阶段和社会主义商品经济阶段。罗马法诸法合体,私法部分特别发达,在民法史乃至法制史上最早形成了权利主体、所有权和契约自由的概念,与其简单商品经济充分发展有关,为后世民法的范本和基础,② 是"以私有制为基础的法的最完备形式"③,也是"商品生产者社会的第一个世界性法律"④。此处要说明的是,早期罗马法是罗马城邦法,成熟之后,它成为整个罗马帝国的法,同时它还是罗马精神最原始的产物。⑤ 现在民法上所说的罗马法一般指的是罗马私法。

罗马法大致分为三个时期:一是《十二表法》时期;二是1世纪到2世纪的古典法时期;三是6世纪查士丁尼时期。罗马法最初通过记忆为贵族所秘密专有,导致有偏颇的讹议,几经争执,才有了《十二表法》的制定(约前450),直至530年查士丁尼下令编纂《民法大全》,⑥

---

① 〔美〕伯尔曼:《法律与宗教》,梁治平译,中国政法大学出版社2003年版,第159—160页。此处的律法指的是《摩西十诫》。耶稣将《摩西十诫》的第一条至第四条处理人与上帝关系的戒律归纳为"尽心爱神",将《摩西十诫》第五条至第十条有关处理人与人之间关系的戒律归纳为"爱人如己"。
② 参见佟柔主编:《中国民法》,法律出版社1990年版,第10页。
③ 《马克思恩格斯选集》第3卷,人民出版社2012年版,第481页。
④ 《马克思恩格斯选集》第4卷,人民出版社2012年版,第259页。
⑤ 参见〔英〕巴里·尼古拉斯:《罗马法概论(第二版)》,黄风译,法律出版社2004年版,第3页。
⑥ 参见刘得宽:《民法总则(增订四版)》,中国政法大学出版社2006年版,第10页。

也有人称为《市民法大全》《国法大全》,或者《查士丁尼国法大全》《查士丁尼民法大全》,罗马法法典编纂完成。

古代地中海世界的人有两个世界观念,认为在人的世界外还有一个神的世界,两个世界相互影响。市民法是一个市民社会的法,是人的世界的法,可称之为世俗法,调整人与人之间的关系;与之相对应的是圣法,调整人与神之间的法。因此,在研究市民法的时候,必须将其从圣法中排除出去。作为世俗法的市民法,最著名的是《民法大全》。查士丁尼编纂罗马法,以《法典》开始、《学说汇纂》居中、《法学阶梯》结尾,三部法律构成整部作品,查士丁尼称为"法典"。查士丁尼在位期间另外颁布了168条敕令(也有学者认为是137条或122条敕令),在其死后被人编辑后称为《新律》。关于《民法大全》名称的来源,有学者认为,[①] 这四部立法文件原无总的名称,直到16世纪末,法国法学家狄奥尼修·虢多弗雷多(Dionisio Gotofreddo)将这四部作品合称为世俗法的《民法大全》,与宗教法的《教会法大全》相对。

(一)《十二表法》

1.《十二表法》的形成

《十二表法》是罗马法发展史上的一个里程碑,这是罗马第一部成文法典。在《十二表法》之前,法律渊源主要是习惯法,没有留下法律方面的文献资料。一般认为,《十二表法》是对罗马建城时起至《十二表法》公布时止这几百年间的社会习惯和习惯法的总结。[②]

《十二表法》是平民与贵族两大阶层经过反复斗争的产物。罗马虽在公元前510年前后建立了共和国,但实际上仍是贵族专政,法律(主要是不成文法的习惯法)为贵族祭司团(贵族执法官)垄断,广大下层民众甚至不允许了解法的内容。贵族的专制引起平民反抗,后者要求制定成文法,公开法律,[③] 以限制贵族的专横和徇私枉法。贵族认为平民不懂法律而坚决反对。经过斗争,到公元前454年,贵族与平民互相让

---

① 参见徐国栋:《民法哲学(增订本)》,中国法制出版社2015年版,第3—7页。
② 参见周枬:《罗马法原论》(上册),商务印书馆2014年版,第10—11、44页。
③ 参见〔英〕巴里·尼古拉斯:《罗马法概论(第二版)》,黄风译,法律出版社2004年版,第17页。

步，立法委员会（"十人立法会"）全部由贵族担任，但法律须经有平民参加的军伍大会通过方能生效。"十人立法会"制定的法律后经过军伍大会和元老院批准，刻在十二块板子上，有学者认为这板子是铜的，称之为《十二铜表法》，但有人说板子是象牙的、木质的或是大理石的，① 因无法考证其材质，故我国学者一般称之为《十二表法》。

2.《十二表法》的内容和评价

在《十二表法》颁布后的 60 年（公元前 390 年），被称为"蛮族"的高卢人入侵罗马并焚毁了该法所在的建筑及该法的十二块板子，该法既未保存残片，也无抄本传世。残缺不全的《十二表法》条文常被罗马的法学家、历史学家和文学家等在其所著书中零散引用，与原文有时互有出入。自 16 世纪中叶的意大利人阿尔桑德里（Alexandre Alessandri，1461—1523）和德国人里瓦尔（Aymar du Rivail，？—1560）直至 1909 年法国罗马法专家吉拉尔（Paul Frederic Girard，1852—1926）等诸多学者不断搜集和整理，仍然不能恢复《十二表法》条文的原貌。② 尽管存有遗憾，但《十二表法》内容的学术价值与现实价值具有重要意义。

(1)《十二表法》的内容

《十二表法》被誉为"所有的公私法的源头"③，是罗马法史上的重要文献。我国目前已经出版了 8 个译本。④ 由于每个译本的条文数目、条文编排以及条文内容上有所差异，本书以周枬先生的译本作为蓝本进

---

① 参见周枬：《罗马法原论》（上册），商务印书馆 2014 年版，第 44—46 页。
② 同上书，第 46—47 页。
③ 徐国栋：《对十二表法的 4 个中译本的比较分析》，载《求是学刊》2002 年第 6 期。
④ 它们分别是周枬先生的新旧两个译本［周枬等编：《罗马法》，群众出版社 1983 年版，"附录"第 364—371 页；周枬：《罗马法原论》（下册），商务印书馆 2014 年版，"附录二"第 1019—1033 页］，金兰荪的译本（金兰荪：《罗马法》，黎明书局 1937 年版，第 41—53 页），张生的译本（张生的译本刊载于"世界著名法典汉译丛书"，法律出版社 2000 年版，无原文出处说明。转引自徐国栋：《对十二表法的 4 个中译本的比较分析》，载《求是学刊》2002 年第 6 期），陈筠、防微的译本［《外国法制史》编写组：《外国法制史资料选编》（上册），北京大学出版社 1982 年版，第 144—157 页］，李景禧的译本［原发表在 20 世纪 30 年代朝阳学院的《法律评论》（连载两期），如今已难以寻觅。转引自徐国栋等译：《〈十二表法〉新译本》，载《河北法学》2005 年第 11 期］，徐国栋的译本（徐国栋：《对十二表法的 4 个中译本的比较分析》，载《求是学刊》2002 年第 6 期；徐国栋等译：《〈十二表法〉新译本》，载《河北法学》2005 年第 11 期），以及贾文范的译本（贾文范：《罗马法》，清华大学出版社 2019 年版，第 287—292 页）。

行研究。

《十二表法》以维护奴隶主私有制为核心，保留了氏族社会末期的父权家长制和氏族社会某些野蛮行为的残余（如同态复仇）。从内容上看，《十二表法》对宗教法和世俗法、公法和私法、实体法和程序法兼收并蓄，诸法合体，基本上是固有的习惯法，不少规范没有规定法律制裁。它实行严格的形式主义；将古老的同态复仇和罚金并存、氏族继承和遗嘱自由并列，反映了社会和法律从野蛮到文明的发展过程。《十二表法》各表的内容如下：第一表，传唤；第二表，审理；第三表，执行；第四表，家长权；第五表，继承和监护；第六表，所有权和占有；第七表，土地和房屋（相邻关系）；第八表，私犯；第九表，公法；第十表，宗教法；第十一表，前五表的补充；第十二表，后五表的补充。[①] 从一定意义上来讲，《十二表法》是一部成文法典，当然，它并非现代意义上的法典，因为它没有对法律进行全面和连贯的叙述，只有简短而零碎的规则。虽然《十二表法》为一部制定法，表述的主要是规则，但从其范围看，习惯法的主要框架得到保存，实质上它没有偏离传统的习惯法，而且对程序问题比实体问题论述得更为详细。[②]《十二表法》既规范了人的行为也规范了诉讼程序，是集实体规范与程序规范于一体的法律。

第一表"传唤"共9条，内容主要包括如何保证诉讼当事人按要求出席审判地点（第1条、第2条、第3条、第4条、第9条），诉讼当事人双方自行解决争端的必要性（第5条），审理案件的时间、地点与审判官的身份（第6条），以及审案的时限（第8条）等。该表对"传唤"的各种情况作了明确的规定。

第二表"审理"共4条，内容主要包括确保案件审理过程中证据的充分和证人不作伪证、不宣伪誓（第1条、第3条），对审理日期后延的酌情考虑（第2条），以及鼓励诉讼当事人之间自行和解（第4条）。

[①] 参见周枏：《罗马法原论》（上册），商务印书馆2014年版，第47—48页；周枏：《罗马法原论》（下册），商务印书馆2014年版，第1019—1033页。

[②] 参见〔英〕巴里·尼古拉斯：《罗马法概论（第二版）》，黄风译，法律出版社2004年版，第17页。

第三表"执行"共8条，主题集中在"债务"方面，是关于债权人对债务人权限的一系列有利于债权人的规定。该表主要内容包括给债务人的宽限期（第1条）、强制执行（第2条、第3条、第4条、第6条、第7条）、债权人与债务人之间的和解规定（第5条），以及叛国罪的规定（第8条）。

第四表"家长权"（或"父权法"）共5条，主要内容包括父亲与儿子的关系（第1条、第2条、第3条、第5条）、丈夫与妻子的关系（第4条）。

第五表"继承和监护"共11条，主要内容是对第四表"家长权"关于"家长如何对待处理自己的儿女和妻子"规定的延续，重点规定受到或曾经受到"家长权"管辖的妻子儿女是否能够和如何能够享受与"家长权"相关的一些权益。权益的第一个方面为"监护"（第1条、第3条、第6条、第7条）；权益的第二个方面为"财产"或"遗产"（第2条、第3条、第4条、第5条、第8条、第9条、第10条、第11条）。

第六表"所有权和占有"共11条，主要内容为以"要式现金借贷"或"要式买卖"方式缔结的"契约"的效力、举证责任以及违约后果（第1条、第2条），占有土地和其他物件的取得时效（第3条、第5条），妻子关于夫权婚姻的时效婚的条件和中断时效条件（第4条），所有权转移（第6条、第7条、第8条），以及对以他人的木材建筑房屋或支搭葡萄架的所有权归属及赔偿问题（第9条、第10条、第11条）。

第七表"土地和房屋（相邻关系）"共10条，主要规定"划界"与对"土地"的连带物品的支配权利，主要体现在"建筑物周围的空地"预留宽度的规定（第1条），在自己的土地与邻地之间"筑篱笆""筑围墙""挖坟墓或沟""掘井"和"栽种各种不同树木"以及"建园子"等应留空地宽度的规定（第2条、第3条），对"相邻田地之间的田界"宽度的规定（第4条），有关疆界发生争执的解决（第5条），对在他人土地上有货车通行权的"道路"直向和转弯处宽度的规定（第6条、第7条），对以人为的方法指使他人财产受损赔偿的规定（第8条），对自己领地内栽种树木的树枝越界和对邻人领地内的树木倾倒至自己领地维权的规定（第 9 条），以及自己树上的果实落于邻地可入邻地拾取的规定（第 10 条）。

第八表"私犯"共 29 条，该表在《十二表法》中所占的条目最多，主要内容涉及"诽谤或侮辱"（第 1 条）、"对人侵害"（第 2 条、第 3 条、第 4 条、第 5 条、第 26 条、第 27 条）、"牲畜致人损害"（第 6 条、第 7 条）、"对物侵害"（第 8 条、第 10 条、第 11 条、第 22 条）、"盗窃"（第 9 条、第 12 条、第 13 条、第 14 条、第 15 条、第 16 条、第 17 条）、"借贷"（第 18 条）、"不守信义"（第 19 条、第 20 条、第 24 条）、"欺诈或作伪证"（第 21 条、第 23 条、第 25 条）和"公共秩序"（第 28 条、第 29 条）。

第九表"公法"与第八表"私犯"的规定相对，第九表的内容简略，仅有 6 条，主要内容是关于法律效力的普遍性（第 1 条），个人生命、自由和国籍专属管辖（第 2 条、第 6 条），审判官或仲裁员及公正司法（第 3 条、第 4 条），申诉权（第 4 条），以及国家安全（第 5 条）。

第十表"宗教法"共 11 条，内容主要规定死者丧事的办理（第 1 条、第 5 条、第 6 条、第 8 条、第 9 条、第 10 条），举办丧事的礼仪（第 2 条、第 3 条、第 4 条、第 7 条），以及墓地或焚尸地不适用诉讼时效（第 11 条）。该表关于丧葬的规定体现了罗马人的务实和简约的作风。

《十二表法》的两个"补充"是对前十表的补充，即对"前五表"和"后五表"的补充，分别列为"第十一表"和"第十二表"。

第十一表是对"前五表的补充"，实质是一个条文，内容为"平民和贵族，不得通婚"。

第十二表是对"后五表的补充"，共有 5 条，主要内容为："对购买牲畜供祭神之用而不付价金，或者出租牲畜把租金供祭神之需而租用人不付租金，则债权人有权对债务人的财产实施扣押"（第 1 条），"家属或奴隶因私犯而造成损害的，家长或家主应把他们委付被害人处理或赔偿所致的损失"（第 2 条），"凡以不正当名义取得物件占有的，由长官委任仲裁员 3 人处理之；如占有人败诉，应加倍返还所得孳息的两倍"（第 3 条），"系争物不得作为祭品，违者处该物价值两倍的罚金"（第 4

条),"前后制定的法律有冲突时,则后法优于前法"(第5条)。

(2) 对《十二表法》的评价

正如学者所言,"正确地评价《十二表法》,是我们重新解读和认识罗马文明的一把钥匙。而评价《十二表法》的关键不在于它作为一部法典的内容,而在于它是作为一个重大历史事件"[1]。《十二表法》在罗马法的发展史上具有重要意义。第一,平民寻求的不是法律改革,而是公开法律,[2] 其将专由贵族祭司团垄断的神秘的法律用文字公开,一定程度上限制了贵族官吏的专横,法律公开本身就是一个进步。第二,除禁止平民与贵族通婚外,平民在法律范围内与贵族地位平等。第三,《十二表法》排除了"法是神授"的宗教信条,肯定了侵犯个人利益和公共利益都是违反国家的法律,并非触犯上帝或有悖神意,比其他以神权为基础的古代法进步。[3] 第四,相较于内容庞杂的查士丁尼《民法大全》,作为法典的《十二表法》简明扼要,针对的范围也并非包罗万象。[4] 当然,《十二表法》中的规则对后世影响较大。例如,在诉讼程序规则方面,该法典规定:"如当事人双方能自行和解的,则讼争即认为解决。""凡主张曾缔结'现金借贷'或'要式买卖'契约的,负举证之责,缔结上述契约后又否认的,处以双倍于标的的罚金。"在实体规则上,该法典规定:"凡以他人的木材建筑房屋或支搭葡萄架的,木料所有人不得擅自拆毁而取回其木料。但在上述情况下,可对取用他人木料者,提起赔偿双倍于木料价金之诉。""建筑物的周围应留二尺半宽的空地,以便通行。""橡树的果实落于邻地时,得入邻地拾取之。"

《十二表法》将由贵族祭司阶层专有的"习惯法"以文字公布,在限制了贵族官吏阶层的"武断和专横"的同时,使司法执法有明确的文件依据,区分了立法、司法和行政三权行使。作为古罗马习惯法汇编的成文法《十二表法》并非简单的"习惯法",该法典将不同法律规范加

---

[1] 兰奇光:《重评〈十二表法〉》,载《湖南科技大学学报(社会科学版)》2004年第2期。
[2] 参见〔英〕巴里·尼古拉斯:《罗马法概论(第二版)》,黄风译,法律出版社2004年版,第17页。
[3] 参见周枏:《罗马法原论》(上册),商务印书馆2014年版,第49页。
[4] 参见〔美〕艾伦·沃森:《民法法系的演变及形成》,李静冰、姚新华译,中国法制出版社2005年版,第138页。

以类型化以区别处理不同类型的案件,在习惯法基础上加强执法与司法程序,如在同态复仇的人身惩罚(如处死)制度中补充了赔偿性的物质惩罚(如罚金)制度、在"私犯"中对贵族和平民进行平等保护、定罪量刑根据"过失杀人"和"故意杀人"来考虑当事人的"主观责任"、维护国家安全和公共秩序等,在一定程度上具有创新性,开创了罗马法制史上的新时代和取得的新成就。

《十二表法》体现了权利(力)制约的现代法精神,对公权力和私权利都进行了规制。对公权力的制约主要体现在法律的普遍性、正当程序原则和司法公正、对市民公法上权利的制约等;对私权利的限制表现为对所有权的限制、对丧葬权的限制、对合同自由原则的限制。此外,《十二表法》还体现了对弱者进行保护的法律精神和推定的立法技术(如对非婚生子女的推定)。但《十二表法》残留了不少古代法的原始气息,表现为权利的自立救济性、形式的宗教色彩性、固有的家族本位性(如家父权大、宗族利益受保护)、惩罚的残酷性等。《十二表法》"介于现代性与原始性之间"的两面性有其特定的历史原因,一方面表现为经平民与贵族斗争产物的《十二表法》必然包含对权力进行制约的法律精神;另一方面,罗马人对宗教的崇拜对《十二表法》的制定必然产生影响(如誓金之诉、献祭形式刑罚等规定)。另外,《十二表法》的两面性也受到罗马人的集体本位思想的影响。总体而言,《十二表法》是结合古罗马社会的政治民主观念、宗教崇拜传统思想、集体本位主义精神以及古罗马人的智慧结晶等因素而产生的,反映了早期罗马社会是以自然经济为基础的农业社会发展的状况,符合当时罗马社会的历史文化与风俗习惯。[①] 《十二表法》是罗马法的基础,对后世法律建设具有重大影响。

(二)《民法大全》

民法传统肇始于罗马法,但形成于中世纪德意志各部族继受罗马法之后。罗马法一般是指从《十二表法》到《民法大全》整个历史时期的

[①] 参见杨垠红:《介于现代性与原始性之间的十二表法》,载何勤华主编:《20世纪外国司法制度的变革》,法律出版社2003年版,第536—537页。

罗马奴隶制国家全部法律规范的总称。罗马法内容庞杂、诸法合体，最为完备、对后世影响最大的是罗马私法，因为罗马私法不仅在体系上较为完备、严谨（分为人法、物法、诉讼法等），而且在立法技巧上非常精湛，法学家甚至将罗马私法等同于罗马法。查士丁尼《法典》《学说汇纂》《法学阶梯》和《新律》集罗马法精华之大成，被称为《民法大全》，标志着罗马法进入发展完备时期。①《法典》整理了罗马帝国所有的法律，是剔除了过时的和矛盾的法律后汇编的罗马帝国立法汇集；《学说汇纂》是对罗马法学家的理论著作进行摘录汇编而成；《法学阶梯》是仿照通行的教材汇编而成的具有法律效力的法律教科书；《新律》是查士丁尼在位时颁布的法令的汇编。②

1.《民法大全》的产生背景

《民法大全》的编纂始于528年2月，当时查士丁尼任命了一个10人委员会，负责重新编纂谕令，即删除所有已经过时的内容、消除矛盾的谕令，对有关文献进行必要的整理、删减和修改。529年4月，《法典》颁布，但它只在534年之前有效力，且后来没有流传下来。这部《法典》之所以变得过时，是因为这一时期，查士丁尼颁布了"五十项裁决"和大量其他具有改革性质的谕令。此后，特里波尼安（Tribonianus）受命与来自贝鲁特的多罗特（Dorotheus）以及三位来自《学说汇纂》委员会的实际工作人员编辑一部新法典，编辑委员会被授予修改、整理和删减等广泛的权力。第二部《法典》于534年公布，同年12月29日生效，并流传至今。③ 这部法典的篇幅大约是《学说汇纂》篇幅的一半，内容主要涉及公法、宗教法及两者关于家庭法和继承法等私法改革的内容。

此外，查士丁尼也将其注意力转移到法学家的法上，于530年12月15日委托特里波尼安组建了16人委员会（国家高级官员1人，实际工作人员11人，来自君士坦丁堡和贝鲁特各2名教授），编纂一部能够

---

① 参见彭万林主编：《民法学》，中国政法大学出版社1994年版，绪论。
② 参见赵秀梅主编：《民法学（第二版）》，法律出版社2015年版，第5页。
③ 参见〔英〕巴里·尼古拉斯：《罗马法概论（第二版）》，黄风译，法律出版社2004年版，第39—40、42页。

保存古典法学经典著作并且能够为当时的法提供解释的《学说汇纂》。这个委员会对旧有的著作进行翻阅和摘录，汇集在 50 编当中，再根据议题将这 50 编划分为不同章节，并对有关文献进行必要的删减和修改，确保这部著作不含重复、矛盾和过时的内容。另外，这个委员会对所有摘录的材料注明出处（包括作者的姓名、作品的标题和第几编，如"乌尔比安：《论萨宾》第 1 编"）。预定 10 年完成的这项编纂工作在 3 年内就完成了，533 年 12 月 16 日，《学说汇纂》被公布。① 《学说汇纂》主要汇集了大法学家盖尤斯、保罗和乌尔比安等人的著作，凡是未入选《学说汇纂》的著作和法理论点都被宣布无效。② 不过，英国罗马法学者尼古拉斯（Barry Nicholas）在评论该部著作时认为："《学说汇纂》的精神与像《拿破仑法典》这样的现代法典相距甚远。但它是当时的时代精神的体现，那个时代在许多领域几乎是崇尚墨守成规。""只有在这样一个时代当中，像《学说汇纂》这样一部宗旨矛盾的著作才可能被编纂出来。""查士丁尼试图实现两个不相容的目标：一方面想保存古典著作中的精华，另一方面又想对其加以改造并建立自己时代的法。当他试图在这两个方面都取得成功时，就无法完全地实现这两个目标中任何一个，而且这项编纂工作的仓促进行只能加速这种失败。"③ 尽管《学说汇纂》体现了当时的时代精神，但因其中矛盾之处难以完善且与其他领域的封闭现实相容，而没有得到实际运用。不过，《学说汇纂》为后世的民法典特别是《德国民法典》的制定提供了理论支撑。

在编纂《学说汇纂》的同时，特里波尼安和狄奥菲尔（Theophilus）、多罗特又被委托完成另一项任务——为学生编写一部正式的基础教科书《法学阶梯》。这部教材也于 533 年 12 月颁布，并被赋予了立法效力。《法学阶梯》与《学说汇纂》的不同之处在于其没有注明各段论述的出处。查士丁尼的《法学阶梯》的基础是盖尤斯的《法学阶梯》和

---

① 参见〔英〕巴里·尼古拉斯：《罗马法概论（第二版）》，黄风译，法律出版社 2004 年版，第 40—41 页。
② 参见〔罗马〕查士丁尼：《法学总论——法学阶梯》，张企泰译，商务印书馆 1989 年版，第 ii 页。
③ 〔英〕巴里·尼古拉斯：《罗马法概论（第二版）》，黄风译，法律出版社 2004 年版，第 43—44 页。

《日常事件法律实践》。① 有人认为查士丁尼《法学阶梯》的大部分内容剽窃了盖尤斯的《法学阶梯》,不仅在内容上,而且更主要的是在结构上沿用盖尤斯《法学阶梯》的结构,即将法分为人法、物法和诉讼法三个部分。查士丁尼《法学阶梯》另外有相当数量的段落摘抄自《学说汇纂》,这种具有拼凑特点的文献连贯性不够,甚至还偶尔会出现矛盾之处。② 尽管如此,《法学阶梯》还是对后世的民法典尤其是《法国民法典》的制定提供了范本。

尽管上述三部立法工程结束,但查士丁尼在位期间新的谕令不断颁布,查士丁尼试图汇编这些新谕令未成功。后人对查士丁尼在位期间的新谕令进行了汇编,便为《新律》。

2.《民法大全》的体系——《法学阶梯》的体系

查士丁尼的《法学阶梯》又称为《法学总论》,是查士丁尼在位期间(527—565)编写的法学教科书。《法学阶梯》具有以下几个特点③:第一,《法学阶梯》融会贯通了罗马法的全部基本原理,查士丁尼认为《法学阶梯》"包括全部法学的基本原理"④,为罗马法的精髓所在;第二,《法学阶梯》的条理清楚,概念明确;第三,"法学阶梯"就是法学入门的意思,因而《法学阶梯》文字浅显,便于阅读;第四,《法学阶梯》包含了民法的各个方面,内容翔实。

《法学阶梯》共四卷,计九十八篇。第一卷是关于私法主体人的规定;第二卷与第三卷是关于物的规定,即有关包括继承和债务在内的财产关系的规定;第四卷是关于契约和诉讼程序的规定。相比较《十二表

---

① 查士丁尼《法学阶梯》序言第6条指出:"这四卷乃是根据古代各卷法学阶梯,尤其根据我们盖尤斯所著的几部释义——《法学阶梯》和《日常事件法律实践》等——以及许多其他释义(注:指的是弗洛伦丁著《法学阶梯》12卷、保罗著《法学阶梯》2卷、乌尔比安著《法学阶梯》2卷和马其安著《法学阶梯》16卷,均失传)编成……"参见〔罗马〕查士丁尼:《法学总论——法学阶梯》,张企泰译,商务印书馆1989年版,第2—3页。
② 参见〔英〕巴里·尼古拉斯:《罗马法概论(第二版)》,黄风译,法律出版社2004年版,第31—42页。
③ 参见〔罗马〕查士丁尼:《法学总论——法学阶梯》,张企泰译,商务印书馆1989年版,第iii页。
④ 《法学阶梯》序言第4条指出:"……把这部《法学阶梯》分为四卷,其中包括全部法学的基本原理。"

法》中诉讼法在前、人法和物法在后的排列顺序，《法学阶梯》采用主法的人法和物法在前、助法的诉讼法在后的排列顺序，这种排列顺序上的不同反映了随着罗马帝国商品经济的发展，罗马私法发展到了一个新的阶段，罗马法学家已经把重点放在权利问题上，而不像早期放在"正义与不正义"之分的问题上。《法学阶梯》中的权利观念已经占据主导地位。[①] 这种分类对之后的法律思想产生了重大影响。现代法律研究者认为法的基本构成要素是权利和义务，"人"是能够行使权利和承担义务的主体，"物"是权利和义务的本身，"诉讼"是据以维护权利和义务的救济手段，即所有的法律规范包含所涉及的人、有关的标的物和救济手段。尽管查士丁尼《法学阶梯》体系可能源自盖尤斯《法学阶梯》的分类体系，但学者认为，盖尤斯书中的表述过于粗糙和简单，[②] 因而盖尤斯不可能用明确的概念和"人、物、诉讼"三分法的抽象方式划分法律。

《法学阶梯》涵盖了全部私法制度和个别具体的法律制度，其基本体例为人、物、时效（我国学者翻译为"诉权"），具体包括法源、人、财产、继承、债（契约和准契约、不法行为和准不法行为）以及时效，该体系也对世界大部分国家或地区的法律制度方面的系统性论著的体例编排产生了深远影响。[③]《法学阶梯》中所论及的（罗马）私法与现代社会所理解的私法内涵不同，其是由自然法、万民法和市民法三个部分组成的。《法学阶梯》第二篇"自然法、万民法和市民法"规定，所谓自然法，是自然界教给一切动物的法律，这种法律并非人类所特有的法律，而是一切天空、地上或海里的动物都具有的法律，即除人之外，其他一切动物都被视为知道这种法则；所谓市民法，是指每一民族专为自身治理制定的法律，为罗马本身所特有的适用于罗马人的法律，即为罗马公民所享有的特权而规定的法律；所谓万民法，是指出于自然理性而

---

① 参见〔罗马〕查士丁尼：《法学总论——法学阶梯》，张企泰译，商务印书馆1989年版，第ⅲ—ⅳ页。
② 参见〔英〕巴里·尼古拉斯：《罗马法概论（第二版）》，黄风译，法律出版社2004年版，第63页。
③ 同上书，第37页。

为全人类制定的法，为所有民族同样尊重，即适用于罗马帝国境内的异邦居民的法律。① 根据《法学阶梯》第二篇第 11 条规定，各民族一体遵守的自然法则是根据上帝的神意制定的，始终固定不变。每一个国家为自身所制定的法律经常变动，变动或基于人民的默示同意，或基于以后制定的其他法律。

《法学阶梯》第二篇第 12 条规定："我们所适用的全部法律……首先考察人，因为如果不了解作为法律对象的人，就不可能很好地了解法律。"第三篇开篇规定："关于人的法律的主要区分如下：一切人不是自由人就是奴隶。"第三篇第 5 条规定："一切奴隶的地位没有任何差别；至于自由人则有许多差别，他们或是生来自由的，或是被释放而获得自由的。"在罗马帝国时期，有贵族、骑士、自由民、异邦居民和奴隶五种社会阶级和阶层，其中奴隶不是法律上的人而是作为物件看待。人法是关于人格和身份的法。因此，《法学阶梯》"人法"中关于人的权利能力和行为能力、人的法律地位、各种权利的取得和丧失以及婚姻家庭关系等相关规定，包括人格、家庭、婚姻、监护等内容，只适用于自由民而不适用于奴隶。其中，自由民分为生来自由人（指出生时起就是自由的）和被释放自由人（指从合法奴隶地位中释放出来的）。《法学阶梯》所规定的自由权、市民权和家长权并非所有自由民同等享有，属于市民权方面的选举、担任公职等权利以及属于家长权方面的父母对子女所享有的权利只有罗马公民才能享有，为罗马公民的特权。② 这是因为罗马法上享有家长权的只能是男性市民中的自由权人，非罗马城邦的外邦人以及介于市民和外邦人的拉丁人不能享有家长权。

物法在《法学阶梯》中比例最重，反映了当时罗马帝国的商品生产和商品交换发展情况，也是奴隶主统治阶级巩固其所有制的需求反映。所谓物法，指的是权利的客体及所有权的取得、变更和区分，以及继承和债务等内容，即物权、继承和债等内容。《法学阶梯》中物的范围不仅包括有形体物（如奴隶、动物、衣服、建筑物、金银等），而且包括

---

① 参见〔罗马〕查士丁尼：《法学总论——法学阶梯》，张企泰译，商务印书馆 1989 年版，第 6—7 页。
② 同上书，第 iv、11—12 页。

无形体物（如遗产继承权、用益权、使用权、居住权、地役权、用不论何种方式缔结的债权等）；不仅包括自然界存在的空气、水流、海洋和各种动植物等物体，也包括人工开拓的土地和生产的其他产品；不仅有自然法上的物体，而且还有万民法上的物体。根据《法学阶梯》第二卷中的规定，"在前一卷，我们已经阐明了关于人的法律，现在让我们来考察物，即属于我们财产或者是不属于我们财产的物。某些物依据自然法是众所共有的，有些是公有的，有些属于团体，有些不属于任何人，但大部分物是属于个人的财产，个人得以各种不同方式取得之"。也就是说，物法上的物体分别属于共有（如空气、水流、海洋和海岸）、公有（如一切河川港口、公共使用河岸、公共使用海岸）、团体所有（如戏院、竞赛场和其他城市全体所共有的类似场所）和个人所有，但是根据《法学阶梯》规定，神圣物、宗教物、神护物不属于任何人所有。

所有权是物的所有人对其权利标的物直接行使的权利。物权分为所有权、地役权、用益权、使用权、居住权和担保权等，这些权利可以通过契约或者遗嘱、遗赠被让与、赠与、继承和遗赠，受法律严格保护，不能被侵犯。关于物法中的债务，《法学阶梯》第三卷第十三篇规定："债是法律关系，基于这种关系，我们受到约束而必须依照我们国家的法律给付某物的义务。"债务分为市民法上的和大法官法上的债务（也称为长官法上的债务）。其中，市民法上的债务是经过法律规定的，或者至少是经过市民法承认的；大法官法上的债务是大法官根据其职权所创设的。这两类债务还可以细分为契约之债和准契约之债、不法行为之债和准不法行为之债四种。其中，契约之债可以通过要物、口头、书面或者诺成的方式缔结。准契约之债并非根据契约发生，也并非根据侵权行为产生的债务，但视为根据契约发生，如无因管理之诉，两人或数人无合伙关系而共有一物（如共同接受物的赠与或遗赠），因其中一人单独收取孳息或因他人为共有物支出了必要费用，他人可对其提起共有物分割之诉，在类似情况下继承人中一人对共同继承人同样负担的债务，后者可以提起遗产分割之诉；误以为负债而向他人为清偿的，他人视为根据准契约而负担债务。不法行为之债（即侵权之债）是从侵权行为中产生的债务，如盗窃、抢劫造成财产上损害或人身伤害。准不法行为之债（即准侵权行为之债），《法学阶梯》中主要指的是审判员因错判而使他本身对此承担责任，既不是根据侵权行为也不是根据契约产生的责任，是基于其无知而犯的某种过错，由审判员按其良心认为公允的数额负责偿付。另外，父亲对子女或者奴隶从楼房投掷或倾注某物对他人致损的过错负责［例外是，如果子女与其父分居因此给他人造成的损害，或放置或悬挂物因倾倒坠落可能发生危险，尤里安（Julian）主张不得对其父而只能对子女本人提起诉讼。该原则也适用于身为审判员而作出错判的子女］，船长、客店主人或马厩主人对于他人在船舶上、客店内或马厩中因欺诈或失窃所发生的损害，虽非其本人所为，而是其所雇用在船舶、客店或马厩内服务的人员所为，也应视为构成准不法行为之债而负责。① 另外，还有物权法中的先占制度和后手权利不得大于前手的原则、侵权法中的损害赔偿原则、胎儿继承权保护、清偿范围以继承人继承的遗产为限以及婚生子女推定的规定，对后世民法典的内容产生了重要影响。

《法学阶梯》第四卷中规定，所谓"诉权无非是指有权在审判员面前追诉取得人们所应得的东西"②。诉讼可分为对物的诉讼和对人的诉讼两种，一切诉讼由审判员或仲裁员受理。根据《法学阶梯》的规定，对物的诉讼称为回复原物之诉，对人的诉讼是以请求给予某物或做某事为标的的诉讼，称为请求给付之诉。另外还有一种混合诉讼，即既针对物又针对人的诉讼。另外，《法学阶梯》中的"公诉"并非因诉权引起，在开始和进行的方式上与诉权存在很大区别。一般来讲，每个公民都可以提起公诉，③ 这种诉讼依据的法律规定适用于一切图谋危害皇帝或国家的人以及通奸罪、杀人罪、杀亲罪、背信罪、公私暴力罪、公库罪、绑架拐骗罪、朋党罪、渎职罪、谷物罪、侵占公物罪等。公诉的性质有些严重，有些不严重。

---

① 参见〔罗马〕查士丁尼：《法学总论——法学阶梯》，张企泰译，商务印书馆1989年版，第48—205页。
② 同上书，第205页。
③ 同上书，第239—242页。

3. 评价

《民法大全》权威性演化的结果首要表现在学习《民法大全》收录的法律规范具有重要意义。《民法大全》里的《法典》《学说汇纂》和《法学阶梯》除作为法律使用外,也可以作为大学的授课教材。实际上,《法学阶梯》就是作为基础教材编写的。《新律》虽是《民法大全》的组成部分之一,但却不是法典编纂的内容,在拜占庭时期,也不是拿来作为法学教材使用的。《新律》相对于《民法大全》其他三个组成部分而言,其影响力相对有限。《民法大全》权威性演化的第二个结果是,学习罗马法的人不是跟随从事各种法律事务者做学徒,而是拜在此方面有专长的人为师(如大学教师)。第三个结果是罗马法自中世纪后产生世界性的影响,包括学术和立法方面。第四个结果是,在法典化之前,罗马法在西方世界占据压倒性优势,唯一可能匹敌的就是教会法,这是由罗马法法源的性质决定的。罗马法著作论及实体法时,不谈程序法,部分原因是《民法大全》本身缺乏诉讼的技巧内容,部分原因是这些著作针对一定司法管辖权范围而写,而每个地方的程序法各不相同,这一局限性使得许多地方实体法方面的著作对程序法不太注重,如格劳秀斯的《当代罗马法体系》的篇幅、论题顺序等深受查士丁尼《法学阶梯》的影响,但几乎没有涉及程序法的内容。程序法与实体法相分离,并不影响实体法的解释,其本身具备了韦伯所言的逻辑性和形式理性。重视《法学阶梯》和尊崇法律理性的态度,自然而然导向了法典化发展的方向。同时,应当注意的是,民法法系的总体发展演化,可归结于《民法大全》被奉若神明时,[①] 法律的本土特色极容易遭到轻视,相关法则独立于具体案件中遇到的实际问题之外存在着,因而在制定或编纂民法典时,应当注意到法律本土化的问题,考虑到社会因素,用法律思维的方法寻找活法。

罗马法的精华在于确立了私法上的平等(指的是自由民之间的平等),人格权和个人财产所有权不可侵犯,以及契约自由。在私法的发

---

① 参见〔美〕艾伦·沃森:《民法法系的演变及形成》,李静冰、姚新华译,中国法制出版社 2005 年版,第 33—44 页。

展史上，罗马法最早建立了权利主体、所有权和契约自由的理念，反映了商品经济在法律上的需求，成为近现代民法的范本。尽管逻辑严谨、体系完整，但由于受到社会历史条件的限制，罗马法具有一定的局限性，有很多与现代民法精神不符的规定和原则，主要有：奴隶并非法律上的权利主体，为权利客体；过于强调身份的支配关系和家长权，自由民中的妇女和家属不具有独立人格，形成了人格的公开的不平等；存在一定的形式主义和宗教迷信色彩，[①] 等等。在西欧封建社会中期以后的许多国家掀起的罗马法复兴运动，使罗马法几乎被整个欧洲接受，[②] 成为欧洲大陆的共同法。罗马法作为近现代民法的起源，有"言民法必言罗马法"之称，中世纪后期各国或地区以罗马法为基础的制定的市民法构成现代民法的渊源。

三、近现代民法典——从《法国民法典》到《德国民法典》再到《瑞士民法典》

在法典化之前，罗马法并非罗马法系唯一的法律模式，其与教会法一起成为科学研究的对象和"学院法"。当时罗马法系的特点就是学院法与实证法的相互地位，其中学院法处于优势，以及原始文献和立法权（立法权属于世俗或教会共同体或统治者）过多并且过于分散。由于法律的不一致、过度的地方主义以及立法权的分散，法学家试图创立与统一理性相对应的统一的法律概念从而建立统一的法律体系。[③] 经过理性法与法典化运动，法典化成为近现代民法法系的重要特征。[④]

近现代民法典编纂，最早可追溯到 1794 年《普鲁士普通邦法》，该法典将宪法层面以下的刑法、行政法、商法、宗教法、税法与民法等所有法律部门汇集于一部法典，是最后一部将家庭事务明确理解为非私人

---

① 参见郑云瑞：《民法总论（第二版）》，北京大学出版社 2007 年版，第 4 页。
② 参见魏振瀛主编：《民法（第四版）》，北京大学出版社、高等教育出版社 2010 年版，第 4 页。
③ 参见〔意〕罗道尔夫·萨科：《比较法导论》，费安玲、刘家安、贾婉婷译，商务印书馆 2014 年版，第 283—284 页。
④ 参见〔美〕艾伦·沃森：《民法法系的演变及形成》，李静冰、姚新华译，中国法制出版社 2005 年版，第 55 页。

事务而援引公法调整的法典,并将民法的核心内容以某种方式纳入法典。但《普鲁士普通邦法》的等级法性质特别是有关贵族特权的规定证明了其封建法的根源性,[①] 从严格意义上来说,其诸法合体的特征并非专门的民法典,也并非近代意义上自由资本主义时期的法典。之后有代表性的民法典包括 1804 年《法国民法典》、1812 年《奥地利普通民法典》、1896 年《德国民法典》,其中《德国民法典》要比之前的民法典在编纂技术上更加完备。另外,在 20 世纪初期,具有划时代意义的民法典为《瑞士民法典》。

在整个大陆法系历史中,民法典诞生的意义深远,开辟了一个新纪元。在典型的近代形式的民法典面前,先前的法律的作用不存在了。这是因为在法典化以前,《民法大全》在根本上决定着整个私法的特征,民法方面的判决书和法律文书非常注重引用法学家的观点,而不论这些法学家生活在什么年代,人们只是不断引用旧权威的观点而不考虑其历史背景。随着民法典的出现,法典自身成为历史性的起点,取代了《民法大全》以来的法律,《民法大全》的地位由民法典占据。[②] 也就是说,现在只需要对法典的规定作出恰当的解释,无须借助于更早时期的法律或法学家的观点对法典的每条规定作出解释。

当然,随着法典化的进程,罗马法就被边缘化了,从而加剧了罗马法的"异化"过程。自中世纪后,那些将罗马法引向法典化世界的法学著作、方法和演变过程被忽略了,罗马法在当代民法典编纂过程中的重要地位被误解,只能在一些残存的个别规则中才能看到罗马法的影响,罗马法对于法典编纂本身、法律理性与法典结构的重要性被忽视,[③] 以至于加深了近现代法律与罗马法之间的鸿沟。实际上,值得注意的是,近现代法律只是对罗马私法的一些概念作了小的改动,这恰恰表明近现代民法是在吸收罗马法中的概念的基础上加以修正的结果,这也是近现

---

① 参见〔德〕罗尔夫·克尼佩尔:《法律与历史——论〈德国民法典〉的形成与变迁》,朱岩译,法律出版社 2003 年版,第 17 页。
② 参见〔美〕艾伦·沃森:《民法法系的演变及形成》,李静冰、姚新华译,中国法制出版社 2005 年版,第 181 页。
③ 同上书,第 183 页。

代民法区别于罗马法之所在，也是为何称其为大陆法系或罗马法系的原因之所在。

(一)《法国民法典》

法国民事法律在发展过程中形成了一种南北分立的状态，即北部沿袭习惯法，南部实行成文法。在法国北部，法兰克人有其固有的且具有日耳曼法渊源的习惯法，并制定了几部将习惯法成文化的法典，最为重要的是《萨利克法典》，以消除罗马法的影响。法国南部是成文法区，受罗马法影响较深。当然，这种区分不是非常严格，在南部地区，一些成文法既受到罗马法的影响，又包含了日耳曼法因素。同样，在北部地区，人们对罗马法并非完全拒绝，在习惯法没有规定的情形下，便以罗马法来补充习惯法的不足。1804年公布施行的《法国民法典》以折中的态度汲取了罗马法和习惯法，① 成为后来许多国家制定民法典的范本。此处需要说明的是，不可过高估计法国的习惯法地区与成文法地区之间的对立。这是因为一方面，法国北部和中部受到罗马法的影响日趋明显；另一方面，法国南部虽然为成文法地区，但实施的并非《民法大全》，而是受罗马法影响所形成的一般习惯法。② 这表明，因参与制定《法国民法典》的北部与中部的立法人员基于习惯法形成的法文化以及南部的立法人员基于成文法的法文化不同，《法国民法典》是各方妥协之后的产物。

1.《法国民法典》的内容③

《法国民法典》分为三卷，即人（第一卷）、财产以及所有权的各种变更（第二卷），以及取得财产的各种方式（第三卷）。

《法国民法典》第一卷有关"人"的规定，由十二编（实际为十三编）构成，主要内容包括：第一编"民事权利"（包括民事权利、尊重人之身体、对人之特征的遗传学研究，以及通过遗传特征对人进行鉴

---

① 参见郑云瑞：《民法总论（第二版）》，北京大学出版社2007年版，第8—9页。
② 参见〔日〕大木雅夫：《比较法（修订译本）》，范愉译，法律出版社2006年版，第156页。
③ 有关《法国民法典》的内容，如无特别说明，均按照罗结珍教授所译的《法国民法典》（法律出版社2005年版）内容为范本。

别）；第一编（二）"法国国籍"（包括原始法国国籍，法国国籍的取得，丧失、剥夺与恢复法国国籍，有关取得或丧失法国国籍的证书，有关国籍的争议，某些领土的主权割让对法国国籍的效果，以及有关海外领土的特别规定）；第二编"身份证书"（包括一般规定，出生证书，结婚证书，死亡证书，有关军人与海员在某些特殊情况下的身份证书，出生在外国，取得或恢复法国国籍的人的身份证书，身份证书的更正）；第三编"住所"；第四编"失踪"（包括推定失踪、宣告失踪）；第五编"婚姻"（包括结婚应当具备的资格与条件、有关举行结婚的手续、对婚姻的异议、婚姻无效之诉、婚姻产生的义务、夫妻相互的权利与义务、婚姻的解除、再婚）；第六编"离婚"（包括离婚的各种情形、离婚的程序、离婚的后果、分居、有关离婚与分居的法律冲突）；第七编"亲子关系"（包括有关婚生与非婚生亲子关系的共同规定、婚生亲子关系、非婚生亲子关系）；第八编"收养子女"（包括完全收养、单纯收养、在国外宣告的收养在法国的效力与有关收养子女的法律的冲突）；第九编"亲权"（包括与子女人身相关的亲权、与子女的财产相关的亲权）；第十编"未成年、监护及解除亲权"（包括未成年、监护、解除亲权）；第十一编"成年与受法律保护的成年人"（包括一般规定、置于司法保护的成年人、受监护的成年人、财产受管理的成年人）；第十二编"紧密关系民事协议与同居"（包括紧密关系民事协议、姘居）。

《法国民法典》第二卷"财产以及所有权的各种变更"，由四编构成，主要内容为：第一编"财产的分类"（包括不动产、动产、财产与其占有人的关系）；第二编"所有权"（包括对物之所生物的添附权、对与一物结合并结成一体之物的添附权）；第三编"用益权、使用权与居住权"（包括用益权、使用权和居住权）；第四编"役权或地役权"（包括因场所的位置产生的役权、由法律设立的役权、由人的行为设定的役权）。

《法国民法典》第三卷"取得财产的各种方式"，由总则和二十编（实际为二十二编）构成，主要内容包括：首先为"总则"；第一编"继承"（包括继承的开始、部分概括继承与继承人占有遗产、继承应当具备的资格及其证据、继承人、国家的权利、继承的承认与放弃、遗产的分割与返还）；第二编"生前赠与及遗嘱"（包括通则、通过生前赠与或遗嘱处分或接受财产的能力、可以处分的财产部分及其减少、生前赠与、遗嘱处分、允许为赠与人或遗嘱人的孙子女或其兄弟姐妹的子女的利益进行的处分、由直系尊血亲进行的财产分割、以夫妻财产契约向夫妻以及婚后出生的子女进行的赠与、夫妻之间或者以夫妻财产契约或者在婚姻期间进行的财产处分）；第三编"契约或约定之债的一般规定"（包括编首规定、契约有效成立的要件、债的效果、债的种类、附期限的债、债的消灭、债的证明与清偿证据）；第四编"非因约定而发生的债"（包括准契约、侵权行为与准侵权行为）；第四编（二）"有缺陷的产品引起的责任"；第五编"夫妻财产契约与夫妻财产制"（包括通则、共同财产制、分别财产制、夫妻分享婚后取得的共同财产的财产制）；第六编"买卖"（包括买卖的性质与形式，得为买、卖之人，得予买、卖之物，待建不动产的买卖，出卖人的义务，买受人的义务，买卖之无效与解除，共同财产的拍卖，债权与其他无形权利的转让）；第七编"互易"；第八编"租赁契约"（包括总则、物的租赁、雇工与劳务雇佣、牲畜租养）；第八编（二）"房地产开发合同"；第九编"公司"[包括一般规定、民事公司（民事合伙）、隐名合伙]；第九编（二）"关于行使共有权的协议"（包括在没有用益权人的情况下有关行使共有权的协议、在有用益权人的情况下有关行使共有权的协议）；第十编"借贷"（包括使用借贷或无偿借用、消费借贷或单纯借贷、有息借贷）；第十一编"寄托与讼争物的寄托"（包括寄托的通则及其种类、本义上的寄托、讼争物寄托）；第十二编"射幸契约"（包括赌博性游戏与赌注、终身定期金契约）；第十三编"委托"[包括委托的性质与形式、受委托人（委托代理人）的义务、委托人的义务、终止委托的各种方式]；第十四编"保证"（包括保证的性质与范围、保证的效果、保证的消灭、法定保证人与裁判上的保证人）；第十五编"和解"；第十六编"仲裁"；第十七编"质押"（包括动产质权、不动产质权）；第十八编"优先权与抵押权"（包括共同规定、优先权、抵押权、优先权与抵押权的登录方式、登录的注销与缩减、优先权与抵押权对占有优先权与抵押权标的物的第三人的效力、优先权与抵押权的消灭、清除财产上负担的优先权与抵押权的方式、在对夫与监护人的财产未进行登录的情况下清除抵押权的方式、登录簿的公开与登录员的责任）；第十九编"不动产扣押与债权人之间的顺位"（包括不动产扣押、债权人的顺位以及价金的分配）；第二十编"时效与占有"（包括通则、占有、阻止时效的原因、时效中断与时效停止的原因、时效期间、占有保护）。

2. 评价

一部法典标志着一个新的开端，大部分国家里的一个基本观念是："随着一部法典的问世，先前的一切法律都被废除了；人们不能脱离法典，回溯到历史上解释其条文。"① 这种观念颇为恰当和合理，人们有意无意地排除法典的历史根源，也是排除对罗马法的适用及其作用的发挥。正如一位注释法学家布内特（Bugnet）所言："我不懂得什么是罗马法；我只教《拿破仑法典》。"② 但遇到疑难问题时，还是需要借助于权威典据，要探究先前的法律，获得充分的罗马法知识。③

"1804 年的《法国民法典》不仅仅是法国私法的核心，而且也是整个罗马法系诸私法法典编纂的伟大范例。"④ 1804 年《法国民法典》是当时最有影响力的一部法典，其魅力在于立法体例。但是，不论在内容或形式上，《法国民法典》算不上纯粹的罗马法"后代"，只是代表民法传统在法国的发展。因为《法国民法典》的形式来自法国法学理论著作，内容来自罗马法与习惯法的混合物，不过，罗马法占据统领地位。法国学者琼·布雷萨阿德（J. Brissaud）指出："在法国法统一的过程中，总的来说有两股法律发展趋势：罗马法精神和习惯法传统。势力旺盛的正是后者。"法国学者波塔利斯（Portalis）认为："《法国民法典》的绝大部分内容是与罗马法相一致的……质言之，《法典》必须要以罗马法原理的知识作为前提条件，脱离了罗马法，将不能按照它应然的方

---

① 〔美〕艾伦·沃森：《民法法系的演变及形成》，李静冰、姚新华译，中国法制出版社 2005 年版，第 164—165 页。

② 同上书，第 165 页。

③ 同上书，第 166 页。

④ 〔德〕茨威格特、克茨：《比较法总论》（上），潘汉典、米健、高鸿钧、贺卫方译，中国法制出版社 2017 年版，第 146 页。

式去理解民法。"① 德国学者茨威格特（Konrad Zweigert）和克茨（Hein Kotz）在《比较法总论》中也认为，《法国民法典》"经过深思熟虑吸收了长期历史发展的成果，并且在很大程度上是深受罗马法影响的南部成文法与以日耳曼、法兰克习惯法为基础的北部习惯法这两种传统制度的巧妙融合物。尽管在许多方面，民法典创造了革命性的起点，但是其全部内容均带有来自所谓'旧法'即革命前法律历史由来的标记"②。因此，罗马法对于《法国民法典》的影响力不能忽视。

1804年《法国民法典》诞生至今已有二百多年了，法国历史上经历了两个王朝、两个帝国和五个共和国，却只有一部《法国民法典》，法国学者卡尔波尼耶（Jean Carbonnier）将《法国民法典》称为"法国的真正宪法"。③ 尽管作为范本的《法国民法典》时代已经发生变化，法典本身经过修改，内容随着社会的发展发生了变化（最初2281个条文，至今有近1200个条文保留了原始条文），但《法国民法典》仍然保持其特殊魅力，法典仿效《民法大全》分为"人法""物法"和"债法"，④ 只是将诉讼从民法典中分离出去，区分了实体法与程序法，为后世学者和民法典立法者所推崇。

《法国民法典》是法国大革命精神的一个产物，这场革命旨在消灭封建制度并在此基础上培植财产、契约自由、家庭及家庭财产继承方面的自然法价值。⑤《法国民法典》最具创新意义的是它的世俗化，法律与宗教分离。⑥《法国民法典》确立的法律统一原则、法律不溯及既往原则、立法与司法分离原则、公私权（公私法）相互独立原则奠定了近

---

① 转引自〔美〕艾伦·沃森：《民法法系的演变及形成》，李静冰、姚新华译，中国法制出版社2005年版，第162—163页。
② 〔德〕茨威格特、克茨：《比较法总论》（上），潘汉典、米健、高鸿钧、贺卫方译，中国法制出版社2017年版，第146页。
③ 拿破仑认为，法国的"政治宪法"（即《人权与公民权利宣言》，简称为1789年《人权宣言》）应当伴随有一部法国社会的"民事宪法"（即《法国民法典》）。
④ 参见〔法〕罗贝尔·巴丹戴尔：《最伟大的财产》，载《法国民法典》（上册），罗结珍译，法律出版社2005年版，第1—2页。
⑤ 参见〔德〕茨威格特、克茨：《比较法总论》（上），潘汉典、米健、高鸿钧、贺卫方译，中国法制出版社2017年版，第146页。
⑥ 参见〔法〕罗贝尔·巴丹戴尔：《最伟大的财产》，载《法国民法典》（上册），罗结珍译，法律出版社2005年版，第21页。

代法律原则；确立了所有法国人都享有平等的民事权利；确立了所有权绝对原则和契约自由原则，奠定了近代民法中的财产权基础；确立了婚姻法的世俗化，在结婚方面否定了家父同意的绝对权，排除了教会对于身份问题的干扰，奠定了婚姻自由的基础；确立了继承法中的财产继承，不承认身份继承，也不承认特殊的贵族财产继承制度，男女平等继承的制度否认了封建制度下的男性继承与长子继承，建立了近代法上的法定继承制度，开创了法定继承制度的先河；确立了自己对自己行为负责原则，树立了近代法中的个人责任原则。①《法国民法典》与自由竞争资本主义时期的商品经济相适应，改变了罗马法诸法合体的混合状态，开创了民法体系，确立了平等原则、私有财产神圣不可侵犯原则、契约自由原则、过错责任原则、不得以特别约定违反有关公共秩序与善良风俗原则等，从判例中发展出禁止权利滥用原则，对后世很多国家或地区民法典的制定产生了重大的影响。

尽管《法国民法典》取得辉煌成就，甚至在风格与语言方面，保尔·瓦莱里（Paul Valéry）称《法国民法典》为一部"出色的法国文学著作"，司汤达（Stendhal）"为了获得其韵调"上的语感而坚持每天阅读几段法典条文，而《德国民法典》与之相比显得教条且语言枯燥，②但法律主要是由法学家运作的，必须在专门性和技术性知识的基础上加以运用，通俗易懂的简明性法典可能会产生意义上的暧昧性弱点。又由于19世纪是社会问题开始产生与人们开始探讨社会正义问题的世纪，法国大革命爆发的根源是实现剥削者与被剥削者之间平等的愿望，但是，法国并未制定出罗伯斯庇尔（Robespierre）所主张和强调的所有权社会性的"社会法典"，而是由拿破仑制定的"市民法典"，有学者认为此乃是19世纪资本主义或市民社会的悲剧，③乃为遗憾之处。另外，有学者认为《法国民法典》的结构并不完全令人满意，如第三卷中的夫

---

① 参见谢怀栻：《外国民商法精要（增补版）》，法律出版社2006年版，第64—72页。
② 参见〔德〕茨威格特、克茨：《比较法总论》（上），潘汉典、米健、高鸿钧、贺卫方译，中国法制出版社2017年版，第172页。
③ 参见〔日〕大木雅夫：《比较法（修订译本）》，范愉译，法律出版社2006年版，第172、180页。

妻财产法与第一卷中的婚姻法连接不严谨，继承法是否归属于第三卷财产法也存在探讨空间，将侵权损害赔偿请求规定为一种特殊的所有权取得方式也不妥当。法国学者普朗尼奥尔（Planiol）认为，"把所有这些各种性质不同的事项置于同一编中是很不合适的"。不过，他又认为《法国民法典》体系欠缺"科学的秩序"并不重要，"一种科学的秩序……进行教育很合适，但对一部法典来说却既不必要也无用处"。①《法国民法典》具有非常强的实用性，在之后各国或地区制定本国或本地区民法典时受到青睐。

（二）《德国民法典》

作为近代民法典范本的《法国民法典》和《德国民法典》分别编纂于19世纪初期与末期，法典体系分别取材于《法学阶梯》和《学说汇纂》。1804年《法国民法典》以《法学阶梯》为蓝本，但将诉讼法分离出来，开创了民事实体法与民事程序法分离之先河；1896年《德国民法典》以《学说汇纂》为蓝本，经由潘德克顿法学派的进一步归纳与总结而制定。

根据《维也纳条约》，德国被划分为39个独立的邦国，各邦国的立法状况差异很大。②《德国民法典》被认为是自由主义、启蒙运动、理性法和《学说汇纂》的晚熟成果，《德国民法典》实施后，德国长期存在的普通法被废除了。《德国民法典》虽然采用与英美法系不同的模式，但并不妨碍采用相似方法来解决民法中的问题。关于《德国民法典》，许多学者主要从人与人格、人类本质与人类理性、自治与管理、平等与权力、主体与客体、具体与抽象、稳定与变迁、历史与永恒、民族与国家的对立等方面进行解读，这种解读方式反映了社会性的矛盾和问题。与《法国民法典》一样，不仅法学学者对此非常感兴趣，而且在文学范

---

① 参见〔德〕茨威格特、克茨：《比较法总论》（上），潘汉典、米健、高鸿钧、贺卫方译，中国法制出版社2017年版，第176—177页。

② 参见〔意〕罗道尔夫·萨科：《比较法导论》，费安玲、刘家安、贾婉婷译，商务印书馆2014年版，第304页。

围内也引起了激烈的讨论。①

1. 《德国民法典》内容②

与《法国民法典》三卷不同，《德国民法典》总共五编，即总则编、债务关系法编、物权法编、亲属法编和继承法编。在形式结构上，《德国民法典》沿用的是学说汇纂派理论阐发的五分法内容，每个内容设定为一编。

《德国民法典》第一编"总则"，共 7 章、240 个条文，主要内容为：第一章"人"，涉及自然人、消费者、经营者、财团法人、社团法人和公法上的法人；第二章"物和动物"；第三章"法律行为"，包括行为能力、意思表示、合同、条件和期限、代理和意定代理权、允许和追认；第四章"期间、期日"；第五章"消灭时效"，包括消灭时效的对象和持续时间，以及消灭时效的停止、暂不完成和重新开始进行；第六章"权利的行使、自卫、自助"；第七章"担保的提供"。

第二编"债务关系法"，共 8 章、613 个条文，主要内容为：第一章"债务关系的内容"，具体规定了给付义务和债务人迟延；第二章"通过一般交易条款来形成法律行为上的债务关系"；第三章"因合同而发生的债务关系"，具体包括成立、内容和终止，双务合同，向第三人履行给付的约定，定金、违约金，解除、在消费者合同情形下的撤回权；第四章"债务关系的消灭"，具体包括履行、提存、抵消和免除；第五章"债权的转让"；第六章"债务承担"；第七章"多数债务人和债权人"；第八章"各种债务关系"，具体包括买卖、互易，分时居住权合同、关于长期休假产品的合同、媒介合同或交换系统合同，贷款合同、经营者和消费者之间的融资援助和分期供应合同，赠与，使用租赁合同、用益租赁合同，使用借贷，物的消费借贷合同，雇佣合同和类似的合同，承揽合同和类似的合同，居间合同，悬赏广告，委托、事务处理合同和付款服务，无因管理，寄托，旅店主人处物的携入，合伙，共同

---

① 参见〔德〕罗尔夫·克尼佩尔：《法律与历史——论〈德国民法典〉的形成与变迁》，朱岩译，法律出版社 2003 年版，第 1 页。

② 如无特殊说明，下述《德国民法典》的内容来自陈卫佐译注的《德国民法典（第 4 版）》（法律出版社 2015 年版）。

关系，终身定期金，不完全的债务，保证，和解，债务约定、债务承认，指示证券，无记名债券，物的出示，不当得利，侵权行为。

第三编"物权法"，共 8 章、443 个条文，主要内容为：第一章"占有"；第二章"关于土地上权利的一般规定"；第三章"所有权"，主要包括所有权的内容、土地所有权的取得与丧失、动产所有权的取得与丧失、因所有权而发生的请求权、共有；第四章"役权"，主要涉及地役权、用益权和限制的人役权；第五章"先买权"；第六章"物上负担"；第七章"抵押权、土地债务、定期土地债务"，包括土地债务和定期土地债务；第八章"动产质权和权利质权"，由动产质权和权利质权组成。此处需要指出的是，《德国民法典》为了使私权的变动更具明显特征，巧妙设计了物权行为，使债权行为与物权行为得以真正分立。[①]

第四编"亲属法"，共 3 章、643 个条文，主要内容为：第一章"民法上的婚姻"，包括婚约、婚姻的缔结、婚姻的废止、死亡宣告后的再婚、婚姻的一般效果、夫妻财产制、离婚、教会义务；第二章"亲属"，分为一般规定、世系、扶养义务、父母和子女之间的一般法律关系、父母照顾、辅佐、收养；第三章"监护、法律上的照管、保佐"，涉及监护、法律上的照管和保佐内容。

第五编"继承法"，共 9 章、464 个条文，主要内容为：第一章"继承"，涉及继承的一般规定；第二章"继承人的法律地位"，涉及遗产的接受和拒绝、遗产法院的照料、继承人对遗产债务的责任、遗产请求权、多数继承人；第三章"遗嘱"，包括遗嘱的一般规定、继承人的指定、后位继承人的指定、遗赠、负担、遗嘱执行人、遗嘱的作成和废止、共同遗嘱；第四章"继承合同"；第五章"特留份"；第六章"继承不够格"；第七章"继承的抛弃"；第八章"继承证书"；第九章"遗产买卖"。

综上可见，《德国民法典》中第四编"亲属法"和第五编"继承法"规定的综合性问题，在社会现实中被认为是相互联系的。第三编"物权法"与第二编"债务关系法"源于罗马法"对物法"和"对人法"这两

---

① 参见曾世雄：《民法总则之现在与未来》，中国政法大学出版社 2001 年版，第 4 页。

个相对的法律概念。"物权法"中涉及的为"物的"权利，如所有权、抵押权、用益权、质权等，权利主体可以向任何人主张；与此相反，"债务关系法"是关于"债的"权利，只是针对特定人的一种请求权，这类权利是某人基于契约、不当得利或侵权行为而获得的。不过，对于"物权法"与"债务关系法"的这种区分，可能使有关同一生活现象的规则分散规定在不同条款。英美法学者认为同一生活现象应在同一制度中处理，如英美法中的"买卖法"不仅要解决买方是否和何时要求交付自己已经同意买入的货物的问题，而且还要解决如果标的物已经交付，买方是否和何时取得这些货物所有权的问题。但在《德国民法典》中，"债务关系法"规定了某个问题，相距较远的"物权法"则规定了相关的另一个问题，这是因为德国学者认为物的所有权不仅基于买卖合同产生，而且在赠与和交换时可以获得，对所有权转移予以统一规定有助于法律材料在形式上的条理化和合理化。《德国民法典》的"总则"编为学说汇纂法学有争议的遗产，主要内容不包括法律交往中的行为或关于法律解释、习惯法、法官权限与举证责任基本原则的一般规定，而是对一些确定的基本法律制度在整个私法领域中均加以运用的法律制度，即被德国学者古斯塔夫·博莫尔（Gustav Boehmer）称为"提取公因式"的提纲挈领地以一般化形式作出先行规定。[①] 即《德国民法典》在结构上是从一般到特殊的总分结构，正如数学中"提取公因式"的方法，将规则共同或相同之处提取到括号之前，只将提取剩下的特殊规则保留在括号之内。这种方法也运用在各编一般规定和特殊规定当中。

2. 评价

一部民法典的编纂根本上依赖于其产生的特定历史条件，《德国民法典》忠实反映了俾麦斯任首相时德国的社会关系，当时在德国起主导作用的是具有自由主义倾向的大市民阶层，其和普鲁士极权国家的保守势力在德意志帝国的民族国家范围内达成妥协。尽管在19世纪七八十年代出现了家长式极权国家的关怀思想和社会政策，但由于当时的经济

[①] 参见〔德〕茨威格特、克茨：《比较法总论》（上），潘汉典、米健、高鸿钧、贺卫方译，中国法制出版社2017年版，第272—273页。

生活受到自由主义的支配，不受国家干预，德国私法注重实证主义而无视时代提出的重大社会秩序课题。①《德国民法典》这种保守而有特点的法典被拉德布鲁赫称为"与其说是20世纪的序曲，毋宁说是19世纪的尾声"，被齐特尔曼（Rainer Zitelmann）称为"一个历史现实的审慎终结，而非一个新的未来的果敢开端"。②尽管德国立法者和法官不得不对契约自由主义原则加以修正和限制，但德国学者奥托·冯·基尔克（Otto von Gierke）认为这"几滴社会主义的润滑油"已经证明不够用了，因而在《德国民法典》之外德国又制定了一些法律（如竞争法/卡特尔法、住房建筑法、租赁法、劳工法等）。③可见，尽管《德国民法典》有关于社会平衡的一些规则，但主要还是以个人权利或个人主义为本位，不能完全解决和实现社会平衡问题。

《德国民法典》于1896年8月24日公布、1900年1月1日生效。《德国民法典》根据潘德克顿法学在19世纪发展的民法系统学说体系来安排结构和划分编章。与被认为"强劲的竞争对手"的《法国民法典》相比，《德国民法典》在体系编排上有所不同，条文也比《法国民法典》多100条左右；在法律条文的措辞方面，《法国民法典》更容易理解和贴近民众，而《德国民法典》选择了非常抽象和概括的风格，极端注重概念的准确性、清晰性与完整性，有意识地非口语化而使用了法律专业术语，即使用特别抽象的构词法和必须具备民法学科的知识才能理解的术语（诸如意思表示、法律行为等）。所以，有学者认为，《德国民法典》绝非语言艺术品，而是"优良的法律计算机""不寻常的精巧的金

---

① 《德国民法典》的起草者完全忽视了以下事实：19世纪末期德国的社会结构已经发生了深刻转变，经济活动重心已从农业转向工商业，大城市人口尤其是劳动力迅速增长。作为《德国民法典》基础的人类形象，是富有的企业家、农场主或政府官员，不再是小手工业者或工厂工人。也就是说，此时的人类形象就是这样一种人，人们能够指望其具有足够的业务能力和判断能力，在以契约自由、营业自由和竞争自由为基础而成立的市民营利团体中理智地活动并避免损失。参见〔德〕茨威格特、克茨：《比较法总论》（上），潘汉典、米健、高鸿钧、贺卫方译，中国法制出版社2017年版，第269—270页。
② 同上书，第169页。
③ 同上书，第278—279页。

缕玉衣""或许任何时候都是具有最精确、最富有法律逻辑语言的私法典"。① 总的来说,《德国民法典》的抽象性和概括性被证明是可取的,能够适应不断变化的社会生活关系。② 有学者对此评论道,在所有的民法典中,最系统、逻辑最为严谨的一部当属《德国民法典》,其结构不同于以往的任何法典。③

与传统的法典编纂相比,《德国民法典》最突出的就是其体例结构。在结构内容方面,第一编"总则"不完全是总括性的,总则并未规定一般原理或者基本原理,而是规定了大部分私法所共有的制度(如行为能力、法人、物的分类与时效等),不能涵盖全部的一般性规则。有学者批评《德国民法典》的总则是反生机的形式主义,它"与负有社会的、社会伦理义务的自然主义,与法的现实基准、一个符合目的公平的社会塑造的诸意愿相对立","在关于一个总则的表述中也看不到其最后的目的",并认为总则制定涉及法典的编排立法技术,应对总的和特殊的规定进行分门别类处理。第二编除了对债的法律关系进行详细规定外,还有两个立场对立的核心规定——合同自由原则(《德国民法典》第305条)和诚实信用原则(《德国民法典》第242条),由此产生了强行法和任意法的关系,以及合同之债与侵权之债之间的关系二分法。有学者认为,第三编"物权法"将人的关系设计为物上权利,并未包括"物"的定义,并批判针对市场的能动性而保护财产的静止状态是徒劳的。第四编"亲属法"和第五编"继承法"被批评为存在"确定的体系裂变",与《瑞士民法典》的结构相比,该两编的体系化安排显示出其较差的"社会制度本位"。《德国民法典》中的亲属法是基于身份关系,而非基于财产关系产生的。这是因为财产关系仅仅是纯粹的法律关系,伦理因素不能混淆到该纯粹的法律关系之中,该纯粹的法律关系与重视伦理身

---

① 参见〔德〕茨威格特、克茨:《比较法总论》(上),潘汉典、米健、高鸿钧、贺卫方译,中国法制出版社2017年版,第271页。
② 参见〔德〕米夏埃尔·马丁内克:《德国民法典与中国对它的继受》,载陈卫佐译注:《德国民法典(第4版)》,法律出版社2015年版,第5—7页。
③ 参见〔美〕艾伦·沃森:《民法法系的演变及形成》,李静冰、姚新华译,中国法制出版社2005年版,第174页。

份和利他的亲属法相对立。①

《德国民法典》的潘德克顿体系源自查士丁尼的《学说汇纂》，是自然法和罗马法相互融合的产物，实质为自然法思想对罗马法内容的糅和。《德国民法典》总则是自然法学家运用抽象的推理方法得出的具有普遍性的基本法律原则，总则从源头上来讲是经历了自然法、纯粹的罗马法与德国实践运用的法律方面的著作的产物，也很难分辨总则究竟是否为正宗的自然法还是"简化"的自然法，不过，五编制的《德国民法典》在结构上与三卷制的《法国民法典》存在很大差别，原因在于自然法对德国民法传统的渗透性更大。② 另外，《德国民法典》并未超出《法国民法典》规范之范围，《法国民法典》中所有权侧重于规范有体物而非无体财产权和未规定劳动关系也影响到《德国民法典》对无体财产权和对劳动关系未加以重视。与《法国民法典》相比，《德国民法典》更偏重于财产法，而对于非财产的变动与保护过于脆弱，③ 但《德国民法典》设置了总则编、区分了物权行为与债权行为、将《法国民法典》中的物法区分为物权与债权、将《法国民法典》的人法分解为亲属和继承，此乃为《德国民法典》之特色。

每个人可以在不损害他人的情况下享有自由即"私人自治的生活塑造"为旧自由主义规则的概括；新自由主义以确定的方式放弃了一些传统规则，代之以赋予每个人"自我控制、创造性塑造法律关系"的免于预先设定的自由，即一个除了个人意愿之外无须再行论证的自由，新自由主义一直强调私法自治这一制度的社会功能，同时又认为应当保障私法自治"绝对不能减至社会功能"。旧自由主义的主体是一个法律主体，是一个人，其个人的意愿经由理性被塑造成意志，在理性的自然法中，没有为情感留下空间；而新自由主义以人类的情感、有限理性和机会主

---

① 参见〔德〕罗尔夫·克尼佩尔：《法律与历史——论〈德国民法典〉的形成与变迁》，朱岩译，法律出版社 2003 年版，第 33—36 页。
② 参见〔美〕艾伦·沃森：《民法法系的演变及形成》，李静冰、姚新华译，中国法制出版社 2005 年版，第 177—178 页。
③ 参见曾世雄：《民法总则之现在与未来》，中国政法大学出版社 2001 年版，第 4—5 页。

义强调"人的本质"。包括德国著名法学家萨维尼在内的法学学者在呼吁意志自由、民族精神和民族法律的时候，并未忽视法的素材，也没有忽视经济活动、商品流通、法律安全以及超越国界的同一结构等一系列必要性问题。《德国民法典》的形成条件、内容和发展的理由为人们提出了如何解决结构强制与自由、形而上学与实证主义、功能与（意志）自决、人与人格等诸多问题，① 这些是民法法典化过程中需要解决的重要问题。

总体而言，《德国民法典》的影响主要有：其一，《德国民法典》"首创总则编之规定，开启此一体例之可行性"，引来日本民法、韩国民法等相继采用总则体例；其二，《德国民法典》"区分债权及物权行为，对于交易之安全及法学理论之塑造，殊多贡献"；其三，《德国民法典》"将继承以独立之编处理，较之法国民法列为所有权取得方法之一种者，堪称进步"。② 《德国民法典》结构严谨、概念精确、逻辑清晰，被法制史学者称为 19 世纪德国法律科学的集成，对 20 世纪部分国家或地区民法典的制定产生了影响，其对契约自由原则和所有权作了一些限制，规定了诚实信用、善良风俗、权利不得滥用、无过错责任等一般条款和原则。③ 众所周知，民法权利本位仅强调权利本身，而社会本位强调权利的界限但未脱离权利本位范畴，两者契合并在内在逻辑上保持一致，《德国民法典》实为民法从权利本位走向社会本位。

（三）《瑞士民法典》

瑞士是一个联邦国家，由众多州组成，每个州都有自己的民法法律体系，有的以《法国民法典》为蓝本制定，有的以《奥地利普通民法典》为蓝本制定，各州中较有特色的法典是《伯尔尼法典》（1826—1831 年生效）和《苏黎世法典》（1853—1855 年生效），各州法律特别是商法冲突很多，因而产生了一部"局部性法典"——1881 年《瑞士

---

① 参见〔德〕罗尔夫·克尼佩尔：《法律与历史——论〈德国民法典〉的形成与变迁》，朱岩译，法律出版社 2003 年版，第 2—11 页。
② 参见曾世雄：《民法总则之现在与未来》，中国政法大学出版社 2001 年版，第 5 页。
③ 参见魏振瀛主编：《民法（第四版）》，北京大学出版社、高等教育出版社 2010 年版，第 5 页。

债法典》。这部法律的基础是由德国的教授和法官在 1865 年提出的一份债法草案，而这份草案的基础是《德国商法典》。为了统一各州法律，胡伯（Eugen Huber）教授受命撰写一份各州私法的比较综合性报告，但在其撰写的作为瑞士统一私法的理论基础的四卷本《瑞士私法制度及其历史（1886—1893）》最后一卷还未出笼之时，又受命起草一部民法典草案，于 1900 年提交公众讨论，1907 年正式通过《瑞士民法典》，1912 年生效。[1]

1.《瑞士民法典》的内容[2]

《瑞士民法典》共有序篇（10 条）、四编（967 条）和末章（61 条）组成，序篇为总则，四编分别为人法编、家庭法编、继承法编和物权法编，此外还有单独一编的《瑞士债法典》，由此构成了一部民商合一的民法典。

《瑞士民法典》序篇，共 10 条，主要内容有法律的适用、民事权利的范围、联邦法和各州法、债法的一般规定和证据。

《瑞士民法典》第一编"人法"，共 2 章（严格说由 3 章组成）、79 条，主要内容有：第一章"自然人"，包括人格权、户籍证书；第二章"法人"，包括一般规定、社团、财团；第二章之二"募集资金"，包括管理不善和政府主管部门。

《瑞士民法典》第二编"家庭法"，分为三分编，共 10 章、367 条，主要内容有：（1）第一分编"夫妻"，由第三章至第六章组成。第三章"结婚"，由婚约、结婚条件、结婚预备程序及婚礼、婚姻之无效组成；第四章"离婚和分居"，包括离婚的条件、分居、离婚的效力；第五章"婚姻的一般效力"；第六章"夫妻财产制"，包括夫妻财产制的一般规定、通行的收入分享财产制、共有财产制、分别财产制。（2）第二分编"父母"，由第七章至第九章组成。第七章"亲子关系的确立"，包括一般规定、亲子关系、亲子关系的承认与判决、收养；第八章"亲子关系

---

[1] 参见〔美〕艾伦·沃森：《民法法系的演变及形成》，李静冰、姚新华译，中国法制出版社 2005 年版，第 180 页。

[2] 如无特别说明，这里所讨论的《瑞士民法典》的内容和条文均来自于戴涌与赵希璇翻译的《瑞士民法典》（法律出版社 2016 年版）。

的效力",包括父母与子女的共同生活、父母的抚养义务、亲权、子女的财产、受监护的未成年人;第九章"家庭",包括供养义务、家长权、家庭财产。(3)第三分编"成年人的保护",由第十章至第十二章组成。第十章"自己预定的措施和依法应采取的措施",包括自己预定的措施(丧失判断能力之前的委托和患者预先作出的指示)、对无判断能力人应适用的措施(由配偶或登记同性伴侣代理、医疗事务的代理人、居住在社会扶助院的人);第十一章"主管机构采取的措施",包括一般原则、监护制度(涉及一般规定、成年人监护的类型、成年人监护的终止、成年人的监护人、成年人监护的执行、成年人保护机构的协助、成年人保护机构的介入、近亲属担任监护人、监护的终止)、扶助安置;第十二章"成年人保护的机制",包括保护机构和管理权限、保护成年人的程序(涉及成年人保护机构的保护程序、法院的保护程序、通用的规定、执行)、对第三人的效力与协作义务、法律责任。

《瑞士民法典》第三编"继承法",分为两分编,共5章、184条,主要内容为:(1)第一分编"继承人",由第十三章至第十四章组成。第十三章"法定继承",包括血亲、生存的配偶和登记的同性伴侣等;第十四章"遗嘱处分",包括处分的能力、可处分的财产、处分方式、死因处分的形式、遗嘱执行人、死因处分的无效及扣减、继承协议之诉。(2)第二分编"继承",由第十五章至第十七章组成。第十五章"继承的开始",包括继承开始的事由与地点、继承人的要件、宣告失踪;第十六章"继承的效力",包括保全措施、遗产的取得、遗产清单、法定清算、返还遗产之诉;第十七章"遗产的分割",包括分割前的继承人团体、遗产分割的方法、补偿、分割终结及其效力。

《瑞士民法典》第四编"物权法",分为三分编,共8章、337条,主要内容为:(1)第一分编"所有权",由第十八章至第二十章组成。第十八章"总则",包括所有权的内容、所有权的范围、数个所有权人;第十九章"土地所有权",包括标的物的取得及丧失、土地所有权的效力、建筑物分层所有权;第二十章"动产所有权",包括标的物、取得方式、动产所有权的丧失。(2)第二分编"他物权",由第二十一章至第二十三章组成。第二十一章"役权及土地负担",包括地役权、用益权及其他役权、土地负担；第二十二章"不动产担保"，包括一般规定、不动产抵押、抵押债券、不动产债券的发行；第二十三章"动产担保"，包括质押和留置权、债权和其他权利的质押、典当等。（3）第三分编"占有及不动产登记"，由第二十四章至第二十五章组成。第二十四章"占有"，包括占有的定义和形式、占有的转移、法律意义；第二十五章"不动产登记"，包括架构、登记、不动产登记簿的公开性、效力、涂改和变更。

另外，《瑞士民法典》还有单独一章，称为"末章"，共61条，内容主要涉及旧法及新法的适用，以及施行与过渡规则。

《瑞士债法典》[①] 作为《瑞士民法典》的第五编，单独立法，分为五分编，共34章、1186条，主要内容为：（1）第一分编"通则"，由第一章至第五章组成。第一章"债的发生"，包括契约之债、侵权行为之债、不当得利之债；第二章"债的效力"，包括债的履行、不履行的后果、债之涉他关系；第三章"债的消灭"；第四章"债之特别关系"，包括连带之债、附条件之债、保证金和解约金、扣减工资、违约金；第五章"债权让与和债务承担"。（2）第二分编"各种契约"，由第六章至第二十三章组成。第六章"买卖和互易"，包括一般规定、动产买卖、不动产买卖、特种买卖、互易契约；第七章"赠与"；第八章"使用租赁"，包括一般规定、住房和营业场所使用租赁的出租人不得要求约定不合理的租金和其他债权、住房和营业场所使用租赁通知终止时的保护；第八章之二"用益租赁"；第九章"借贷"，包括使用借贷、消费借贷；第十章"劳务契约"，包括个人劳务契约、特种个人劳务契约、集体劳务契约和标准劳务契约、强制性规定；第十一章"承揽契约"；第十二章"出版契约"；第十三章"委任"，包括单纯委任与婚姻或同性伴侣关系之媒介委任、信用证和信用委任、居间契约、商事代理契约；第十四章"无因管理"；第十五章"行纪"；第十六章"运送契约"；第十七章"经理权和其他商事代理权"；第十八章"指示证券"；第十九章

---

① 如无特别说明，有关《瑞士债法典》的内容来自戴永盛翻译的《瑞士债务法》（中国政法大学出版社2016年版）。

"寄托契约";第二十章"保证";第二十一章"赌博和打赌";第二十二章"终身定期金契约和终身供养契约";第二十三章"单纯合伙"。(3)第三分编"商事组织与合作社",由第二十四章至第二十九章组成。第二十四章"普通合伙",包括定义和设立、合伙人间之关系、普通合伙与第三人之关系、解散与退伙、清算、时效;第二十五章"有限合伙",包括定义和设立、合伙人间之关系、有限合伙与第三人之关系,以及解散、清算、时效;第二十六章"股份有限公司",包括一般规定、股东的权利与义务、股份有限公司的组织、减资、股份有限公司的解散、责任、公法团体的参与、本法不适用于公营法人;第二十七章"股份有限合伙";第二十八章"有限责任公司",包括一般规定、股东的权利和义务、公司的组织、公司的解散和股东的退出、责任;第二十九章"合作社",包括定义和成立、社员资格的取得、社员资格的丧失、社员的权利与义务、合作社的组织、合作社的解散、责任、合作社联合会、公法团体的参与。(4)第四分编"商事登记簿、商号名称和商业会计",由第三十章至第三十二章组成。第三十章"商事登记簿";第三十一章"商事组织的名称";第三十二章"商业会计和财务报告",包括一般规定、年度决算、大型企业的财务报告、符合公认的财务报告准则的财务报表、康采恩账册。(5)第五分编"有价证券",由第三十三章至第三十四章组成。第三十三章"记名证券、无记名证券和指定式证券",包括一般规定、记名证券、无记名证券、票据(票据能力、汇票、本票)、支票、类似票据的和其他的指定式证券、货物证券;第三十四章"债券",包括发布募债说明书的义务、债券的债权人共同体。

2. 评价

"民商分立"和"民商合一"是各国或地区民法典采用的两种立法体例,传统大陆法系国家或地区采用的是"民商分立",如法国、德国等。《瑞士民法典》开创了"民商合一"立法体例之先河,为后世诸多国家或地区效仿,如《俄罗斯民法典》《泰国民法典》等。从我国民法典编纂体例来看,采纳的也是"民商合一"立法体例。

按照近现代民法史家的见解,《瑞士民法典》是较《德国民法典》更为优秀的潘德克顿法学的法典。相较于《德国民法典》的五编制编纂体例，《瑞士民法典》以"人"与"家"为一切私法秩序的起点和基石，其所反映的是"人重于物"的思想，避免了《德国民法典》的"重物轻人"之嫌。① 《瑞士民法典》在体系上追随了学说汇纂理论发展的"人法编、家庭法编、继承法编、物权法、债法编"五编制结构形式，基于法律伦理和历史原因方面的考虑，将债法置于最后，人法和家庭法居于财产法之前。不过，有学者认为债法中包含全部商法和公司法与体系不相称。《瑞士民法典》与《德国民法典》不同，没有"总则"，被认为偏离了学说汇纂理论体系，② 同时效仿《法国民法典》立法模式，将"人法"编和"家庭法"编放在"物权法"编之前。《瑞士民法典》未设"总则"，一方面源于各州的法律传统，另一方面也源于立法上《瑞士债法典》先于《瑞士民法典》制定。《瑞士债法典》根据潘德克顿法学体系规定了"总则"，对诸如法律行为、侵权行为和债务关系的履行、让与等都作出了规定，《瑞士民法典》序篇第7条规定债法中的相关规定适用于民法，也就是说，《瑞士债法典》第1—183条规定间接成为《瑞士民法典》的"总则"，其他问题由《瑞士民法典》"人法"编规定。③ 可见，尽管《瑞士民法典》没有像《德国民法典》那样"提取公因式"的总则编，但其序篇第7条的规定与《德国民法典》的"法律行为"规定有着异曲同工之处。另外，《德国民法典》将"亲属法"编与"继承法"编作了"法律行为"的一些例外规定，与《瑞士民法典》的规定基本一致。另外，《瑞士债法典》第三分编至第五分编类似于《法国商法典》与《德国商法典》中的规定。

《瑞士民法典》第一次正式确立了立法者与法官之间关系的规则，提出了被国外法学家所称的"著名的第一条"，明确要求法官"如作为

---

① 参见陈华彬：《瑞士民法典探析》，载《法治研究》2014年第6期。
② 〔德〕茨威格特、克茨：《比较法总论》（上），潘汉典、米健、高鸿钧、贺卫方译，中国法制出版社2017年版，第316—317页。
③ 参见陈华彬：《瑞士民法典探析》，载《法治研究》2014年第6期。

立法者"那样去进行法律的漏洞补充。[1] 这是因为《瑞士民法典》条文规定得简单但不完备,这种不完备是《瑞士民法典》有意识地"不面面俱到","也许,这是现代立法者第一次以一般规定正式承认法官于立法不可或缺的作用"[2],赋予法官在没有法律和习惯法的情况下的自由裁量权,同时可根据正义与公平的法则进行裁判。《瑞士民法典》第1条规定:"(法律适用)1. 法律问题,如依本法的文字或解释有相应的规定,一律适用本法。2. 如本法没有相应的规定,法官应依习惯法进行裁判;如无习惯法,法官依自己如作为立法者应提出的规则进行裁判。3. 法官在前情形下提出的规则,应以公认的法理和判例为依据。"第4条规定:"(法官的裁量权)如果法律赋予法官自由裁量权,或者让法官考虑具体情形或正当理由进行裁判,法官的裁判应依据正义和公平之法则。"这里需要注意的是,《瑞士民法典》第1条并非允许法官以纯粹主观判断、仅适合于具体问题的法律感觉为依据来填补法律空隙,[3] 而是要求法官应根据一般的规定来判断具体问题,且以业已公认的法理和判例或传统来进行适用。

与《德国民法典》将诚实信用原则适用限于债法的范围不同,《瑞士民法典》将诚实信用原则提高到民法的最高原则地位,将其作为一般条款,[4] 体现在该法典第2条第1款"任何人在行使权利和履行义务时,都应该遵守诚实信用原则"的规定之中。另外,该法典第2条第2款"显然滥用权利的,不受法律之保护"的规定体现了禁止权利滥用原则。

"按照德国历史法学派的思想,法律乃是一个民族的历史、文化以至人文主义精神的结晶与表现。但民法典,却并不像习惯法那样,只要

---

[1] 《瑞士民法典》,于海涌、赵希璇译,法律出版社2016年版,"译者序"第1—2页。可进一步阅读李敏:《〈瑞士民法典〉"著名的"第一条——基于法思想、方法论和司法实务的研究》,载《比较法研究》2015年第4期;〔瑞士〕艾姆尼格:《〈瑞士民法典〉之法官与法律的关系》,姜龙、沈建峰译,载《法律科学(西北政法大学学报)》2013年第3期。

[2] 〔德〕茨威格特、克茨:《比较法总论》(上),潘汉典、米健、高鸿钧、贺卫方译,中国法制出版社2017年版,第317、323页。

[3] 同上书,第323页。

[4] 参见谢怀栻:《外国民商法精要(增补版)》,法律出版社2006年版,第125页;〔德〕茨威格特、克茨:《比较法总论》(上),潘汉典、米健、高鸿钧、贺卫方译,中国法制出版社2017年版,第318页。

依人类的群体生活的自然发展便可形成，而是由于立法者的有意识的创造，称为'人为的作品'。瑞士民法典，尽管是'人为的作品'，但由这部作品的内容观之，其乃表现了瑞士民族的伟大创造精神。如果说1804年法国民法典在精神文化领域的特色在于染有浓厚的个人主义，那么瑞士民法典的特色则在于它的'自由和民族主义的精神'。"①《瑞士民法典》几乎没有受到罗马法的影响，表明其并非出于法律学之手或未被"学术化"，法律适用具有大众性和鲜明性。《瑞士民法典》具有瑞士法律思想的特殊风格，得到了世界范围内大部分法学家的赞许，甚至有德国学者提出废除《德国民法典》而用《瑞士民法典》的编纂体例来取代，这是承认《瑞士民法典》保持了一种民族化的生动语言和具有清晰分明、相对有余地的结构体系优点，对德国法律语言与技术方面的复杂性以及完全精心设置的体系和过度概念化作出批评，以制定法的"公认的不完备性"取代《德国民法典》那种紧密编织的细致入微的"抽象决疑"。如前所述，这种已知不完备性赋予法官根据适当、理智和公平的尺度加以补充，②这也是《瑞士民法典》有意为之，以防立法对具体问题规定过细，显得狭隘与僵硬，而赋予法官自由裁量权，但必须遵守著名的《瑞士民法典》第1条的规定作为对法官自由裁量权的限制。

四、近现代编纂民法典的意义

了解民法的演变历史以及在逻辑上理解民法典编纂的体系具有重要的意义。民法典颁布之前，有诸多可能存在重复与冲突的单行法，法律适用面临困难，统一评价体系以及如何和谐地适用法律问题变得日益突出，高度发展的现代社会急需一部能够统一适用规则的法律，以便调整不断变化的社会生活关系，至少应暂时引导这些变化步入制度性的轨

---

① 陈华彬：《瑞士民法典探析》，载《法治研究》2014年第6期。
② 参见〔德〕茨威格特、克茨：《比较法总论》（上），潘汉典、米健、高鸿钧、贺卫方译，中国法制出版社2017年版，第315页。

道。① 民法典是民法的一种表现形式，是由国家立法机关依照法定程序制定颁布，按照一定逻辑体系将各种基本的民事法律制度编纂在一起的民事基本规范，② 消除各个民事单行立法之间的矛盾冲突，使民法的内在价值体系和外在体系保持一致性和逻辑上的自洽性。纵观古代和近现代民法典的发展进程，从《汉谟拉比法典》《摩西十诫》到《十二表法》《法学阶梯》和《学说汇纂》，再到近代《法国民法典》《德国民法典》和现代《瑞士民法典》，实际上是民法体系化和民法典编纂的历史演变过程。从实质上而言，培育与增强人们的权利意识与平等观念，体现了民法法典化的个人权利本位与社会功能，有利于从观念上建立法治国家理念基础，同时民法法典化形成的民法体系避免了诸多单行民法规范之间的重复与冲突，从形式上统一了民法体系和规范。

从微观上来讲，民法典具体调整的对象是人身关系和财产关系，关系到每个人生活的方方面面，诸如人的生老病死以及日常生活中的衣食住行，必须要反映时代的特征，否则会脱离实际；从宏观上来讲，民法典从立法上表达了一个国家的民族精神和时代精神。从法理上来说，法律规范是民族历史与文化长期发展的结果，在某种意义上是通过风俗、民族信仰和习惯表达出来的民族精神中产生的。③ 1804 年《法国民法典》作为近代 19 世纪风车水磨时代民商分立模式的民法典的典范，1896 年《德国民法典》作为近代和现代接轨的 20 世纪工业时代社会民商分立模式的民法典的典范，1907 年《瑞士民法典》作为现代第一部民商合一模式的民法典的典范，2020 年我国《民法典》则为 21 世纪具有互联网时代特色的民商合一的民法典的典范，这些典型的民法典均彰显了各国民族精神和时代精神。

由此可见，民法典编纂具有统一规定一个法律部门、概括该法律领

---

① 参见〔德〕魏德士：《法理学》，丁晓春、吴越译，法律出版社 2005 年版，第 20—22 页。

② 参见魏振瀛主编：《民法（第四版）》，北京大学出版社、高等教育出版社 2010 年版，第 2 页。

③ 参见〔德〕魏德士：《法理学》，丁晓春、吴越译，法律出版社 2005 年版，第 202 页。

域的基本原则、系统而科学地确立该部门法律制度及其具体规则与规范之间的相互关系的特点，民法典是社会法律制度文明发展到一定时期的产物，近现代意义上的民法典是以自由平等和权利保护为基本价值取向，民法典体系化是实现法治国家的一种保障。[①] 罗马法的《法学阶梯》和《学说汇纂》对后世影响最大，以《法学阶梯》为蓝本采用"人法、财产法与取得财产法"三分体系的《法国民法典》模式和以《学说汇纂》为蓝本采用"总分"结构二分体系的《德国民法典》模式影响了之后各国或地区的民法典编纂模式，甚至出现了形式上与《法国民法典》模式相似而实质上与《德国民法典》模式相似的、以学说汇纂体系为主但无总则部分的《瑞士民法典》，表明了世界各国或地区在继受法律传统模式的同时，结合本国国情或地区实际情形和传统，形成了适合自己国家或地区的独特民法典体系。

第二节 我国民法典编纂与民法基本原则

一、近现代民法基本原则的演变

罗马私法中确立了平等原则、所有权不受侵犯原则和契约自由原则等，尽管其平等与自由仅限于自由民之间的平等与自由，与近现代意义上的平等与自由的内涵不同，但总的来说，罗马私法所确立的上述原则为后世各国或地区的民法所继受。

罗马私法遵循的是以义务为中心的义务本位私法思想，近代民法形成了以权利为中心的个人本位的私法思想，现代民法体现的则是社会本位的私法思想。体现典型近代个人本位思想的1804年《法国民法典》确立了意思自治原则、契约自由原则、责任基于过失而生原则以及所有权不可侵犯原则等，[②] 后人将其概括为契约自由原则、所有权绝对原则

[①] 参见米健：《比较法学导论》，商务印书馆2018年版，第241—242页。
[②] 参见史尚宽：《民法总论》，中国政法大学出版社2000年版，第67页。

和过错责任原则三大基本原则，为近代自由资本主义发展提供了法律保护。近代民法中的契约自由原则为契约绝对自由原则，契约受到绝对保护，不受任何限制，保护了自由竞争时期资产阶级自由购买劳动力和交易的权利。近代民法中的所有权绝对原则是所有权绝对保护原则，导致财富被垄断。近代民法中的过错责任原则使资方可以无限制剥削劳动者。

随着社会发展到了垄断资本主义时期，社会中出现了贫富两极分化、生产者相对于消费者具有优越地位、用人单位与劳动者形成强弱对立等社会问题，国家开始对契约自由原则进行限制，对不公正甚至不人道的契约订立进行干预。近代民法中的所有权绝对保护原则经由各国或地区立法进行必要的限制（如基于社会公共利益目的进行征收征用、相邻关系的限制等），演变成现代法律意义上的所有权相对保护原则。关于近代民法中的过错责任原则，随着 19 世纪以来的工商业发展、社会化大生产以及交通事故、环境污染等社会问题的出现，一些雇主或经营者等只顾牟取高额利润而无视处于经济弱势群体的人身安全和财产利益，为使受害人得到赔偿，各国或地区在民法中规定了无过错责任，以实现公平正义。[①]

综上所述，现代民法基本原则对近代民法三大基本原则进行了限制和修正：强调所有权上的社会义务，将所有权绝对保护原则修正为所有权相对保护原则；强调对经济上处于弱势地位的人的保护，将契约绝对自由原则修正为契约相对自由原则；针对过错责任原则，强调在工商业等特殊领域对劳动者、消费者等弱势群体的特殊保护，确立无过错责任原则为过错责任原则的例外原则，对受害者进行赔偿救济。除此之外，各国民法典又发展了诸如诚信原则、禁止权利滥用原则、公序良俗原则等，注重从形式正义到实质正义，以适应社会的发展，反映了民法的社会化功能。

---

① 参见刘得宽：《民法总则（增订四版）》，中国政法大学出版社 2006 年版，第 28—30 页。

二、我国民法典编纂

1911年完成的《大清民律草案》是中国近代第一部完整的民法典草案,1931年施行的《中华民国民法》是中国法制史上第一部正式实施的民法典,两部法典都移植引进了西方民法制度。其中,《中华民国民法》采取的是与《瑞士民法典》一样的民商合一体制。

法典是国家立法机关通过的制定法的最高形式。法典编纂区别于法规汇编,后者是指按一定顺序把现行法规汇编成册,如自1956年以来陆续出版的《中华人民共和国法规汇编》。研究近现代民法典编纂问题,对于我国民法典编纂具有重要的理论价值和现实意义。在理论研究方面,学者们研究的焦点集中在如何制定民法典问题,即是制定一部具有逻辑性和体系性的民法典还是松散式、汇编式的民法典,[①]包括民法典的起草思路、结构体例和编章设置等问题。我国民法典编纂可视为近现代民法法典编纂活动的延续,是作为一种立法技术的法典编纂在我国民事立法中具体运用的结果。[②]同时,要注意避免民法典编纂成为法律汇编整理,避免各编之间没有紧密联系,要使民法典编纂成为有机联系的整体。

中华人民共和国成立后,我国曾先后于1954年、1962年、1979年和2001年四次组织起草民法典编纂工作,但因种种原因,未能完成民法典的编纂。根据2015年的立法规划,民法典的各个分编到2020年将全部提交到全国人大进行审议,但民法典采取何种立法体例和规定多少编仍有争议,如人格权是否独立成编、债权编应否保留、民商合一的路径如何选择、涉外民事关系法律适用法是否纳入民法典、民事责任的特色应否保留、侵权法如何定位等,法典的体系性和逻辑性仍有待进一步完善。作为受到大陆法系影响的成文法国家,我国民法典编纂应当注重法律的体系性和逻辑性,同时如何协调中国传统法律文化的继承问题与法学理论、民法制度和立法方法创新发展问题,是对我国民法典编纂能

---

① 参见梁慧星:《当前关于民法典编纂的三条思路》,载《律师世界》2003年第4期。
② 参见陈卫佐:《现代民法典编纂的沿革、困境与出路》,载《中国法学》2014年第5期。

否展示我国立法水平和技术的考验。① 对于我国民法典是否要归属于某一特定法系、是否要有特定的体系模式，有学者认为，两大法系正在不断融合，如果固守民法典的法系归属，将与时代潮流背道而驰，并提出我国民法典应有自己的贡献，在科技、文化、伦理等要素快速发展和整合中，② 制定出与时代背景相匹配的民法典，解决诸如器官移植、基因、人工生殖、人体试验、个人信息、大数据、人工智能等新问题。

2015年3月，根据党中央的决策部署，全国人大常委会启动民法典编纂工作，明确了"两步走"的工作计划，第一步是编纂民法典总则编，第二步是编纂民法典各分编。2020年5月28日第十三届全国人大第三次会议通过了《民法典》，开启了我国"民法典时代"。

三、我国民法基本原则

民法基本原则是指导民事立法、民事司法和民事活动的基本准则，是高度抽象的、最一般的民事行为规范和价值判断准则，效力贯穿于民法始终，并对各项具体民法制度和规则起统帅和指导作用。③ 民法基本原则体现了"民法的基本属性和基本价值"，"是全部民事规范的价值主线和灵魂所在"。④ 需要注意的是，民法基本原则一般不能直接成为法院的裁判依据，除非根据民法基本原则提出更强理由宣告相应的法律规则无效，提出原法律规则的例外规则，"若无中介，不得在个案中直接适用法律原则"⑤。

关于基本原则，我国《民法典》规定了平等原则（第4条）、权利神圣或权益受保护原则（第3条）、私法自治原则（第5条）、公平原则（第6条）、诚信原则（第7条）、公序良俗原则（第8条）、禁止权利滥

---

① 参见于海涌：《中国民法典立法的冷思考》，载《地方立法研究》2018年第2期。
② 参见谢哲胜、常鹏翱、吴春岐：《中国民法典立法研究》，北京大学出版社2005年版，第22—24页。
③ 参见魏振瀛主编：《民法（第四版）》，北京大学出版社、高等教育出版社2010年版，第17—21页；王利明：《民法总则研究》，中国人民大学出版社2003年版，第99页。
④ 参见李永军：《民法总论》，法律出版社2006年版，第45页。
⑤ 舒国滢：《法律原则适用中的难题何在》，载《苏州大学学报（哲学社会科学版）》2004年第6期。

用原则（第132条）与绿色原则（第9条），其中，绿色原则是民法首次对突出的生态环境问题的回应。此外，本书还认为我国民法基本原则应当包括信赖利益保护原则。

(一) 平等原则

所谓平等原则，系指民事主体在民法中的地位一律平等，受到平等保护。我国《民法典》第4条规定："民事主体在民事活动中的法律地位一律平等。"

平等观念源自古希腊的自然法思想。公元前5世纪古希腊政治家伯里克利（Pericles）在一次演讲中首次提出"解决私人争执的时候，每个人在法律上都是平等的"口号。平等是特权与歧视的对立物，特权与歧视依托于身份，古希腊与古罗马及之后的封建社会中的平等是等级平等，进入资本主义社会后经历"从身份到契约"运动，契约关系取代了身份关系。[①] 受资产阶级启蒙思想家关于"人人生而平等"主张的影响，法国在《人权与公民权利宣言》中规定了公民在法律面前人人平等原则，并将这一原则具体化规定在《法国民法典》第7条"行使民事权利独立于行使政治权利；政治权利之取得与保有，依宪法与选举法"以及第8条"所有法国人均享有民事权利"之中，民法的平等原则在私法中得到了贯彻。可见，民法平等原则是从最初公开的不平等保护到形式上的平等再到实质平等或有差别的平等保护演变而来的，也是宪法上规定法律面前人人平等的具体表现。平等原则主要表现为民事主体法律地位平等，民事主体在具体法律关系中平等地享受权利和承担义务，民事主体的权益受到法律平等保护等等。

具体而言，平等原则的主要内容包括：

第一，民事主体的人格或资格平等。人格平等是从古代法的人格等级制向近现代法的人格平等化演变的结果。所谓人格平等，就是在法律上不分尊卑贵贱、财富多寡、种族差异以及性别差异等，认为人与人在

---

① 参见徐国栋：《民法基本原则解释（增删本）》，中国政法大学出版社2004年版，第42—45页。

法律上的抽象人格一律是平等的。① 根据《民法典》第 13 条"自然人从出生时起到死亡时止，具有民事权利能力，依法享有民事权利，承担民事义务"和第 14 条"自然人的民事权利能力一律平等"的规定，自然人的民事权利能力与生俱来，无论性别、年龄、民族、宗教信仰、社会地位、文化程度以及智力状况等差异与否，一律平等。根据《民法典》第 59 条"法人的民事权利能力和民事行为能力，从法人成立时产生，到法人终止时消灭"和第 108 条"非法人组织除适用本章规定外，参照适用本编第三章第一节的有关规定"的规定，法人和非法人组织无论是业务范围和性质是否异同，均不影响其主体资格或人格平等。自然人与法人和非法人组织之间的人格也是平等的。当然，如果法律对民事权利能力进行限制或者剥夺，如发生交通事故后对肇事者终身禁驾，在此方面的权利能力就不平等。

第二，在具体民事法律关系中，民事主体法律地位平等。需要注意的是，平等原则所要求的平等并非指的是经济地位上的平等或经济实力的平等，而是指"法律地位"的平等。② 在各种具体的民事活动中，不论强势群体还是弱势群体，民事主体法律地位一律平等，任何一方不得将自己的意志强行加于另一方当事人，必须平等协商，否则会得到法律的否定性评价。

第三，在民事活动中，民事主体平等地享受权利和承担义务。在民事法律关系中，各方当事人不能只享受权利而不履行义务，也就是说，民事主体在享受权利的同时，必须履行相应的义务。

第四，在法律适用中，民事主体应当平等对待。平等对待分为强势意义上的平等对待和弱势意义上的平等对待。强势意义上的平等对待侧重于形式平等，将主体视为抽象的平等主体；弱势意义上的平等对待考虑到不同情况而区别对待，侧重于实质平等。如合同法中既确立了合同自由原则，又兼顾合同正义，合同正义的实现就是建立在弱势意义上的

---

① 参见杨代雄：《民法总论专题》，清华大学出版社 2012 年版，第 22—23 页。
② 参见梁慧星：《民法总论（第五版）》，法律出版社 2017 年版，第 47 页。

平等对待基础之上。① 法律面前人人平等，即在适用法律时一律平等对待，此处的平等对待应为强势意义上兼顾弱势意义上的平等对待，受到法律约束，不得有任何偏袒和歧视行为。

第五，民事主体的民事权益应平等地受法律保护。民事权益不得被侵犯，在民事权益受到侵害，对民事主体进行救济时，应当充分贯彻平等保护原则，不能因人而异，不论主体在所有制或经济实力上有所差异，均给予一体保护。此处还需注意的是，法律上的平等对待并非平均主义对待，它是指给予每个人其应得的东西，对于每个人因被侵害而遭受的损失都要给予填补。②

平等原则虽是民法的基础原则，但仅在少数国家明文作了规定，如《瑞士民法典》第 11 条规定："所有人均具有民事权利能力。因此在法律范围内，每个人都是平等的权利义务主体"，在诸多国家或地区（如法国、德国、日本等）没有明文规定，学者们解释称平等原则为无须明文规定的公理性原则。有关平等原则在我国是否需要明文规定曾有过争论，有学者认为，考虑到我国在实行计划经济体制时期曾有背离平等原则与依靠隶属关系组织生产和供应，以及改革开放以来曾发生过强迫对方服从自己的意志签订"霸王合同"等现象，在民法典中明文规定平等原则具有重要的理论与实践意义。③

（二）权利神圣或权益受保护原则

从历史上看，私权/权利神圣理念的萌芽最早始于古希腊与古罗马时代，"物在呼唤主人"表明古罗马的财产所有权是所有权人对其所有物行使的最完全、最绝对的权利，受到绝对保护。私人权利是人的自然权利的论断源于基督教化的罗马帝国早期，经由英国洛克提出以天赋权利为基础的财产权理论，私人财产权获得了正当的人权基础，自由资本主义时期私权神圣（权利绝对）观念得以形成，如《法国民法典》第 544 条规定："所有权是对物有绝对无限制地使用、收益及处分的权利，

---

① 参见王利明：《民法总则》，中国人民大学出版社 2017 年版，第 55—56 页。
② 参见杨代雄：《民法总论专题》，清华大学出版社 2012 年版，第 28 页。
③ 参见梁慧星：《民法总论（第五版）》，法律出版社 2017 年版，第 47 页。

但法律或条例禁止使用除外",确立了民法上的私权神圣原则,民法因此被视为人民权利的"圣经"与人民生命财产的基本安全保障,而且公权力的存在也必须在能更好地实现私权前提下方能证明其自身的存在价值。[①] 但是,"私权绝对神圣"过分强调个人利益保护而忽视对他人利益与社会公共利益的保护,若个人滥用其私权则会损害他人利益和社会公共利益。至19世纪末20世纪初,"私权绝对神圣"观念受到"社会的权利"思想和"私权的社会化"思想的影响,日渐式微,各国或地区对私权的绝对性进行限制。[②] 如《德国民法典》第226条规定:"如权利的行使专以损害他人为目的,则不得行使权利",对行使权利的目的进行了限制。私权除了受禁止权利滥用和私权社会化的限制外,还是受到法律保护的,如《法国民法典》第545条规定:"非因公益使用之原因并且事先给予公道的补偿,任何人均不受强迫让与其财产所有权。"可见,权利神圣原则仍然是现代民法的基本原则,诸如禁止权利滥用、不得违反国家法律强制性规定以及公序良俗只是解决民事权利本身存在的固有缺陷而对其进行修正。

从法律上来讲,权利神圣表明权利不可侵犯。保障民事权益不受侵犯是民法的重要任务,民事法律都是以民事主体的民事权益为本位来进行保护的,换句话说,民法的全部内容均是围绕确认和保护民事权益展开的。当然,确认民事权益的神圣性并不表明权利人可以为所欲为不受约束,在现代法律中,只有在不违反法律规定的前提下,权利才是神圣的,受法律保护。[③] 我国《民法典》第3条"民事主体的人身权利、财产权利以及其他合法权益受法律保护,任何组织或者个人不得侵犯"的规定,就是对权利神圣原则的表述。

所谓权利神圣原则,也叫民事权益受法律保护原则,[④] 系指民事主体的民事权益受法律保护,非依法律规定和法定程序,任何人都不得侵

[①] 参见赵万一:《民法基本原则:民法总则中如何准确表达?》,载《中国政法大学学报》2016年第6期。

[②] 参见董学立:《方法整合与本体确立——关于民法基本原则的初步研究》,载《比较法研究》2007年第4期。

[③] 参见柳经纬:《感悟民法》,人民法院出版社2006年版,第11—12页。

[④] 参见王利明:《民法总则》,中国人民大学出版社2017年版,第51页。

犯的民法基本原则。

权利神圣原则的内容主要包括：

第一，民事主体的人身权利、财产权利和其他合法权益受到法律保护。民法的任务是创设私权并保障这些私权的实现。由于我国民法从义务本位到权利本位，再到社会本位，一直伴有公权力干预，并非完全意义上的私权神圣，立法上关于社会主义公共财产神圣不可侵犯、私人的合法财产不受侵犯的规定，尚未上升到私权神圣层面，但确立私权神圣不可侵犯的权利神圣原则，有利于民事主体的权利一体保护。[①]《民法典》保护的民事权益范围非常宽泛。根据《民法典》第3条的规定，法律保护民事主体的人身权利和财产权利，此处的人身权利是指：自然人的人身自由、人格尊严受法律保护（第109条），自然人享有生命权、身体权、健康权、姓名权、肖像权、名誉权、荣誉权、隐私权、婚姻自主权等权利以及法人、非法人组织享有名称权、名誉权、荣誉权等权利（第110条），自然人的个人信息受法律保护（第111条），自然人因婚姻家庭关系等产生的人身权利受法律保护（第112条）；财产权利包括：物权（第114条）、债权（第118条）、知识产权（第123条）、继承权（第124条），以及股权和其他投资性权利（第125条）；"其他合法权益"是指《民法典》第126条规定的"民事主体享有法律规定的其他民事权利和利益"。可见，《民法典》规定的法律保护的权益不仅包括权利，而且还包括法益。

第二，民事权益受到侵害时，主要通过追究民事责任来对民事主体的权益进行救济。民事责任既是因侵害私权而产生的否定性的法律后果，也是保障私权得以实现的手段。[②]当民事主体的权益受到侵犯时，权利人可以通过自力救济或者公力救济来实现权益救济。

第三，保障私权是对人的行为自由进行全面维护。传统的民法崇尚意思自治理念，确立了"法无明文禁止即合法"的私法理念，与公法所推崇的行政机关"依法行政"和审判机关"依法审判"理念不同。[③]作

---

① 参见杨立新：《民法总则（第二版）》，法律出版社2017年版，第59页。
② 参见王利明：《民法总则》，中国人民大学出版社2017年版，第52页。
③ 参见柳经纬：《感悟民法》，人民法院出版社2006年版，第126页。

为保障私权的《民法典》，不仅确认民事主体享有人身权益与财产权益并对民事权益的行使作出各项具体规定，而且规定了对民事权益受到侵害时的各种救济制度，形成保护体系，体现了对民事主体的私法自治的尊重，其本质上是对每个民事主体的自由与自主决定的尊重。民事主体的行为只要不违反法律的禁止性规定，法律均予以确认和保护。同时，任何行使公共权力的机构不得非法侵害他人的民事权益，法官也不得以法无明文规定而拒绝裁判。

（三）私法自治原则

私法自治，也有人称为"私的自治""意思自治""意思的自律",[①]是指"各个主体根据他的意志自主形成法律关系的原则"，或为"对通过表达意思产生或消灭法律后果这种可能性的法律承认"[②]，也就是说，每个人可以基于自己的自由决定和意志，在法律上负担义务以及可以通过其以负责意识作出的意思表示而构建其私人的法律关系。[③] 私法自治，实为私人自治，从字义上看，私人即民事主体自治的主体是"人"而非"法"，因而私法自治可解读为"私法上的私人自治"。[④]

私法自治或意思自治原则的思想和精神滥觞于古罗马法，但当时并未确立该原则为私法的原则。星野英一先生认为，"契约的拘束力仅仅是由意思为基础的意思主义或者承诺主义"，"法规范的唯一起源是要求意思一致的意思理论"，"债权债务关系，原则上，是基于契约的形式构成，诸法律行为的要件和效果、债权债务关系的发生、变更、消灭归结于意思"。"私法自治"是在"和政治社会的自律性的关联中所理解的概念"，"作为经济社会的法，私法的自律性——即私的自治的概念"，"意味着经济过程中的自律性的私的自治"。实际上，"意思自治"是法国民法上的说法，为法国式的思考方法，而"私法自治""私人自治"或

---

① 参见〔日〕星野英一：《现代民法基本问题》，段匡、杨永庄译，上海三联书店2012年版，第105页。

② 〔德〕迪特尔·梅迪库斯：《德国民法总论》，邵建东译，法律出版社2001年版，第142页。

③ 参见〔德〕本德·吕特斯、阿斯特丽德·施塔德勒：《德国民法总论（第18版）》，于馨淼、张姝译，法律出版社2017年版，第27页。

④ 参见崔建远等：《民法总论（第二版）》，清华大学出版社2013年版，第38页。

"私的自治"则源于德国民法，为德国式的思考方法。两者尽管有所差异，但在具体结果上是共通的，因为两者均源于近代意思主义哲学。①近现代民法并列使用"意思自治原则"和"私法自治原则"，不再区分，已经没有法律上的理解问题。

我国《民法典》第5条规定："民事主体从事民事活动，应当遵循自愿原则，按照自己的意思设立、变更、终止民事法律关系"，即通过法律行为为自己设定权利、义务以实现自己要达到的私法利益，包含私法自治原则或意思自治原则，我国学者一般称为"自愿原则"。我国学者认为，自愿原则就是意思自治原则的法律表现形式，"自愿"就是主体的意志自由，也就是意思自治。② 所谓自愿原则，指的是民事主体在不违反强行法和公序良俗的前提下，按照自己的意志有权自由决定自己的事务，设立、变更和终止民事法律关系，任何人不得非法干涉，也免受国家权力非法干涉。需要注意的是，自愿原则是以平等原则存在为基础的，又是平等原则的实现前提。私法自治原则或意思自治原则、自愿原则适用于我国的合同、物权、劳动合同、人格权、婚姻家庭、继承、收养等法律领域。

私法关系分为财产关系和非财产关系（或人身关系），私法自治原则在私法的非财产关系中少有用武之地，但在财产关系中的个人自由安排空间大增。私法自治原则的流弊在于"人类丑陋之自私心"，可能危及人类社会生活资源的合理分配甚至影响他人的生存，有必要对自私心和资源两个方面进行规范。由于自私心是人的内在心理状态，应将外界压抑自私心改以约束行为来替代；对于资源来讲，应制定对资源进行合理化分配的规范。③ 如何进行限制，需要进行衡量，但至少不能违背公序良俗。

具体而言，私法自治原则的主要内容包括：

---

① 参见〔日〕星野英一：《现代民法基本问题》，段匡、杨永庄译，上海三联书店2012年版，第115—128页。
② 参见彭万林主编：《民法学》，中国政法大学出版社1994年版，第35页。
③ 参见曾世雄：《民法总则之现在与未来》，中国政法大学出版社2001年版，第19—20页。

第一,私法自治原则赋予了民事主体行为自由,可根据自己的意思决定行为的内容、方式等,自己对自己的行为负责,不受他人的非法干预。私法自治原则中的人被认为均具有独立的人格与理性能力,即以假定民事主体为理性人、具备理性能力为前提,在社会活动中能够对自己的事务作出合理的判断,形成对自己最为有利的能够实现自己利益的决策,[①] 对自己的行为负责,并据此采取相应的行为。

第二,私法自治原则界定了私权的领域空间,有权选择解决纠纷的方式甚至包括适用法律的自由,规范了公权力介入的界限。私法自治的实质在于,民事法律关系根据私法自治的空间大小,在符合不违反法律的强行性规定和公序良俗的前提下,由平等、自由与独立的民事主体根据各自的意志自由决定,国家不能主动干预,除非当事人请求,方能裁决当事人之间的纠纷,且在作出裁决时也应当依据当事人的真实意思表示,不得随意处分。另外,当事人可以选择仲裁或者诉讼解决双方纠纷,在涉外合同纠纷中,还有选择准据法的权利。

第三,私法自治原则是以当事人的地位平等为前提的,不同当事人的意志是独立的,不受其他当事人意志的支配。同时,要注意我国的私法自治原则或自愿原则赋予当事人的自由并非绝对的无限制的自由,而是相对的有限制的自由,如我国《民法典》第153条规定:"违反法律、行政法规的强制性规定的民事法律行为无效。但是,该强制性规定不导致该民事法律行为无效的除外。违背公序良俗的民事法律行为无效。"

第四,私法自治原则表明民事主体自己的意愿优先于任意性民事法律规范。例如,在合同法领域,当事人之间合同的效力优于任意性规范,如我国《民法典》第224条规定:"动产物权的设立和转让,自交付时发生效力,但是法律另有规定的除外";在继承法中,有遗嘱继承的优先于法定继承,如《民法典》第1123条规定:"继承开始后,按照法定继承办理;有遗嘱的,按照遗嘱继承或者遗赠办理;有遗赠扶养协议的,按照协议办理。"

需要注意的是,私法自治原则或意思自治原则、自愿原则在民法不

---

① 参见杨代雄:《民法总论专题》,清华大学出版社2012年版,第29页。

同部分称谓有所不同,在合同法中称为合同自由原则,在物权法中称为所有权自由原则,在婚姻法中称为婚姻自由原则,在收养法中称为收养自由原则,在继承法中称为遗嘱自由原则等。①

(四)公平原则

公平是社会道德和正义的观念,反映的是人与人之间的一种利益关系,不同社会制度在不同时期有不同的公平观。② 公平价值观念源于古希腊,公平在许多西方早期学者看来,与正义等同,以苏格拉底、柏拉图以及亚里士多德为代表,尤以亚里士多德的分配正义与矫正正义观点影响最大。古罗马法学家西塞罗曾说:"若无公平,法将不法。"

何为公平?法律上没有具体规定,有学者认为:"公平就是不偏袒……判断一个民事关系是否公平即是否不偏袒的最终根据,是当事人地位是否平等。公平是平等的表现,平等的结果。平等就是公平,不平等就是不公平。"③ 民法上的公平,是指民事主体之间的利益平衡,公平原则是衡量民事主体之间利益的标准,其具体判断依据为现阶段的交易习惯和人们的一般观念。④ 换句话说,公平原则是指以社会公平观念平衡当事人之间的利害关系,从而规范其权利义务与责任的基本准则。⑤ 公平原则旨在防止某一民事主体利用自身优势地位而取得明显不成比例的利益,成为衡量民事主体之间损益得失的尺度。与诚信原则更多关注人们的主观心理层面要求人们善意公允相比,以及与私法自治原则中民事主体被认为是理性人的假设相比,公平原则更多关注民事活动的客观结果是否公正合理,为避免结果的显失公平,给予一时缺乏理性判断的民事主体补救的机会以达到公平合理的效果,从这个意义上而言,公平原则是对私法自治或意思自治原则的限制或者突破。⑥

从比较法上看,《十二表法》第八表"私犯"第18条"利息不得超

---

① 参见梁慧星:《民法总论(第五版)》,法律出版社2017年版,第47—48页。
② 参见佟柔主编:《中国民法》,法律出版社1990年版,第26页。
③ 李锡鹤:《民法基本理论若干问题》,人民出版社2007年版,第432页。
④ 参见魏振瀛主编:《民法(第四版)》,北京大学出版社、高等教育出版社2010年版,第26—27页。
⑤ 参见韩松编著:《民法总论(第三版)》,法律出版社2017年版,第61页。
⑥ 参见谭启平主编:《中国民法学(第二版)》,法律出版社2018年版,第57页。

过一分,超过的,处高利贷者四倍于超过额的罚金"的规定体现了价格公平,《法国民法典》第 1135 条"契约,不仅对其中所表述的事项具有约束力,而且对公平原则、习惯以及法律依据债的性质而赋予的全部结果具有拘束力"的规定,《德国民法典》第 315 条"(由当事人一方确定给付)(1)给付应由合同订立人之一确定的,有疑义时,必须认为该项确定系依公平裁量做出的。(2)该项确定以对另一方的表示为之。(3)确定应依公平裁量为之的,所做出的确定只有合乎公平,才对另一方有拘束力。确定有失公平的,以判决为之;迟延做出确定的,亦同"的规定,以及《瑞士民法典》第 4 条"(法官的自由裁量权)如果法律赋予法官自由裁量权,或者让法官考虑具体情形或正当理由进行裁判,法官的裁判应依据正义和公平之法则"的规定,都体现了公平原则。公平原则体现在我国《民法典》第 6 条"民事主体从事民事活动,应当遵循公平原则,合理确定各方的权利和义务"的规定之中。当然,公平原则不仅体现在合理确定各民事主体的权利与义务,还应当包括民事责任公平分担。

公平原则的主要内容包括:

第一,合理确定民事主体之间的权利与义务,使其达到平衡。按照公平原则,民事主体之间应合理设定相互之间的权利与义务,平衡而不失衡,但当事人之间出于自愿而形成相互之间利益不平衡的除外,如赠与合同。例如,《民法典》第 151 条规定:"一方利用对方处于危困状态、缺乏判断能力等情形,致使民事法律行为成立时显失公平的,受损害方有权请求人民法院或者仲裁机构予以撤销";《民法典》第 496 条第 2 款规定:"采用格式条款订立合同的,提供格式条款的一方应当遵循公平原则确定当事人之间的权利和义务,并采取合理的方式提示对方注意免除或者减轻其责任等与对方有重大利害关系的条款,按照对方的要求,对该条款予以说明。提供格式条款的一方未履行提示或者说明义务,致使对方没有注意或者理解与其有重大利害关系的条款的,对方可以主张该条款不成为合同的内容",两处规定都体现的是在双方当事人之间合理确定双方的权利和义务,以达到公平。

第二,合理分配风险负担,平衡民事主体的民事责任承担。对于意外风险造成的损失的负担,应当根据公平原则予以确定,如《民法典》第604条规定:"标的物毁损、灭失的风险,在标的物交付之前由出卖人承担,交付之后由买受人承担,但是法律另有规定或者当事人另有约定的除外",对风险负担作出了合理分配;有关民事责任的平衡,《民法典》第157条规定:"民事法律行为无效、被撤销或者确定不发生效力后,行为人因该行为取得的财产,应当予以返还;不能返还或者没有必要返还的,应当折价补偿。有过错的一方应当赔偿对方由此所受到的损失;各方都有过错的,应当各自承担相应的责任。法律另有规定的,依照其规定。"此外,《民法典》第1186条规定:"受害人和行为人对损害的发生都没有过错的,依照法律的规定由双方分担损失",第183条规定:"因保护他人民事权益使自己受到损害的,由侵权人承担民事责任,受益人可以给予适当补偿。没有侵权人、侵权人逃逸或者无力承担民事责任,受害人请求补偿的,受益人应当给予适当补偿",第591条规定:"当事人一方违约后,对方应当采取适当措施防止损失的扩大;没有采取适当措施致使损失扩大的,不得就扩大的损失请求赔偿。当事人因防止损失扩大而支出的合理费用,由违约方负担",均体现的是在民事责任承担上的公平原则。

第三,在法律没有明文规定的情况下,法官可以依法运用自由裁量权,适用公平原则以弥补规范或约定之不足,公正裁判。例如,《民法典》第466条第2款规定:"合同文本采用两种以上文字订立并约定具有同等效力的,对各文本使用的词句推定具有相同含义。各文本使用的词句不一致的,应当根据合同的相关条款、性质、目的以及诚信原则等予以解释",第498条规定:"对格式条款的理解发生争议的,应当按照通常理解予以解释。对格式条款有两种以上解释的,应当作出不利于提供格式条款一方的解释。格式条款和非格式条款不一致的,应当采用非格式条款",均为法官在对约定的条款进行解释时如何进行公平裁判提供了依据。

也有学者从正义的角度对公平原则作了解读,认为公平原则要求民事主体进行民事活动、司法机关裁断案件以及民事立法中应体现公平的观念，具体内容为①：第一，公平原则的基本要求是民事利益分配关系的均衡，以实现分配正义；第二，公平原则要求民事主体依照公平观念行使权利、履行义务，以实现交换正义；第三，公平原则主要是对民事活动目的性的评价标准，以实现实质正义；第四，法律是善良公平正义之术，公平原则是法官适用民法应当遵循的基本理念，以实现裁判正义。还有学者认为，民法上的公平应包括四个层次的含义②：一是当事人面临平等的社会外部条件和平等的法律地位，称这种公平为"前提条件的公平"；二是社会对其他所有成员都一视同仁，要求平等地分配基本权利和义务，每一个社会成员都能从社会那里获得同等的与其付出相对应的对待，称这种公平为"分配的公平"；三是在交换过程中当事人的权利义务应做到基本对等和合理，称这种公平为"交换的公平"；四是出现权利义务关系失衡时，法律应依据正义原则和人类理性对这种失衡结果进行矫正，称这种公平为"矫正的公平"。上述有关公平原则的解读均从法理学意义的角度作出，对理解民法上的公平原则值得进一步研究。

（五）诚信原则

我国古代典籍早就有"诚信"一词，如《商君书·靳令》将"诚信"与"礼乐、诗书、修善、孝弟、贞廉、仁义、非兵、羞战"并称为"六虱"，此处的"诚信"指的是在人际关系中诚实不欺。但是，作为法律术语的诚信原则如同法律术语"债"一样，属于外来语。按照斯多葛学派（又称"斯多亚学派"）的观点，"信"是正义的基础，是对承诺和协议的遵守和兑现。诚实信用，简称"诚信"，拉丁语为"Bona Fides"，法语为"Bonne Foi"，意大利语为"Buona Fede"，西班牙语为"Buena Fe"，英语为"Good Faith"，直译均为"善意"。拉丁语中的"Bona Fides"更加直接的译法为"好的信用"或者"良信"。尽管"Bona Fides"被理解为"诚信"，但在拉丁语中实际是有"信"而无"诚"。"诚""信"合用最早是在德语中的"Treu und Glauben"（忠诚

---

① 参见杨立新：《民法总则（第二版）》，法律出版社 2017 年版，第 63—64 页。
② 参见赵秀梅主编：《民法学（第二版）》，法律出版社 2015 年版，第 10—11 页。

和相信），其原意是确保履行契约中的义务，后演变为民法中的一项基本原则，在日文中翻译表达为"信义诚实"。作为民法基本原则的诚信原则，分为客观诚信和主观诚信，前者要求人们正当地行为，后者要求人们具有尊重他人权利的意识。① 甚至有学者称诚信原则为民法的"帝王条款"，② 表明诚信原则在民法中的重要程度和地位。

古希腊的斯多葛学派将诚信观念从遵守契约义务扩及广义的自然法的"顺应自然、按照本性而生活"的伦理观念，此伦理观念蕴含了民法内涵的诚信善良美德，可见，作为自然法一部分的诚信是顺应自然的结果，民法诚信原则主要是自然法在古罗马发展的产物。③ 诚信原则源于罗马法的程式诉讼中的"诚信诉讼"，④ 是作为对程式诉讼中的"严法诉讼"的突破而产生的，当事人可以自由陈述意见，不受法定语言和动作的限制，放弃了严格的形式主义，裁判官在诉讼中的权限扩大，甚至不受明文法律规定的限制（认为过时），根据当事人在法律关系中应该诚信，按公平正义的法律理念进行裁判，不必严守法规，也不拘泥于形式。后诚信原则经过演变，在很多国家或地区都有规定。例如，《法国民法典》第 1134 条规定："依法成立的契约，对缔结契约的人有相当于法律之效力。此种契约，只有经各当事人相互同意或者依法律允许的原因才能撤销。前项契约应善意履行"；《德国民法典》第 242 条规定："（依诚实信用给付）债务人有义务照顾交易习惯，以诚实信用所要求的

---

① 参见徐国栋：《民法基本原则解释（增删本）》，中国政法大学出版社 2004 年版，第 59—60 页。
② 参见王泽鉴：《民法学说与判例研究（修订版）》（第一册），中国政法大学出版社 2005 年版，第 284 页。
③ 参见柴荣：《中西历史情境中"民法"之共同核心研究》，载《法学家》2014 年第 2 期。
④ 依据大法官授予承审员权限大小的不同，程式诉讼可以分为严法诉讼和诚信诉讼。在严法诉讼中，承审员的职责仅限于按程式中记载审查原告的请求有无市民法的根据而作出同意与否的判决。如果程式中没有列入被告的抗辩即没有进行"一般恶意抗辩"，则承审员明知被告是受原告欺诈或威胁，也因被告没有提出原告具有恶意的抗辩，也不得免除被告的责任。在诚信诉讼中，程式中注明"按诚信"原则的字样，承审员可斟酌案情，根据当事人在法律关系中应该诚实信用，按公平正义的精神而为恰当的判决。不必严守法规、拘泥形式，原告如有欺诈、胁迫等行为，即使被告未在程式中提出抗辩，承审员也有开释被告的权力。参见周枏：《罗马法原论》（下册），商务印书馆 2014 年版，第 969—970 页。

方式履行给付"；《瑞士民法典》第 2 条第 1 款规定："任何人在行使权利和履行义务时，都应该遵守诚实信用原则。"我国法律中诚信原则的词语是从日本对德文中相关词语的直译而来。诚信原则体现在我国《民法典》第 7 条"民事主体从事民事活动，应当遵循诚信原则，秉持诚实，恪守承诺"的规定当中。同时，诚信原则也反映在《民法典》第 1 条"为了保护民事主体的合法权益，调整民事关系，维护社会和经济秩序，适应中国特色社会主义发展要求，弘扬社会主义核心价值观，根据宪法，制定本法"中的"社会主义核心价值观"即"倡导富强、民主、文明、和谐，倡导自由、平等、公正、法治，倡导爱国、敬业、诚信、友善"之中。

诚信原则的主要内容包括：

第一，任何民事主体在参加民事活动中，对他人要诚实不欺，恪守承诺，讲究信用，不损人利己，实现机会均等，互惠互利。只有构建诚信社会，保护交易秩序，才能维持正常的经济秩序和社会秩序。

第二，当事人应依善意的方式行使权利，在获得利益的同时应充分尊重他人的利益和社会利益，不得滥用权利，加害于他人，不得违背此种方式取得自己的私权。如果因滥用权利给他人造成损害，应当承担民事责任。

第三，当事人应以诚实信用的方式履行义务，对于约定的义务要忠实地履行。[①] 也就是说，当事人应当严格遵守法律和约定，不擅自毁约，诚信履约，严格、善意和适当地履行自己的义务；即使出现新的情况，也应当以诚信原则的要求确定各方当事人的权利、义务和责任。例如，《民法典》第 500 条规定："当事人在订立合同过程中有下列情形之一，造成对方损失的，应当承担赔偿责任：（一）假借订立合同，恶意进行磋商；（二）故意隐瞒与订立合同有关的重要事实或者提供虚假情况；（三）有其他违背诚信原则的行为。"第 590 条规定："当事人一方因不可抗力不能履行合同的，根据不可抗力的影响，部分或者全部免除责任，但是法律另有规定的除外。因不可抗力不能履行合同的，应当及

---

① 参见佟柔主编：《中国民法》，法律出版社 1990 年版，第 27 页。

时通知对方,以减轻可能给对方造成的损失,并应当在合理期限内提供证明。当事人迟延履行后发生不可抗力的,不免除其违约责任。"

第四,诚信原则作为法官解释法律和补充法律漏洞的依据。即法官在解释法律和当事人的合同时,应当遵循诚信原则;在法律出现漏洞时授予法官自由裁量权,法官根据公平正义和诚信原则进行创造性的司法活动,根据各民事主体的诚实心理和行为决定各方的利益平衡,以填补法律漏洞,诚信裁判,从而解决当事人的纠纷。

从历史演变而言,诚信原则是作为对形式主义的纠偏而发展出来的一项原则,为形式正义和实质正义实现的平衡器。由于诚信原则在民法体系中的巨大作用,其一方面可以避免因形式逻辑而导致民法滑向"恶法"的倾向,发挥民法的正义与善良的作用,由此被人称为"帝王条款";另一方面,诚信原则可能会动摇法律的基础进而影响法律的稳定性和可预测性。对于作为"双刃剑"的诚信原则,需要注意的是,在以防恶法出现的同时,也应当防止诚信原则被法官滥用。① 顺便提一下,对于诸多学者认为诚信原则"维持当事人双方的利益平衡以及当事人利益与社会利益的平衡"的观点,有学者认为将诚信原则的调整范围扩大到"当事人利益与社会利益的平衡"是错误的,其理由是诚信原则只调整私人间的法律关系,不调整公私间的法律关系,公私间的法律关系应属于公序良俗原则的调整范围。② 此种观点值得关注和研究。

还要注意另外一种观点,有学者认为诚信原则并非民法的一般原则,其认为诚信原则只适用于意定性民事关系,不适用于法定性民事关系,不具有"贯穿民法始终性",因为当事人的允诺是对自己的财产或人身的支配,且这一支配以不侵害他人权利为前提,侵害他人权利是违反权利人义务设定自主原则,为他人设定放弃或不行使权利的义务,而诚信原则其实是义务自主或者为维持或恢复原状原则中义务自主内容的表现。③

---

① 参见李永军:《民法总论》,法律出版社2006年版,第96—97页。
② 参见董学立:《民法基本原则研究》,法律出版社2011年版,第155—156页。
③ 参见李锡鹤:《民法基本理论若干问题》,人民出版社2007年版,第435页。

（六）公序良俗原则

公序良俗原则滥觞于古罗马法，按照古罗马法的规定，违反善良风俗的法律行为要么无效，要么由裁判官赋予被告一项恶意抗辩或欺诈抗辩的权利，以对抗原告的诉权，最终取决于法律行为的种类与法律行为因何因素违背了善良风俗。① 所谓公序良俗原则，指的是法律行为的内容与目的不得违反公共秩序或善良风俗。② 公序良俗原则是由"公共秩序"和"善良风俗"组成。③《法国民法典》在古罗马法的"善良风俗"之外增加了"公共秩序"，规定了个人不得以特别约定违反公共秩序和善良风俗的法律；《日本民法典》规定以违反公共秩序或善良风俗的事项为标的的法律行为无效，两者统一称为公序良俗。英美法系上的"公共政策"与大陆法系上的"公序良俗"概念相当。公序良俗原则体现在我国《民法典》第8条"民事主体从事民事活动，不得违反法律，不得违背公序良俗"和第153条第2款"违背公序良俗的民事法律行为无效"的规定之中。

不过，《德国民法典》只有善良风俗而无公共秩序概念，其认为两者含义相同，如《德国民法典》第138条第1款规定："违反善良风俗的法律行为无效。"人们不得通过法律行为使不道德的行为变成法律上能够强制要求履行的行为，法律秩序拒绝给不道德的行为提供强制履行的可能。《德国民法典》中的善良风俗多以"社会道德""公共秩序"或对特定制度的保护宗旨作为判断标准，是对私法自治的限制，在评判有关行为是否违反善良风俗时，也要考虑这种行为是否与法律共同体的基础价值和基本制度相符合。④

---

① Max Kaser，Das römische Privatrecht，2. Aufl.，C. H. Beck'sche Verlagsbuchhandlung，München，1971，S. 251. 转引自杨代雄：《民法总论专题》，清华大学出版社2012年版，第44页。

② 参见梁慧星：《民法总论（第五版）》，法律出版社2017年版，第51页。

③ 史尚宽先生认为，社会秩序是社会存立发展所必需的一般秩序，包括公的秩序和私的秩序。公序良俗原则表示公私两面。公共利益强调私权的公共性，社会秩序强调私权的社会性。参见史尚宽：《民法总论》，中国政法大学出版社2000年版，第39—40页。

④〔德〕迪特尔·梅迪库斯：《德国民法总论》，邵建东译，法律出版社2001年版，第511—513页。

违反善良风俗的法律行为完全无效，但如何理解善良风俗则是比较困难的问题。德国联邦最高法院沿用德意志帝国最高法院关于"善良风俗是所有善良和合理思想的理智感觉"这一解释，但何为"善良和合理思想"又需要被解释。德国学者冯·图尔（Andreas von Tuhr）提出，善良风俗关涉到现存外部法律秩序的援用或是"风俗习惯（道德）法"即现存社会"占统治地位的道德"，为了有秩序的共同生活的"最低道德规范"，德国学者恩内克策鲁斯（Ennektzerus）和尼佩克尔（Rolf Knieper）也认为违反了"善良风俗"就是违反了"公共秩序"。从这一解释中，"善良风俗"从一个外部法律道德规范转变为某种有效的法律秩序本身所特有的评判标准。德国学者西米蒂斯（Simitis）更进一步解释，"违反公共秩序和善良风俗的法律行为完全无效"，"善良风俗"应该是法官在处理有关涉及宗族和家庭生活领域内的案件时要考虑的道德规范；有关"公共秩序"，西米蒂斯认为该词源于法语，是指"现存社会的秩序"。德国学者弗卢梅（Werner Flume）反对用公共秩序代替"善良风俗"，他认为公共秩序本身涉及风俗道德上的价值，认为"善良风俗"不应扩展到"公共秩序"这一术语。反对使用"公共秩序"来进一步说明"善良风俗"的理由还来源于语言学上的考虑，德语中的"公共秩序"由法语中的"公共秩序"翻译而来，使人们很难理解，因为"公共秩序"涉及公共安全和外部秩序，涉及一个伦理学上的中性概念。原法语中的"公共秩序"适用于国际私法领域，它被作为外国法在本国适用的界线，因而德国学者拉伦茨认为人们应该把"公共秩序"的适用仅限于这一范围，而不能将其再扩大以便解释"善良风俗"。拉伦茨认为善良风俗包括了法律本身内在的伦理道德价值和原则，也包括现今社会占"统治地位的道德"的行为准则。[①]

出现上述争议的主要原因是，德国学者认为公共秩序指的是一切宪法性的原则，这些原则构成社会秩序和政治秩序的基础，善良风俗是对私道德的要求和交易上诚实的一般评价，德国立法者认为将过于宽泛和

---

① 参见〔德〕卡尔·拉伦茨：《德国民法通论》（下册），王晓晔、邵建东、程建英、徐国建、谢怀栻译，法律出版社2003年版，第596—599页。

不确定的公共秩序标准授予法官未免危险；而法国学者认为，公共秩序与善良风俗并无本质不同，但在法律渊源与出发点上有所不同，如公共秩序与善良风俗相比，其反映的和保护的是国家与社会的根本利益，表现为国家对社会生活的积极干预，其渊源多来自公法（如宪法、行政法、刑法等）、少数来自私法，但两者均在于实现某种社会价值和维护某种社会秩序。[1] 现在除了少数国家或地区外，大部分国家或地区立法采纳了法国的立法模式，规定了公序良俗原则，作为判断法律行为的效力和侵权行为的依据。通说也采用"公序良俗"这一术语。

通说认为，公共秩序是一个国家和社会的一般要求和利益，善良风俗是社会的一般道德观念。公共秩序为法律本身的价值体系，偏重于强调国家和社会本身的秩序；而善良风俗是法律之外的伦理秩序，更侧重于强调道德观念。前者被称为公序良俗原则的法律伦理内容，后者被称为公序良俗的社会伦理内容。[2] 尽管两者有重复之处，但范围却不完全相同，有保持并立表述的必要性。理论上，公共秩序被认为是与国际和社会整体秩序有关，与法秩序相比，公共秩序的外延更宽。至少在我国的语境之下，公共秩序为公共利益的另一种表达方式，善良风俗则为社会公德的表达方式。[3] 可见，公序良俗原则是一个社会、国家存在与发展所必须具有的普遍被接受的道德观念，是特定社会所必须遵守的最起码的伦理道德要求。[4] 当然，违反公序良俗原则的法律行为应为无效，但会存在仅违反公共秩序而未违反善良风俗情形，比如仅违反国家管理秩序（如在非商业的公共场所售卖商品），则交易双方当事人之间的法律行为，一般不应认定为无效，这一问题值得进一步探讨。

公序良俗原则的具体内容包括：

第一，公序良俗原则协调个人利益与社会公共利益及国家利益之间的冲突，维护正常的经济秩序和生活秩序，确保社会正义和伦理秩序，

---

[1] 参见李永军：《民法总论》，法律出版社2006年版，第509—510页。
[2] 参见崔建远等：《民法总论（第二版）》，清华大学出版社2013年版，第44页。
[3] 参见梁慧星：《市场经济与公序良俗原则》，载梁慧星主编：《民商法论丛》（第1卷），法律出版社1994年版，第50—51页。
[4] 参见赵万一主编：《公序良俗问题的民法解读》，法律出版社2007年版，第4页。

从而实现对社会秩序的控制。

第二，公序良俗原则是对私法自治进行限制，对法律行为的效力进行评价。例如，《民法典》第 153 条第 2 款规定："违背公序良俗的民事法律行为无效。"由于法律的基本价值会随着社会的发展而不断变化，公序良俗的内容也会随着社会道德观念的变化而不断变化，一个行为在不同时期可能经历无效到有效的变化，因而判断一个法律行为是否违反公序良俗而无效，原则上应以实施行为时的主流价值观来进行判断，[①]以决定私法自治的效力。

第三，公序良俗原则弥补强行法规范的不足，赋予法官一定的自由裁量权来调整各种利益的冲突。由于强行法不能穷尽社会生活的全部，立法上不可能预见一切损害国家利益、社会公共利益以及道德秩序的行为并作出详尽的禁止性规定，为弥补禁止性规定的不足，[②] 法律设置了公序良俗原则，对法律行为的效力进行评价，如果违反了公序良俗原则，则法院应判决该行为无效。具体而言，一方面，针对民事主体追求利益最大化而从事的行为与社会公共利益发生的冲突，法官可借助于公序良俗条款来维护社会公共利益；另一方面，对于强行法过于僵化或者在适用中具有明显不合理情形，法官应当考虑援引公序良俗原则来解决个人利益与社会公共利益之间的冲突。[③] 法官在处理具体案件中，依照法定程序和职权，可以适用公序良俗原则协调各种利益冲突。

第四，公序良俗评价主体的标准非个人标准，本质上属于集体标准，为社会秩序提供了最低保障的防护墙，而且它是一个不确定的概念，有待在具体案件中进行判断。因此，在扩大公序良俗范围的同时，要注意限制公序良俗的内涵，"传统的法律对该问题的处理以及对其控制的方式需要改变……越来越多的损害善良风俗的情形出现，传统控制的缺位也需要扩大审查方式"[④]。可见，面对社会不断出现的新问题，公序良俗原则可以用来填补法律漏洞，整理类案并进行类型化。

---

① 参见崔建远等：《民法总论（第二版）》，清华大学出版社 2013 年版，第 45 页。
② 参见梁慧星：《民法总论（第五版）》，法律出版社 2017 年版，第 51 页。
③ 参见王利明：《民法总则》，中国人民大学出版社 2017 年版，第 68 页。
④ 参见许中缘、屈茂辉：《民法总则原理》，中国人民大学出版社 2012 年版，第 181 页。

第五，公序良俗原则的判断标准为时空判断标准，分为地域取向上的判断标准和时间取向上的判断标准。董学立认为，公序良俗的地域判断标准有世界标准、民族标准、国家标准和地方标准，"对于哪些行为的内容属于违背法律和善良风俗这一问题，世界各国法律的回答并不一致，因为在这一问题上，不同的国家民族的风俗习惯非常不同"，他认为应考虑采用国家标准、地方标准和民族标准来判断善良风俗内容，而不能直接适用世界标准；同时，公共秩序因涉及一国的政治和经济领域，地域性和民族性的色彩较为淡薄，不宜采用地方标准和民族标准，而应采用国家标准来进行判断。有关公序良俗原则的时间取向上的标准，董学立认为，公序良俗的内容会随着历史的变迁而发生变化。①

总体而言，现代各国或地区民法典一般都规定公序良俗条款或单用善良风俗条款，明确规定违反公共秩序或善良风俗的法律行为无效。判断是否违反公序良俗的对象应为法律行为，法律行为的有效性不取决于当事人是否知道该行为被评价为违反公序良俗的事实，唯有在动机决定行为是否违反公序良俗时才以知道作为要件，违反公序良俗的判断时间应以实施法律行为时的时间来评价（如当时欠缺行为能力）。司法实践中一般根据实施有关行为时存在的实际关系和价值评判该行为是否违反公序良俗；例外是遗嘱，可能依不同情形判断，一般而言，判断遗嘱是否违反公序良俗原则以订立遗嘱这个时间为准，但被继承人立其情妇为唯一继承人的行为从一开始即违反公序良俗，但被继承人后与这个妇女结婚的，则该订立遗嘱行为有效。同时，法律行为不能对民事主体的基本权利进行侵犯，如要求女职工在劳动关系存续期间或在房屋租赁合同有效期间服用避孕药，属于违反公序良俗原则。② 由于公序良俗原则内容的不确定性，有必要进行类型化。

（七）禁止权利滥用原则

经17—18世纪个人主义或自由主义思潮洗礼，个人权利成为人格

---

① 参见董学立：《民法基本原则研究》，法律出版社2011年版，第164—166页。
② 参见〔德〕迪特尔·梅迪库斯：《德国民法总论》，邵建东译，法律出版社2001年版，第514—521页。

的构成要素,1789年法国《人权与公民权利宣言》称之为"天赋人权"。① 自法国大革命以来,近代法上对个人尊严与自由平等进行保障,确立了契约自由原则、过错责任原则和所有权绝对原则,法谚上有"行使自己权利者,对于任何人不为不法""行使自己权利者,不害任何人",由此也产生了贫富悬殊不均和实际上的不平等不自由现象,尽管《法国民法典》没有规定禁止权利滥用原则,但在学说与判例中均出现了权利滥用理论。② 禁止权利滥用理论后演变为禁止权利滥用原则,被大部分国家或地区民法典明文规定。

禁止权利滥用原则,学术上又称为"正当性原则",③ 指的是民事关系的参与人在民事活动中应当遵循权利的设立宗旨,不得利用该项权利从事损害社会或他人利益的行为。《德国民法典》第226条规定:"如权利的行使专以损害他人为目的,则不得行使权利。"《奥地利普通民法典》第1295条第2款规定:"以违反善良风俗的方式故意造成他人损害的人,也应对此负责;但如果在行使权利时导致损害发生,则只有权利的行使明显地以损害他人为目的时,其才应当负责。"《瑞士民法典》第2条第2款规定:"显然滥用权利的,不受法律之保护。"《魁北克民法典》第7条规定:"任何人均不得以损害他人为目的或违背诚实信用的要求以过分且不合理的方式行使权利。"第8条规定:"任何人均不得放弃行使权利,此等放弃符合公共秩序的除外。"禁止权利滥用原则体现在我国《民法典》第132条中,该条规定:"民事主体不得滥用民事权利损害国家利益、社会公共利益或者他人合法权益。"

一般认为,在行使权利时,若在权利范围内行使,就是权利的合法行使,超出了权利的界限,就是权利滥用。事实上,有关权利滥用的概念聚讼纷纭,并非如此简单界定。

首先,要明确"权利滥用"概念是否存在。有学者就说:"人们既说有权利而又说滥用权利,这就是矛盾。"④ 这是个根本性的问题,持

---

① 参见梁慧星:《民法总论(第五版)》,法律出版社2017年版,第279页。
② 参见史尚宽:《民法总论》,中国政法大学出版社2000年版,第715页。
③ 参见赵万一:《民法的伦理分析》,法律出版社2003年,第184—185页。
④ 〔法〕狄骥:《宪法论》(第一卷),钱克新译,商务印书馆1959年版,第193页。

这种说法的人认为不存在法律既保障一个权利又去否认它，"权利之所止，滥用之所始"，只存在合法与非法之分，试图否定权利滥用概念。事实上，持这种否定态度的人混淆了权利行使在法律上的双重含义，某一行使权利行为有可能并不超越立法者所规定的权利的范围，但却违背了法律制度整体上的一般性原则，也就是说个体行使某一特定权利违背了整体的法律。① 可见，"权利滥用"这个概念是成立的，也为当今如德国、瑞士、日本、法国等诸多国家或地区民法明确规定或判例上承认。②

其次，在肯定有"权利滥用"这个概念后，就要确定如何对权利滥用进行界定。有关权利滥用的界限，通说是以权利本身范围为界，问题在于确立权利的界限，而超越界限滥用才开始出现。

法律授予个人某种特权，这一概念有两个层次的意义。第一层次，可以称之为权利的"外部"界限。根据性质或者目的，某些权利被授予，其他的则被拒绝。如所有人可以在其自己的土地上建造物体，但是他不得妨碍其邻人的土地。第二层次，可以称之为"内部"的限制。法律授予某人的权利并不是绝对的，在行使此种权利时，有一个"度"必须得到遵守。如某一所有人可以在自己的土地上建造物体，并不等于说他可以随意建造任何物体，可以以任何方式建造。如果他建造某一工事，是出于损害其邻人利益的目的，他就超越了其权利的范围，尽管他没有超越其权利的外部界限。法律完全可以既授予个人一定的权利，又限制其行使方式。当然，法律很少正式表达出此种"内部限制"，因此必须到一般性原则——甚至法律制度的精神——之中去寻找这类限制。③

但在具体的认定中，又存在着两种分类意见：一类是权利范围之

---

① 参见〔法〕雅克·盖斯旦等：《法国民法总论》，陈鹏等译，法律出版社 2004 年版，第 703 页。

② 参见史尚宽：《民法总论》，中国政法大学出版社 2000 年版，第 714—715 页；郑玉波：《民法总则》，中国政法大学出版社 2003 年版，第 567—571 页；渠涛编译：《最新日本民法》，法律出版社 2006 年版，第 3 页。

③ 参见〔法〕雅克·盖斯旦等：《法国民法总论》，陈鹏等译，法律出版社 2004 年版，第 704—705 页。

外，另一类是权利范围之内，并且在具体阐述时，各不相同。就第一种分类而言，对权利滥用的界限理解为该权利范围之外，超出了该范围的界限行使的行为就被称作权利滥用。在法理上，超出法定权利之外的权利行使为无权行使，本身就违反法律规定，为非法行为。鉴于此，持这种观点的人实质上也就是持权利滥用概念的否定者。行使权利要负责任，这是常理，在归责问题上，非法行为的责任是由于行为人无权利行使，行为本身不正当，直接就可以引起法律责任，责任是客观的；权利滥用是行为人有权利行使，以合法的形式出现，这是与非法行为的最大区别，只因动机不正当，行为人从事这种行为，违反了权利的创制目的而违法须承担责任。合法行为之所以引起责任，不是由于行为本身，而是由于其所产生的后果，该后果使他人遭受一种过分损害，但必须证明有损害存在，其责任是客观的。可见，权利滥用的界限应在权利的范围之内，权利合法行使与权利滥用的共同点都是在法律所规定和允许的权利范围之内行使，两者的不同点可以从动机、目的、法律后果等方面进行区分。

权利合法行使的认定标准是客观的，是由法律明确予以规定的，只要不违反法律规定，即为合法行使。因为"权利滥用……关于要件之存否有争执时，相对人有举证之责，盖以权利之行使一般应视为正当"[①]。在学说上，权利滥用的认定标准有主观说、客观说、内部说、外部说、权利界限说、权利本旨说、忍受限度说、主客观混合说、主客观综合衡量说、恶意说、目的界限说、违反诚实信用标准说、六项标准说等，[②]归纳起来主要有三种：主观说、客观说与折中说。

尽管主观说与客观说都有其合理的一面，但各有其不足，如主观说强调权利人的损害意图，以权利人的主观目的来认定，但不能解决权利

---

① 史尚宽：《民法总论》，中国政法大学出版社 2000 年版，第 732 页。
② 参见王利明：《民商法研究（修订本）》（第 1 辑），法律出版社 2001 年，第 172 页；徐国栋：《民法基本原则解释》，中国政法大学出版社 2004 年版，第 165 页；〔德〕迪特尔·梅迪库斯：《德国民法总论》，邵建东译，法律出版社 2001 年版，第 108 页；史尚宽：《民法总论》，中国政法大学出版社 2000 年版，第 713—716 页；郑玉波：《民法总则》，中国政法大学出版社 2003 年版，第 549 页；胡长清：《中国民法总论》，中国政法大学出版社 1997 年版，第 386 页；钱玉林：《禁止权利滥用的法理分析》，载《现代法学》2002 年第 1 期。

人并无损害之意图,而行使权利造成他人或社会的过分损害结果,被认定为权利滥用的问题,往往把如紧急避险等合法行为归入其中;客观说强调行使权利所导致的后果,而不顾权利人的主观目的,会有失偏颇,往往会将正当防卫等合法行为对特定的后果负责与违法行为应负的损害后果责任混淆,分不清合法行为与权利滥用行为。认定权利滥用本身包含了事实与价值判断,寻求权利人行为的理由,这是事实问题,决定这些理由是正当的还是不正当的,这是法律价值判断问题,不仅含有主观动机,还含有权利的社会目的,那么也必定包含主客观的混合判断。因此,认定权利滥用的标准应为折中说,即从主客观两方面去判断:一是主观方面,即从主观动机上去判断。主观动机有多种,一般较为隐蔽,具体可根据权利行使人的过错、有无正当利益以及是否转变了权利的创制目的等方面去分析,但要与错误行使相区分,因为滥用权利并不是错误行使。[1] 在主观方面,要看权利人有无可能导致权利滥用的故意或过失。判断的方法是从权利人的外部行为推知其内心状态,可综合考虑权利人的外部行为是否缺乏正当利益、是否选择有害的方式行使权利、损害结果是否大于所取得的利益,如果符合,即构成滥用权利的推定故意。另可采是否不顾权利存在的目的行使权利、违反侵权法的一般原则等标准来推定权利人是否具有滥用权利的故意或过失。[2] 二是客观方面,从权利人是否转变了权利行使的目的、是否达到了既定的不正当目的上去判断,同时还要看权利人滥用权利的行为是否造成了他人或社会的损害或可能造成损害。在损害已经造成的情况下,同时具备主客观要件即构成既然的权利滥用;在可能造成损害的情况下,只具备主观要件也可构成盖然的权利滥用,其可能的受害者可要求采取预防性的救济措施。[3] 当然,这里的损害并非仅指财产损害,同时也包括非财产损害。尽管权利的客观方面的标准比较抽象,但是可以通过主观动机加以分析。客观标准可以借助于动机具体化,根据行为本身是否基于正当动机

---

[1] 参见〔法〕雅克·盖斯旦等:《法国民法总论》,陈鹏等译,法律出版社2004年版,第716页。

[2] 参见徐国栋:《民法基本原则解释》,中国政法大学出版社2004年版,第167页。

[3] 同上。

来判断行为属于正当的还是属于滥用，主观动机是这一抽象标准的具体化，是每一种权利及每一种行使权利行为的表现形态，动机的正当性就成为所有权利滥用理论的试金石。① 当然，判断主观动机也必须考虑到行为人所处的具体环境。

所谓禁止权利滥用原则，是指民事主体行使民事权利时，不得超过其正当的界限，否则构成权利滥用，应当承担相应的法律后果。② 例如，行使权利，不得违反公共利益或以损害他人为主要目的，否则构成权利滥用。③ 构成权利滥用有三个要件：一是需要有正当权利或与权利行使有关；二是权利人行使权利损害了他人利益或社会利益；三是权利人行使权利须具有损害他人利益或社会利益的故意，或者权利人行使权利所获利益显著小于致他人或社会所受损失，④ 具有违法性。权利行使被判定为权利滥用会产生如下法律效果：⑤（1）权利行使构成权利滥用时，不发生法律效果；（2）权利行使构成权利滥用而侵害他人的权利时，会发生被要求妨害排除、侵权行为损害赔偿或不当得利返还的法律效果；（3）权利滥用的情形明显过度且法律有特别规定时，可以剥夺权利人的权利，如《民法典》第 36 条第 1 款规定："监护人有下列情形之一的，人民法院根据有关个人或者组织的申请，撤销其监护人资格，安排必要的临时监护措施，并按照最有利于被监护人的原则依法指定监护人：（一）实施严重损害被监护人身心健康的行为；（二）怠于履行监护职责，或者无法履行监护职责且拒绝将监护职责部分或者全部委托给他人，导致被监护人处于危困状态；（三）实施严重侵害被监护人合法权益的其他行为。"

禁止权利滥用原则作为民法的基本原则，是权利人行使权利的重要

---

① 参见〔法〕雅克·盖斯旦等：《法国民法总论》，陈鹏等译，法律出版社 2004 年版，第 721 页。
② 参见梁慧星：《民法总论（第五版）》，法律出版社 2017 年版，第 51 页。
③ 参见刘得宽：《民法总则（增订四版）》，中国政法大学出版社 2006 年版，第 370—371 页。
④ 参见董学立：《民法基本原则研究》，法律出版社 2011 年版，第 212 页。
⑤ 参见刘得宽：《民法总则（增订四版）》，中国政法大学出版社 2006 年版，第 372—373 页。

界限。权利的界限首先来自法律和当事人之间的约定所详细规定的内容。原则上,没有权利是不受限制的,如父母对未成年子女的人身照顾既作为一种权利也是受到其所承担的义务的限制,父母对子女的教育中禁止对子女采取有损人的尊严的教育措施。同时也要注意区分不道德的行为和不法的行为的界限,因而要求行为没有其他目的。如果行使权利时违反公序良俗或违反诚信原则,均构成权利滥用。[①] 古罗马著名法学家西塞罗有句名言:"极端的权利,最大的非正义"。正义是法律制度的本质目的所在,但是毫无限制地行使权利将会违背这一目的。在某些情形下,数个法律规范按逻辑严格结合适用时,会反映出法律制度本身的缺陷,法律技术有时将会走向其所追求的终极目的的反面。如果公共道德、社会关系的和谐以及正义将因此而受到严重威胁,则这种偏离应当得到矫正。所以,法律应当为自身设立某种纠偏机制。[②] 防止这种问题出现的主要手段就是禁止权利滥用原则。

(八) 绿色原则

在第二次工业革命之后,随着商业活动的蓬勃发展与社会财富的激增,人们在权利范围内奋力追逐金钱的同时,一定程度上也给生态环境造成了难以挽回的糟糕后果,日益彰显的社会利益迫切要求对民事主体自由的放任行为进行一定的约束和限制,于是绿色原则应运而生。

绿色原则在我国最早是由徐国栋教授在《绿色民法典草案》[③] 中提出的,他通过推崇的新人文主义的民法哲学探讨维持人与自然和谐相处的重要性,以悲观主义的人类未来论为基础,指出"'绿色'就是人与资源的平衡的意思,是对人类与其他生灵的和平共处关系的描述,是对人的谦卑地位的表达",在民法领域贯彻"可持续生存"观念,承认资源耗尽的必然性和一定的可避免性,基于此种确信禁止和限制人类对资源的浪费性使用以维持人类的可持续生存,将"绿色民法典"诠释为

[①] 参见〔德〕卡尔·拉伦茨:《德国民法通论》(上册),王晓晔、邵建东、程建英、徐国建、谢怀栻译,法律出版社2003年版,第304—309页。

[②] 参见〔法〕雅克·盖斯旦等:《法国民法总论》,陈鹏等译,法律出版社2004年版,第700—701页。

[③] 参见徐国栋主编:《绿色民法典草案》,社会科学文献出版社2004年版。

"生态主义的民法典"。在《绿色民法典草案》中，他主要从三个途径设计了关于生态主义理念的制度：其一，主体的途径，减少欲望主体数量和欲望数量（具体从三个方面实现：控制超过资源承载能力的欲望主体的产生；通过合理划定死亡的标准控制欲望主体的数目；控制既有的欲望主体的欲望数量）；其二，客体的途径，减少人类自由支配的客体范围（具体包括五项制度：取得时效制度、相邻关系制度、防止专利权滥用的强制许可制度、转租制度和分时使用度假设施制度）；其三，方式的途径，通过立法者处理有关问题的方式来缓和人与资源的紧张关系（"当事人进行民事活动，应当遵循节约资源、保护环境、尊重其他动物之权利的原则"，这不仅是当事人进行民事活动必须遵循的基本原则，而且也是立法者在制定民法规范时必须遵循的立法准则）。[①] 最终通过民法典和其他法律达到解决人与资源的矛盾紧张关系。从这种意义上说，绿色原则可表述为生态原则。

我国《民法典》对绿色原则作出了回应，坚持以"自由"作为基本价值，并关注其他价值理念在民法中的适用，特别是资源消耗与环境污染已经成为制约我国经济与社会发展的瓶颈，面对日益突出的环境与生态问题，国家提出绿色发展新理念，直接将"绿色发展"理念在民法典中予以体现，确立绿色原则为一项独立的民法基本原则，较之于其他国家或地区的民法典，这是我国《民法典》的创新性规定。[②] "绿色原则"是对民法私法自治原则和自由价值的反思与矫正，是对自由进行适度限制。我国《民法典》第9条"民事主体从事民事活动，应当有利于节约资源、保护生态环境"的规定，是我国首次将环境资源保护法的基本原则列为民法基本原则，既反映了我国自古以来的"天地人和"的文化传统，也符合社会主义核心价值观和新时代生态文明建设的理念。[③] 从比较法而言，传统民法注重对财产关系的调整，不太注重对生态环境的保

---

① 参见徐国栋：《绿色民法典：诠释民法生态主义》，载《中国环境报》2004年4月5日；徐国栋：《民法总论》，高等教育出版社2007年版，第138—140页。
② 参见吕忠梅、窦海阳：《民法典"绿色化"与环境法典的调适》，载《中外法学》2018年第4期。
③ 参见谭启平主编：《中国民法学（第二版）》，法律出版社2018年版，第59页。

护，绿色原则是我国对民法基本原则的创新规定。所谓绿色原则，就是要求民事主体从事民事活动时要有节约资源和保护生态环境的法律意识，并以此严格遵守从事民事活动，不得以滥用权利或者违法的方式浪费资源和破坏生态环境的行为基本准则。绿色原则从本质上说，体现的是可持续性发展的理念，要求民事主体从事民事活动要遵循人与自然和谐共处的生态规则。

如何贯彻绿色原则？绿色原则的功能主要体现在以下方面：首先，要解决资源的有限性与人类不断增长的需求和市场的发展之间的矛盾，引导资源合理和有效利用，《民法典》确认了物尽其用原则以及自然资源有偿使用的制度；其次，要对环境和生态进行保护，发挥现代民法的作用，结合保护生态环境的具体需要，如《民法典》在物权编中规定要完善财产权的客体、用益物权、相邻关系以及征收征用等制度，强化不动产所有人、使用人保护环境和维护生态的义务，在买卖合同中规定包装"没有通用方式的，应当采取足以保护标的物且有利于节约资源、保护生态环境的包装方式"，在侵权责任编专章规定了"环境污染和生态破坏责任"。[1] 也就是说，民事主体在从事民事活动时，应当节约资源、保护生态环境，以达到人与自然和谐发展。不仅要严格遵守侵权方面的法律规范，对造成环境损害的侵权人追究民事责任，而且在行使权利时要防止和避免资源浪费，保护生态环境，在民法的各个领域贯彻绿色原则，发挥物的效用，保障动物福利，使有限的资源能够被充分利用，达到利益最大化。

我国《民法典》确立绿色原则作为一项民法基本原则，绿色原则成为民法内部的重要价值体系，表明保护生态环境并不仅仅适用于环境侵权，而是应当贯彻于整个民法领域，直接影响民法典各分编制度、规则的设计、理解与适用，从而对人们的社会生活产生重要的引导作用。[2] 但有学者提出，绿色原则除了在环境侵权责任领域外，一般不直接涉及某些特定的权利义务规定和对行为的效力进行评价，其理由是《民法

---

[1] 参见王利明：《民法总则》，中国人民大学出版社2017年版，第71—72页。
[2] 参见王利明主编：《民法（第九版）》（上册），中国人民大学出版社2022年版，第49页。

典》第 9 条"应当有利于"的规定相对温和而非更为严格的"应当遵守"或"不得违反"字样，绿色原则应属于政策性原则。① 如何发挥绿色原则在民事主体从事民事活动和立法者在进行制度设计时的作用，以及在出现法律漏洞和对法律进行解释时能否作为法官在裁判时的依据，有待进一步研究。

（九）信赖利益保护原则

伦理学上的人格主义以每个人都具有自主决定的权利以及自己承担责任的能力为出发点，将尊重每个人的尊严上升为最高道德命令，还需要再加入社会伦理方面的因素，否则无法构筑某项法律制度，其中这一伦理因素就是信赖保护原则。② 没有信赖，人们之间的交往会受到困扰。20 世纪私法学上兴起了信赖保护原则，其理论代表人物为德国私法学家克劳斯-威廉·卡纳里斯（Claus-Wilhelm Canaris）。③ 德国学者将信赖保护原则又称为信赖利益保护原则或信赖责任原则，是指与某人有一定关系的因素存在时，使另一方当事人对其产生了合理的信赖，这种合理的信赖应当受到法律的保护。这里的"合理信赖"要求主张受保护的当事人应是善意的、无过失的。它适用于法律行为、物权、债权、侵权等领域。

信赖利益保护原则首先体现在遵守诚实信用的要求中，任何一方当事人都应当谨慎维护对方的利益、满足对方的正当期待、给对方提供必需的信息，其行为应该是"忠诚的"。④ 基于信赖对经济的促进作用，英美法系和大陆法系都形成了对"合理信赖"予以保护的规则与制度。英美法系中形成了"禁反言"的规则，又称不得自食其言的原则。大陆法系国家或地区也形成了大量旨在保护合理信赖的原则与制度，如缔约过失责任制度、善意取得制度等。虽然我国立法上没有明确采用"信赖

---

① 参见谭启平主编：《中国民法学（第二版）》，法律出版社 2018 年版，第 60 页。
② 参见〔德〕卡尔·拉伦茨：《德国民法通论》（上册），王晓晔、邵建东、程建英、徐国建、谢怀栻译，法律出版社 2003 年版，第 58 页。
③ 参见杨代雄：《民法总论专题》，清华大学出版社 2012 年版，第 47 页。
④ 参见〔德〕卡尔·拉伦茨：《德国民法通论》（上册），王晓晔、邵建东、程建英、徐国建、谢怀栻译，法律出版社 2003 年版，第 58 页。

利益保护原则"的表述，但该原则的法理在民事制度中得到了体现，如缔约过失责任制度、表见代理制度、善意取得制度等。

信赖利益保护原则与自我约束原则共同构成了法律行为交往中的基本原则，对于以具有法律约束力的方式发出的承诺，是可以信任的。例如，如果表意人的本意与表示不符，其虽可以撤销表示，但必须向表示的受领方赔偿他的"信赖损害"。[①] "信赖损害赔偿是对正义的本能追求。"[②] 信赖责任包括消极信赖责任与积极信赖责任。消极信赖责任如缔约过失责任，以赔偿信赖者所受损害为内容，但信赖者不得主张法律行为上的请求权。与此不同，积极信赖责任是以承认法律行为的效力并赋予信赖者履行请求权为内容的。积极信赖责任可以归为两类：一是权利表象责任（如代理权的表象责任、滥用空白证书的表象责任、债权让与中的表象责任、商事登记中的表象责任、商事合伙中的表象责任、商法上的表见代理责任、票据法上的权利表象责任、劳动法上的权利表象责任等）；二是基于伦理必要性的信赖责任（依据为诚实信用原则，为了保护心存信赖的善意相对人，使可归责的当事人承受某种对其不利的法律后果，如当事人明知法律行为欠缺形式要件而不告知相对人的，不得主张该法律行为无效）。[③] 可见，保护信赖，如对意思表示的表见的信赖、对某些证书和登记簿册的信赖，与遵守诚实信用的要求不同，其没有法律伦理方面的基础。一般而言，信赖利益保护旨在维护法律行为交易的稳定性。[④] 保护合理信赖，可以节约信息成本，协调自治与信赖之间的关系，为保护信赖者自由与安全的当然要求；保护合理信赖，体现了法秩序的基本要求，有助于稳定社会成员的行为预期，建立和谐的社会秩序。[⑤] 不论信赖保护的是当事人已经付出的信赖，还是为了维护

---

① 参见〔德〕卡尔·拉伦茨：《德国民法通论》（上册），王晓晔、邵建东、程建英、徐国建、谢怀栻译，法律出版社2003年版，第59页。

② Jay M. Feinman, Promissory Estoppel and Judicial Method, *Harvrad Law Review*, Vol. 97, No. 3, 1984, p.685.

③ 参见杨代雄：《民法总论专题》，清华大学出版社2012年版，第47页。

④ 参见〔德〕卡尔·拉伦茨：《德国民法通论》（上册），王晓晔、邵建东、程建英、徐国建、谢怀栻译，法律出版社2003年版，第59—60页。

⑤ 参见叶金强：《信赖原理的私法结构》，北京大学出版社2014年版，第202页。

法律交往的稳定，信赖利益保护原则都应当成为我国民法制度的一项基本原则。

有关我国民法上的信赖责任规范，可结合《民法典》第157条"民事法律行为无效、被撤销或者确定不发生效力后，行为人因该行为取得的财产，应当予以返还；不能返还或者没有必要返还的，应当折价补偿。有过错的一方应当赔偿对方由此所受到的损失；各方都有过错的，应当各自承担相应的责任。法律另有规定的，依照其规定"的规定与《民法典》第584条"当事人一方不履行合同义务或者履行合同义务不符合约定，造成对方损失的，损失赔偿额应当相当于因违约所造成的损失，包括合同履行后可以获得的利益；但是，不得超过违约一方订立合同时预见到或者应当预见到的因违约可能造成的损失"的规定，推导出民法中信赖利益保护的一般规定。

第五章

民法法源与民法解释

> 法律解释的最终目标只能是：探求法律在今日法秩序的标准意义（其今日的规范性意义），而只有同时考虑历史上的立法者的规定意向及其具体的规范想法，而不是完全忽视它，如此才能确定法律在法秩序上的标准意义。
>
> ——〔德〕卡尔·拉伦茨

阅读材料

***Leading papers*：**

- 〔德〕本德·吕特斯、阿斯特丽德·施塔德勒：《德国民法总论（第18版）》，于馨淼、张姝译，法律出版社2017年版。
- 〔罗马〕查士丁尼：《法学总论——法学阶梯》，张企泰译，商务印书馆1989年版。
- 〔德〕卡尔·拉伦茨：《法学方法论》，陈爱娥译，商务印书馆2003年版。
- 林来梵：《从宪法规范到规范宪法》，法律出版社2001年版。
- 王利明：《我国民法典重大疑难问题之研究（第二版）》，法律出版社2016年版。
- 黄茂荣：《法学方法与现代民法（第五版）》，法律出版社2007年版。
- 段匡：《日本的民法解释学》，复旦大学出版社2005年版。
- 梁慧星：《民法解释学（第四版）》，法律出版社2015年版。
- 许中缘、屈茂辉：《民法总则原理》，中国人民大学出版社2012年版。
- 于飞：《民法总则法源条款的缺失与补充》，载《法学研究》2018年第1期。
- 许中缘：《论民法解释学的范式》，载《法学家》2015年第1期。
- 汪洋：《私法多元法源的观念、历史与中国实践》，载《中外法学》2018年第1期。

第一节　民法法源

在古希腊悲剧作家索福克勒斯的悲剧作品《安提戈涅》中，忒拜城国王俄狄浦斯身故，他的一个儿子厄忒俄克勒斯为保护城邦与另一个想要争夺王位的儿子波吕涅克斯均战死。克瑞翁继承王位后，将厄忒俄克勒斯作为保卫国家的英雄而厚葬，将波吕涅克斯视为叛徒曝尸荒野，并下令禁止城邦中任何人埋葬波吕涅克斯。当时忒拜城自然法为，人死后亲属有埋葬尸体的义务，使其魂灵得到安息。俄狄浦斯的女儿安提戈涅认为，国王克瑞翁颁布的命令虽应遵守，但因该命令不符合自然法和伦理要求，于是埋葬了其兄长波吕涅克斯。然而，她因违反了克瑞翁的禁葬令被判处死刑。最终导致了克瑞翁的妻子及其儿子（安提戈涅的未婚夫）均为此而死的悲剧。《安提戈涅》因并存多种戏剧张力而引发诸多法理学解读，[①] 特别是安提戈涅信奉的自然法与克瑞翁所颁布的法律之间的冲突，其埋葬兄长是否具有合法性与正当性，体现了法律与伦理道德之争、关注具体家庭的女权主义法理学与关注抽象规则的男性实证主义法理学之争、实在法与自然法之争、自然法学派与法律实证主义之争、实证主义与规范主义之争、维护法律的安定性与追求法律的正义性之争，究竟哪一个应优先适用，大家观点不一，至今仍为讨论的话题。这在民法领域实际上就是民法法源之间的效力位阶问题，具体适用中表现为法律原则与法律规则的冲突、法律规则与法律规则之间的冲突、国家法与习惯法之间的冲突等。

[①] 比较有影响的法理学解读有三种：第一种是一种自然法或高级法的解释；第二种是以黑格尔的《美学》等著作为代表的法理学解释；第三种是女权主义法理学解释。详见苏力：《自然法、家庭伦理和女权主义？——〈安提戈涅〉重新解读及其方法论意义》，载《法制与社会发展》2005 年第 6 期。

一、民法法源概念及其共识与争议

(一) 民法法源及其各种观点

法源,指的是法的渊源,这一术语来自罗马法的"*fontes juris*",意思是法的效力来源,通常分为实质意义上的法源(法的效力根据)和形式意义上的法源(法的规范表现形式),[①] 其内涵较为丰富,一般指法的存在形式或表现形式。[②] 法源可以作为人们的行为准则和法院裁判的依据,与古代或中世纪社会中的神判或裁判每次依据裁判者的判断而无法预测裁判结果且使法的安定性受到损害不同,法源问题解决了法的安定性和结果的可预测性问题。

所谓民法法源,是指作为私法的普通法的实质意义上的民法的存在形式。[③] 民法法源构成民法的一切法则,分为制定法(成文法)与非制定法(不成文法)。史尚宽先生和刘得宽教授认为,民法法源是民事法则的由来,可分为制定法与非制定法,前者分为法律、命令(法规)、自治法、条约四种,后者分为习惯法、判例、法理三种。[④] 王泽鉴先生认为,民法法源分为制定法(成文法)与不成文法,两者为直接法源,除此之外,还有间接法源,即判例和学说。[⑤] 黄茂荣教授认为,民法法源的表现形式为制定法、习惯法、法规性命令、自治团体之规章、契约、国际条约或协议、准据法,另外还有尚未演变为习惯法的法院判(决)例。[⑥] 王利明教授认为,民法法源的表现形式有宪法、民事法律、行政法规、行政规章、最高人民法院的司法解释、地方性法规或者自治条例和单行条例、国际条约和国际惯例、不违背公序良俗的习惯;法理能否作为民法法源需要探讨;由于民法法源主要表现在各国有权机关根

[①] 参见许中缘、屈茂辉:《民法总则原理》,中国人民大学出版社2012年版,第160页。
[②] 参见王泽鉴:《民法总则》,北京大学出版社2009年版,第47页。
[③] 参见〔日〕三和一博、平井一雄:《要说民法总则》,仓文社1989年版,第6页。转引自梁慧星:《民法总论(第五版)》,法律出版社2017年版,第25页。
[④] 参见史尚宽:《民法总论》,中国政法大学出版社2000年版,第8页;刘得宽:《民法总则(增订四版)》,中国政法大学出版社2006年版,第15页。
[⑤] 参见王泽鉴:《民法总则》,北京大学出版社2009年版,第47页。
[⑥] 参见黄茂荣:《法学方法与现代民法(第五版)》,法律出版社2007年版,第5页。

据其权限范围所制定的各种规范性文件之中，所以合同和章程等民事法律行为本身并非法源。① 梁慧星教授和韩松研究员认为，民法法源有成文法与不成文法之分，法典及成文的单行法等属于成文法，习惯法与判例法属于不成文法，我国的民法法源具体包括法律（民法典、民事单行法、行政法律中的民法规范）、行政法规、有权解释、习惯法、判例法、法理以及学说。② 许中缘教授等认为，民法法源指的是民法形式渊源，有一元制（仅承认制定法为民法唯一渊源，如法国）和多元制（确认制定法为民法的主要渊源和直接渊源，承认习惯和法理为民法的补充渊源和间接渊源，如瑞士）之分，并认为我国采取的是多元制，民法法源包括制定法（民事法律、国务院制定发布的民事法规、地方性法规、民族自治地方的自治条例和单行条例中的民事规范、最高人民法院的司法解释、国际条约与国际惯例）、民事习惯和法理。③ 魏振瀛教授和徐国栋教授认为，民法法源为民法的表现形式，包括制定法（宪法中有关民法的规定、民事法律、民事法规、地方性法规中的民事规范、特别行政区的民事规范、国家机关对民事法律规范的解释、国际条约中的民事法律规范）、习惯、判例、法理。④ 王洪亮教授认为，民法法源因不同时期不同国家或地区有所不同，也与法律思想有关系，法源分为直接法源和间接法源，前者指具有裁判拘束力的规范（如制定法、习惯法与司法解释），后者指裁判时予以参酌的规范（如法理、判例、学说等）。他认为我国民法法源有宪法、直接法源（法律、行政法规、部门规章、地方性法规、自治条例和单行条例、地方政府规章、有权解释、司法解释、习惯与习惯法）、间接法源（法理、判例与学说、契约规范、自治法规）、

---

① 参见王利明主编：《民法（第九版）》（上册），中国人民大学出版社2022年版，第28—32页。

② 参见梁慧星：《民法总论（第五版）》，法律出版社2017年版，第26—31页；韩松编著：《民法总论（第三版）》，法律出版社2017年版，第30—32页。

③ 参见许中缘、屈茂辉：《民法总则原理》，中国人民大学出版社2012年版，第161—168页。杨立新教授关于民法法源的分类与许中缘教授等基本一致，参见杨立新：《民法总则（第二版）》，法律出版社2017年版，第13—16页。

④ 参见魏振瀛主编：《民法（第四版）》，北京大学出版社、高等教育出版社2010年版，第14—16页；徐国栋：《民法总论》，高等教育出版社2007年版，第105—114页。

国际条约与国际惯例。① 张力教授认为，从形式渊源入手，民法法源分为直接渊源和间接渊源，直接渊源包括宪法、民事基本法、民事单行法、综合性单行法、国务院制定的有关法规、地方性法规、最高人民法院出台的指导性文件，间接渊源包括民事习惯和法理。②

通俗地讲，所谓民法法源就是"民法是怎么得来的"③。"民法法源条款的本质，是指示民事法官应当在何处寻找裁判依据。该指示包括以下两项内容：其一，可为裁判依据的民法法源有哪些；其二，各种法源之间的适用次序如何。"④ 从法制史角度而言，在人类发展早期，氏族习惯是法的主要法源；而当国家出现之后，制定法渐渐成为主要法源。在古罗马，罗马人称习惯为"法"（ius），称由城邦制定和颁布的法为"法律"（lex），在罗马人的观念中，"法"代表着一种自然形成的法，而"法律"则是由人制定的法。⑤ 这种区分影响了后世拉丁语族中对"法"和"法律"称谓的不同。⑥ 制定法、习惯、法理与学说等现为大陆法系国家或地区普遍接受的法源。在大陆法系国家或地区，法律只是法官进行裁判的依据之一，还有许多其他形式的法作为法官裁判的依据。民法法源具有多元性的特点。当然，不论哪种法源，均须由国家制

---

① 参见崔建远等：《民法总论（第二版）》，清华大学出版社2013年版，第11—18页。
② 参见谭启平主编：《中国民法学（第二版）》，法律出版社2018年版，第20—25页。
③ 参见张力：《民法转型的法源缺陷：形式化、制定法优位及其校正》，载《法学研究》2014年第2期。
④ 于飞：《民法总则法源条款的缺失与补充》，载《法学研究》2018年第1期。
⑤ 因古罗马长期处于自治状态的家庭社会由原始的氏族社会发展而来，它有着自己独特的秩序，而这一秩序的中心是"家父权"，即家父在家庭内部对人、对物绝对的支配权与在家际关系中的自主权和平等权。这一家庭社会的秩序长久以来是依赖于一种世代相传的习惯来维持的。由于"法"主要体现在罗马市民共同体中，因而它又被称为"市民法"。而"法律"主要涉及的是城邦的结构和生活，最初它并不直接涉及市民法调整的那些关系。参见李中原：《欧陆民法传统的历史解读——以罗马法和自然法的演进为主线》，法律出版社2009年版，第12—13页。转引自刘文科：《民法的法源是如何形成的？》，载《郑州大学学报（哲学社会科学版）》2010年第4期。
⑥ 参见刘文科：《民法的法源是如何形成的？》，载《郑州大学学报（哲学社会科学版）》2010年第4期。意大利语、法语、德语、西班牙语均是如此。在中世纪的"共同法"（ius commune）这个称谓中，也使用"ius"，不仅暗含了欧洲法的自然法传统，也昭示着法存在于民族历史中这一层含义。在德语中，有两个词可以表示法："Recht"和"Gesetz"。"Recht"是指法，而"Gesetz"是指法律。两者的区别是，"Gesetz"是由国家制定的法律文件，或称为成文法；而"Recht"的外延则要比"Gesetz"大。

定或得到国家的认可。

(二) 民法法源的共识和争议

无论民法典制定时多么周延，但由于条文有限，在应对复杂多变的现实社会问题时，难以规范所有的社会现象，无法满足社会实践的迅速发展而不可避免地呈现滞后的一面，具有与生俱来的不周延性和滞后性。① 基于此，可以根据民法典的开放性特点，通过各种民法法源弥补法典化产生的形式上的固有缺陷。

从前述学者的观点来看，均认为民法法源分为制定法（成文法）与非制定法（不成文法）。我国司法实践中对民法上的制定法范围作出过界定，即最高人民法院在 1986 年 10 月 28 日向江苏省高级人民法院作出《关于人民法院制作的法律文书如何引用法律规范性文件的批复》，其中答复如下："你院苏法民〔1986〕11 号请示收悉。关于人民法院制作法律文书应如何引用法律规范性文件的问题，经研究，答复如下：根据宪法、地方各级人民代表大会和地方各级人民政府组织法的有关规定：国家立法权由全国人民代表大会及其常务委员会行使；国务院有权根据宪法和法律制定行政法规；各省、直辖市人民代表大会及其常务委员会，在不与宪法、法律、行政法规相抵触的前提下，可以制定地方性法规；民族自治地方的人民代表大会有权依照当地民族的政治、经济和文化特点，制定自治条例和单行条例。因此，人民法院在依法审理民事和经济纠纷案件制作法律文书时，对于全国人民代表大会及其常务委员会制定的法律，国务院制订的行政法规，均可引用。各省、直辖市人民代表大会及其常务委员会制定的与宪法、法律和行政法规不相抵触的地方性法规，民族自治地方的人民代表大会依照当地政治、经济和文化特点制定的自治条例和单行条例，人民法院在依法审理当事人双方属于本行政区域内的民事和经济纠纷案件制作法律文书时，也可引用。国务院各部委发布的命令、指示和规章，各县、市人民代表大会通过和发布的决定、决议，地方各级人民政府发布的决定、命令和规章，凡与宪法、法律、行政法规不相抵触的，可在办案时参照执行，但不要引用。最高

---

① 参见于飞：《民法典的开放性及其妥当实现》，载《中国法律评论》2015 年第 4 期。

人民法院提出的贯彻执行各种法律的意见以及批复等，应当贯彻执行，但也不宜直接引用。"2013 年，该批复被《最高人民法院关于废止 1980 年 1 月 1 日至 1997 年 6 月 30 日期间发布的部分司法解释和司法解释性质文件（第九批）的决定》（法释〔2013〕2 号）废止，并由 2009 年 10 月 26 日公布的《最高人民法院关于裁判文书引用法律、法规等规范性法律文件的规定》（法释〔2009〕14 号）代替，该规定第 4 条规定："民事裁判文书应当引用法律、法律解释或者司法解释。对于应当适用的行政法规、地方性法规或者自治条例和单行条例，可以直接引用。"第 6 条规定："对于本规定第三条、第四条、第五条①规定之外的规范性文件，根据审理案件的需要，经审查认定为合法有效的，可以作为裁判说理的依据。"2010 年 11 月 26 日，最高人民法院发布的《最高人民法院关于案例指导工作的规定》（法发〔2010〕51 号）第 7 条规定："最高人民法院发布的指导性案例，各级人民法院审判类似案例时应当参照。"

因此，我国制定法上可以直接适用而引用的民法法源应当包括狭义的法律、法律解释、司法解释，以及行政法规、地方性法规、自治条例和单行条例，还有最高人民法院发布的指导性案例。值得注意的是，我国《民法通则》第 6 条规定"民事活动必须遵守法律，法律没有规定的，应当遵守国家政策"，将"国家政策"作为民法法源。国家政策作为曾经填补制定法空白的主要手段在特定时期发挥了不可或缺的作用，但随着我国民法体系的形成，在《民法典》中没有将国家政策作为民法法源予以规定，主要原因在于国家政策并非由国家有立法权的机关制定，内涵模糊，缺乏成为民法法源的正当性和合理性，国家政策作为我国民事立法不完备时期的替代性法源，其历史使命已经完成。②《民法

---

① 《最高人民法院关于裁判文书引用法律、法规等规范性法律文件的规定》第 3 条规定："刑事裁判文书应当引用法律、法律解释或者司法解释。刑事附带民事诉讼裁判文书引用规范性法律文件，同时适用本规定第四条规定。"第 5 条规定："行政裁判文书应当引用法律、法律解释、行政法规或者司法解释。对于应当适用的地方性法规、自治条例和单行条例、国务院或者国务院授权的部门公布的行政法规解释或者行政规章，可以直接引用。"

② 参见蓝蓝：《〈民法总则〉法源规定之评析》，载《河南财经政法大学学报》2017 年第 5 期。

典》通过第 10 条沿用《民法通则》第 6 条法律作为第一位阶民法法源的规定，但将原规定中作为第二位阶民法法源的国家政策改为习惯。如果国家政策作为民法法源继续在司法实践中加以援用，很容易造成混乱局面。

有关制定法（成文法）中，宪法和契约能否成为民法法源，颇有争议。有关非制定法（不成文法）中争议的主要焦点在于，法理能否成为民法法源，构成民法法源的是习惯还是习惯法。

二、宪法是否为民法法源

一般权利能力、私法自治、私人所有权和国家干预原则是整个私法制度体系的支柱，它们作为主导原则也对通过立法和司法不断发展的私法起到塑造和限制作用，国家则对社会发展遵循自由和平等负有责任，私法是实现这一目的的手段。① 私法的基本纲领被确定在宪法中，塑造私法制度的主要有以下宪法原则：保障私有财产和继承权（《宪法》第 13 条第 1、2 款），平等原则（《宪法》第 33 条第 2 款），国家尊重和保障人权（《宪法》第 33 条第 3 款），言论、出版、集会、结社的自由（《宪法》第 35 条），人身自由不受侵犯（《宪法》第 37 条第 1 款），人格尊严不受侵犯（《宪法》第 38 条），住宅不受侵犯（《宪法》第 39 条），通信自由和通信秘密受法律的保护（《宪法》第 40 条），婚姻、家庭、母亲和儿童受国家的保护（《宪法》第 49 条），等等。限制私法制度的主要有以下原则：中华人民共和国公民在行使自由和权利的时候，不得损害国家的、社会的、集体的利益和其他公民的合法的自由和权利（《宪法》第 51 条）；中华人民共和国公民必须遵守宪法和法律，保守国家秘密，爱护公共财产，遵守劳动纪律，遵守公共秩序，尊重社会公德（《宪法》第 53 条）；父母有抚养教育未成年子女的义务，成年子女有赡养扶助父母的义务（《宪法》第 49 条第 3 款）；禁止破坏婚姻自由，禁止虐待老人、妇女和儿童（《宪法》第 49 条第 4 款），等等。

---

① 参见〔德〕本德·吕特斯、阿斯特丽德·施塔德勒：《德国民法总论（第 18 版）》，于馨淼、张姝译，法律出版社 2017 年版，第 17 页。

关于宪法是否为民法法源，实质就是宪法司法化问题，即宪法的规定能否在私法中直接适用问题。我国民法学者曾提出宪法或者宪法中的民法规范可作为民法法源，此处的宪法规范指的是宪法中规定的基本权利规范或是权利规范。传统西方主流观点认为，宪法中的（基本）权利规范的效力，主要限于个人与国家或公共权力之间的关系以及国家或公共权力内部的关系，而不及于私人之间的关系。这种观点将宪法所保障的权利为个人相对于国家或公共权力的权利与普通法律所保障的普通权利区分开来，演变为极致形态就是宪法权利规范对私法领域无效力说。随着现代宪法的发展，宪法权利规范对私法领域无效力说观点也发生变化，学者一般认为，宪法对权利的保障，在规范的延伸意义上内在地蕴含了同时排除私人之间侵权行为的规范内涵，由此派生出普通法律在私人之间关系上保障该权利秩序的有关规范之宪法规范上的依据。德国魏玛宪法率先规定了具有私人之间效力的权利规范条款，后德国联邦宪法法院在1958年的吕特案中明确指出："基本权利主要是人民对抗国家的防卫权，但在《基本法》的各个基本权利规定中也体现了一种客观的价值秩序，被视为宪法上的基本决定，有效地适用于各个法律领域"，这被称为基本权利规定对第三人效力说，又被称为宪法人权条款的"私人之间效力"说。有关宪法权利规范对私法领域的效力是直接效力还是间接效力，有直接效力说（又称为绝对效力说）和间接效力说两种学说。[1] 也就是说，对于更高层级的宪法规范在私法中的运用产生的争议问题是：宪法的规定在私法中是直接适用（包括排除与其自相矛盾的私法规范）还是只在民法的一般规定范围内作为解释指导原则而对私人法律关系产生效力或作用？当前的主流观点是宪法基本权利规范在私法中仅起间接作用的间接效力说。[2] 即宪法基本权利规范的要求是针对私法

---

[1] 参见林来梵：《从宪法规范到规范宪法》，法律出版社2001年版，第100—102页。直接效力说认为，宪法中的人权规定对私法领域具有直接效力；间接效力说在维护宪法权利主要是针对国家或国家权力之权利的传统观点前提下，认为宪法权利规范只能通过私法规范中的一般条款或具有概括性的规定才能发挥其效力，即通过解释私法规范中的这类条款，将宪法权利规范的内在价值和精神注入其中，使后者延伸应用于私法领域。

[2] 参见〔德〕本德·吕特斯、阿斯特丽德·施塔德勒：《德国民法总论（第18版）》，于馨淼、张姝译，法律出版社2017年版，第18页。

立法者和司法者,并非直接针对从事符合私法准则的行为的私人而提出的,宪法基本权利必须经过私法规范的一般条款"转换",如通过善良风俗条款,对私法产生间接影响,才能调整私法关系。宪法对私法制度具有双重意义①:首先,确认了私法制度的根本基础,同时又在很多方面决定了其发展方向;其次,宪法是普通立法工作和司法工作在私法领域里的准绳。

有关宪法在我国是否为民法法源,即宪法能否司法化,在学说上也存在上述两种观点:直接效力说和间接效力说。真正使宪法司法化在我国成为民法法源产生争议而受到关注的是2001年山东齐玉苓案——"侵犯受教育权案"。齐玉苓案被称为"中国宪法司法化第一案",最高人民法院针对该案作出的批复被认为是开创了我国宪法作为民事审判依据的先河。最高人民法院就该案向山东省高级人民法院能否直接适用《宪法》第46条第1款②作出批复,2001年7月24日公布的《最高人民法院关于以侵犯姓名权的手段侵犯宪法保护的公民受教育的基本权利是否应承担民事责任的批复》(法释〔2001〕25号)指出:"你院〔1999〕鲁民终字第258号《关于齐玉苓与陈晓琪、陈克政、山东省济宁市商业学校、山东省滕州市第八中学、山东省滕州市教育委员会姓名权纠纷一案的请示》收悉。经研究,我们认为,根据本案事实,陈晓琪等以侵犯姓名权的手段,侵犯了齐玉苓依据宪法规定所享有的受教育的基本权利,并造成了具体的损害后果,应承担相应的民事责任。"该批复后来被2008年12月18日《最高人民法院关于废止2007年底以前发布的有关司法解释(第七批)的决定》(法释〔2008〕15号)废止,废止理由是"已停止适用"。

实际上,我国最早宪法司法化的司法实践可追溯到最高人民法院在1988年10月14日向天津市高级人民法院作出的《最高人民法院关于雇工合同"工伤概不负责"是否有效的批复》(〔88〕民他字第1号),该批复认可了宪法可以作为民事案件的裁判依据,具体批复如下:"你

---

① 参见〔德〕卡尔·拉伦茨:《德国民法通论》(上册),王晓晔、邵建东、程建英、徐国建、谢怀栻译,法律出版社2003年版,第110—111,115页。
② 我国《宪法》第46条第1款规定:"中华人民共和国公民有受教育的权利和义务。"

院〔1987〕第 60 号请示报告收悉。据报告称，你市塘沽区张学珍、徐广秋开办新村青年服务站，于一九八五年六月招雇张国胜（男，21 岁）为临时工，招工登记表中注明'工伤概不负责'。次年十一月十七日，该站在天津碱厂拆除旧厂房时，因房梁折落，造成张国胜左踝关节挫伤，引起局部组织感染坏死，导致因脓毒性败血症而死亡。张国胜生前为治伤用去医疗费 14151.15 元。为此，张国胜的父母张连起、焦容兰向雇主张学珍等索赔，张等则以'工伤概不负责'为由拒绝承担民事责任。张连起、焦容兰遂向法院起诉。经研究认为，对劳动者实行劳动保护，在我国宪法中已有明文规定，这是劳动者所享有的权利。张学珍、徐广秋身为雇主，对雇员理应依法给予劳动保护，但他们却在招工登记表中注明'工伤概不负责'。这种行为既不符合宪法和有关法律的规定，也严重违反了社会主义公德，应属于无效的民事行为。至于该行为被确认无效后的法律后果和赔偿等问题，请你院根据民法通则等法律的有关规定，并结合本案具体情况妥善处理。"该批复被 2013 年 1 月 14 日公布的《最高人民法院关于废止 1980 年 1 月 1 日至 1997 年 6 月 30 日期间发布的部分司法解释和司法解释性质文件（第九批）的决定》（法释〔2013〕2 号）废止，废止理由是"已被合同法、劳动法、劳动合同法及相关司法解释代替"。

又如，在乌木所有权归属问题上，尽管我国《宪法》第 9 条第 1 款规定"矿藏、水流、森林、山岭、草原、荒地、滩涂等自然资源，都属于国家所有，即全民所有；由法律规定属于集体所有的森林和山岭、草原、荒地、滩涂除外"，但国家不能依据该规定主张对乌木享有私法上的国家所有权，公民享有合理使用自然资源的基本权利构成对国家所有权的限制，因为宪法上的国家所有权并非私法所有权，没有支配权等私权内容，宪法规范无法解决乌木最终归属问题，所以宪法上的国家所有权应由私法具体落实为私法上的国家所有权。① 可见，民法上关于自然资源国家所有权的权利范围与行使的规范间接受到宪法的拘束。

---

① 参见金可可：《论乌木之所有权归属》，载《东方法学》2015 年第 3 期；朱虎：《国家所有和国家所有权》，载《华东政法大学学报》2016 年第 1 期。

从我国学者观点和司法实践的情况来看，我国对待宪法作为民法法源的主流观点是持间接效力说，即不能在民事案件中直接适用宪法基本权利规范，应通过私法的一般条款作为媒介进行转换，成为间接效力的法源。

三、合同能否成为民法法源

黄茂荣教授认为，契约为民法法源之一。① 而王利明教授认为，民法法源主要表现在各国有权机关根据其权限范围所制定的各种规范性文件之中，合同和章程等民事法律行为本身并非法源。②

那么，合同（或契约）是否为民法法源？在私法关系中，根据私法自治原则，当事人的意思表示会在当事人之间产生拘束力，其中最为重要的表现形式是合同。有效的合同设定了合同当事人之间的权利义务，虽仅为拘束合同当事人的具体规范，且合同关系并非以民法有明文规定为限，但只要合同关系的内容不违反公序良俗或法律的强制性规定，即被赋予法律上的效力。如果当事人依据该合同关系起诉请求保护其权利，法院不得以法无明文规定而拒绝裁判，该合同可作为法官裁判的依据。可见，作为裁判基准形式的合同应为民法法源，即法谚所云："合同（契约）者，当事人之间法律也。"③《法国民法典》第1134条第1款规定："依法成立的契约，对缔结契约的人有相当于法律之效力。"这表明当事人之间订立的合同相当于法律授权当事人为自己制定了法律，也为法官判断当事人之间的权利义务提供了依据。④ 我国《民法典》第465条规定："依法成立的合同，受法律保护。依法成立的合同，仅对当事人具有法律约束力，但是法律另有规定的除外。"

---

① 参见黄茂荣：《法学方法与现代民法（第五版）》，法律出版社2007年版，第5页。
② 参见王利明主编：《民法（第九版）》（上册），中国人民大学出版社2022年版，第28页。
③ 刘得宽：《民法总则（增订四版）》，中国政法大学出版社2006年版，第19—20页。
④ 参见梁慧星：《民法总论（第五版）》，法律出版社2017年版，第163页。

> **典型案例**
>
> 我国在司法实践中，也是将合同作为裁判的依据。例如，在最高人民法院 2011 年 12 月 20 日公布的指导案例 1 号"上海中原物业顾问有限公司诉陶德华居间合同纠纷案"中，法院根据双方订立的合同条款在裁判理由中认为："中原公司与陶德华签订的《房地产求购确认书》属于居间合同性质，其中第 2.4 条的约定，属于房屋买卖居间合同中常有的禁止'跳单'格式条款，其本意是为防止买方利用中介公司提供的房源信息却'跳'过中介公司购买房屋，从而使中介公司无法得到应得的佣金，该约定并不存在免除一方责任、加重对方责任、排除对方主要权利的情形，应认定有效。根据该条约定，衡量买方是否'跳单'违约的关键，是看买方是否利用了该中介公司提供的房源信息、机会等条件。如果买方并未利用该中介公司提供的信息、机会等条件，而是通过其他公众可以获知的正当途径获得同一房源信息，则买方有权选择报价低、服务好的中介公司促成房屋买卖合同成立，而不构成'跳单'违约。本案中，原产权人通过多家中介公司挂牌出售同一房屋，陶德华及其家人分别通过不同的中介公司了解到同一房源信息，并通过其他中介公司促成了房屋买卖合同成立。因此，陶德华并没有利用中原公司的信息、机会，故不构成违约，对中原公司的诉讼请求不予支持。"①

根据私法自治原则，合同（契约）的拘束对象，原则上以表意人及受意人为限，但也有例外，如劳工团体与雇主（团体）为劳动条件缔结的团体协约，虽然并非其会员亲自缔结，但仍然可以拘束其会员；另外，私人间的共同事务依照法律规定应在会议上以多数决的方式而非以全体同意的方式形成共同意思来处理，如通过公司股东会决议、债权人会议决议等来决定法律关系的内容。② 我国《民法典》第 134 条对此一

---

① 《指导案例 1 号：上海中原物业顾问有限公司诉陶德华居间合同纠纷案》，https://www.court.gov.cn/shenpan/xiangqing/4214.html，2023 年 3 月 20 日访问。

② 参见黄茂荣：《法学方法与现代民法（第五版）》，法律出版社 2007 年版，第 14 页。

致同意和多数决两方面问题作了规定,即"民事法律行为可以基于双方或者多方的意思表示一致成立,也可以基于单方的意思表示成立。法人、非法人组织依照法律或者章程规定的议事方式和表决程序作出决议的,该决议行为成立"。

反对将合同、章程等法律行为作为民法法源的理由是,这些并非国家机关根据其权限范围所制定的规范性文件,[①] 这种观点是从有立法权的制定主体的角度去考虑的。当然,合同(契约)并非客观之法律,对当事人之外的民事主体没有拘束力,但如果不将其作为民法法源,法官裁判时在客观法上可能找不到可供适用的规范,进而跳过合同去造法,而形成对当事人不公平的决定。因此,法官在作出裁判时,适用规范即找法的顺序是,先从法律的强制性规范开始对合同效力进行判断,[②] 再判断其是否违反公序良俗,若两者均不违反,则判断该合同是否有效,若为有效,则该合同为双方当事人之间的"私法"规范;如果双方当事人对合同有关问题没有作出规定,则适用《民法典》合同编中非强制的任意性规范来补充双方合同之不足。

四、作为民法法源的是习惯还是习惯法

在我国《民法典》中,除了第10条规定了习惯为民法法源之外,还有17个条文也提及习惯,分别是第140条(交易习惯)、第142条(习惯)、第289条(当地习惯)、第321条(交易习惯)、第480条(交易习惯)、第484条(交易习惯)、第509条(交易习惯)、第510条(交易习惯)、第515条(交易习惯)、第558条(交易习惯)、第599条(交易习惯)、第622条(交易习惯)、第680条(交易习惯)、第814条(交易习惯)、第888条(交易习惯)、第891条(交易习惯),以及第1015条(风俗习惯)。其中,14个条文提及"交易习惯",1个条文提

[①] 参见王利明主编:《民法(第九版)》(上册),中国人民大学出版社2022年版,第28页。

[②] 参见苏永钦:《"民法"第一条的规范意义——从比较法、立法史与方法论角度解析》,载杨与龄主编:《民法总则争议问题研究》,清华大学出版社2004年版,第22、24页。转引自崔建远等:《民法总论(第二版)》,清华大学出版社2013年版,第18页。

及"习惯",各有1个条文提及"风俗习惯"和"当地习惯"。不过,《民法典》合同编与物权编等分编规定的习惯与《民法典》第10条规定的习惯不同,不具有普遍适用性。例如,《民法典》合同编第480条规定:"承诺应当以通知的方式作出;但是,根据交易习惯或者要约表明可以通过行为作出承诺的除外",第484条第2款规定:"承诺不需要通知的,根据交易习惯或者要约的要求作出承诺的行为时生效",第510条规定:"合同生效后,当事人就质量、价款或者报酬、履行地点等内容没有约定或者约定不明确的,可以协议补充;不能达成补充协议的,按照合同相关条款或者交易习惯确定",第814条规定:"客运合同自承运人向旅客出具客票时成立,但是当事人另有约定或者另有交易习惯的除外",第891条规定:"寄存人向保管人交付保管物的,保管人应当出具保管凭证,但是另有交易习惯的除外",这些条文中关于"习惯"的规定,是根据合同编规定处理合同关系,而《民法典》物权编第289条"法律、法规对处理相邻关系有规定的,依照其规定;法律、法规没有规定的,可以按照当地习惯"是根据物权编规定处理相邻关系,均不具有普遍适用性。此外需要注意的是,与其他国家或地区的民法典规定相比,我国《民法典》第10条规定的是"可以适用习惯",而非"适用习惯"或"应当适用习惯"的表述,即由法官根据具体情况决定是否适用。

　　适用习惯的前提是在法律没有规定的情况下,对法律解释和法律漏洞的填补。"对习惯的尊崇首先体现了法律对民族精神、民族传统和民族生活的珍视。"① 习惯成为民法法源滥觞于古罗马法,"不成文法是习惯确立的法律,因为古老的习惯经过人们加以沿用的同意而获得效力,就等于法律"②。"在现今各国法制,在民事方面,不论其法典本身有无

---

① 谢鸿飞:《〈民法总则〉的时代特征、价值理念与制度变革》,载《贵州省党校学报》2017年第3期。
② 〔罗马〕查士丁尼:《法学总论——法学阶梯》,张企泰译,商务印书馆1989年版,第11页。

明文规定,几无不承认习惯为法源之一种。"① 例如,《日本民法典》第92条规定:"不违反公共秩序或善良风俗之习惯,无论在法令规定中得到承认的还是法令中无规定的,均有与法律相同之效力。"我国清末《大清民律草案》第1条规定:"民事,本律所未规定者,依习惯法;无习惯法者,依条理。"从世界各国或地区的民法典立法情况而言,《瑞士民法典》表述为习惯法,而《日本民法典》与《意大利民法典》等表述为习惯或惯例。在我国,有学者认为,习惯并非民法法源,习惯法才为法源;② 但大部分学者在论述时没有对习惯和习惯法作出严格区分,如有学者认为:"习惯是人们长期生活经验的总结,它既是人与人正常交往关系的规范,也是生产生活实践中的一种惯行。此种惯行得到了人们的普遍遵守,尤其是对一些习惯而言,其效力在长期的历史发展过程中已经得到了社会公众的认可,长期约束人们的行为,因此也被称为'活的法'。"③

有关习惯法的效力争议,有三种学说观点:第一种是绝对无效说,该说认为法律仅限于成文法,因而习惯不具有法律效力。第二种是绝对有效说,该说为德国历史法学派所主张,认为习惯与法律具有同等法律效力,甚至习惯可以修改或废止法律。第三种是相对有效说,该说认为习惯仅是对制定法的不足进行补充。相对有效说为通说并为诸多国家或地区在立法中所认可。④ 众所周知,习惯法的形成早于制定法,罗马法中的"ius"最早指称的是氏族习惯。但随着制定法的产生,习惯法的地位逐渐下降,甚至学者(如罗马法学家盖尤斯)和中世纪注释法学派以及大陆法系民法典在编纂初期都否认习惯法在民法法源中的地位。不过,19世纪德国历史法学派萨维尼推崇自然法,认为法律本质来自习

---

① 王伯琦:《近代法律思潮与中国固有文化》,清华大学出版社2005年版,第306页。转引自王利明:《我国民法典重大疑难问题之研究(第二版)》,法律出版社2016年版,第119页。

② 参见崔建远等:《民法总论(第二版)》,清华大学出版社2013年版,第16页。

③ 王利明:《我国民法典重大疑难问题之研究(第二版)》,法律出版社2016年版,第116页。

④ 参见胡长清:《中国民法总论》,中国政法大学出版社1997年版,第31页。

惯或人民的意识。实际上，制定法在一定意义上就是对习惯法的整理与体系化，习惯法与制定法两者并不矛盾和排斥。① 各国或地区一般采用习惯以补充法律规定的不足，习惯需经过国家承认方能成为习惯法。民事习惯成为习惯法，一般需具备以下要件："其一，须有习惯之存在；其二，须为人人确认其有法之效力；其三，须属于法律所未规定之事项；其四，须不背于公共秩序与善良风俗；其五，须经国家（法院）明示或默示承认。"② 以我国的"顶盆过继案"为例，一审法院认为，"顶盆发丧"③ 是一种民间风俗，并不违反法律的强制性规定，法律不应强制干涉，因此被告并未非法侵占因"顶盆过继"所获得的涉案房屋，法院不予支持原告主张被告立即腾房的诉讼请求。原告不服一审判决，提出上诉。2006 年 3 月，二审法院作出维持原判的终审判决。"顶盆过继案"的判决主要有三个依据：一是原告有关确认赠与合同效力诉请的起诉对象错误。二是原告的诉讼请求已经超过诉讼时效期限。三是法院认为"顶盆发丧"作为"丧礼"的传统风俗不违反法律的强制性规定，应充分考虑和尊重民间习俗，以免破坏已经形成的社会关系的稳定性。④

要正确理解习惯与习惯法的关系，关键要看对"习惯法"中的"法"字作何种理解。如果将"法"理解为道德层面或社会学意义上的一种拘束力，则此处的习惯法即为习惯；如果将"法"理解为国家强制力，则习惯与习惯法有着本质区别。一般认为，在法学领域，习惯需要通过一定的程序方能转化为习惯法，应作后一种方式对习惯法进行解读。习惯若要成为民法法源必须同时满足两个判断标准：一为习惯不得违反法律的强制性规定；二为习惯不得违反公序良俗，如在分家析产时

---

① 参见刘文科：《民法的法源是如何形成的？》，载《郑州大学学报（哲学社会科学版）》2010 年第 4 期。

② 《云五社会科学大辞典》（第 6 册·法律学），商务印书馆 1971 年版，第 302 页。转引自梁慧星：《民法总论（第五版）》，法律出版社 2017 年版，第 28 页。

③ "顶盆发丧"是指我国一些农村存在的风俗，即老人去世之后，在出殡的时候要有一个人把烧纸钱的火盆顶在头上然后摔碎，俗称"摔盆儿"，一般摔盆儿的都是家里的长子。如果去世的老人没有子女，一般在叔伯兄弟的孩子中找出一个人作为嗣子，由他来摔盆儿，这个风俗也叫"顶盆过继"。

④ 参见姜福东：《法官如何对待民间规范？——"顶盆过继案"的法理解读》，载《甘肃政法学院学报》2007 年第 4 期。

不分给外嫁女财产,既违背了继承法中的男女平等原则,也违背了公序良俗原则。同时,在司法活动中,首先要确认当事人所主张适用的或法官依职权主动寻找到的某项规范是否为习惯,在确认了某项规范属于习惯后,法官还需要进一步确认,此项习惯可否在案件中作为法源被援引以填补法律漏洞,此时所依据的习惯才是一种法源。因此,应当注意区分习惯的判断标准与习惯成为法源的判断标准。① 所谓习惯法,就是指"惯行社会生活之规范,依社会之中心力,承认其为法的规范而强行之不成文法"②。例如,1907 年《瑞士民法典》第 1 条第 2 款规定:"如本法没有相应的规定,法官应依习惯法进行裁判",明确规定习惯法作为成文法的补充规定。所谓习惯,是指事实上的习惯,仅属一种惯行,尚欠缺法的确信而不为一般人确信其必须遵从,此种事实上的习惯不具有法源性,不能补充法律的效力。而习惯法是社会上的一般人必须遵从的惯行,若不遵从其共同生活必将有不能维持的确信。③ 实质上,我国《民法典》总则编第 10 条中作为民法法源的习惯就是习惯法。至于《民法典》物权编和合同编条文中的"习惯",属于习惯法还是事实上的习惯,有待查明,原则上指的是事实上的习惯,因为法律的特别规定具有优先效力。不过,无论习惯法还是事实上的习惯,如果违反了公序良俗原则,都不能适用。

也就是说,民事,法律没有规定时,应当适用习惯法,以补充法律的效力;法律明确规定习惯(事实上的惯行)应优先适用的,该习惯本身不具有法源的性质。④ 可见,传统学说从民法法源性质的维度区分习惯与习惯法,认为习惯不具备"法的确信"而不具有规范上的拘束力,习惯不能作为权威理由的民法法源,法官在裁判时不遵循单纯的习惯,否则即为违法裁判。不过,也有学者认为,我国《民法典》第 10 条规定的是"习惯"而非"习惯法",在文义上具有弹性解释空间,根据该

---

① 参见蓝蓝:《〈民法总则〉法源规定之评析》,载《河南财经政法大学学报》2017 年第 5 期。
② 史尚宽:《民法总论》,中国政法大学出版社 2000 年版,第 9 页。
③ 参见王泽鉴:《民法总则》,北京大学出版社 2009 年版,第 63 页;刘得宽:《民法总则(增订四版)》,中国政法大学出版社 2006 年版,第 16 页。
④ 参见王泽鉴:《民法总则》,北京大学出版社 2009 年版,第 64 页。

条拓展民法法源开放性的规范目的,可将其中的"习惯"既解释为习惯法又解释为习惯,以便涵盖自生自发秩序中"未阐明"的更多的社会交往规则的惯行。① 这种观点混淆了习惯与习惯法,值得商榷。

五、法理能否成为民法法源

制定法不可能将所有事项均规定为法律,在习俗(习惯)与判例上没有先例时,只能根据自然的法理来进行判断。有关法理的法律效力,学理上曾有很大争议。但是,由于法官不得拒绝裁判,当遇到法律上没有规定时,法官不得不依据法理对法律漏洞进行补救。② 所以,近代以来,民法典认可和规定法理为民法法源的越来越多,学者也多为推崇。

何谓法理,学者们的见解各有不同:黄右昌先生认为,法理系指正当的法理(客观的),与条理(主观的)自然的道理不同;胡长清先生认为,法理系指法律通常的原理;王伯琦先生认为,法理系指自然法;李宜琛先生认为,法理系指自法律根本精神演绎而得之法律一般原则。③ 王泽鉴先生认为,所谓法理,系指隐含在立法、法秩序或一般价值体系演绎而得出的一般法律原则,为谋社会生活事务不可不然之理,与所谓条理、自然法、通常法律的原理,基本功能相同,都为同一事物名称。④ 法国学者布律尔(Henri Lévy-Bruhl)认为:"法理是广义的法学家(包括法律教授和法官等)就民法问题所陈述的观点。"⑤ 此处所谓法律教授的法理指的是学说或学者法,法官的法理指的是法官法亦即判例法或类似于我国的案例指导制度中的指导案例。另外,我国最高人民法院发布的《全国法院民商事审判工作会议纪要》,因其性质既非立法也非司法解释,应当归属于法官的法理而发挥其拘束力。刘得宽教授认为,法理为法律的原理,法理具有两种性质和作用:其一,当成文法

---

① 参见汪洋:《私法多元法源的观念、历史与中国实践》,载《中外法学》2018年第1期。
② 参见史尚宽:《民法总论》,中国政法大学出版社2000年版,第10页。
③ 参见王泽鉴:《民法总则》,北京大学出版社2009年版,第65页。
④ 同上。
⑤ 〔法〕亨利·莱维·布律尔:《法律社会学》,许钧译,上海人民出版社1987年版,第78页。

没有规定又没有习惯法（包括判例）可作为依据时，法理可以法源的身份作为裁判的依据；其二，当解释成文法、习惯法或者合同（契约）时，法理可成为最重要的解释依据。前者为"法源上的法理"，存在于成文法之外，与成文法并列成为裁判的依据；后者为"理念上的法理"，存在于成文法之内，作为解释其他法源的依据，为其他法源的根本精神所在。[①] 这里所讨论的法理是作为"法源上的法理"，赞成法理为法学家就民法问题所表达的公认的理论或自然法观点的学说。

法理作为民法法源滥觞于古罗马法（如《学说汇纂》）。在各国或地区民法典中承认法理的法律效力并不少见，在一定程度上法理被理解为一种"成文的习惯法"。[②]《瑞士民法典》第1条第3款规定，法官可以依据法理进行裁判，其原理根据的是《法国民法典》第4条[③]规定归纳而成的"法官不得拒绝裁判"原则，在法律没有规定时，可以法理作为裁判依据。《奥地利普通民法典》第7条规定："案件不能依法律的用语，亦不能依法律的自然含义作出判决的，应考虑通过参考其他法律为判决的类似情形和相关法律规定的目的。案件仍有疑问的，应根据谨慎收集、充分考虑个案情况，依自然的法律原则作出判决。"

有关法理能否成为我国民法法源，在我国学说上颇有争议，有肯定说与否定说两种观点。否定说认为，一般学者认为，我国司法实践中有司法解释和案例指导制度，完全能够弥补存在法律不完备的不足。还有学者归纳了四点否定意见，即"第一，法理的内涵不明确、外延难界定；第二，规定法理难免导致法官滥用；第三，并非明文规范的法理何以具有约束力，此易引起公众质疑；第四，对于法律规定不完善之处，完全可借助司法解释、法律的类推适用或适用基本原则等手段解决，诸

---

① 参见刘得宽：《民法总则（增订四版）》，中国政法大学出版社2006年版，第18页。
② 参见刘文科：《民法的法源是如何形成的?》，载《郑州大学学报（哲学社会科学版）》2010年第4期。
③ 《法国民法典》第4条规定："法官借口法律无规定、不明确或不完备而拒绝审判者，得以拒绝审判罪追诉之。"

基本原则体现的就是民法的基本精神和法理"①，因而我国没有必要规定法理是民法法源。肯定说认为，应当运用法理去解决法律上没有规定且没有习惯可循的问题，法理应为民法法源，如梁慧星教授主持的《中国民法典草案建议稿》第 9 条规定："既没有法律规定也没有习惯的，可以适用公认的法理。"另外，在我国清末制定的《大清民律草案》第 1 条规定："民事，本律所未规定者，依习惯法；无习惯法者，依条理。"肯定说认为，在填补法律漏洞方面，司法解释存在不能解决现实问题的及时性和协调统一法律体系等方面问题，而作为填补法律漏洞的最高人民法院发布的指导案例因没有法律和习惯可依，必须依据法理作出。例如，最高人民法院第 24 号指导案例参考了受害人特殊体质学说，确认交通事故受害人特殊体质状况并非属于减轻侵权人责任的减轻事由。②

尽管其他国家或地区将法理作为民法法源，但我国法律却没有将法理作为民法法源。《民法典》没有将法理规定为民法法源，可能是鉴于法理本身范畴的多样性和复杂性。关于法理的具体范畴大致有三种观点：第一种将法理等同于学说，认为"法理即学者对具体问题的解释"；第二种认为法理包含学说，即"法理指未以条款形式体现的法学基本原理或者被共同认同的学说"；第三种认为法理不同于学说，将法理界定为法的基本原则、精神或原理，如认为"法理是依据我国民法之基本原则所应有的原理"，或认为"法理应当是法律的基本精神与原则"。在这三种观点中，前两种对法理与学说未加区分而混合界定。实际上，学说与法理之间应属于一种载体与内容的关系，而且学说所载内容不限于法理。③ 第三种观点以民法的基本原则、精神或原理等抽象概念界定"法理"一词，其本身能够代表公平与正义，为公众所认同，这种理解更为

---

① 杜涛主编：《民法总则的诞生——民法总则重要草稿及立法过程背景介绍》，北京大学出版社 2017 年版，第 10 页。转引自于飞：《民法总则法源条款的缺失与补充》，载《法学研究》2018 年第 1 期。

② 参见《指导案例 24 号：荣宝英诉王阳、永诚财产保险股份有限公司江阴支公司机动车交通事故责任纠纷案》，https://www.court.gov.cn/shenpan/xiangqing/13327.html，2023 年 3 月 20 日访问。

③ 参见李敏：《论法理与学说的民法法源地位》，载《法学》2018 年第 6 期。

妥当。

法理的功能不仅在于补充法律、习惯法以及事实上的习惯的漏洞，而且还能成为审查法律是否符合公平正义之法要求的标准。与习惯法直接适用于个别案件具体化不同，法理由于尚属一些抽象的公平正义价值观点或原则，其具体化还没有达到可供法官直接适用于个别案件的程度。因此，在引用法理补充法律前，首先应当对法理进一步予以具体化，即通过法理的存在样态（平等原则、立法意旨、法理念和事理），对法律进行补充。①

在我国首例冷冻胚胎继承案中，② 案件系争焦点在于，在我国现行法律未对胚胎的法律属性作出明确规定的情况下，如何确定胚胎的属性和相关权利的归属。一审法院认为，受精胚胎"具有发展为生命的潜能，含有未来生命特征的特殊之物，不能像一般之物一样任意转让或继承，故其不能成为继承的标的"，"夫妻双方对其权利的行使应受到限制，即必须符合我国人口和计划生育法律法规，不违背社会伦理和道德，并且必须以生育为目的，不能买卖胚胎等"，又因"沈某与刘某夫妻均已死亡，通过手术达到生育的目的已无法实现，故两人对手术过程中留下的胚胎所享有的受限制的权利不能被继承"，据此判决驳回原告由其监管处置胚胎的诉请。二审法院认为，"结合本案实际，应考虑以下因素以确定涉案胚胎的相关权利归属：一是伦理。施行体外受精—胚胎移植手术过程中产生的受精胚胎，具有潜在的生命特质，不仅含有沈某、刘某的DNA等遗传物质，而且含有双方父母两个家族的遗传信息，双方父母与涉案胚胎亦具有生命伦理上的密切关联性。二是情感。……'失独'之痛，非常人所能体味。而沈某、刘某遗留下来的胚胎，则成为双方家族血脉的唯一载体，承载着哀思寄托、精神慰藉、情感抚慰等人格利益。涉案胚胎由双方父母监管和处置，既合乎人伦，亦可适度减轻其丧子失女之痛楚。三是特殊利益保护。胚胎是介于人与物

---

① 参见黄茂荣：《法学方法与现代民法（第五版）》，法律出版社2007年版，第472—491页。
② 参见江苏省宜兴市人民法院（2013）宜民初字第2729号民事判决、江苏省无锡市中级人民法院（2014）锡民终字第01235号民事判决。

之间的过渡存在，具有孕育成生命的潜质，比非生命体具有更高的道德地位，应受到特殊尊重与保护。在沈某、刘某意外死亡后，其父母不但是世界上唯一关心胚胎命运的主体，而且亦应当是胚胎之最近最大和最密切倾向性利益的享有者。当然，权利主体在行使监管权和处置权时，应当遵守法律且不得违背公序良俗和损害他人之利益"，据此判决由双方父母共同享有对涉案胚胎的监管和处置的权利。之所以一审与二审出现相反的判决结果，是因为一审法院与二审法院在没有法律明文规定的情况下，从法理上对于胚胎法律属性和相关权利归属的理解不同。本案也说明了法理在司法实践中可以作为民法法源。

对于我国没有规定"法理"作为民法法源，梁慧星教授认为，如果按照立法例和传统民法理论，明文规定法理作为第三层次法源，则最高人民法院的司法解释和指导案例将被排斥于民法法源之外，如将三者均明文规定为民法法源，还需理论上深入研究和实践检验。同时，由于我国法官素质参差不齐，如明文规定"可以适用法理"，可能会导致"法理滥用"，有损司法的公正性和统一性。另外，立法虽未明文规定"可以适用法理"，但并不排除法官在裁判时可以参考"公认的法理"。[①] 有关作为民法法源的法理在司法实践中的具体适用规则为："第一，该请求权法律基础确系法律未规定者，且无合适的民事习惯作为补充。法理作为第三顺位的法源，于具体案件凡可经由解释而适用法律，或者有习惯可以依循，即无以法理作为裁判准据的必要。只有在既没有法律规定，也没有习惯可以适用时，方可适用法理作为裁判依据。第二，该法理为通说，为权威学说，为多数学者所相信。第三，该法理有相应的国外立法、司法经验作为支持。第四，该法理不违反民法平等、公平、诚实信用和公序良俗规则。第五，习惯法是否存在，一方面是由主张的当事人依法提出证据外，法院应依照职权进行调查。"[②] 因此，我国在法律适用中是存在法理的。

[①] 参见梁慧星：《民法总论（第五版）》，法律出版社2017年版，第30页。
[②] 杨立新：《民法总则中法源制度的得与失》，载《中国经济报告》2017年第4期。

第二节 民法解释

在"板添画"还是"画添板"的问题上,查士丁尼在《法学阶梯》中有精彩的解释:"如在他人的板上绘画,有人认为板从属于画,另有一些人以为不问画的质量如何,它从属于板。朕认为板从属于画的意见比较正确,因为如果将亚贝列士或帕拉西等的绘画作为附属物而从属于价值非常低微的板,那是可笑的。不过,如果板的所有人占有作品,而绘画的人在向他要求时,不愿支付板的价金,他的请求得因对方提出欺诈抗辩而遭驳回。如果绘画的人占有作品,法律容许板的所有人对他行使准诉权,在这种情形下,如果板的所有人不支付绘画的费用,他的请求得因对方提出欺诈抗辩而遭驳回;当然,这里假定绘画的人是善意占有人。因为如果绘画的人或另一个人窃取了板,板的所有人显然得向他提起窃盗之诉。"[①] 王泽鉴先生在解读我国台湾地区"民法"第 1 条"民事,法律所未规定者,依习惯;无习惯者,依法理"的规定时,从五个方面探讨其规范意义[②]:第一,规定民事法律关系的法源以及法源的适用次序,并授权法院可以依据法理来续造法律;第二,就法律思想而言,综合汇集了分析法学派(法律)、历史法学派(习惯)及自然法学派(法理)对法及法律的见解;第三,就法学方法论而言,克服了 19 世纪的法实证主义,肯定制定法的漏洞,明确规定法律没有作出规定,可以适用习惯法或依法理来补充法律漏洞;第四,当事人依据民法起诉请求保护其权利,针对当事人之间的法律关系争议,法院不得借口法无明文而拒绝裁判,可以依据习惯法或法理进行判案;第五,当事人主张其民事上权利,法院作出裁判,必须述明其判案所依据的法源,特别是请求权基础是民法规范、习惯法还是法理。

可见,从不同视角去解释问题是一个非常值得研究的问题。

---

① 〔罗马〕查士丁尼:《法学总论——法学阶梯》,张企泰译,商务印书馆 1989 年版,第 56 页。

② 参见王泽鉴:《民法总则》,北京大学出版社 2009 年版,第 63 页。

一、民法学与民法解释学及其解释对象

(一) 民法学与民法解释学

民法学也称为私法学,广义上的称谓有民法史学、民法社会学、民法哲学、民法立法政策学(立法论)、民法解释学、比较民法论。狭义上的称谓为以实证私法作为研究对象的法解释学,因其以阐明现行法规范意义作为考察对象,所以又称为法规范学;因其叙述法规范的体系,故又称为体系的法学。此处所称的法,指的是实证法或实定法。所谓实证法是指依国家的立法作用或社会的习惯经验的事实而成立,本身具有经验的事实属性,与仅为理念上的、具有超经验的本质性格的自然法和理性法相对称。一般而言,民法学是以现行民法即实证法作为解释的对象。因为,以过去的民法作为研究对象属于法制史范围,以虽为现行法但是国外法如德国民法、瑞士民法等为对象是比较法范围,以研究人类的现实、民法的社会生活为目的属于民法社会学范围,以如何制定或修改现行民法为目的属于民法立法政策学或民法立法论范围。而以探求民法学的普遍性、妥当性及其趋向,并以法律为文化现象,阐明其与其他社会现象的相互关系和影响,自其最终原因、依其最高目的作为理解对象,追求其与经济的、社会的、伦理的利益的调和,以保障人权、促进文化,而谋求全民共同生活向上与幸福,为民法哲学考察的范围。[①] 因此,所谓民法学或民法解释学,就是通过民法解释方法来阐释现行有效的法律文本的确切含义、真实意旨、适用范围、构成要件和法律效果,[②] 即在确定法律文本的文义基础上,运用各种解释方法规范法律解释行为进而得出妥当的结论,从而达到正确理解和适用法律的目的,以确保实现法的安定性与妥当性。

(二) 民法解释的对象

所谓解释,是指将表面上看起来不明确的某种事项的意义予以明确化。那么,"某种事项"是什么是首先要解决的问题,也就是解释的对

[①] 参见史尚宽:《民法总论》,中国政法大学出版社2000年版,第42—43页。
[②] 参见梁慧星:《民法总论(第五版)》,法律出版社2017年版,第295页。

象是什么。有学者认为，民法解释中的"某种事项"肯定是指民法上的东西，实乃并非如此。在论及何为民法时，存在多种可能性：一是解释的对象是否限于民法典中的"事项"（文本）；二是是否考虑文本之外的因素暂且不论，在什么范围内把握作为解释中心的文本也是一个问题。① 德国法学方法论中将各种法律适用解释分为三个阶段，即一般的法律解释、法律欠缺的弥补和超越法律的创设。首先从一般的法律解释入手，研究某项制度或规定的起源、意义、性质、功能、构成要件等，通过法律解释来实现制定法中所要达到的立法目的和法律效果；其次是通过法律解释来弥补法律的欠缺，此处的法律欠缺弥补虽超越了法律文言的界限，但仍包含在立法者计划内或者没有明文否定的场合，如商品房销售是否能够适用《消费者权益保护法》的规定问题；最后为超越法律的"法律解释"，需要慎重对待，且要按照一定的方法论并有一定的依据和理由作出，因为其并非为弥补法律欠缺和纯粹的法律适用的法律解释，② 而是一种具有超越法律带有造法意义的法律解释。

法律解释的对象就是法律规范的"条文"和它的附随情况〔如立法文件制定时社会的、经济的、技术的情况，甚至"法律的沉默"（das Schweigen des Gesetzes）。这些对象特别是立法文件，应以对一般大众公开的为限〕，而不得拘泥于所用的词句。③ 当然，解释民法，非仅限于成文法，有时对于习惯法或判例等也有解释的必要。④ 确认习惯法的内容，从而判断其法的确信之有无，为习惯法的解释；对各个判例内在的合理性，抽象地构成一般法的规范，称为判例的解释。民法解释，就是明确民法含有的意义内容之作用，法律不论规定得如何细密，均有解释的必要。根据民法解释，首先应当明确大前提的法律意义和内容，而后才就小前提的具体事实适用法律。⑤

---

① 参见〔日〕大村敦志：《民法总论》，江溯、张立艳译，北京大学出版社2004年版，第54—55页。
② 参见段匡：《日本的民法解释学》，复旦大学出版社2005年版，第380—382页。
③ 参见黄茂荣：《法学方法与现代民法（第五版）》，法律出版社2007年版，第323—324页。
④ 参见刘得宽：《民法总则（增订四版）》，中国政法大学出版社2006年版，第23页。
⑤ 参见史尚宽：《民法总论》，中国政法大学出版社2000年版，第45—46页。

在民事立法完成之后，不能随意修改法律条文，于是民法解释成为弥补民事法律规定的欠缺或者不完善之处的主要途径。一般而言，在成文法国家，民法解释要以立法为基础，忠实于立法的文本，即民法解释是对既有法律文本的解释，否则构成解释权的滥用。法律非经解释不得适用，解释在法律适用中就成为必不可少的步骤。可见，民法解释在法律发展中具有重要的作用。同时，概念的科学、规则的合理与体系的一致，有利于进行民法解释。[1] 法律解释是法律适用的基本问题，是探求各种法源规范的真实含义以确保法律的正确适用。[2] 要正确地适用民法并非易事，因为民法为一般性的法律，条文规定得非常抽象，如果将其适用于具体事件，必须先确定民法规范的意义与内容。可以说，民法解释的对象是民法规范。在这其中，以成文法最为重要和复杂。法律本身是具有合理性的规范，表面上看非常明了，但因成文法被文字所拘泥，有时不易探究其合理性，根据具体事实确定其意义，往往会出现意外之法律上的盲点。[3] 所以，法律用语的意涵需要阐明，不确定的法律概念或概括条款须加以具体化，法律规范之间的冲突须加以调和，[4] 法律的运用有必要经过解释才能使其意思明了。

（三）民法解释的任务和作用

法律解释就是法的意旨的阐释。法律解释的任务是探求法律意旨，而这个意旨体现为在人类共同生活上追求正义，法律解释必须把握这个意旨并帮助其实现。这个任务导出了对法律解释活动的两个要求：一为法律解释对具体案件的关联性；二为法律解释的价值取向性。[5] 在正义及其衍生价值指引下引申出民法解释具有两大任务：一是需要一般的确定性，即对于民法规范的适用，不得因人或事而异其结果；二是需要具体的妥当性，即以民法规范适用于各种事实时，都可以得到具体妥当的

---

[1] 参见许中缘：《论民法解释学的范式》，载《法学家》2015年第1期。
[2] 参见王泽鉴：《法律思维与民法实例》，中国政法大学出版社2001年版，第212页。
[3] 参见刘得宽：《民法总则（增订四版）》，中国政法大学出版社2006年版，第23页。
[4] 参见王泽鉴：《法律思维与民法实例》，中国政法大学出版社2001年版，第212页。
[5] 参见黄茂荣：《法学方法与现代民法（第五版）》，法律出版社2007年版，第301—302页。

结果。① 民法解释的理想在于调和一般的确定性和具体的妥当性，换言之，在不威胁或损害一般的确定性的情况下，使具体的妥当性发挥极致。

民法解释的作用有三：首先，民法解释具有确认规范标准的解释功能。例如，个人从无担保金融机构或高利贷那里借钱，随后被收取高额利息，如果诉至法院，借款人至少可以不接受要求支付超过法定利息的请求，这种确认"解释"，对当事人和社会都有很重要的意义。其次，民法解释具有创造规范的功能。此处需要注意的是，创造规范的前提是发现规范有欠缺。例如，校园"欺凌"能否对学校提起诉讼从而追究学校的民事赔偿责任，主要涉及学校的安全注意义务，早期法律上没有明确，所以通过诉讼来确立责任规范。最后，民法解释通过调整现存规范的适用范围进行消极的规范创造，实乃对诚实信用原则和权利滥用原则法理的运用，如对出租方解除权的行使限制。②

二、民法解释学的历史演变

民法解释学对于法律的进化具有重要作用，在民法解释学最发达的时期，学者的解释直接成为法源之一。③ 法律解释滥觞于罗马法。早在公元前2世纪末，希腊哲学与辩论术就促进了罗马法解释的发展，另外，希腊的自然法理论通过万民法而为罗马法学者所接受，成为法律解释的准则。罗马法解释的全盛时期是在罗马法的古典时期，奥古斯都大帝赋予某些学者法律问题解答权，确立这些学者的权威地位，对罗马法的解释产生了重大影响。④ 与被称为"民众法"的日耳曼法以习惯法为主不同，罗马法属于"法学者主导型的法"，被称为"法学家法"，表明法学者的地位在罗马法时期是非常高的，他们不仅是裁判官和立法者活动的媒介，而且通过解释和撰写著作直接创造法律，这也表明罗马私法

---

① 参见刘得宽：《民法总则（增订四版）》，中国政法大学出版社2006年版，第25页。
② 参见〔日〕大村敦志：《民法总论》，江溯、张立艳译，北京大学出版社2004年版，第56—59页。
③ 参见梁慧星：《民法解释学》，中国政法大学出版社1995年版，第3页。
④ 参见郑云瑞：《民法总论（第二版）》，北京大学出版社2007年版，第68—69页。

的发达与罗马民法解释学的发达是紧密相关的,①民法解释学伴随民法发展而变得更加精细。

11世纪末12世纪初,查士丁尼下令编纂的《民法大全》特别是作为古典罗马法宝库的《学说汇纂》手抄本在意大利博洛尼亚被意外发现,标志着"罗马法学的复活",以《民法大全》为对象的中世纪法解释学因采用经院式方法(文本说明方法)而被称为"经院式法学",由于具有自己的固有方法,所以中世纪法解释学即中世纪罗马法学的发展,为大陆法系的法解释学奠定了理论基础。②

在中世纪罗马法复兴时期,法律解释发展经历了三个阶段:第一阶段为注释法学派时期(1100—1250),注释法学派以经院哲学为理论基础,运用逻辑方法,对罗马法典籍如《民法大全》等法条进行注释,使罗马法满足当时社会发展的需要。第二阶段为后注释法学派时期(1250—1400),后注释法学派(又称为"评论法学派")运用辩证推理、逻辑推理、分类评注、三段论法和二难推理等研究方法,试图将法理的阐释与实际运用结合起来,从罗马法的法理中提炼出适合于当时社会需要的法律,并由此形成法律解释学。第三阶段为人文主义法学派时期(1400—1600),人文主义法学派力求准确地探求罗马法的原意,恢复罗马法的原貌,试图通过对真正罗马法的综合、归纳,注入人文主义的精髓,建立一个完整、系统、科学的法律体系。

到了17、18世纪,自然法学派取代了人文主义法学派,为近代民法典的编纂提供了理论基础。但是,随着民法典的颁布,自然法学派的历史使命宣告完成,在这一过程中又培育了实证主义法学。实证主义法学派认为,以法典为表现形式的法律规范是自然法的体现,法典之外不再有法源,也就是说,法典是法律的唯一法源。法官在适用法律时应排除法律之外的任何其他因素,必要时可以探求立法者的立法意图,由此形成了近代的注释法学派。在法国,特别是在19世纪后期占主导地位的注释法学派信奉法典万能主义,强调注释必须严格忠实于法典条文。

---

① 参见梁慧星:《民法解释学》,中国政法大学出版社1995年版,第3—4页。
② 同上书,第16—17页。

德国法学家萨维尼认为，法律解释学的任务是合乎逻辑的"概念计算"，并按此思路以数学体系为模式建立了汇纂式法令全书的理论体系。①《德国民法典》颁布之后，由于深受自然法和日耳曼普通法的影响，德国概念法学开始盛行，认为法律的适用是将社会生活现象归纳到法律概念之中，从社会生活现象中发现共同特征，使概念完全确定，由个别法律概念形成了整体法律概念，② 进而形成了完善的私法体系。

19世纪末20世纪初，法国与德国提倡并盛行自由法运动。自由法学是对于概念法学的批判与攻击的诸种学说的总称。概念法学认为法官作出裁判仅为宣告立法者的意思，因而法官是法律的自动机器，而自由法学认为裁判是一个价值判断，法律解释被称为意义创造的解释，法官并非自动机器。早期以耶林为自由法学先驱的目的法学，认为解释法律必须结合实际的社会生活，不能偏离法的目的。不过，法官无条件的主观的法的发现可能会破坏法的妥当性功能，为了限制法官发现自由法的主观的自由，谋求客观的标准，"基于事物自然性质之客观的法"的科学学派于1899年公布了"实证法之解释方法及法源"，黑克（Philipp Heck）的"利益法学"提出通过利益衡量来处理法律没有规定时的生活利益冲突问题。受到英国功利主义法学和德国目的法学的影响，美国学者庞德提出社会法学以调和相对立的诸社会利益。③ 总的来说，20世纪的自由法运动或自由法学是在批判概念法学的基础上产生的，针对概念法学认为法律本身完美无缺、法律解释只需形式逻辑的演绎操作、法官机械适用法律并禁止司法活动的造法功能、确保法的安定性价值而牺牲妥当性价值等方面问题，自由法学诸学说提出成文法并非法的唯一法源，还存在活的法律，法学学者的任务就是运用科学的方法，自由探求活的法律，法律并非完美无缺且有漏洞需要弥补，法律解释并非简单形式演绎而需要作目的考量和利益衡量，应当发挥法官的主观能动性，在重视法的安定性的同时还应注重法的妥当性价值问题。这些自由法学学

---

① 参见梁慧星：《民法解释学》，中国政法大学出版社1995年版，第60页。
② 参见郑云瑞：《民法总论（第二版）》，北京大学出版社2007年版，第69页；梁慧星：《民法解释学》，中国政法大学出版社1995年版，第18—58页。
③ 参见史尚宽：《民法总论》，中国政法大学出版社2000年版，第45—49页。

说丰富了民法解释学的理论和方法,① 将民法解释学推向了一个新的高度。

三、民法解释的种类与方法

通说认为,根据不同分类标准民法解释一般可以分为以下种类:(1)立法解释与司法解释。立法解释是指有立法权的机关对民事法律的解释,司法解释是最高司法机关对民事法律的解释。两种解释分别依据立法权和司法权进行解释,因而又统称为有权解释,而与有权解释相对的是无权解释(一般认为是学理解释)。(2)裁判解释与学理解释。裁判解释与司法解释不同,其侧重于个案解释,只针对案件当事人有效力,不具有一般的法律效力,而学理解释为学者对民事法律的解释,不具有法律效力,可供立法解释、司法解释和裁判解释参考。(3)广义解释与狭义解释。民法解释学又称为"找法",简单地说,根据民法规范条文作出的解释为狭义解释,而广义解释除包括狭义解释外还包括漏洞补充和价值补充。② 这里所说的民法解释指的是狭义的民法解释。下面主要研究民法解释方法问题。

德国法学家萨维尼认为:"解释法律,系法律学之开端,并为其基础,系一项科学性之工作,但又为一种艺术。"③ 萨维尼认为法律解释是一种"学术性的活动,是法学的起点与基础",可以参与法的创造,又为一种不能仅由规则即可求得的"艺术",因为其包含创造性的特质,可见学术与艺术有近似之处。④ 法律均需解释,法律解释方法尤为重要。

传统的民法解释学认为,法律无须法官进行价值评判,可以直接适用于案件。但这种仅通过涵摄的方式不能保证法律在每一个具体案件中

---

① 参见梁慧星:《民法解释学》,中国政法大学出版社1995年版,第74—75页。
② 参见梁慧星:《民法总论(第五版)》,法律出版社2017年版,第295—296页。
③ Savigny, System des heutigen Römischen Rechts,Ⅰ,1841, S.406. 转引自王泽鉴:《法律思维与民法实例》,中国政法大学出版社2001年版,第212页。
④ 参见〔德〕卡尔·拉伦茨:《法学方法论》,陈爱娥译,商务印书馆2003年版,第196页。

得到正确适用，理由是①：首先，受到立法者理性的限制，无论如何完备的法律体系都会存在法律漏洞或者存在冲突的规范，只有通过一定的法律解释方法，方才解决问题。其次，法律概念是从纷繁复杂的事实中抽象产生的，在抽象的过程中省去了非主要事实，具有模糊性与不明确性，导致在具体案件中的案件事实与法律规范的联结（涵摄）不能自然而然对接，仅通过对立法目的进行法律解释并不能实现司法裁判的目的。最后，法官并非为机械适用法律的机器，他们对法律规范具有自己的独立理解和价值判断，渗透到具体的案情之中，以追求案件的公平正义。但是，不同法官对法律的理解有差异，民法解释方法能够对价值判断的主观性进行限制，达到一种较为客观的判断方式。民法解释需要遵循一定的方法或者规则，从而使得该种解释在结果上具有可靠性，使得价值判断具有可操控性。

与解释对象有所区别的是解释方法的问题。此处的"方法"，指的是为了确保文本无矛盾性的技术。② 法律解释方法为法学方法论的核心。如前所述，凡法律均需解释方能适用，法律解释涉及四个方面的问题：一是法律解释的目的；二是解释法律的方法；三是不确定法律概念或概括条款（如诚信原则、公序良俗原则、重大事由、不可抗力）的具体化；四是如何达成法律解释的客观性。法律解释从方法论上要区别两个问题，一为解释的目的，一为解释的方法。③

作为法律规范与生活事实之媒介的法律解释会受到成文法律的局限性、个案利益与实现正义等因素的制约，不应只考虑其中的一部分而导致偏向，传统的主观说与客观说就是这种偏向下的产物。④ 法律解释目的上有"主观说"与"客观说"之分，主观说认为法律解释乃在于探究立法者的意思，即立法者的看法、意图和价值观；客观说认为法律解释不在于探求历史上立法者事实上的意思，乃在于阐释法律本身蕴含的意

---

① 参见许中缘：《论民法解释学的范式》，载《法学家》2015年第1期。
② 参见〔日〕大村敦志：《民法总论》，江溯、张立艳译，北京大学出版社2004年版，第55页。
③ 参见王泽鉴：《法律思维与民法实例》，中国政法大学出版社2001年版，第213页。
④ 参见黄茂荣：《法学方法与现代民法（第五版）》，法律出版社2007年版，第324页。

旨，其理由为法律一经颁布便有其自己的意旨，法律解释探求的是内在于法律的意旨。主观说和客观说肇始于18世纪德国普通法时代，至今尚无定论。在此之外还有折中说，由于该说没有根本上去除存在于主观说或客观说的那种"绝对化"某一个"法律解释因素"的缺点，不能提供圆满解决问题的建议，因而未被普遍接受。整个发展趋势是，19世纪与20世纪初期偏重于主观说，但客观说现已成为通说。① 需要注意的是，法律解释的目的固然在于阐释客观化的法律意旨，但法律意旨的探求仍应斟酌立法者具体的规范意思、价值判断与利益衡量，不能完全排除立法者的意思于不顾，从这个意义上而言，法律解释属于结合客观意旨与主观意思，致力于实践正义的一种过程。② 正如拉伦茨所言："法律解释的最终目标只能是：探求法律在今日法秩序的标准意义（其今日的规范性意义），而只有同时考虑历史上的立法者的规定意向及其具体的规范想法，而不是完全忽视它，如此才能确定法律在法秩序上的标准意义。这个意义是一种思考过程的结果，在这个过程中，所有因素不论是'主观的'或是'客观的'，均应列入考量，而且这个过程原则上没有终极的终点。"③

史尚宽先生认为，真正意义上的法律解释，专指学理的法律解释，可分为文字解释与论理解释。其中，文字解释以法条的文句用语为基础，依文法上的法则而定法的意义与内容，当一个文字有数个意义且依文字解释而与其他法律发生抵触时，不能仅以文字解释来作出决定；论理解释是各条相互关联为统一体，由全体推论来确定各条的意义，其推论方法具体有扩张解释、缩小解释、反对解释、当然解释、类推解释（比附援引）、准用与适用、法律之欠缺与补救方法等。④ 刘得宽教授认

---

① 主要理由有四：(1)一个具有意思能力的立法者并不存在，法律制定过程涉及各单位机关，何人为立法者，很难确定。意思不一致时，应以何人为准，实有疑问。(2)具有法律效力，系指依法律形式而为外部表示，而非存在于所谓立法者的内心意思。(3)受法律规范之人所信赖的是法律的客观表示，而非立法者的主观表示。(4)客观说最能达成补充或创造法律的功能。倘采主观说，法律的发展将受制于"古老的意思"，不能适应新的社会需要。参见王泽鉴：《法律思维与民法实例》，中国政法大学出版社2001年版，第217页。
② 同上书，第216—219页。
③ 〔德〕卡尔·拉伦茨：《法学方法论》，陈爱娥译，商务印书馆2003年版，第199页。
④ 参见史尚宽：《民法总论》，中国政法大学出版社2000年版，第49—55页。

为，民法的解释技术分为文理解释、论理解释、相反解释、类推解释、依立法者意思解释、目的论解释等。① 王泽鉴先生认为，法律解释在于探究法律客观的规范意旨，法律解释方法标准有五个：法律文义、体系地位、立法史及立法资料、比较法、立法目的。② 梁慧星教授认为，民法解释方法有文义解释、体系解释、法意解释、扩张解释、限缩解释、当然解释、目的解释、合宪性解释、比较法解释和社会学解释。③ 我国《民法典》第142条规定："有相对人的意思表示的解释，应当按照所使用的词句，结合相关条款、行为的性质和目的、习惯以及诚信原则，确定意思表示的含义。无相对人的意思表示的解释，不能完全拘泥于所使用的词句，而应当结合相关条款、行为的性质和目的、习惯以及诚信原则，确定行为人的真实意思。"由此可见，民法解释方法有文义解释、体系解释、目的解释、习惯解释和诚信解释等解释方法。

综上，探究法律规范文义是民法解释的始点与终点，以实现解释的客观性。各种民法解释方法在寻求法律的客观性程度上具有一种层级差和一定的优先顺序。有关解释方法之间的优先顺序，有学者认为，首先是运用文义解释，当该种方法使用之后仍然出现数个可能的法律含义时，再通过当然解释、反面解释、体系解释、限缩与扩张解释来确定法律规范文本的含义；如果仍存在多种解释结果的可能，再采用历史解释、目的解释等方法来探求立法目的和意图以确定文义；当文本的含义与现实生活发生脱离时，方才运用社会学方法对多种解释结论进行选择与取舍。④ 也有学者认为，任何法律条文的解释都要从文义解释着手；经文义解释之后，若无多种解释结果存在，不得再用其他解释方法，反之，再进行论理解释；在作论理解释时，应先适用体系解释和法意解释，以探明法律规范之旨意，在此前提下，再进行扩张解释或限缩解释或当然解释，以确定法律之意义内容；若还无法排除法律之疑惑，应进

---

① 参见刘得宽：《民法总则（增订四版）》，中国政法大学出版社2006年版，第25—26页。
② 参见王泽鉴：《法律思维与民法实例》，中国政法大学出版社2001年版，第220页。
③ 参见梁慧星：《民法总论（第五版）》，法律出版社2017年版，第296—300页。
④ 参见许中缘：《论民法解释学的范式》，载《法学家》2015年第1期。

一步作目的解释，用目的指导并加以确定；最后进行合宪性解释，以确保合乎宪法之价值；穷尽上述解释方法之后，可根据比较解释或社会学解释以及利益衡量选出最能体现社会价值的法律解释。① 当然，对法律进行解释并非由解释者任意选择不同的解释方法，各种解释方法各有重要的指导作用。②

关于法律解释方法是否具有优先顺位有三种学说，分别为赞成说、否定说和折中说。③ 赞成说认为，各种民法解释方法在使用上是有先后顺序的，首先以文义解释为起点，仅当文义解释有多种解释时，才考虑运用体系解释，当体系解释出现多种解释时，才考虑运用历史解释、法意解释和目的解释，而后为社会学解释，最后为合宪性解释。否定说认为，不同的民法解释方法具有不同的作用，根据具体情况采用不同的法律解释方法方能得出最为妥当的解释结论，不受顺序影响，自由选择方法。折中说认为，各种法律解释方法之间不存在严格的使用顺序，只是存在推定性优先顺序，经在个案中考量各种解释方法使用的妥当性，进而来确定优先使用何种解释方法。尽管学者在不同的民法解释方法之间存在一定的顺序和位阶的争议，但在各种具体案件中，不可能机械地根据某一种固定顺位去解释法律，而需要在解释方法的选择上进行利益衡量，选择不同的解释方法，可能会得出不同的案件处理结论。④ 可以说，每个学者对于民法解释方法及其体系都有自己的见解，难以评价谁的见解更为优越，但是最终都是为了寻求法律文本的文义，以追求法律上的公平正义。总之，民法解释就是动态（行为与过程）、静态（解释制度）以及技术这三者构成的统一整体的良性互动和有机结合。⑤ 结合我国法律实践情况，正如段匡教授所言，"由于中国注重司法解释，寻

---

① 参见梁慧星：《民法解释学（第四版）》，法律出版社2015年版，第243—246页。
② 参见〔德〕卡尔·拉伦茨：《法学方法论》，陈爱娥译，商务印书馆2003年版，第219页。
③ 参见陈金钊等：《法律解释学》，中国政法大学出版社2006年版，第318—319页。
④ 参见张娜：《民法解释学中的利益衡量》，载《人民司法》2015年第15期。
⑤ 民法解释学实际上包含三方面内容：一是指规定民法解释的主体、权限、程序、方式和效力等问题的解释制度；二是指规范内容、探求立意图的一种方法；三是指解释过程中作为技术所运用的一系列规则和方式。参见许中缘：《论民法解释学的范式》，载《法学家》2015年第1期。

求民法解释方法论还在一个初始阶段","除了司法制度的改革,培养高素质的法官以外,确立一个比较完整的、比较严谨的又有自由限度的,并为法学界乃至司法、行政界有所共识的法律解释方法是一个当务之急,否则,立法完善、司法改革将会事倍功半,这是由于恣意解释、适用上的参差不齐同样也会带来司法上的不公正"。①

最高人民法院近年来充分认识到统一法律适用标准的意义,对法律适用问题非常重视。"为统一法律适用标准,保证公正司法,提高司法公信力,加快推进审判体系和审判能力现代化",2020年出台了《最高人民法院关于完善统一法律适用标准工作机制的意见》(法发〔2020〕35号),"发挥司法解释统一法律适用标准的重要作用……对审判工作中具体应用法律问题,特别是对法律规定不够具体明确而使理解执行出现困难、情况变化导致案件处理依据存在不同理解、某一类具体案件裁判尺度不统一等问题,最高人民法院应当加强调查研究,严格依照法律规定及时制定司法解释"。"加强指导性案例工作。最高人民法院发布的指导性案例,对全国法院审判、执行工作具有指导作用,是总结审判经验、统一法律适用标准、提高审判质量、维护司法公正的重要措施。""发挥司法指导性文件和典型案例的指导作用。司法指导性文件、典型案例对于正确适用法律、统一裁判标准、实现裁判法律效果和社会效果统一具有指导和调节作用。""为进一步规范最高人民法院统一法律适用工作,确保法律统一正确实施,维护司法公正、提升司法公信力,结合最高人民法院审判执行工作实际",2021年最高人民法院出台了《最高人民法院统一法律适用工作实施办法》(法〔2021〕289号)。该办法第1条规定:"本办法所称统一法律适用工作,包括起草制定司法解释或其他规范性文件、发布案例、落实类案检索制度、召开专业法官会议讨论案件等推进法律统一正确实施的各项工作"。根据该办法,最高人民法院审判委员会负责最高人民法院统一法律适用工作。各部门根据职能分工,负责起草制定司法解释、发布案例等统一法律适用工作。各审判

---

① 段匡:《日本的民法解释学》,复旦大学出版社2005年版,第382—384页。

业务部门办理审判执行案件，应当严格遵守法定程序，遵循证据规则，正确适用法律，确保法律统一正确实施。各部门根据职能分工，对法律适用疑难问题和不统一等情形，应当及时总结经验，通过答复、会议纪要等形式指导司法实践，条件成熟时制定司法解释或其他规范性文件予以规范。同时，最高人民法院建立健全跨部门专业法官会议机制，研究解决跨部门的法律适用分歧或者跨领域的重大法律适用问题；最高人民法院建立统一法律适用平台及其数据库。总之，通过规范统一法律适用工作，确保法律统一正确实施，以便妥善解决司法实践中的法律适用分歧、裁判标准尺度不统一问题。

第六章

民法与人

> 现代民法以及民法学,今后仍必须在"人的再发现或回复"的理念下继续进行摸索,和相信强人、放任人的命运的近代法时代不同,法律本身必须积极地干预人的命运;必须从不是单纯庇护保护对象而是身份制一旦被解放出来的有自由意志主体的、确立了地位的人这一理念出发;并且,必须继续考察"人是什么""权利是什么"这些根本问题。
>
> ——〔日〕星野英一

阅读材料

Leading papers：

- 〔英〕亨利·萨姆纳·梅因：《古代法》，郭亮译，法律出版社2016年版。
- 〔日〕星野英一：《民法劝学》，张立艳译，北京大学出版社2006年版。
- 〔德〕马克斯·卡泽尔、罗尔夫·克努特尔：《罗马私法》，田士永译，法律出版社2018年版。
- 〔德〕黑格尔：《法哲学原理》，范扬、张企泰译，商务印书馆1961年版。
- 〔美〕苏珊·穆勒·奥金：《正义、社会性别与家庭》，王新宇译，中国政法大学出版社2017年版。
- 〔德〕汉斯·哈腾鲍尔：《民法上的人》，孙宪忠译，载《环球法律评论》2001年冬季号。
- 王泽鉴：《人格权法》，北京大学出版社2013年版。
- 苏力：《制度是如何形成的（增订版）》，北京大学出版社2007年版。
- 黄宗智：《清代的法律、社会与文化：民法的表达与实践》，上海书店出版社2001年版。
- 梁治平：《寻求自然秩序中的和谐——中国传统法律文化研究》，商务印书馆2013年版。
- 杨代雄：《伦理人概念对民法体系构造的影响》，载《法制与社会发展》2008年第6期。
- 朱晓喆：《社会法中的人》，载《法学》2002年第8期。

法律上的"人",即法律对人类形象的想象或设置,一直受到国内外学术界的广泛关注。① 许多学者研究法律上的"人"的历史变迁,② 以阐释法律上的"人"的演进特征。

民法与人可以从两个方面进行研究:一是"民法中的人",即在民法中人是被怎样对待和作为怎样的对象对待的问题;二是"人中的民法",即民法是怎样规制或者能够规制到人及人们生活的哪些部分的问题。③

第一节 民法中的人

据英国《卫报》报道,意大利一位建筑商的遗孀收留了一只叫托马索的流浪在罗马街头的小猫。这位老妇人没有儿女,她在意大利国内有总额高达 1000 万欧元的多处别墅与公寓等财产,她在 2009 年立下遗嘱由小猫托马索作为这些遗产的唯一继承者。2011 年 11 月,老妇人去世。不过,意大利法律规定,动物不能直接继承遗产,但可以成为信托基金的受益者。老妇人在去世之前,曾指定护士斯特凡尼娅作为小猫托马索和该笔财产的受托人。④ 在这个小猫继承案件中,小猫托马索能否向该护士主张请求权,关键在于小猫能否作为权利享有者,是否具有民事权利能力。小猫只有具备民事权利能力方能成为权利主体,而要成为法律上的权利主体,根据人格法定主义,需要由法律规范来确定。根据人之本质与社会政策的立场,只有人享有人格尊严,纯粹人的存在对权

---

① 德国拉德布鲁赫的《法律上的人》、日本星野英一的《私法中的人》、法国福柯的《规训与惩罚》等都对法律上人类形象的变迁作了细致分析和研究。参见谢鸿飞:《现代民法中的"人"》,载《北大法律评论》第 3 卷第 2 辑;朱晓喆:《社会法中的人》,载《法学》2002 年第 8 期。

② 参见沈寨:《从"伦理人"到"科学人"——以民法为例看近现代中国法律上的"人"的变迁》,载《太平洋学报》2011 年第 8 期。

③ 参见〔日〕星野英一:《民法劝学》,张立艳译,北京大学出版社 2006 年版,第 104 页。

④ 参见《继承 1000 万欧元遗产 意大利一猫咪跻身动物富豪》,https://news.sina.cn/sa/2011-12-11/detail-ikftpnny5284841.d.html,2023 年 3 月 20 日访问。

利能力具有决定性的意义，不论该人在智力状况或其他方面有严重问题，不论其是消费者还是经营者、劳动者还是用人单位，但小猫并不具备纯粹的人的存在，因而不具备权利能力，不能享有人的权利能力以及承担相应的法律后果，动物只能为权利客体，而不能成为民事权利主体，所以不能享有继承权。因此，小猫的主人只能将猫的所有权转移给他人，他人可在其遗产范围内对猫负有照料义务。梳理古代、近代与现代对于权利能力即人格的演变，有助于我们对权利能力即人格的理解。

一、近代之前民法中的人

自然人并不必然是法律主体，只有人格人是法律主体。人格人常被当作人为的面容或假面具。古罗马法强调人格人与人的区别，去除情感因素和人格尊严因素，古罗马法使用人格人标记出人在法律上的存在、各种不同的角色与功能，将人法律资格化，依据身份将人格和功能分配给现实中的人，通过人格将现实中的人和"活着的物"相区分，并形成了等级社会。古罗马法将奴隶定义为"活着的物"，是当时简单的商品经济的产物，确定所有权产生抽象的价值，使得所有权可交换成为可能，所有权主体在法律规范上被界定为法律上的人。对于民法而言，重要的是财产划分而非依据生物、机体或身体划分，这种划分为近现代私法将有机体的人与非有机体的人都解释为法律主体而予以平等对待提供了某种依据。将自然人与人格人视为等同，是贯彻个人主义的自然法的社会观点，具有现实基础和政治意图，即消除等级差别，赋予自然人以人格人的资格。《奥地利普通民法典》首次规定所有自然人为人格人，但并未将人格人的内质限于自然人。《德国民法典》避免了人格人与自然人的平行地位，在人格人的概念之下并排列出自然人和法人作为法律主体，[①] 以权利能力为人格人即法律主体的本质。

从民法的民事主体演变的历程来看，人与民法的连接点就是人格人即法律人格。人格脱离了人，就是一个抽象的法律概念。人格被赋予法

---

① 参见〔德〕罗尔夫·克尼佩尔：《法律与历史——论〈德国民法典〉的形成与变迁》，朱岩译，法律出版社 2003 年版，第 59 页以下。

律性，就成为私法上的权利享有和义务承担的主体。

近现代意义上的权利能力是作为权利和义务主体的能力，具有这项能力者就是法律意义上的人，权利能力因为所有生物人（自然人）的自由和法律面前人人平等而被认为是统一的，生物人就是法律上的人，但在古罗马法上，人因为在团体中身份地位的不同而相应地享有全部或部分权利。古罗马法从自由、市民权和在家庭团体中的地位三个作为人的资格方面区分人的法律地位，相应地规定了"自由人身份""市民身份"和"家庭身份"等名称，这些名称是由身份变更即人格减等的三个种类发展而来的，是古罗马法中一个自由人失去其所在团体的成员地位的过程。古罗马法上人格减等分为丧失自由的人格最大减等、丧失市民权的人格中减等或者人格小减等、丧失家庭身份的人格小减等三个种类。人在社会共同体中的法律地位，在古罗马社会发展过程中发生巨大变化。在古罗马时期，尚未将人视为个体，而是将其视为所在团体的成员。在私法中，这些团体中的最大单位是国家，作为全部罗马市民的团体，最小单位是家庭。古罗马的小家庭构成一种独裁式的法律团体，由作为首脑的家父和屈从于其全面家父权之下的妻子（只要处于夫权之下）、子女（尚未脱离家父的权力）、门客和奴隶等人组成。家父的权力几乎不受限制，家父权称为"支配权"，但这种权力基于标的的不同而有所差异。例如，"夫权"既象征对归顺夫权的妻子的支配，也意味着对妻子作为家庭成员给予保护；对家子的权力为父权；对奴隶的权力为所有权；对于不具有市民权但独立自由的门客和被释放自由的人为庇护权；对于监护人和保佐人为信托权；对于已经出让的家子为买主权。对家庭财产唯一有处分权的是家父，归顺夫权的妻子和家子没有自己的财产，直至罗马后期法律才承认家子的财产能力。亲属关系不是按照血亲而是按照家庭团体的从属关系的族亲确定的父系亲属关系。①

在古罗马法中，有"*homo*""*caput*"和"*persona*"三个人的概念。"*homo*"是生物学意义上的人即自然人，但不一定有权利能力，不

---

① 参见〔德〕马克斯·卡泽尔、罗尔夫·克努特尔：《罗马私法》，田士永译，法律出版社2018年版，第153页以下。

一定能成为权利与义务主体，如奴隶不能作为权利义务主体，只能作为权利客体。古罗马户籍登记时家长在登记册中占有一章，家属则名列其下。"*caput*"原意指的是头颅或书籍的一章，表示一种身份和能力，彰显完全人格的重要性，"*caput*"借指权利义务主体，具有法律上的人格，家长有权利能力，家属和平民则没有权利能力，不能成为权利义务主体。"*persona*"是从演员扮演角色所戴假面具引申而来，表示具有某种身份。"*persona*"除为生物人，还须是自由的即为有自由权的人，若要成为市民法上的人则必须是市民。"*persona*"只有具有自由权、市民权和家父权，方能成为完全的权利义务主体即具有完全人格。[①] 古罗马法一般只保护罗马市民而不保护外邦人，市民权将罗马市民与外邦人区分为不同阶层，并从市民权中发展出了自由权；家庭团体的地位区分了自权人（不处于任何家父权支配之下的人，如家父、无亲属的男子、无亲属的妇女）和他权人（自权人之外的任何人，如归顺夫权的妻子、家子女、奴隶）的权利能力。通过对不同身份的人的权利资格进行界定划分，构建法律上的人，是否具有一定身份和能力，区分了古罗马法律上的人和现实生活中的生物人。近现代民法上的"法律人格"是从古罗马法中的"*persona*"，即市民权的自由人地位演变而来的。

在古罗马法中，不同等级的人享有不同的公法或私法上的权力或权利，人在民法上的资格即民事主体的法律人格有无或高低。法律上完全人格的内容由自由权、市民权和家父权组成。依次丧失自由权、市民权、家父权三项权利的全部或一部，就会发生人格减等，甚至成为权利客体。源于古罗马法的人格概念具有两个方面的特别意义：第一，公开地不平等地构建人法，人为分裂了生物人与法律人，宣示了人格制度的公法性，导致对人格经常从否定的意义上作出规定；第二，开创了人格概念从一个母权利派生出诸多子权利的惯例，即交易权、通婚权、遗嘱能力、作证能力、投票权、担任公职权、向人民的申诉权、从军权等具体权利，这些权利公私法性质兼具，相对而言更被认为具有公法

---

① 参见刘国涛：《人的民法地位》，中国法制出版社 2005 年版，第 39—40 页。

性质。①

　　由上述分析来看，古罗马法上的人格带有强烈的等级性和身份性。与现代社会作为权利义务主体的个人相比，古罗马法上的家父权是个人被家庭团体涵盖的集中体现，家父是一个家庭的立法者，家父对于在父权下的家子与奴隶等人的不法行为负责，父与子、夫与妻、奴隶主与奴隶等之间因身份不同而形成的人格统一到家父身上，形成了不同人在法律人格方面的不平等或不独立的现象。随着社会发展，家父权日渐式微，但罗马法上的等级性和身份性的人格制度不能成为近代私法意义上去除了等级性的人格制度确立的支撑依据。进入封建社会，个人的身份等级地位发生了变化，被作为物的奴隶从客体转变为法律上享有部分权利义务主体的农奴或农民。尽管这一时期的西方教会法特别是基督教宣传在神面前人人平等，确立了人类尊严的思想，从平等和个人自由意志的法律理念方面对罗马法进行重新解释，但这种平等和自由的思想在世俗社会和封建社会法中没有获得实现的土壤。也就是说，在18世纪以前的封建社会本质上还是以身份制为基础的社会，人们在私法上的地位是由其在封建社会中的身份所决定的。封建社会中的人格利益必须依附于一定的身份和地位，具有人身依附性，近代以前的个人的人格利益不具有独立性，也是不完备的。基于不平等的法律人格，封建社会中的人格利益受到的保护当然为不全面和不平等的。② 人格权是以人格的独立为前提的，所以在近代以前既无近现代意义上的人格权的概念，也无人格权的相关规定，充其量说人格权还处于萌芽状态。

　　随着家父权的衰落和身份制度的废止，近代民法否定了古代民法中的一切不平等身份，并扬弃了其相应的狭隘的物法和债法的观念，近代民法中的人成为被抽象掉了各种能力和财力等的人，从而实现了法律人格的形式平等。可以说，一切民事主体地位平等始于近代民法。

---

　　① 参见徐国栋：《民法哲学（增订本）》，中国法制出版社2015年版，第168—169页。
　　② 参见马骏驹、刘卉：《论法律人格内涵的变迁和人格权的发展——从民法中的人出发》，载《法学评论》2002年第1期。

二、近现代民法中的人

(一) 近代民法中的人

1. 传统财产法中的人

在传统财产法中人是以何种标准为前提的,值得研究。

自启蒙运动以来的近代社会,以身份等级本位为人格基础的古罗马法中的人、以身份等级与人身依附关系为人格基础的封建社会法中的人,被以理性本位为人格基础的近代民法中的伦理人所取代。在启蒙主义的社会图像中,"人是一种理性的、可以自己负责的创造物,自出生之日便获得了关于良心、宗教信仰和经济活动的自由的不可割让的权利。人们无须再与旧制度的那个中间身份集团打交道,而只和国家本身发生联系。这个国家有义务通过它的立法把公民从封建的、教会的、家庭的、行会的以及身份集团的传统权威中解放出来,并赋予全体公民以平等的权利"[1]。这表明古代法中人与人之间在私法中的不平等关系被近代法中人与人之间自由和平等的社会关系所取代,每个伦理人或理性人在经济交往中都具有独立的权利能力和行为能力,自己对自己的行为负责。

伦理人概念主要存在于德国古典自然法[2]中。德国古典自然法中的人被认为是具备理智和意志的伦理人,为伦理与法律上的主体。普芬道夫认为人具有理智是与其他存在物在自然属性上存在的根本区别,他把人理解为两个存在:人的肉体属于物理存在体,属于物理世界(自然界),与其他生命体并没有本质区别;还有一个由理智与思维构成的伦理存在体,人的行为即受其决定。普芬道夫对人作出二元化诠释,将人生活的世界区分为有形的物理世界与无形的伦理世界,提出了一个与生物性存在不同的伦理性存在。各个伦理存在体(伦理人)受到伦理世界

---

[1] 〔德〕茨威格特、克茨:《比较法总论》(上),潘汉典、米健、高鸿钧、贺卫方译,中国法制出版社2017年版,第155—156页。

[2] 古典自然法是17、18世纪盛行于欧洲各国的自然法理论。在德国古典自然法中,普芬道夫(Samuel von Pufendorf)与克里斯蒂安·沃尔夫(Christian Wolff)的理论最具代表性。

的各种伦理法则规范。按照普芬道夫的观点，伦理人是这个伦理世界的主体，作为主体的伦理人包括理智与意志这两个要素。人的行为比动物的动作高出一等，后者仅是没有任何预先的思考即感觉的简单反射，前者则基于理智，理智对于自由行为具有两种功能：一为反映客体，二为权衡利弊后进行考虑并作出决策的能力。理智与意志属于普芬道夫自然法理论的基石性范畴。他基于"伦理人具备理智与意志"观点，将伦理人理解为伦理和法律上的主体，而将人以外的其他东西定性为客体。沃尔夫是理性法时代德国著名的自然法学家，他对伦理人概念进行了发展，主要表现为以下几个方面：第一，直接明确地确定伦理人为权利义务主体。在沃尔夫看来，作为一定权利义务主体的人是伦理人，其伦理状态由权利义务决定。第二，明确将团体纳入伦理人的范畴。沃尔夫认为，团体全体成员以合力行动，因而应将团体视为一个人。该团体理论对于近现代法人理论的形成具有重要意义。第三，赋予了伦理人概念更多的规范性因素，其中蕴含了特定的伦理期待。沃尔夫认为，伦理人具有行善避恶的本性。因此，伦理人根据其本性，应当为善行，不为恶行。①

人格是特定社会作为民事主体的准入条件，生物人与法律人的分离是法律人格制度的基本模式，其核心要素为法律人格的适格判断标准。在近现代社会之前，血缘、地域、财产等身份要素为法律人格的判断标准，以身份作为人格判断标准带有法律地位不平等的因素。近代法律人格的判断标准是个人的伦理属性，具有人格尊严的生物人与法律人重合奠定了近代法律上人人地位平等的法理基础，以近代《法国民法典》为代表。编纂于近代末期与现代开端的《德国民法典》使用"权利能力"

---

① 参见杨代雄：《伦理人概念对民法体系构造的影响》，载《法制与社会发展》2008年第6期。关于团体纳入伦理人范畴问题，杨代雄教授认为，尽管在古罗马的法律实践中，也承认某些团体具备法律上的人格，但古罗马的法学家并未在理论上对团体人格的法律基础、团体的内在结构与运行机理等问题进行深入系统的阐述，因此，很难说古罗马存在成形的法人理论。与此不同，沃尔夫从意志论的角度对团体的上述问题予以诠释，将团体抽象为一个基于其成员的合意具备统一的目的、统一的意志与统一的行动力量的人，成员的个性被团体的共同意志覆盖，成员的人格在团体事务的范围内被团体的人格吸收，成员的意志借助于表决转化为团体进行自我节制的决议与法律。这些观点为现代法人理论中的法人目的事业理论、法人意思理论、法人机关理论、法人章程理论以及公司法人自治理论提供了重要的思想元素。

概念作为法律人格的适格判断标准,是在人的伦理性判断基础上又规定了去除感情和人格尊严的民事主体法人,将自然人与法人并列为人格人。

  作为此一时期代表的《法国民法典》是以启蒙运动和理性法所确立的信念为基础的,即以一种理性的社会生活秩序为基础,市民存在的基础是个人自由,其人的形象被认为是"民法典编纂者心目中的、给民法典的风格以烙印的理想形象,不是小人物、手工业者,更非领薪阶层的理想形象,而是有产者的市民阶级的理想形象;他们有识别力、明知、敢于负责,同时也精通本行和熟悉法律"[①]。同时,被拉德布鲁赫称之为"与其说是20世纪的序曲毋宁说是19世纪的尾声"、具有自由资本主义时代法律思想鲜明烙印的《德国民法典》,尽管一种出于家长式极权国家的关怀思想的社会政策(如社会保险立法)已经开始出现,但这些几乎并未渗入私法,当时在这个国家起主导作用的是具有自由主义倾向的大市民阶层,"作为《德国民法典》基础的人类形象,因此不再是小手工业者或者工厂工人的人类形象,而是富有的企业家、农场主或政府官员的人类形象;换言之,就是这样一种人,即人们能够指望他们具有足够的业务能力和判断能力,在以契约自由、营业自由和竞争自由为基础而成立的市民营利团体中理智地活动并避免损失"[②]。可见,传统财产法是以保障财产所有人的平等的自由、人身、所有权和其他权利为目的,其基本理念是保护自由、平等、人身和所有权,即人的人身和所有权是自由、平等地得到保护。尽管传统的财产法以"自由、平等为前提",但是人的能力不是必然平等的,以所有权为例,来自父母的财产等生来就不平等,导致了财产权处分事实上的不自由,因此引起了19世纪后半期财产法理念的变迁。从市场经济的主体角度而言,传统财产法中的人具备的某种法的人格是以某种人的标准为前提的,如《法国民法典》和《德国民法典》中的标准人是自由且平等的、理性的、利己的、抽象的兼具市民和商人形象的"经济人"。从传统近代民法的标准

---

  ① 〔德〕茨威格特、克茨:《比较法总论》(上),潘汉典、米健、高鸿钧、贺卫方译,中国法制出版社2017年版,第176页。
  ② 同上书,第269—270页。

人的观点来看，一切人在法律上具有完全平等的人格，并能按照自己的意思自由地成为自己构建的私法关系的立法者即自己为自己立法，是理性的、利己的"经济人"和"法律人"，这种近代民法传统背后的人的标准形象被概括称为"理性上、意思上坚强聪明的"具有"抽象性格"的人。① 古罗马法上人格的影像向近代法中人格的影像的转变，是人从身份到契约的转变，近代民法中所倡导的私有财产神圣不可侵犯、契约自由和过错责任这三大基本原则，与近代自由资本主义时期进行的商品交易的经济基础及其民法典上所体现的作为"理性的、聪明的人"的抽象人格特征相对应，体现了民法中的意思自治理念和对人的理性的认可。

近代传统民法承认所有人都具有完全平等的人格，其主要特色为人格权利是以财产权利为中心。例如，《法国民法典》没有直接规定对人格权进行保护，但对财产支配性地位作出保护，担保物权中去除了封建社会负担的土地所有权以及与之相关的合同权利，根据契约自由原则保护自由取得各种权利。"人"被认为是"权利义务的归属点"，即物权、债权以及其他权利或权益归属于何主体以及使已归属的权利发生变动的又为何主体。前者是属于权利能力的问题，权利能力平等为近代民法上的一个基本原则，一般认为民法上所有"人"享有同等的权利能力；后者是关于行为能力的问题，是以自我决定和自我责任为原则，而对于行为能力的限制一般为例外情况。传统民法上所设想的"人"或人的影像，是排除所有属性（年龄、性别、国籍、人种、宗教、资产情况、判断能力等）以外的"普遍的、抽象的"人，② 将智力、经济能力、社会地位、信息收集能力等方面的差异抽象为平等的人，这种抽象性平等正是近代民法中作为民事主体的人格的标准形象。

2. 传统家庭法中的人

在古罗马法和封建法中，以整个大家族为主，而不重视小家庭，在

---

① 参见〔日〕星野英一：《民法劝学》，张立艳译，北京大学出版社2006年版，第105—107页。

② 参见〔日〕大村敦志：《近30年来日本的民法研究》，渠涛译，载《清华法学》2012年第3期。

与他人关系上以作为家长的男子为代表,作为家长的男子主要出外谋生、关心家庭需要以及支配和管理作为共同所有物的家庭财产,家庭其他成员没有特殊所有物,只对共有物享有权利,但这种权利可能与家长的支配权发生冲突。黑格尔认为,家庭"以爱为其规定",个人成为家庭成员,家庭是由婚姻、家庭的财产、子女的教育与家庭的解体三个方面构成的。婚姻是具有法的意义的伦理性的爱,婚姻的主观出发点在很大程度上是缔结这种关系的当事人之间的特殊爱慕或者出于父母的事先考虑和安排等,婚姻的客观出发点则为当事人双方自愿同意组成统一体而抛弃自己自然的和单个的人格;婚姻并非如订立所有权转移的契约那样,庄严宣布同意建立婚姻这一伦理性的结合以及家庭和相关团体对婚姻的承认和认可,构成了正式结婚和婚姻的现实;子女有被抚养和受教育的权利,费用由家庭共同财产负担,父母出于教训和教育子女的目的可以矫正子女任性的权利,子女需要服从父母。① 自 18 世纪以来,小家庭在功能上发生了重大变化,逐步失去生产单位即家庭企业的意义而成为纯粹的消费单位,只有少数农庄和一些小型家庭企业中的家庭还保留生产功能,工作与职业基本上从家庭领域剥离出去,只通过间接方式与家庭发生联系(如扶养义务)。相应而言,家庭关系的强度与亲密度增强,传统近代民法家庭体现为一种法定的、客观存在于家庭成员间的角色分配。② 近代传统民法家庭是一个统一体,个人必须在这个统一体中生活,它不是一种合伙,而是以家庭为规范对象,几乎不体现个人主义色彩,这与民法物权、债权等财产法中所体现的个人主义色彩有很大的不同。

卢梭和休谟认为,家庭是建立在爱的基础上,是由爱和共同利益结为一体、彼此有亲密关系或相互依存关系的成员组成的共同体。③ 近代家庭法中的人,其标准形象是一个充满爱和温柔的人。但作为国家构成

---

① 参见〔德〕黑格尔:《法哲学原理》,范扬、张企泰译,商务印书馆 1961 年版,第 173—188 页。
② 参见〔德〕迪特尔·施瓦布:《德国家庭法》,王葆莳译,法律出版社 2010 年版,第 3 页。
③ 参见〔美〕苏珊·穆勒·奥金:《正义、社会性别与家庭》,王新宇译,中国政法大学出版社 2017 年版,第 34—36 页。

单位的家庭中的人因各自在家庭中的地位不同而以不同人的地位出现，地位可按照统帅者和被统帅者、权威者和应服从权威者、保护者和被保护者、强者和弱者划分，这种地位并非以在各个场合进行强弱判断，而是按照夫和妻、父母和子女之间的关系来作出区分判断，父对子女（主要是未成年人）是统帅者、保护者、权威者、强者，作为弱者的子女是应服从权威者、被统帅者、被保护者，体现了前者的自由和后者的不自由。①

近代民法一般规定非婚生子女不是家庭成员，在继承上将非婚生子女与婚生子女区别开来，如1804年《法国民法典》第334条第3款规定："如果在法定的受孕期间，生父或生母同另一人有婚姻关系，非婚生子女的权利，仅在法律规定的范围内，损害该父或母一方因婚姻事实原已承诺的义务"；第760条规定："非婚生子女，如在其受胎期间，其生父或生母另有婚姻关系约束并且有婚生子女，应同这些婚生子女一起共同继承其生父或生母遗产；但每一非婚生子女仅能继承假如死者的所有子女（包括参与继承的非婚生子女本人）都是婚生子女时本有可能继承的遗产的一半。非婚生子女由此减少的应继承份之部分，加给因父或母通奸而受到损害的婚生子女的应继承份；此部分遗产，在婚生子女之间按他们各自的应继承份比例分配。"理由是保护因通奸而受到损害的子女与受害配偶的利益、尊重婚姻家庭、尊重公序良俗。当时《法国民法典》中的家庭法以丈夫和父亲为家庭首脑即家长，父亲对子女享有家父权，妻子没有丈夫同意不得订立契约和转让财产，反映出家父权下的家庭状况。② 值得注意的是，在传统家庭法中倡导对弱者的保护，也体现了法律的爱和温柔。

（二）现代民法中的人

1. 现代财产法中的人

在自由资本主义的产生与发展过程中，财产权一直处于近代民法的

---

① 参见〔日〕星野英一：《民法劝学》，张立艳译，北京大学出版社2006年版，第107—108页。
② 参见〔德〕茨威格特、克茨：《比较法总论》（上），潘汉典、米健、高鸿钧、贺卫方译，中国法制出版社2017年版，第177页。

核心地位，但与财产权相比而言，人格权没有受到重视而发展滞后，近代民法中的权利平等实际为人对各自的财产享有权利的平等。近代民法首先确认财产权，目的是为了保护自由资本主义发展。与前资本主义时期人法中注重家庭权威与特权的身份的不平等人格相比，近代民法中人格平等的确立只是为了确立财产流转与归属的要求，体现契约自由，正如梅因（Henry Sumner Maine）所言："所有改革型社会的进程都是一场从身份到契约的运动。"① 传统民法定义为财产法，契约自由就是财产自由，即使民法要调整一定的人身关系，此部分的人身关系不是与财产有关，就是选择逃避解释，人虽为财产主体，但仅被视为一个物物交换的工具的场景，② 忽略了对作为主体人的本身的人格尊重与保护，近代民法的法律人格的内涵表现为财产权。人格权在现代民法中得到发展，与财产权具有同样重要的作用，法律人格乃为核心。

传统民法将人作为权利义务的归属点，但实际上民法中的人，既具有人格和人身，同时又必须承认人与人之间存在差异。如果仅仅具有普遍意义上抽象的和形式上的平等的人这种思维方法，则会使存在各种差异、处于社会弱势地位的特殊人群中的"人"的人格尊严受到损害。因此，现代民法应当从弱者的层面考虑劳动者、消费者、女性、儿童、外国人以及残疾人等具体人的权利，这种权利主张应当被国家和社会承认，从实质平等角度来构建新型的人的形象。③ 尽管近代民法承认所有人具有完全平等的法的人格，但没有将人格权直接规定为权利，反而认为人格权是以所有权为首的财产性权利。学说上有关人格权的承认和保护在19世纪后半期由德国学者提出，后为瑞士和法国学者所认同。现代民法中的人格权具有以下特色④：第一，人格权被定义为人应当得到尊重和保护的权利，具体包括生命权、健康权、身体权、名誉权、贞操

---

① 〔英〕亨利·萨姆纳·梅因：《古代法》，郭亮译，法律出版社2016年版，第91页。
② 参见周清林：《经典理论理解与人本主义之间——回顾与简评新中国第三次民法典起草中的基础理论》，载《江淮论坛》2007年第3期。
③ 参见〔日〕大村敦志：《近30年来日本的民法研究》，渠涛译，载《清华法学》2012年第3期。
④ 参见〔日〕星野英一：《民法劝学》，张立艳译，北京大学出版社2006年版，第108—110页。

权、姓名权、肖像权、通信以及隐私权、个人信息权等,为现代民法上的人应当享有的权利。第二,作为现代民法的理念,从形式意义上的人的抽象的自由和平等到实质意义上的自由和平等的确定,相对于自由而言更加强调平等,直接在现代民法中承认强者和弱者之间的差异,使强者成为法律规制的对象,弱者成为保护的对象,但弱者也并非只是保护对象,也会尽可能地承认其作为平等主体的自由的意思和行为。人为自己的立法者理念未发生改变,但现代民法注重所有人实质上的平等,国家介入私法自治之中。

如前所述,近代传统民法以财产法为中心,即以解决所有权的财产归属的物权法和进行财产交换的契约法为中心,尽管民法上使用了法律人格,但其只为财产归属和交换得以可能的理论基础,即权利义务归属点。随着社会的发展,人格法也相应发展,逐渐明确了民法是"活着的人"的法和"想更好地活着的人"的法。人格权及人格利益的不断出现提高了人格法(包括人法在内)在民法中所占的比重。以人格法或人法为中心的现代民法典的体系重构促使对人格法方面进行研究,提高相关法律制度本身的价值。现代民法明确规定了近代传统民法中没有被作为人格权承认的保护的利益,主要表现在侵权行为法所保护的法益是从财产经过人身而转向人格,其背后的法律原理并非将个人作为独立的存在,而是作为某种法律关系中的存在。由于现在以各种形态对"财产"和"人身"进行侵害还在发生,对于人格权的保护不能仅限于侵害的禁止(消极的义务),而且还要对某种注意义务(积极的义务)进行积极的规范。① 可见,现代民法中的人是具体的人,是法律按其社会的、经济的地位的强弱差异作出不同对待的人,不再是近代民法中抽象的人。在权利的表达方式上,现代民法中的个人,从对所有人具有完全平等的法律人格的承认到对人格权的承认,从形式上的自由立法者到真正的自由立法者且在只有一方是自由立法者时对立法内容的国家介入,法律人格从形式上的平等到实质上的平等、从抽象的人到具体的人,在私法自

---

① 参见〔日〕大村敦志:《近30年来日本的民法研究》,渠涛译,载《清华法学》2012年第3期。

治与国家干预之间寻找平衡。由此可见，民法上的人从近代法向现代法变迁，是"从对所有的人的完全平等的法律人格的承认到承认人格权"的转变，法律人格发生了"从自由的立法者向法律的保护对象""从法律人格的平等向不平等的人""从抽象的法律人格向具体的人"的转变，其背后的标准人是"从理性的、意思表示强而智的人向弱而愚的人"的转变。① 现代民法基于弱者的经济弱势地位"身份"而对弱者进行的特殊保护，被学者描述为"从契约到身份"的过程。

顺便提一下，我国对法律中"人"的论述是沿用西方法律发展的一般规律，较少关注本土法律发展的特殊历史。我国实际上自清末修律开始了近代化法律转型，我国法律中"人"的影像发生了从"伦理人"向"科学人"的转换，即由宗法伦理义务本位逐步向以人格平等为基础的权利本位转换，② 表明我国民法从近代传统民法发展到现代民法关注的核心是从义务主体到权利主体的转变过程。

2. 家庭法中人在现代民法中的变化

学者桑德尔（Michael Sandel）认为，正义只有在利益诉求不同和商品分配时发挥作用，家庭为爱和共同利益联结而成的关系亲密的群体，不具备正义所需的环境，家庭在正义之外。这种观点忽视了正义与家庭的关联，理想化了家庭，家长制下子女的自由受限制，妻子没有发言权，在慈爱的家庭中能体现正义，但对于有虐待或漠不关心的家庭而

---

① 参见〔日〕星野英一：《私法中的人》，王闯译，中国法制出版社2004年版，第50页。

② 参见沈寨：《从"伦理人"到"科学人"——以民法为例看近现代中国法律上的"人"的变迁》，载《太平洋学报》2011年第8期。沈寨认为，"伦理人"是传统中国法律上特有的"人"的形象。与"伦理人"不同，"科学人"则是西方法律对"人"的形象设置。所谓"伦理人"，是指依据道德准则来规范自己行为的人，这里的道德不是指规则或制度层面的公德，而是指关乎私人生活操守的人伦，属于个人心性层面的私德。"伦理人"的最大特征是社会成员往往依据自己的血缘身份和社会等级身份来确定自己的权利义务，血缘关系中的亲疏远近和社会关系中的尊卑贵贱决定了其权利义务的大小，人被深深嵌入在等差有别的人际关系网里，过着不平等的生活。"科学人"则是指以人性为基础，遵循人类自身发展的规律，过着自然而又理性的生活的人。与"伦理人"相对，"科学人"的最主要特征在于以个人平等为原则，而不是以血缘身份或等级地位为标准来确定自己的权利和义务。

言则为暴力或放纵，需要通过外部权威干涉对子女进行保护。① 交易关系不属于家庭关系，有偿的行为、非营利团体的成立或依据契约成立的共同生活体等也不属于家庭关系。② 在婚姻家庭领域应进行自由和平等的变革，特别是针对妇女儿童被虐待、施暴等家暴现象不应作为家庭隐私而被忽视或不予处理，正义不能缺席，应在家庭领域划分允许与禁止行为的界限，法律不能将家庭置于法外，如对于结婚与离婚问题，对于妇女从事家务劳动、就业与商事活动问题，对于家暴问题，以及对于子女的受教育权问题等均应得到规范。

自 20 世纪以来，随着两性平等原则的贯彻和对子女权利的重视，妇女与子女权利不断得到加强，传统的以父为主导的家庭结构被平等型的家庭结构所替代，家庭关系随着家庭成员之间的争议被提交至法院，为法律所调整。与此同时，家庭在教育方面的功能也逐渐弱化，不再承担引导子女进入社会的任务，社会保障体系的健全也减轻了家庭负担，家庭成员与外部联系更为紧密，家庭功能的缩减强化了家庭作为个人处所的特征，家庭成员基于人的原因而非功能统一聚集于该处所。与近代传统民法家庭体现为一种法定的、客观存在于家庭成员间的角色分配不同，现代民法家庭观念更强调法律之外的、配偶之间以及父母子女之间的主观联系，如配偶之间的爱情、父母子女之间的亲情等，这些主观上的感情联系只能在一定条件下受到社会和法律的支配和调整。基于此，家庭被视为具有高度人身属性的私人领域，该领域严格区别于公法和政治领域，法律不得随意干预。③ 传统家庭法理念的变迁实现了自由、平等理念在家庭法领域的彻底贯彻，家庭中没有了统帅者和弱者，未成年人不是服从父亲权力的人而是作为弱者应由双亲保护和养育的人。可见，最初倡导家庭内的弱者保护、夫妇亲子间的爱与温柔的家庭法理

---

① 参见〔美〕苏珊·穆勒·奥金：《正义、社会性别与家庭》，王新宇译，中国政法大学出版社 2017 年版，第 3 页、第 132 页以下。

② 参见〔日〕大村敦志：《近 30 年来日本的民法研究》，渠涛译，载《清华法学》2012 年第 3 期。

③ 参见〔德〕迪特尔·施瓦布：《德国家庭法》，王葆莳译，法律出版社 2010 年版，第 3—4 页。

念,已发展为男女平等和对父母权力的否定,贯彻了自由、平等的民法理念。非婚生子女与婚生子女在继承上应尽量得到同等对待。① 梳理欧洲法律发展史可以发现,在法律上处于弱势地位的非婚生子女受到歧视源于教会的原因,教会只承认一夫一妻制婚姻为两性结合的唯一合法方式,不承认非婚生子女的合法地位,非婚生子女就业范围受到限制(如不能担任教师、公务员,不能加入同业公会等),甚至1794年《普鲁士普通邦法》规定非婚生子女既非生父家庭成员也非生母家庭成员。现在《法国民法典》第334条第2款作了"非婚生子女为其生父或生母家庭成员"的规定,承认了非婚生子女的家庭成员地位。1969年德国《非婚生子女法》虽然规定了非婚生子女的法律地位,但仍然保留了婚生子女与非婚生子女的区分,非婚生子女对遗产继承不直接享有物上共有权利,只能通过债法上的遗产补偿请求权实现继承权。后德国《继承法平等权利法》在继承权利方面规定,应对婚生子女与非婚生子女平等对待,废除了之前关于非婚生子女和父亲及其血亲之间继承关系的特殊规定。同时,《德国民法典》第1626a条第1款使用了"父母在子女出生时未相互结婚的"概念,而没有使用"非婚生子女"的概念。② 我国《民法典》第1071条第1款也体现了这一理念,该款规定:"非婚生子女享有与婚生子女同等的权利,任何组织或者个人不得加以危害和歧视。"

与近代家庭法中的人相比,现代家庭法中人的变化更加注重个人的独立,更加注重平等与自由原则的贯彻。

3. 现代民法中的人格权

(1) 第二次世界大战之前

人的概念源于古罗马法,而人格概念却是在18世纪末期创造出来的。尽管人格权概念提出得很早,但独立的人格权制度兴起却较晚,人格权的真正发展是在第二次世界大战之后。罗马法中并没有人格权的概

---

① 参见〔日〕星野英一:《民法劝学》,张立艳译,北京大学出版社2006年版,第111—112页。

② 参见〔德〕迪特尔·施瓦布:《德国家庭法》,王葆莳译,法律出版社2010年版,第265—268页。

念。"人格"一词原来并非法律上的概念,而是伦理中的概念,是康德把自己的人格理论建立在伦理道德的基础之上而将该概念引入到哲学之中,康德认为:"人,是主体,他有能力承担加于他的行为。因此,道德的人格不是别的,它是受道德法则约束的一个有理性的人的自由。"①在康德的观点中,人和人格的概念是同时出现的,人是法律上的概念,而人格是习惯上的概念,表明人应该具备发展自己的自由能力。所有人对这种人格的享有和取得均没有阻碍,只要人们能够履行自己的义务就可以。人"只服从于自己的人格"这一原则在法律发展史上意义重大,从这一点上引申出"人人平等"的原则,每个人都享有人格。

关于人格权的提出,有人认为是 1866 年德国学者格奥尔格·卡尔·纽内尔(Georg Carl Neuner)在其著作《私法法律关系的性质以及种类》中解释人与权利能力的概念时提出的,认为权利能力起初并非人格权利的组成部分,而是公共政策(即公法)对人格权施加的约束,即只有具有权利能力者才能够享有人格上的权利。在人的理论发展历史背景下,纽内尔提出了"人格的权利"这一概念,是一种人能够自己确定自己的目的并且能够按照确定的目的发展自己的权利,这种思想反映在《德国基本法》第 2 条的规定中。"取得宪法上规定的地位,说明人格权这一权利已经成为法学家的语言。"② 也有学者认为,作为权利的人格权得到认可是在近代初期由法国学者雨果·多内鲁斯(Hugo Donellus)提出的。多内鲁斯将权利分为支配权和债权,又将支配权的对象划分为人和物,其中,"对人的权利"发展成了现在的人格权(具体包括生命、身体不受伤害及人身自由等),并通过侵权诉权对受到侵害的人格利益进行救济。此后,人格权的概念经由近代自然法学家赋予其精神支柱而逐渐形成。③ 对何为人格权问题,德国学者爱杜亚德·惠尔德(Eduard Hölder)在其 1905 年出版的《自然人和法人》一书中认为:"人的概念

---

① 〔德〕康德:《法的形而上学原理——权利的科学》,沈叔平译,商务印书馆 1991 年版,第 30 页。
② 〔德〕汉斯·哈腾鲍尔:《民法上的人》,孙宪忠译,载《环球法律评论》2001 年冬季号。
③ 参见〔日〕五十岚清:《人格权法》,〔日〕铃木贤、葛敏译,北京大学出版社 2009 年版,第 1—2 页。

与人格的概念在法律中常常是在同一个意义上加以使用的。这两个词表示的是同一个特性，一个具有多方面属性的东西。因为没有人不具有人格，同时人格也离不开人，所以这两个概念常常可以被作为一个概念来使用。"① 德国学者奥托·冯·基尔克1895年在其《德国私法》一书中认为："我们所说的'人格权'，就是指保障一个主体能够支配自己的人格必要组成部分的权利。正是在这个意义上，该权利可以被称为'对本人的权利'，而且通过这一客观性的表述可以清楚地将它与其他权利区别开来。……作为一种私法上的特别权利，人格权与我们所说的一般人格权有清楚的区别，因为后者指的是由法律制度保障的、要求自己作为一个人应该享有的请求权。人格权是一种主观权利，它必须得到每一个人的重视。"② 关于人格权的概念，法学家们至今仍争论不断。

以法国、德国民法为代表的近代大陆法系民法典，沿袭了罗马法所开创的人的伦理价值保护之救济与权利相分离的模式。近代民法采取这种模式，主要是受到罗马法以来法律将外在于人的事物与金钱价值相联系并与人的伦理价值相对立的观念的影响，并在近代人文主义思想关于人的伦理价值在法律中被看成是内在于人的事物观点的影响下，使得法律对"人格的保护"采取了"人之本体的保护"模式。在这两个观念的影响下，近代民法不可能产生"人格权"的概念。③《德国民法典》受到德国历史法学派代表人物萨维尼的学说影响，对于作为权利的人格权的认可采取的是消极态度，除了规定姓名权外，没有制定关于人格权的一般规定，对侵害生命、身体、健康、自由和信用的违法行为，仅作侵权行为处理加以保护。学说上广泛主张的一般人格权在二战前的判例中并未得到认可。与此相反的是，虽然1804年《法国民法典》未对人格权作任何规定，但法国在19世纪中叶通过判例将侵害各种人格利益的

---

① 转引自〔德〕汉斯·哈滕鲍尔：《民法上的人》，孙宪忠译，载《环球法律评论》2001年冬季号。

② 同上。

③ 参见马俊驹、张翔：《人格权的理论基础及其立法体例》，载《法学研究》2004年第6期。

行为，通过侵权行为法实现救济，为人格权法的发展做出了实质性的贡献。对世界人格权发展起到划时代意义的是 20 世纪初的《瑞士民法典》，它规定了具体人格权和一般人格权。相对于大陆法系各国或地区人格权的发展，英美法系尽管没有人格权概念，但也有自己的保护体系，如英国通过诽谤法、美国通过隐私权对私生活进行保护。[①] 二战之前，各国或地区对人格权的保护以消极保护为主。

（2）第二次世界大战之后

近代民法从"人之本体"确立了法典上的人格保护模式，将人的伦理价值认作人的内在要素，但理论学说已经开始有人的伦理价值扩张倾向，如美国法学家塞缪尔·沃伦（Samuel Warren）和路易斯·布兰代斯（Louis Brandeis）于 1890 年在《哈佛法律评论》上发表的论文首次提到隐私权概念，德国学者克思奈（Keyssner）于 1896 年在其《肖像权论》一书中提出了完整的肖像权保护方法。特别是二战后，随着"人权运动"的兴起，人的伦理价值所应涵盖的范围迅速扩张到知情、信用、生活安宁乃至居住环境等方面，远非近代民法的伦理哲学所固有的生命、身体、健康和自由等领域的人之本体保护所能涵盖。对于人的伦理价值，近代民法采取"人之本体保护"模式，即消极保护，未将人格作为人格权加以保护，而现代民法则采取"权利保护"模式，即积极保护，将人格权单独保护。同时，随着商品经济关系延伸到社会各个领域，许多人的伦理属性开始具有可以用金钱价值衡量的财产属性即人格权商品化，使人的伦理价值具有可支配性，再次冲击近代民法的"内在化的伦理价值观念"。这动摇了基于罗马法确立的人的伦理价值与物的二分对立状态，出现了人在其伦理价值上应当享有如同在自己的财产上所享有的权利的观念，"人格权"概念由此真正进入现代民法的视野。[②]

第二次世界大战后，世界人格权法发展中最为耀眼的是美国的隐私权和德国的一般人格权的发展。与此同时，诸多国家或地区在制定和修

---

① 参见〔日〕五十岚清：《人格权法》，〔日〕铃木贤、葛敏译，北京大学出版社 2009 年版，第 1—2 页。

② 参见马俊驹、张翔：《人格权的理论基础及其立法体例》，载《法学研究》2004 年第 6 期。

改民法典时，制定了以保护人格权为宗旨的规定。例如，德国对一般人格权通过判例法制度予以确认；法国通过修改民法典对人格权保护作了规定；中国先后制定《民法通则》《侵权责任法》《民法典》《个人信息保护法》等法律对人格权保护作了规定；随着科技的发展，美国扩大了隐私权保护的范围；英国正面认可了隐私权，并在1998年制定了《人权法案》；处于大陆法系和英美法系混合法领域的加拿大魁北克省在《魁北克民法典》中对具体人格权和一般人格权作了详细的规定。[①] 隐私权与名誉权等人格权是通过美国和德国判例与学说形成的，并为大部分国家或地区采纳，体现了人格权保护全球化的趋势。可见，第二次世界大战后，随着世界范围内人权观念与人格价值的极大提升，法律对人的人格利益的全面价值予以保护。

人格权是长期社会发展（包括思想、政治、经济）的产物，使个人得从各种身份、阶级的束缚中解放出来，并因经历各种政治变动更深切地体认人格尊严及人格自由的重要性。人格权建立在个人的人格自觉即个人的自我认同和自主决定之上，是对侵害人格权各种不法行为在法律上的回应过程。科技的进步，如照相机的发明，最早促使在立法或司法上为保护肖像而创设相对应的救济方法。[②] 第二次世界大战后，人们对任何不尊重人的尊严和人格的行为（这种不尊重行为有来自国家，也有来自团体或私人方面）变得越来越敏感，特别是随着现代科学技术的发展，这种不尊重行为愈加多样化（如非法录音、偷拍以及使用互联网技术实施侵权行为等）。为了使这些行为的受害人在民法上得到广泛的保护，[③] 需要强化对人格权的保护，即从传统民法的消极保护发展到现代通过立法等方式来积极确权，以适应高科技发展的需要，对人格权进行全面保护。"21世纪是走向权利的世纪，是弘扬人格尊严和价值的世纪。进入21世纪以来，随着互联网和高科技的发展，对人的尊重和保

[①] 参见〔日〕五十岚清：《人格权法》，〔日〕铃木贤、葛敏译，北京大学出版社2009年版，第3—6页。

[②] 参见王泽鉴：《人格权法》，北京大学出版社2013年版，第4页。

[③] 参见〔德〕卡尔·拉伦茨：《德国民法通论》（上册），王晓晔、邵建东、程建英、徐国建、谢怀栻译，法律出版社2003年版，第170—171页。

护被提高到前所未有的高度。对人的尊严的保护是人民群众美好生活的重要内容,人格权法就是最直接和最全面保护人的尊严的法律,人格权制度也是民法中最新和最富有时代气息的领域。"① 鉴于此,我国民法典已经采用了积极确权的方式,"将人格权独立成编,这不仅是有效应对科技进步和社会发展的需要,是全面保护人格尊严的要求,也与21世纪人文关怀的时代精神相吻合,凸显了民法以关爱人、尊重人、保护人的权利为特征的'人法'特点"②。当人格权表现出与财产权同等重要的地位时,正如有学者所言:"人格性(personnalité)正在向财产夺回桂冠。"③ 这从一定意义上提升了作为人的人格地位。

民法以人为中心,"以人作为人格者"理念经历了长期历史的演变与发展得以确立,旨在维护人的人格价值。人格权是以人格为内容的权利,体现在现代的私法制度中。由于人格的开放性,人格权的内容随着社会变迁、个人人格觉醒以及不法侵害样态,难以对其进行具体的定义,所以,人格权的内容保持着一种持续开展及实践的动态发展过程,应当对其作诠释性的理解,以不断适应未来新型的人格权类型的出现和发展。④ 在学说上,学者一般将人格权分为一般人格权和具体人格权来研究,一般人格权是对具体人格权的总称,主要在于保护尚未被严格限定的人格利益;具体人格权是指如姓名权、肖像权与名誉权那样对构成要件具有严格限制的权利。⑤ 潘德克顿学派主张以法律关系特别是以民事权利为中心来构建民法体系,具体规定总则、物权、债权、亲属权和继承权五编,不包括人格权,存在"重物轻人"的体系缺陷。其实,按照这一体例,人格权作为一编放在分则也是完全符合其内在逻辑的。如果不设置独立的人格权编,分则会看上去是以财产法为绝对主导,给人

---

① 王利明:《民法人格权编(草案室内稿)的亮点及改进思路》,载《中国政法大学学报》2018年第4期。
② 王利明:《人格权:从消极保护到积极确权》,载《北京日报》2018年4月9日第13版。
③ 〔日〕星野英一:《私法中的人》,王闯译,中国法制出版社2004年版,第64页。
④ 参见王泽鉴:《人格权法》,北京大学出版社2013年版,第41、43页。
⑤ 参见〔日〕五十岚清:《人格权法》,〔日〕铃木贤、葛敏译,北京大学出版社2009年版,第7页。

的感觉是民法主要就是财产法。同时，也要注意严格区分人格权与人格的概念。人格是指主体资格，一般与民事权利能力相对应，而人格权则是民事主体所享有的民事权利。从比较法上看，各国或地区都区分了人格权与人格，我国自《民法通则》到《民法典》颁布以来一直严格区分人格和人格权的概念。《民法通则》在主体制度中规定了人格，与其相对应的概念为"民事权利能力"，而人格权则规定在《民法通则》"民事权利"章节当中；《民法典》在主体制度中规定了民事权利能力，以解决主体资格问题，在总则编"民事权利"章节中规定了人格权，严格区分了人格与人格权，① 并单独规定了人格权编，规定了生命权、身体权、健康权、姓名权、名称权、肖像权、名誉权、荣誉权、隐私权等具体和一般人格权益。

从前述分析可知，古罗马法上虽然通过侵权法保护人格权，但没有建立独立的人格权制度，也没有一般人格权概念，1804年《法国民法典》上没有规定人格权和一般人格权概念，1896年《德国民法典》也未明确规定人格权概念。随着对人权保护的加强，现在各国或地区在立法上或在司法实践中都加强了对人格权的保护。对于人格权是否分为具体人格权或法定人格权和一般人格权、具体人格权与一般人格权之间的关系，学说上有两种观点：第一种观点为"一般与个别说"，认为人格权就是一般人格权，性质上是关于人的价值与尊严的"母权"，而具体人格权为一般人格权衍生出的个别人格权，两者之间为隶属关系。② 第二种观点为"权利与法益并立说"，③ 认为具体人格权是法律上规定的应保护的利益，而一般人格权是法律上应当保护而未保护的利益，是对具体人格权不足的补充，两者之间不是一般与个别的关系，而是列举和补充的并列关系。学说上最大的争议焦点主要在于，除了规定具体人格权之外，是否应当规定一般人格权，即是否存在一般人格权，在学说与

---

① 参见王利明：《民法人格权编（草案室内稿）的亮点及改进思路》，载《中国政法大学学报》2018年第4期。
② 参见王泽鉴：《侵权行为法》（第一册），中国政法大学出版社2001年版，第103页；刘召成：《论具体人格权的生成》，载《法学》2016年第3期。
③ 参见熊谞龙：《权利，抑或法益？——般人格权本质的再讨论》，载《比较法研究》2005年第2期。

司法实践中意见不一。需要注意的是，有学者认为，人格权的一般规定和一般人格权在内涵和外延上不同，人格权的一般规定是对人格权法的具体制度概括，所以，人格权的一般规定不能取代一般人格权的概念，不能将人格权的一般规定简单地等同于一般人格权，可以将一般人格权制度在人格权编中单独作为一章，以实现对人的人格保护的周延性。①

综上，由于新型的人格利益层出不穷，同时出现侵犯此类人格利益的行为也越来越多，具体人格权不能涵盖现代社会在发展过程中所引起的新的人格利益，对既有的法定人格权框架造成冲击，故有必要以一般人格权来缓和人格权的法定主义，克服其封闭性和僵化性。②随着人权保护运动的发展，各国或地区相继通过立法或司法实践在宪政体系下确认了一般人格权制度，从而避免了随着社会发展原有的人格权范围落后于时代的困境，也为人格权的发展提供了空间，同时实现了人格权保护与社会发展相互和谐协调发展，为一般人格权的保护提供了请求权基础。在人格权制度的发展上，经历了一个由具体人格权向一般人格权发展的过程，标志着人格权制度的日趋完善，体现了对人的全面保护。立法上对具体人格权与抽象人格权的保护方式不同，前者予以积极规定，后者予以消极保护。笔者认为，在规定了各种具体人格权的基础上，相关内容不管是使用一般人格权概念还是人格权的一般条款或一般的人格条款概念，其探讨的最终目的都是全面对人的保护和对人格的尊重，本质上并无太大区别。作为我国关于人格权体系的主流观点，一般人格权概念在研究中更为可取。

另外，现代民法关于法人等团体是否具有一般人格权问题，从立法和实践角度而言，法人等团体的姓名、商号等具体人格权应当予以保护，但法人等团体是为了特定目的而存在的，不具有人格无限发展的空间，其享有一般人格权会对市场竞争和自由产生潜在的限制而不符合市场活动原则，而且其人格利益是一种财产利益，可通过如竞争法等特别

---

① 参见冯元：《一般人格权的哲学分析》，载《华南理工大学学报（社会科学版）》2009年第1期。

② 参见马特、袁雪石：《人格权法教程》，中国人民大学出版社2007年版，第200页。

法律或财产法等途径解决,因而法人等团体无须也无法享有一般人格权。① 本书赞同此种仅自然人享有一般人格权的观点。

第二节　人中的民法

从人的方面来讲,民法如何规范到人的内心层面与规范的界限是可以探讨的问题。本节拟从两个方面进行探讨,一是从民法财产法视角研究民法规范人的内心意思层面,以及民法规范界限之所在;二是从民法家庭法视角研究民法规范人内心的爱的层面,以及民法规范人的生活和社会现象的界限之所在。

一、财产法规范人的内心层面界限

作为调整市场经济的财产法主要是调整财产关系的法律,规范着人的外部活动亦即人们的行为的法律。财产法能否调整规范人的内心问题,很少有人探讨。根据《现代汉语词典》的界定"行为"指的是"受思想支配而表现出来的活动"②,即受到人的意志支配的外在活动,具体结构是由人的内心的主观意志与外在客观表现构成,可分为作为与不作为。事实上,由行为的概念和相关财产法规定可知,法律并非完全不考虑人的内心状态,只要与人的行为有关,均会与内心相联系。

民法的基本原则与人的内心有无关联?根据《民法典》第8条"民事主体从事民事活动,不得违反法律,不得违背公序良俗"、第153条第2款"违背公序良俗的民事法律行为无效"以及第154条"行为人与相对人恶意串通,损害他人合法权益的民事法律行为无效"等规定来看,均将人的行为本身作为法律调整的范围,一般不包括人的内心问题,但与人的内心间接相关。而根据《民法典》第7条"民事主体从事

---

① 参见沈建峰:《德国法上的法人一般人格权制度及其反思》,载《政治与法律》2012年第1期。

② 中国社会科学院语言研究所词典编辑室编:《现代汉语词典(第7版)》,商务印书馆2016年版,第1466页。

民事活动,应当遵循诚信原则,秉持诚实,恪守承诺"规定来看,民事主体在行使权利与履行义务时应当遵循诚信原则,即将人的内心的诚实作为调整对象;还有《民法典》第 5 条规定的自愿原则,体现的是私法自治原则,与人的内心关联度更强,即"民事主体从事民事活动,应当遵循自愿原则,按照自己的意思设立、变更、终止民事法律关系"。这些基本原则一般结合调整人的行为,只有在行为人为了获得自己的利益而损害他人的恶意场合,才会考虑到其内心的不诚实等,从而使其行为无效。法律虽不积极地要求当事人要有好的意图,但消极地规定排除坏的意图,从而在"法不禁止即自由"私法理念基础上整体考虑人的内心状态。由此可见,民法基本原则直接或间接与人的内心相关。下面以法律行为、事实行为以及其他法律事实为例,具体探讨民法与人的内心之间的关系。

(一)法律行为与人的内心

1. 法律行为本质属性问题

私法自治的工具与核心制度是法律行为,法律行为制度滥觞于罗马法,关于法律行为的本质属性在理论中有所争议,主要有"合法性说""意思表示说""意思表示与合法综合说""规范性说"。

就"合法性说"而言,有学者从对法律行为进行评价的角度来论证,认为"民事法律行为从本质上讲应当是一种合法行为",其具体理由是"只有合法的民事行为才能得到国家法律的确认和保护","才能产生行为人所追求的民事法律后果";[1] 也有学者从效力评价角度来论述,认为"法律行为作为法律概念,存在于法律规范层面,是作为评价生活事实层面的行为构成(或者不能构成)法律行为的标准而存在的。既然属于规范,也就当然具有合法性——该合法性是由规范赋予的。当我们讨论作为规范的法律行为时,合法性已成为前提条件"[2]。就"意思表示说"而言,有学者认为,法律行为是指"私人的、旨在引起某种法律

---

[1] 参见彭万林主编:《民法学》,中国政法大学出版社 1994 年版,第 94 页。
[2] 张俊浩主编:《民法学原理(修订第三版)》(上册),中国政法大学出版社 2000 年版,第 221 页。

效果的意思表示。此种效果之所以得依法产生，皆因行为人希冀其发生。法律行为之本质，在于旨在引起法律效果之意思的实现，在于法律制度以承认该意思方式而于法律世界中实现行为人欲然的法律判断"，"就常规言，意思表示与法律行为为同义之表达方式。使用意思表示者，乃侧重于意思表达之本身过程，或者乃由于某项意思表示仅是某项法律行为事实构成之组成部分"，① 也就是说，如果没有意思表示则法律行为不成立，意思表示是法律行为的核心和本质。就"意思表示与合法综合说"而言，有学者认为，意思表示是法律行为最基本的要素，它对法律行为的成立与效力具有决定性的意义，同时民事法律行为必须是合法行为，以合法性作为民事法律行为的基本特征之一。② "规范性说"是从法律事实区分为法律行为与事实行为视角进行探讨，有学者认为，事实行为发生的法律效果由法律直接规定，法律行为发生的法律效果由法律行为的核心要素"意思表示"中的"效果意思"或"法效意思"决定，对法律行为的"合法性"评价为评价结果，是一种事实性质的陈述；而对法律行为的效力性评价原则上并非为"事实性"因素的判断，而是针对"规范性"因素的判断，有效性判断是一个规范性陈述，两者所针对的对象不同。至于法律行为的本质属性是"事实性"还是"规范性"，该学者认为，将法律行为的本质属性定性为"事实性"或"合法性"的观点都是错误的，法律对法律行为规范并非为"合法性"评价，而是"效力性"评价，③ 由此认为应将法律行为的本质属性定性为规范性。

关于法律行为的本质属性，首先要区分法律行为的成立、效力与生效，其次才能判断法律行为究竟是事实判断问题还是价值判断问题。在传统民法理论中，明确区分法律行为的成立、效力和生效，设定不同的判断标准和判断规则。法律行为的成立贯彻私法自治原则，只要具备民事主体、意思表示和标的的实质要件和形式要件即可，为事实判断；法

---

① 参见〔德〕迪特尔·梅迪库斯：《德国民法总论》，邵建东译，法律出版社 2001 年版，第 142—143、190 页。
② 参见佟柔主编：《中国民法》，法律出版社 1990 年版，第 163—165 页。
③ 参见薛军：《法律行为"合法性"迷局之破解》，载《法商研究》2008 年第 2 期。

律行为的效力贯彻"法不禁止即可为"或"法不禁止即自由"原则,只要不违反法律强制性规定或不违背公序良俗原则即可,其效力性评价结果为有效、无效、可撤销以及中间状态的效力待定,为价值判断,代表的是国家和社会的价值和利益来判断效力;法律行为的生效贯彻的是诚信原则和适当履行原则,当法律行为确定地、现实地发生当事人预期的法律效果时,即即时生效、附条件法律行为所附条件成就或附期限的法律行为所附期限来到时,按照既定法律行为的内容履行义务,为事实判断。

尽管学者认为"规范性说"是价值判断,"合法性说"是事实判断,但是"规范性说"和"合法性说"实际上分别表达的是进行价值判断后的法律行为的效力阶段和事实判断后的生效阶段,"意思表示与合法综合说"则混淆了法律行为的成立与生效两个阶段。笔者认为,只有在法律行为成立之后,才能探讨效力和生效问题,这三种学说颠倒或混淆了法律行为的成立、效力与生效三个阶段的逻辑关系顺序。法律行为的成立、效力和生效均以意思表示为主线和核心,"规范性说"和"合法性说"采用的是法定主义而非表意主义,真正体现私法自治的是法律行为,法律行为是否成立是事实判断,以此来区分事实行为。笔者认为法律行为的本质属性为意思表示。实际上,传统民法理论也认为,作为私法自治工具的法律行为的核心是意思表示,"法律行为概念的核心根本不是所谓的合法性,而是行为人的意志与法律效果之间的内在关联性,惟有如此,它才能够成为私法自治的工具","法律行为是私人意思表示。法律行为的实施者并非根据国家权威而行为","法律行为只是指向法律效果之创设",至于其"所欲追求的法律效果是否确实通过法律行为得到实现,以及能否得到立即实现,不属于法律行为概念的范围",[①]从而区分了法律行为的成立和效力及生效之间的关系。我国现已废止的《民法通则》第54条规定:"民事法律行为是公民或者法人设立、变更、终止民事权利和民事义务的合法行为",将法律行为的成立与生效混淆而"合二为一",《民法典》通过后,在第133条规定:"民事法律行为是民事主体通过意思表示设立、变更、终止民事法律关系的行为",即

---

① 参见朱庆育:《法律行为概念疏证》,载《中外法学》2008年第3期。

单独规定了民事法律行为的成立条款,然后依次在第 143 条至第 156 条规定了民事法律行为的效力即民事法律行为的有效、效力待定、可撤销以及无效条款,在第 136 条规定即时生效条款、第 158 条至第 159 条规定了附条件的民事法律行为生效和失效条款、第 160 条规定了附期限的民事法律行为生效和失效条款,区分了民事法律行为的成立、效力与生效为不同阶段,也证明我国立法上将法律行为的本质属性定性为意思表示,对法律行为规范采取意定主义而非法定主义。

2. 意思表示与人的内心

所谓意思表示,是指表意人将意欲发生私法上效果的内心意思表达于外部的行为。有学者归纳了我国民法理论上意思表示的构成要素,主要有意思表示包括目的意思、效果意思、表示意思、行为意思和表示行为的"五要素说",意思表示包括效果意思和表示意思的"二要素说",以及意思表示包括目的意思、效果意思和表示行为的"三要素说",研究意思表示构成要素的目的是判断是否存在意思表示以及如何围绕私法自治原则设置相应规则和例外规则。①

德国有学者认为,意思表示由客观构成要件和主观构成要件两个因素构成,客观构成要件由明确的方式和可推断等其他行为方式组成,主观构成要件由行为意思、表示意识(法律约束意思)和交易意思(特定法律后果的意思)组成。② 另有德国学者认为,意思表示包括内部的意思和对该意思的外部表达两个因素,能够引起法律效果的并非单纯内部意思而为被表达出来于外部的意思,其中,内部意思分为行为意思、表示意思(表示意识)和效果意思;外部表达是将因其意欲达到的特定法律效果的意思表达出来而以一种能够被人所知悉的外部行为,分为明示的方式(书面和口头等)和默示的方式(推定和沉默)来表达效果意思。③ 此外,德国还有学者提出了意思表示构成要件理论,抛弃了传统

---

① 参见王利明主编:《民法(第九版)》(上册),中国人民大学出版社 2022 年版,第 128 页。
② 参见〔德〕本德·吕特斯、阿斯特丽德·施塔德勒:《德国民法总论(第 18 版)》,于馨淼、张姝译,法律出版社 2017 年版,第 152—158 页。
③ 参见〔德〕汉斯·布洛克斯、沃尔夫·迪特里希·瓦尔克:《德国民法总论(第 41 版)》,张艳译、冯楚奇补译,中国人民大学出版社 2019 年版,第 48—50 页。

意思表示理论中意思表示内部构成要件的行为意思、表示意思和效果意思三要素理论，根据能力、意图和自由三个因素构建了意思表示"新三要素说"，指出能力上的要件、意图上的要件和实质的条件三个方面为意思表示内部构成要件，意思表示外部要件由外部表示（表示的方式是明示或默示作出）所构成。与其他学者观点不同的是，其还认为外部表示必须通过解释来确定。他所主张的意思表示内部构成要件的理由是，在能力上的要件方面，认为行为意思并非适当的规范性标准，意思表示的归责并非在于是否存在行为意思，而为自由形成意思的能力，由行为能力、行动能力构成能力上的要件；在意图上的要件方面，认为表示意思并非恰当的术语，应以沟通意思和参与意思为意图上的构成要件；在实质的条件方面，认为不应只将实质的决定自由一般性地作为意思表示的生效条件，法律在特定情形下应对私人自治进行干涉。①

对于"新三要素说"，笔者认为，由于意思表示发生效力与法律行为发生效力不同，意思表示是否发生效力只对法律行为是否成立产生影响，法律行为发生效力需要符合法律的价值取向，而意思表示发生效力只要符合特定的形式要件即可，不要求意思表示的内容即实质要件符合法律的价值取向。"新三要素说"论证在能力上的要件方面时，分别就行为能力有无欠缺对意思表示的效力问题、行动能力中的意思表示瑕疵问题以及前两种情形下的损害赔偿问题作了成立、效力与生效的讨论，论证在意图上的要件方面时就其中的沟通意思和参与意思欠缺以及损害赔偿问题作了研究，论证在实质的条件方面时就私法自治与国家干预对生效的影响作了分析。"新三要素说"研究混淆和不作区分法律行为的成立、效力与生效问题，不能推翻传统意思表示构成要素的观点。但这种理论在意思表示中对人的内心意思和效力一体判断的观点，还是值得借鉴的。

首先，在当事人的能力要件上，行为能力和行动能力与人的内心相关。在行为能力方面，无行为能力人不管其内心意欲如何，所作出的意

---

① 参见〔德〕耶尔格·诺伊尔：《何为意思表示？》，纪海龙译，载《华东政法大学学报》2014年第5期。

思表示都不具有法律效力，为无效，如我国《民法典》第 144 条规定："无民事行为能力人实施的民事法律行为无效"；限制民事行为能力人超出其行为能力范围的行为效力待定，即其内心意欲达到的法律效果的意思不能超出其应有的理性范围，如《民法典》第 145 条第 1 款规定："限制民事行为能力人实施的纯获利益的民事法律行为或者与其年龄、智力、精神健康状况相适应的民事法律行为有效；实施的其他民事法律行为经法定代理人同意或者追认后有效。"在行动能力方面，对于欠缺内心的行为意思情形，如果不涉及交易相对人即无相对人情形，因未涉及第三人利益，从主观主义角度解释，则一般会考虑表意人的内心，意思表示不成立；如果涉及交易相对人即有相对人情形，因涉及相对人的利益保护和交易安全，如相对人是善意的，从客观主义角度解释，则一般不考虑表意人的内心意思，此时的意思表示会被认定为生效。

其次，意思表示与人的内心关系密切。意思表示在法律效果上有意思表示真实与意思表示不真实之分。意思表示真实，指的是当事人在自愿原则或私法自治原则基础上，作出符合内心意思的外部表示行为，即内心意思与外部表示行为相一致的状态。意思表示不真实，是指当事人的意思表示存在瑕疵。意思表示不真实可分为主观原因造成的不真实和客观原因造成的不真实。主观原因造成的意思表示不真实即当事人的内心意思与外部表示行为不一致，这是由当事人自己的原因造成的，又分为基于当事人故意的不真实和基于当事人错误的不真实，主要有真意保留、虚伪表示、戏谑行为、错误、重大误解、传达错误等情形；客观原因造成的意思表示不真实即意思表示不自由，这是由他人的原因造成的，当事人在表达意思时受到他人的不当干预，作出不符合其内心意思的表示行为，主要有欺诈、胁迫、显失公平等情形。

(1) 主观原因基于当事人故意的意思表示不真实

主观原因的意思表示不真实中基于当事人故意的不真实情形，是指当事人明知自己的内心意思与外部表示不一致而作出的意思表示。关于当事人明知内心的真实意思，可细分为真意保留、虚伪表示、戏谑行为。

真意保留又称"单方虚伪表示"，是以欺骗的方式向相对人或者第三人所为的意思，一般认为表意人的内心意思发生效力，除非从保护善意相对人或第三人的视角，善意相对人或第三人可根据实际情况主张该真意保留不发生效力。

虚伪表示，此处不包括单方虚伪表示，一般是指表意人与相对人通谋将人的内心真实意思隐藏而在外部表示上为虚假的意思表示，双方均不希望该民事法律行为发生效力，而以隐藏的民事法律行为为发生效力的行为。一般认为，被隐藏真意的虚假意思表示无效，至于被隐藏的真实的意思表示的效力，要依法判断其效力，如《民法典》第146条规定："行为人与相对人以虚假的意思表示实施的民事法律行为无效。以虚假的意思表示隐藏的民事法律行为的效力，依照有关法律规定处理。"尽管双方当事人通谋的虚伪表示行为绝对无效，但对于通谋的双方当事人之外的善意第三人而言并不当然无效，即该虚伪表示行为无效不得对抗善意第三人。

戏谑行为，是指行为人估计相对人或第三人不会信以为真而为的并非出于内心真意的开玩笑的戏言，或者戏谑表示的外部表达行为。对于这种缺乏内心真意的戏谑行为，一般认为不发生法律效力，但若相对人或第三人为善意则应对其信赖利益进行保护，表意人不能撤销该戏谑行为的意思表示或主张其无效，即表意人并不因为其故意不真实的意思表示而不承担责任。

(2) 主观原因基于当事人错误（非故意）的意思表示不真实

主观原因的意思表示不真实中基于当事人错误即非故意的不真实情形，是指当事人基于某种认知缺陷而发生其内心的意思与外部的表示行为不一致的意思表示。基于当事人错误的不真实情形可分为错误、重大误解、传达错误。

错误，是指当事人认识错误（即内容错误）或欠缺对错误的认识（即表达错误），导致其内心的意思与外部的表示行为不一致。错误是表意人因自身原因作出有瑕疵的意思表示，相对人或第三人因其错误而产生信赖的，在表意人与相对人或第三人之间的利益如何衡量？如果绝对地采用意思主义即主观主义采纳当事人真意，则有利于表意人而不利于相对人或第三人；如果绝对地采用表示主义即客观主义，则有利于相对人或第三人而不利于表意人。如果从利益平衡立场赋予表意人撤销权，因表意人具有可归责性，需要承担缔约过失责任。从保护交易安全视角来看，现在的主流观点是以客观主义为主、主观主义为例外的折中主义解释方法，当涉及交易保护利益和交易安全时，原则上采客观主义，现在客观主义并非基于相对人即受领人的意思表示，而是基于理性人的客观视角判断，可赋予表意人对于内容错误和表达错误的意思表示的撤销权；反之，当不涉及交易保护利益和交易安全时，可采纳主观主义。

错误与意思表示之间具有因果关系，在判断表意人对意思表示错误能否享有撤销权之前，首先需要考虑意思表示的解释问题，应遵循解释优先于撤销即"解释先行于撤销"原则，撤销只能在意思表示已经被解释后方能考虑。其中有争议的是，动机错误是否属于意思表示错误，是否应当受到法律规范。一般学说观点认为，在交易情形，动机错误不应认定为可撤销法律行为的意思表示错误范畴，动机错误是在意思表示形成过程中的错误，是表意人错误地从对法律效果意思认识错误时产生的，这种动机错误基本上不重要。另外，理论上认为，对于交易上被认为重要的人即主体资格，或者物的特征即物的性质的认识错误，因为涉及交易重要性，与法律行为的内容有直接关系，可视为内容错误，可以被撤销。① 这种交易重要性要根据具体交易认定。例如，在人的资格方面，对于女性求职者而言，怀孕不能视为重要特征，怀孕只是暂时状态，并非在劳动关系缔结上具有重要性，该求职者求职时未告知怀孕之事，雇主不能以求职者资格错误为由撤销劳动合同；在物的特征即性质方面，如果甲误认为他曾购买的一枚戒指为镀金的（实际上是纯金的），他以镀金戒指的价格将该戒指出售给乙，由于戒指为纯金的特征或性质对于交易具有重要性，甲可以撤销该错误的意思表示，此处的动机错误视为内容错误。在二手交易市场廉价购买不知为真品的旧画或低价出卖有价值的古董，因为这在二手市场交易上不具有重要性，是由当事人误判引起的风险，应由其自己承担，不能主张撤销。还有双方动机错误问

---

① 参见〔德〕汉斯·布洛克斯、沃尔夫·迪特里希·瓦尔克：《德国民法总论（第41版）》，张艳译、冯楚奇补译，中国人民大学出版社2019年版，第187—188页。

题，如甲以高价租赁某宾馆房间观赏烟火，不知道烟火秀已经取消，此时双方当事人以一定事实的发生或存续为法律行为的基础，双方应共同承担该项法律行为基础不存在的风险，即交易基础欠缺或丧失造成了交易基础障碍，不被认定为动机错误，不考虑双方当事人的内心意思，法律行为效力不受影响，不可撤销但可以解除该租赁合同。① 另外，在非交易情形，如遗嘱或遗赠，不存在交易保护的利益和交易安全问题，一般认为，任何动机错误都可以撤销。

误解的前提是对表示内容知情，对表示内容不知情的人不会产生误解。各国或地区的民法规定，一般错误的意思表示不会影响法律行为的效力，只有意思表示有重大错误时方可撤销该法律行为。我国没有在法律行为中规定错误制度，只在《民法典》第147条中规定了重大误解制度，相当于传统民法中法律行为的错误制度，该条规定："基于重大误解实施的民事法律行为，行为人有权请求人民法院或者仲裁机构予以撤销。"根据《最高人民法院关于适用〈中华人民共和国民法典〉总则编若干问题的解释》（以下简称《民法典总则编若干问题的解释》）第19条规定，"行为人对行为的性质、对方当事人或者标的物的品种、质量、规格、价格、数量等产生错误认识，按照通常理解如果不发生该错误认识行为人就不会作出相应意思表示的，人民法院可以认定为民法典第一百四十七条规定的重大误解"。"行为人能够证明自己实施民事法律行为时存在重大误解，并请求撤销该民事法律行为的，人民法院依法予以支持"，但并非任何重大误解均可以撤销，"根据交易习惯等认定行为人无权请求撤销的除外"。可见，重大误解制度与人的内心关系密切。

传达错误也与人的内心意思相关，是指表意人通过传达人（自然人、法人和非法人组织）传达其意思表示，因传达人错误使其内心的真实意思与外部的表示行为不一致造成不实传达。传达错误也属于意思表达错误范畴，传达错误与意思表示错误在法律上以同样的方式处理，《民法典总则编若干问题的解释》第20条对此也作了相应的规定："行为人以其意思表示存在第三人转达错误为由请求撤销民事法律行为的，

---

① 参见王泽鉴：《民法总则》，北京大学出版社2009年版，第352—353、356页。

适用本解释第十九条的规定。"表意人使用了传达人作为表示工具，其错误传达的后果应归属于表意人，适用于错误表达的内容，表意人享有撤销权。传达人传达的是表意人的意思表示而非传达人自己的意思表示，不适用代理规定，传达人必须是无意地或非故意地不实传达意思表示，而非故意为之；如为故意违背表意人的意思表示而为不实传达，应当适用无权代理的相关规定，符合法理，因为错误本身就是基于非故意而产生的。

（3）客观原因基于他人造成的意思表示不真实

客观原因基于他人造成的意思表示不真实情形主要有胁迫、欺诈、显失公平。

意思表示因欺诈或胁迫而具有瑕疵称为意思表示瑕疵，因受到他人的不当干预，属于意思表示不自由。所谓胁迫，是指胁迫人以未来影响或损害被胁迫人或其亲友的人身权和财产权不利的发生为要挟，不当干涉而迫使被胁迫人作出非自愿的违背其真实意思表示的不法行为。《民法典总则编若干问题的解释》第22条对胁迫作了规定："以给自然人及其近亲属等的人身权利、财产权利以及其他合法权益造成损害或者以给法人、非法人组织的名誉、荣誉、财产权益等造成损害为要挟，迫使其基于恐惧心理作出意思表示的，人民法院可以认定为民法典第一百五十条规定的胁迫。"该规定考量了胁迫人和被胁迫人的内心意思。不法胁迫由胁迫、因果关系、不法性、故意要件构成，不法胁迫与恶意欺诈制度一样是保护被胁迫人的意思决定自由。

关于欺诈，当欺诈人明知或可以预见受欺诈人将会因受到欺诈而作出他在未受欺诈情形下原本不会作出的意思表示，或原本不会作出具有某特定内容的意思表示时，就具有欺诈的恶意。《民法典总则编若干问题的解释》第21条对欺诈情形作了规定："故意告知虚假情况，或者负有告知义务的人故意隐瞒真实情况，致使当事人基于错误认识作出意思表示的，人民法院可以认定为民法典第一百四十八条、第一百四十九条规定的欺诈。"该规定考量了欺诈人与受欺诈人的内心状态。欺诈需要满足的条件为：第一，欺诈人，即欺诈被何人实施。在无须受领的意思表示情况下（如悬赏广告、抛弃财产），谁实施恶意欺诈并不重要，而在需要受领的意思表示情形下，欺诈人为实施欺诈的人。第二，须存在欺诈行为。欺诈行为可以是积极行为（明确地或默示地对重要情况作出不符合事实的说明），也可以是单纯的不作为（沉默）。第三，因果关系。欺诈行为须为受欺诈人作出意思表示的原因，即受欺诈人被恶意欺诈而错误地作出了意思表示。第四，不法性，即欺诈必须是不法的。如用人单位询问求职者有无犯罪记录，曾有犯罪记录的求职者没有如实回答的，用人单位不能以恶意欺诈撤销已签订的劳动合同，因为该欺诈是合法的。第五，欺诈者主观上是恶意的，以故意为必要条件，只要达到一定程度的故意就可以。[1] 恶意欺诈无须受欺诈人有财产损失，其保护的客体是决定自由，而非财产，是保护受欺诈人的内心意思表达自由。当然，如果欺诈人旨在使受欺诈人获得最大利益而进行欺诈，则不构成恶意欺诈，一般将此种欺诈视为借口，但也有学者如德国学者布洛克斯（Hans Brox）和瓦尔克（Wolf-Dietrich Walker）认为构成恶意。因恶意欺诈而作出的无须受领的意思表示可以无条件撤销，如遗赠；而对于涉及需受领表示的情形，只有对相对人进行欺诈，或者明知或应知第三人进行欺诈，方可撤销，如代理人实施的法律行为，不论是代理人还是被代理人实施的恶意欺诈，均可撤销。

可撤销的原因是决定自由受到不正当影响，而不是欺诈人或胁迫人的行为具有违法性或在道德上应受谴责性。只有当意思表示受到违法影响时，相关当事人才可以依法撤销，表意人基于他人的行为而感到自己受到欺诈或胁迫，还不足以使其享有撤销权。在胁迫和恶意欺诈情形中，受胁迫人或受欺诈人明知自己正在作出意思表示并且有意识地作出意思表示，只是其没有基于自己的意思自由决定作出意思表示。相对而言，对受到胁迫所作出的意思表示，只要发生胁迫事由，使人的内心受到胁迫产生恐惧而处于被迫状态，行为人若未促使该强迫状态实现则不构成胁迫，不要求胁迫产生的不利达到特别严重的程度，基于特殊考虑，就会自动产生撤销权；而在恶意欺诈情形中，受欺诈人即表意人只

---

[1] 参见〔德〕汉斯·布洛克斯、沃尔夫·迪特里希·瓦尔克：《德国民法总论（第41版）》，张艳译、冯楚奇补译，中国人民大学出版社2019年版，第202—205页。

能相对于欺诈人和明知或应知欺诈的人行使撤销权，欺诈一般是通过积极行为完成的，单纯的容忍行为也可能构成欺诈，欺诈行为可以是明示告知、隐瞒或掩饰事实情形，也可以是在负有告知义务时不提及某些事实情形（如沉默）。① 不过，从理性人视角看，不着边际的吹嘘或稍微夸张的推销不构成欺诈；还有一种是玩笑欺诈情形，欺诈人认为对方知道欺诈表示属于玩笑，不构成欺诈，而开玩笑的欺诈人旨在使对方上当受骗，且对方确实上当受骗的，则构成欺诈。

所谓显失公平，是指一方当事人利用对方处于危困状态、缺乏判断能力等情形，致使双方的权利与义务在法律行为成立时明显违反公平原则。民事法律行为是否显失公平应当以行为成立时的情况作为判断标准。《民法典》第151条规定："一方利用对方处于危困状态、缺乏判断能力等情形，致使民事法律行为成立时显失公平的，受损害方有权请求人民法院或者仲裁机构予以撤销。"也就是说，规范显失公平的民事法律行为应考虑到致损方利用对方危困或弱势而谋取不正当利益之故意的主观心理，以及受损害方处于危困或弱势之情形下所作出的内心意思与外在表示不真实导致双方利益显著失衡的结果，具体从主观要素与客观要素两方面来对民事法律行为是否构成"显失公平"进行综合认定，即主观上民事法律行为的一方当事人利用了对方处于危困状态、缺乏判断能力等情形，客观上民事法律行为成立时显失公平，这种主客观条件必须同时具备的"显失公平"又称为暴利行为。② 与赠与合同相比，两者在客观上均为权利义务显著失衡，但在主观上，赠与人主观上是真实意思表示，而显失公平情形下受损害方意思表示不真实，其所作出的内心意思受到不当干预。

上述研究表明，法律行为并未要求当事人的内心有好的意图，一般消极地规范其内心状态而限制其坏的意图，即只有当事人为了获得自身利益而损害他人利益时，会考虑其主观上为恶意情形，考虑其内心的不

---

① 参见〔德〕维尔纳·弗卢梅：《法律行为论》，迟颖译，法律出版社2013年版，第630页以下。
② 参见黄薇主编：《中华人民共和国民法典总则编释义》，法律出版社2020年版，第400—402页。

诚实，使其行为无效或可撤销而无效。同时，法律也会积极地对人的恶意与善意的内心状态加以规范，针对不同情形产生不同的法律后果。例如，在表见代理制度中被代理人主观上有过错的情况下，法律以"善意"这一要件替代了代理权，视为弥补了无权代理人的代理权欠缺，则善意相对人可选择无权代理或有权代理；缔约过失责任制度中"假借订立合同，恶意进行磋商"的当事人被认定为主观恶意，则应承担缔约过失责任。

（二）事实行为与人的内心

1. 区分恶意与善意的事实行为

不仅一些法律行为在主观状态上区分了恶意与善意，一些事实行为中也有根据人的内心意思区分为恶意与善意，如善意取得制度、添附制度、占有制度等。大陆法系各国或地区民法制度就区分了善意与恶意，"明知"或故意为恶意均无异议，争议之处在于界定恶意与善意时存在"应当知道而不知"或过失能否作为恶意的判断标准的差异。以德国和日本为例，德国以消极观念划分善意与恶意的界限，认为行为人只有在明知或重大过失而不知情形时才构成恶意，应当知道而不知的一般过失则视为善意；而日本以积极观念划分善意与恶意的界限，认为行为人只有在善意且无过失情形下方构成善意，行为人因过失应当知道而不知情形则视为恶意。[①] 可见，善意与恶意的判断标准对于各制度的构成要件和法律后果均产生重要的影响，如采消极观念去界定恶意与善意，则相对人只有故意或明知行为人无代理权时为恶意，而在过失情况下因无权代理的行为人实施的无权代理情形为善意；反之，如采积极观念去界定恶意与善意，则无论是故意或明知还是过失应知而不知情形，相对人均构成恶意。以此推定，善意取得制度与添附制度在运用不同的划分标准时均会产生同样的后果。

善意取得制度主要适用于财产交易情形，在该制度中，要求受让人在受让不动产或者动产时主观上是善意的，恶意受让人不能取得该财产，法律以"善意"弥补出让人无处分权的缺陷，善意阻断了无权处

[①] 参见陈本寒：《构建我国添附制度的立法思考》，载《法商研究》2018年第4期。

分，视为有处分权。《最高人民法院关于适用〈中华人民共和国民法典〉物权编的解释（一）》（以下简称《民法典物权编的解释（一）》）第14条规定："受让人受让不动产或者动产时，不知道转让人无处分权，且无重大过失的，应当认定受让人为善意。真实权利人主张受让人不构成善意的，应当承担举证证明责任。"由于善意取得是交易，《民法典物权编的解释（一）》第15条对于不动产转让中受让人的重大过失情形和第16条对于动产转让中受让人的重大过失情形作了客观认定，[①] 符合该规定即为恶意。对于所有权人来说，考虑到所有权人的内心意思，要求该动产或不动产是基于所有权人意思的委托物而非脱离物，即善意取得制度对于受让人与所有权人来说，均考虑到其内心状态。

添附制度解决的是物权归属问题，是不能请求恢复原状的，否则与该制度目的相悖。善意与恶意是对无权状态下的添附是否明知或应当知道，为主观上内心的意思问题，明知或应知无权而为添附者为恶意，不知且不应知无权而为添附者为善意。此处需要注意的是，添附当事人有无过错会影响确定添附物的所有权归属，而当事人主观的善意或恶意并不为判定添附物归属的依据，应当区分当事人的过错、善意或恶意对添附物归属的影响，不应将当事人的过错与主观善意、恶意概念相混淆，即过错对添附物所有权的归属产生影响，而善意和恶意则不会影响所有权归属问题，也就是当事人主观上恶意与否不影响添附成立与添附物归属。[②]

查士丁尼的《法学阶梯》在分析对板与画的添附物归属和救济时也从人内心的诚信与恶信上区分了善意和恶意情形："如在他人的板上绘画，有人认为板从属于画，另有一些人以为不问画的质量如何，它从属

---

① 《民法典物权编的解释（一）》第15条规定："具有下列情形之一的，应当认定不动产受让人知道转让人无处分权：（一）登记簿上存在有效的异议登记；（二）预告登记有效期内，未经预告登记的权利人同意；（三）登记簿上已经记载司法机关或者行政机关依法裁定、决定查封或者以其他形式限制不动产权利的有关事项；（四）受让人知道登记簿上记载的权利主体错误；（五）受让人知道他人已经依法享有不动产物权。真实权利人有证据证明不动产受让人应当知道转让人无处分权的，应当认定受让人具有重大过失。"第16条规定："受让人受让动产时，交易的对象、场所或者时机等不符合交易习惯的，应当认定受让人具有重大过失。"

② 参见单平基：《添附入典的立法表达》，载《现代法学》2019年第6期。

于板。朕认为板从属于画的意见比较正确……不过，如果板的所有人占有作品，而绘画的人在向他要求时，不愿支付板的价金，他的请求得因对方提出欺诈抗辩而遭驳回。如果绘画的人占有作品，法律容许板的所有人对他行使准诉权，在这种情形下，如果板的所有人不支付绘画的费用，他的请求得因对方提出欺诈抗辩而遭驳回；当然，这里假定绘画的人是善意占有人。因为如果绘画的人或另一个人窃取了板，板的所有人显然得向他提起窃盗之诉。"① 《法学阶梯》将盗窃分为窃取、窃用与侵占，受害人可向盗窃之人选择主张盗窃之诉、损害赔偿之诉或者返还所有物之诉。罗马法上的盗窃不仅指以据为己有的意图获取他人所有之物，还指违背所有人意愿而处理其物的行为。《法学阶梯》第四卷第一篇"侵权行为所发生的债务"中将盗窃分为现行盗窃和非现行盗窃，现行盗窃为被当场捕获的盗窃行为，现行盗窃范围之外的均属于非现行盗窃，对于现行盗窃的人处以的罚金是盗窃物价值的四倍，对非现行盗窃的人处以的罚金是加倍。画家在木板上画画为非现行盗窃。《十二表法》第八表第 16 条规定，对非现行盗窃所处罚金为盗窃者所盗窃赃物价值的两倍，即画家若恶意添附，应向板主支付的画板价值加倍。可见，罗马法上添附当事人的内心主观状态影响对他人补偿或赔偿的程度，但不影响其取得所有权。我国《民法典》第 322 条规定："因加工、附合、混合而产生的物的归属，有约定的，按照约定；没有约定或者约定不明确的，依照法律规定；法律没有规定的，按照充分发挥物的效用以及保护无过错当事人的原则确定。因一方当事人的过错或者确定物的归属造成另一方当事人损害的，应当给予赔偿或者补偿。"也就是说，添附规则确定财产归属，一般不考虑添附当事人和对方的内心主观状态，但为恶意或善意会对价值补偿或赔偿法律效果问题有影响，因而会考虑到添附当事人的内心主观状态，善意添附一般以不当得利规定处理，恶意添附一般以侵权规定处理。

占有制度从善意与恶意角度区分无权占有人，无权占有人的内心意

---

① 〔罗马〕查士丁尼：《法学总论——法学阶梯》，张企泰译，商务印书馆 1989 年版，第 56 页。

思影响到对占有物的使用收益、支出费用的返还、补偿或赔偿问题。首先，在占有物的使用以及由此造成的损害赔偿方面，恶意占有人使用致物损害的，应承担赔偿责任，而善意占有人因正常使用致损无须赔偿，如《民法典》第459条规定："占有人因使用占有的不动产或者动产，致使该不动产或者动产受到损害的，恶意占有人应当承担赔偿责任。"其次，在对占有物的返还原物、孳息、收益以及所支出的费用返还方面，恶意占有人和善意占有人均需要返还原物、孳息与收益，但善意占有人可以要求权利人支付其维护该物所支出的相关费用（有的国家或地区包括有益费用和必要费用，有的规定为必要费用），恶意占有人能否要求必要费用的偿还，不同国家或地区对此规定不一，如《民法典》第460条规定："不动产或者动产被占有人占有的，权利人可以请求返还原物及其孳息；但是，应当支付善意占有人因维护该不动产或者动产支出的必要费用。"最后，在物的毁损与灭失的赔偿责任方面，善意占有人就现存利益返还，而恶意占有人则为全部损害赔偿，如《民法典》第461条规定："占有的不动产或者动产毁损、灭失，该不动产或者动产的权利人请求赔偿的，占有人应当将因毁损、灭失取得的保险金、赔偿金或者补偿金等返还给权利人；权利人的损害未得到足够弥补的，恶意占有人还应当赔偿损失。"

2. 以过错为基础的侵权行为与人的内心

每个人都有权利能力，但不一定都具有行为能力。行为能力由意思能力与识别能力组成，以行为人能对自己行为承担责任为前提，取决于每个人能否对其行为承担相应的法律后果，在法律上区分为民事行为能力和民事责任能力。民事行为能力是民事主体通过自己的意思表示从事民事法律行为而享有权利和承担义务的能力，而民事责任能力是指民事主体能够对自己的不法行为承担民事责任的能力，两者均与人的内心意思相关，自己对自己的行为负责。相比较而言，民事行为能力是通过意思表示形成的法律行为追求积极的法律效果的能力，人的内心意思通过意思能力与外部表示构成意思表示；而违法行为取决于在法律上具有违法性和可归责性而产生的不利后果，民事责任能力一般是通过意思表示这个被认定为过错形成的事实行为而产生消极的法律后果和责任承担的能力，人的内心意思通过识别能力结合对禁止和允许的认知程度表现为过错。

一般而言，在一般侵权行为中，没有过错则加害人无须承担损害赔偿的后果。过错是侵权人的一种可归责的心理状况，是一种内心意思状态，表现为故意和过失两种形式。关于过错认定的标准，有根据注意标准确定过错观点，认为行为人在行为时未达到应有的注意标准就为过错，是从过错本质为违反社会准则的行为意志状态来界定过错的，此种观点运用的是客观检验方法；也有根据心理状态确定过错的观点，认为行为人对侵权行为结果或损害发生的危险有无预见或有无认识标准判断是否有过错，是从过错本质为一种应受谴责的个人心理状态界定过错，该种观点运用的是主观检验方法即心理分析法。对于注意标准与心理状态这两种过错认定标准，前者较为客观，但忽略了行为人的实际心理状态，后者根据实际心理状态确定过错类型方法上较为简便，但带有一定主观上的随意性，因而在认定过错时，应结合这两种标准综合判断。[1]

民法上故意的成立，须具有对违法性即违反义务性的认识，而对违法性的错误认识则不构成故意，而为过失。[2] 过失是一种未尽到注意义务的心理状态，行为人的心理状态应该受到责难。也就是说，行为人追求产生违反法律后果或者至少知道其行为可能产生违反法律后果但仍然行为的，构成故意；行为人应该预见到其行为可能发生的法律后果但未阻止或避免其发生的，违反了社会交往活动中一般合理人或理性人应尽的必要注意义务，构成过失。

关于行为人承担责任需要具有民事责任能力问题，有学者认为，行为人因故意或过失侵害他人权益，主观上应具有可归责性（可谴责性或非难性），此种可归责性须以责任能力（归责能力）为前提，并认为责任能力就是侵权行为能力。[3] 但另有学者认为，承担损害赔偿责任的前提在于行为人必须具有过错能力或侵权行为能力，而非责任能力，其理由是判断是否具有责任能力是在过错层面上进行的，即在判定过错是故

---

[1] 参见佟柔主编：《中国民法》，法律出版社1990年版，第568—570页。
[2] 参见王泽鉴：《侵权行为法》（第一册），中国政法大学出版社2001年版，第256页。
[3] 同上书，第275页。

意还是过失之前,不能对其行为在没有过错的基础上判定是否应受到法律的非难或谴责,在思维逻辑上还没有涉及该行为人的责任,不存在责任能力问题,只有在行为人被确定有过错能力或侵权行为能力后,再判断其行为是否有过错(故意或是过失)。[①] 这种观点也是有一定道理的,关于过错能力或侵权行为能力,只有当行为人因过错而应受到法律的非难或谴责时,方可使其承担侵权责任的法律后果,这种对行为人的法律非难性或可谴责性以行为人具有判断认知责任的精神状况或智力能力亦即行为人的过错能力为前提。不论是过错能力还是侵权行为能力,均考虑过错,考虑行为人对法律所禁止规范的认知责任的判断能力,与人的内心意思相关。从人的内心界定过错,则为侵权行为的"主观性要件",依此观点,过失是因人的内心的不注意引起而直接与人的内心状态相关;从违反社会性注意义务角度界定过错,即应做之事未做或做了不应做之事,则为侵权行为的"客观性要件",但依此观点,过失很难直接被认定为与人的内心状态有关。

过错责任如欠缺过错要件则不能成立侵权责任,但被侵权人即受害人如得不到救济而感到不公正时,则会考虑是否属于无过错责任或危险责任或公平分担责任,当然,这些责任的承担必须是有法律明文规定的。特别是无过错责任或危险责任,无须考量行为人的违法性和过错,只在考量造成危险源需要以特定的行为或状态存在而不能禁止时,规定必须由造成危险源的人承担赔偿责任,体现了对允许从事危险行为获益而产生风险与他人权益保护之间的一种合理平衡。例如,我国《民法典》第 1165 条规定:"行为人因过错侵害他人民事权益造成损害的,应当承担侵权责任。依照法律规定推定行为人有过错,其不能证明自己没有过错的,应当承担侵权责任",确定了过错责任和过错推定责任,第 1166 条则规定了无过错责任或者危险责任,该条规定:"行为人造成他人民事权益损害,不论行为人有无过错,法律规定应当承担侵权责任的,依照其规定。"由此可见,无过错责任或危险责任归责的原因不在

---

① 参见〔德〕马克西米利安·福克斯:《侵权行为法》,齐晓琨译,法律出版社 2006 年版,第 86 页以下。

于行为的违法性或过错程度，而在于该行为的危险性。但是，除了与有过失之外的规定，在无过错责任或危险责任中的惩罚性赔偿规定当中，加害的行为人主观上需要具备故意要件，与人的内心意思有关。例如，《民法典》第 1185 条规定："故意侵害他人知识产权，情节严重的，被侵权人有权请求相应的惩罚性赔偿。"第 1207 条规定："明知产品存在缺陷仍然生产、销售，或者没有依据前条规定采取有效补救措施，造成他人死亡或者健康严重损害的，被侵权人有权请求相应的惩罚性赔偿。"第 1232 条规定："侵权人违反法律规定故意污染环境、破坏生态造成严重后果的，被侵权人有权请求相应的惩罚性赔偿。"

侵权行为所侵害的民事权益，既包括财产权益也包括人格权益、身份权益和精神权益，民法所保护的范围随着社会的发展也变得越来越广泛，包括民事主体的隐私方面和个人信息权益方面等，民法对于人的内心秘密的保护程度也介入得越来越深。《民法典》第 110 条规定："自然人享有生命权、身体权、健康权、姓名权、肖像权、名誉权、荣誉权、隐私权、婚姻自主权等权利。法人、非法人组织享有名称权、名誉权、荣誉权。"第 111 条规定："自然人的个人信息受法律保护。任何组织和个人需要获取他人个人信息的，应当依法取得并确保信息安全，不得非法收集、使用、加工、传输他人个人信息，不得非法买卖、提供或者公开他人个人信息。"在侵权行为所引起的侵权责任甚至在违约责任与侵权责任竞合中的人格权保护方面，考量受害人应得到的损害赔偿范围中包含了对其精神痛苦的抚慰金，是民法出于对人的内心状况的考虑而采取的救济措施。例如，《民法典》第 996 条规定："因当事人一方的违约行为，损害对方人格权并造成严重精神损害，受损害方选择请求其承担违约责任的，不影响受损害方请求精神损害赔偿。"第 1183 条规定："侵害自然人人身权益造成严重精神损害的，被侵权人有权请求精神损害赔偿。因故意或者重大过失侵害自然人具有人身意义的特定物造成严重精神损害的，被侵权人有权请求精神损害赔偿。"

（三）自然事实与人的内心

法律事实中的行为与人的意志有关，而当中的自然事实与行为不同，与人的意志无关。自然事实可分为事件与状态。此处以诉讼时效和除斥期间为例说明。

诉讼时效虽然是一种状态，但其中也体现了人的内心意思，诉讼时效制度体现了时效法定的秩序价值与意思自治原则蕴含的价值之间的平衡，不允许公权力随意干预私权利，以防止破坏意思自治原则的基础，如《民法典》第193条规定："人民法院不得主动适用诉讼时效的规定。"诉讼时效起算点与人的内心相关，如《民法典》第188条第2款规定："诉讼时效期间自权利人知道或者应当知道权利受到损害以及义务人之日起计算。"在诉讼时效期间，权利人向义务人提出履行请求、义务人同意履行义务、权利人提起诉讼或者申请仲裁，这些均体现了人的内心意思，并会导致诉讼时效中断。诉讼时效届满后，义务人可以根据意思表示的规则行使诉讼时效已过的抗辩权，如《民法典》第192条第1款规定："诉讼时效期间届满的，义务人可以提出不履行义务的抗辩"，但第192条第2款规定："诉讼时效期间届满后，义务人同意履行的，不得以诉讼时效期间届满为由抗辩；义务人已经自愿履行的，不得请求返还"，即基于诚信或人的良心而限制了义务人的意思自治，体现了私法自治，视为义务人抛弃其时效利益。

除斥期间制度也与人的内心相关，如《民法典》第199条规定，除了法律规定的除斥期间外，当事人可以约定撤销权、解除权等权利的存续期间，一般自权利人知道或者应当知道权利产生之日起计算。以撤销权为例，在规定撤销权的除斥期间时，考虑了当事人的内心，在保护的必要性和可归责性方面衡量期间的长短，因重大误解是由行为人自身原因造成的，所以除斥期间为90日，而欺诈、显失公平是由欺诈方、获利方等他人的原因造成的，除斥期间规定为受欺诈方、受损害方知道或应当知道撤销事由之日起一年，受胁迫方自胁迫行为终止之日起一年内行使。

二、爱在民法中的地位

内心的爱在民法中的地位究竟如何？下面从家庭法、邻人爱、友人关系和邻人关系方面来进行探讨。

（一）爱在家庭法中的地位

我国有"百善孝为先""老吾老，以及人之老；幼吾幼，以及人之幼"以及夫妻"相敬如宾"等有关家庭伦理的古语，但在我国民法中有关婚姻家庭内容没有出现"爱"这个词。民法更多是调整人的外部行为，那么，家庭法中能够规定人的爱吗？如果能够规定，家庭法能够将人的爱规定到何种程度？

通常来说，民法规范是通过设定人与人之间的权利与义务来规定他们之间的关系。当义务人不履行义务时，权利人可以诉诸法院请求判令义务人履行其应履行的义务，在法院判决支持诉请后，如果义务人仍不履行生效判决，法院应原告申请强制执行的请求而就判决内容进行强制执行，实现债权。但这种强制执行方法对于爱情的规制是无能为力和不妥当的。

如果法律规定了夫妻应互相忠实相爱、父母应爱子女等，违反这些规定会有什么法律后果？一般来说，对于涉及刑事犯罪的家庭中的暴行、伤害、遗弃等行为，刑法会给予制裁惩罚。民法如何对待和规范这些义务呢？

我国自古有"清官难断家务事"之说，但现在法律已经开始规范婚姻家庭，如我国《民法典》规定"夫妻应当互相忠实，互相尊重""夫妻有相互扶养的义务""夫妻双方平等享有对未成年子女抚养、教育和保护的权利，共同承担对未成年子女抚养、教育和保护的义务""成年子女对父母负有赡养、扶助和保护的义务""父母不履行抚养义务的，未成年子女或者不能独立生活的成年子女，有要求父母付给抚养费的权利。成年子女不履行赡养义务的，缺乏劳动能力或者生活困难的父母，有要求成年子女给付赡养费的权利""夫妻有相互继承遗产的权利""父母和子女有相互继承遗产的权利"等。以夫妻忠诚协议效力为例，夫妻忠诚协议，是指夫妻双方在婚前或婚后关于婚姻关系存续期间相互忠实义务的协议。"夫妻应当互相忠实，互相尊重"的忠诚义务规定在我国《民法典》第1043条之中。关于忠诚协议的效力在理论与司法裁判中存在争议，有无效说、有效说、自然债务说以及附生效条件说等观点。法院一般认为,"夫妻应当互相忠实"仅仅是一种倡导性条款,不属于法律规定的一般性的权利义务规范。① "忠诚协议"条款内容实质上属于情感和道德领域范畴,属于一种道德约束而非法定义务,当事人可自愿履行,夫妻一方依据忠诚协议请求另一方承担损失的,法院会基于无法律依据支持,判决驳回该请求。②《最高人民法院关于适用〈中华人民共和国民法典〉婚姻家庭编的解释(一)》第4条规定:"当事人仅以民法典第一千零四十三条为依据提起诉讼的,人民法院不予受理;已经受理的,裁定驳回起诉。"即不承认夫妻忠诚协议具有单独可诉性,认为忠诚义务为道德义务而非法定义务,法律不应介入。忠诚协议应属于自然债务,如果过错方自愿履行并已交付财产,其无权主张返还,为一种情谊行为。

此处还需要特别指出的是,有关"爱"的强制执行问题,2012年修订《中华人民共和国老年人权益保障法》(以下简称《老年人权益保障法》)时作了特别规定,该法第18条第1、2款规定:"家庭成员应当关心老年人的精神需求,不得忽视、冷落老年人。与老年人分开居住的家庭成员,应当经常看望或者问候老年人",这被人们解读为"常回家看看老年人写入法律",不常回家看望老年人属于违法。为配合这两个条款规定,第18条第3款规定:"用人单位应当按照国家有关规定保障赡养人探亲休假的权利。"2013年7月1日,江苏省无锡市北塘区人民法院对一起赡养案件进行开庭审理并当庭宣判,成为《老年人权益保障法》修订后"常回家看看"第一案。③ 该案法官当庭指出,如果子女不履行看望义务,权利人可申请强制执行,执行过程中将根据情节轻重予以罚款直至拘留。虽然"常回家看看"已经写入条文,但对于如何监管执行并没有作出规定。无锡这一全国首例"常回家看看"涉老精神赡养案判决后,怎样考核子女看望老人的质量和效果也成为社会关注的焦点。

---

① 参见江苏省南京市中级人民法院(2013)宁民终字第2967号民事判决书。
② 参见陕西省西安市中级人民法院(2021)陕01民终13697号民事判决书。
③ 参见薛晟:《"常回家看看"入法第一案无锡开庭 女儿女婿被判两个月回家看次老妈》,载《现代快报》2013年7月2日第8版。

《日本民法典》规定，夫妻之间有"同居、协助、辅助等义务"，父母对子女有"监护、教育义务"等。在日本有一起案件，夫妻一方离家出走，长期不归，后配偶起诉至法院要求判决"同居"。法院最后判决原告胜诉，但原告向法院申请强制执行该判决时，法院没有同意。法院认为，强制执行的方法有三种，第一种方法是"直接强制"，是由法院强制执行来实现判决的内容，但是不能支持对人身直接加以强制，例外是将婴儿等抱走或抱来；第二种方法是"代替执行"，如果他人（义务人之外的人）能够代替实施行为，则可以让他人代替义务人履行，但夫妻之间的义务并非该种性质的义务；第三种方法是"间接强制"，是规定一定的时间，使被执行人在此期限之前履行义务，如果到期没有履行义务，法院要向义务人发出迟延履行金或支付损害赔偿金裁决，若义务人不愿意支付赔偿金，则必须履行义务。综合考虑三种方法，直接强制和代替执行都不可取，有关同居义务只能考虑能否使用第三种方法，但法院认为第三种方法在本案中使用也不妥。因为同居义务，应该只能通过自由意思履行。因此可以说，作为"爱"的最直接表现的同居，成为民法所不能及之处；如果请求损害赔偿，可能会得到法院支持，但结果一般是夫妻离婚。亲子的问题一般也不能强制执行。[①] 一般而言，强制执行的内容应为给付之诉，主要是金钱或物能够解决的内容，关于夫妻之间与亲子之间的权利和义务，特别是关于人身权益方面，要法院强制实施某种人身性质的行为是不适当的。例如，在一方不履行支付抚养费或扶养费时，配偶、子女等可以要求其支付费用，但不能强制将其带回家。

婚姻的构成要件与"爱"相关。法律规定，婚姻是以自愿的意思为必要，没有意思表示的结婚的法律效果为无效，如我国《民法典》第1046条规定："结婚应当男女双方完全自愿，禁止任何一方对另一方加以强迫，禁止任何组织或者个人加以干涉。"此处自愿的意思一般并非仅指感情上的意思，否则法律规定的这个要件难以理解，也并非仅指对

[①] 〔日〕星野英一：《民法劝学》，张立艳译，北京大学出版社2006年版，第116—117页。

另一方一生负责的理性上的"意思"表示，在婚姻家庭领域理解为民法对"爱"所作的积极规定更为妥当。另外，法律还规定了与爱相关的消极的结婚条件。首先，规定了一夫一妻制度，排除了一夫多妻制度，反映在《民法典》第1041条第2款"实行婚姻自由、一夫一妻、男女平等的婚姻制度"的规定中；其次，规定了禁止结婚的特殊情形，《民法典》第1048条规定："直系血亲或者三代以内的旁系血亲禁止结婚。"

实际上，古罗马法将婚姻看作社会事实而非法律关系，认为婚姻是由男女之间因结婚意愿转变而来的现实生活共同体，当时的婚姻不被认为是法律行为，法律不进行调整而交由习惯调整，国家不会主动审查结婚的前提和条件，直至后古典时期才将婚姻作为一种法律关系，与宗教承认婚姻为圣事有关。宗教婚姻对于婚姻成立、效力和消灭进行严格监督，有效婚姻的存续与消灭，都要经过诉讼程序审查，认为其是一种具有不可破坏效力的神圣约束。[①] 现在还有国家规定结婚的形式要件可以采取宗教形式，如《魁北克民法典》第366条第2款规定："如神职人员为魁北克居民、在魁北克履行其全部或部分牧师职责、其宗教派别的存在、仪式和典礼具有永久性、在特定的地方根据其宗教派别的仪式或司法部长制定的规则主持结婚仪式，并且该牧师经司法部长授权负责民事身份方面的事务，经他们所属宗教团体授权，具备主持婚姻仪式的法定资格"，该条第3款规定："非魁北克居民但临时居住在魁北克的神职人员，在司法部长确定他们负责民事身份事务的期间，也可经授权主持结婚仪式"；该法第367条规定："不得强迫任何神职人员主持根据其宗教与他所属宗教团体的戒律存有婚姻障碍的结婚仪式。"又如，《埃塞俄比亚民法典》第579条也规定了宗教婚姻："欲结婚的男女双方履行了根据他们共同的或其中一人的宗教认为为成立有效婚姻所必需的行为或仪式时，宗教婚姻得以缔结。"该法第605条第1款规定："缔结宗教婚姻的条件和此等缔结的程式由结婚当事人的宗教规定。"一般以宗教形

---

① 参见〔德〕马克斯·卡泽尔、罗尔夫·克努特尔：《罗马私法》，田士永译，法律出版社2018年版，第602—604页。

式缔结婚姻时，结婚双方会在结婚仪式上相互宣读发誓，诸如："（全名），你愿意娶（全名）作为你的妻子吗/你愿意嫁（全名）作为你的丈夫吗，与她（他）在神圣的婚约中共同生活？无论是疾病或健康、贫穷或富裕、美貌或失色、顺利或失意，你都愿意爱她（他）、安慰她（他）、尊敬她（他）、保护她（他）？并愿意在你们一生之中对她（他）永远忠心不变？"这些誓词并非仅在感性的爱的场合所说，仍是以有理性的、意思上的"爱"作为前提的。

总体而言，家庭法很少介入和调整人的内心，这是法律的界限。家庭法作为民法的一部分，不仅具有裁判规范的意义，而且作为行为规范具有一定的宣示意义和教育意义，没有一种制度像婚姻家庭制度那样更加注重法律之外的伦理、社会福利政策、宗教的生活秩序，保护家庭成员中的弱势一方，使其在经济上和人格发展上获得平衡，国家权力介入限于照顾权利滥用、未成年人保护和免受歧视。[1]

（二）邻人爱与民法的关系——以好撒玛利亚人为例

对人而言，"爱"是与死相并列的最让人关心的事情。当一个人在身体或精神上最痛苦时或处于贫困之中，人被爱所治愈是常见的事。爱通常分为三种：婚姻家庭之爱、邻人爱（又称"神爱"）和友人之爱（友情）。这种人最为关心的事情之一的"爱"，与民法有何关系？这一问题其实是研究"人中的民法"主题的焦点问题。[2] 此处探讨"邻人爱"与民法的关系。

邻人爱源自"爱人如己"，"行善的撒玛利亚人"或"好撒玛利亚人"就是典型的例子。所谓"好撒玛利亚人"，是指心地善良并乐于助人的人，具体表述为一个人在没有法定义务也没有约定义务的前提下，仅仅出于内心的道德要求无偿给予他人帮助。实际上，因撒玛利亚人祖先与异族通婚，撒玛利亚人被"正统"的犹太人认为"信仰不纯""血统不纯"，被视为外邦人。撒玛利亚人与犹太人彼此不待见而不相互来

---

[1] 参见〔德〕罗尔夫·克尼佩尔：《法律与历史——论〈德国民法典〉的形成与变迁》，朱岩译，法律出版社2005年版，第121页。

[2] 参见〔日〕星野英一：《民法劝学》，张立艳译，北京大学出版社2006年版，第118—119页。

往，但他们之间却长期争论敬拜神的地点。耶稣对撒玛利亚人的评价与犹太人的观点全然不同。为回答律法师"谁是我的邻舍"这个问题，耶稣讲述了一个好撒玛利亚人的寓言故事，寓言中有一个过路的陌生人、一个强盗、一个受人尊敬的祭司、一个在圣殿服务的利未人以及一个被犹太人看不起的撒玛利亚人，陌生人在从耶路撒冷去耶利哥的路上被强盗抢劫且被打成重伤后，被扔在路边，祭司和利未人先后经过受伤的陌生人身边却未予救助，而路过的撒玛利亚人对该伤者进行了救助，包扎伤口，用自己的牲口将其运送到旅店并加以照顾，承诺替他支付所需的费用。耶稣通过这个故事称赞了撒玛利亚人的真诚、良善和美德的善行，批评了布道"爱人如己"大诫命、代表犹太圣殿崇拜的标志人物的祭司和利未人看到"被打得半死的人"却没有任何恻隐和救助之心，两人言行不一致。①

一般而言，没有人会否定这种爱在伦理上的崇高价值，但能否将其作为民法上的义务加以规定，如甲掉进河里而其他路人没有对其进行救助，其他路人有没有救助义务，以及如果在救助过程中救助人或被救助人受到伤害，则受到伤害的赔偿由谁来承担，部分国家或地区从法律与道德之间的界限对此作了不同的规定和解答。从20世纪60年代起，"好撒玛利亚人"成为一个法律术语，对西方法律体系产生了重要影响。许多国家制定了"好撒玛利亚人法"，用立法手段保护做好事的人。这种法律主要包括三个方面的内容：一是救助他人时所涉及的法律责任；二是救助他人时所受损的补偿及"好撒玛利亚人"的权利；三是"好撒玛利亚人"救助他人时可能会承担的责任与风险。②

有关救助义务和赔偿义务主要有两种学说，即肯定说和否定说，立法上依据这两种学说也存在两种立法例。我国《民法典》第184条规定："因自愿实施紧急救助行为造成受助人损害的，救助人不承担民事责任。"这从法律层面上回答了"老人跌倒敢不敢扶"的难题，鼓励人

---

① 参见邓福村：《爱我们的邻舍——由好撒玛利亚人的故事所想到的》，载《天风》2002年第4期。
② 参见李忠东：《扬善惩恶的"好撒玛利亚人法"》，载《检察风云》2017年第5期。

们见义勇为。关于救助的立法，也不只是中国当下才有，在西方的很多国家都有关于见义勇为的免责法律。在美国和加拿大等国①，其"好撒玛利亚人法"最初是为了重点保护消防员、警察以及医护人员在紧急事件中的施救行为，现已扩大适用于所有人的施救行为，目的在于使人做好事时没有后顾之忧，不用担心因过失造成伤亡而遭到追究，从而鼓励助人行为。德国的立法更为严格一些，如果见死不救，受到的就不仅是社会舆论的谴责，而且还会受到法律的规制，即"故意无视他人需要协助的情景，是违法行为。如果之后伤者性命受严重威胁，最高可判一年"，直接规定无视提供协助的责任是违法的。同时，公民有义务提供急救，如果善意救助造成损害，提供救助者可以免责。② 在意大利、西班牙、法国等，"好撒玛利亚人法"规定，你有义务帮助遭遇困难的人，当然如果你觉得这件事无法胜任，或者会对自己造成损害，也可以不救。③ 西方法治成熟的国家制定此类法律，是基于一个成熟的市民社会，人们之间因为契约精神而存在着一种基本的信任感，大家（施救者）对自己的行为有着一种大致的预期，大部分人（被救者）也不靠投机来获利。④ 可以说，法律与道德彼此相辅相成地调整着法律之内与法律之外的社会关系。

---

① 1959年，美国加利福尼亚州率先推出美国最早的一部《好撒玛利亚人法》，此后其他各州陆续出台了相关法律。至1983年，美国所有的州都制定了自己的《好撒玛利亚人法》（或称《无偿施救者保护法》）。该法律的主要目的是通过豁免见义勇为者在某些情形下的责任来鼓励见义勇为行为。加拿大也有类似的"好撒玛利亚人法"，但主要是属于省司法权，如安大略省、不列颠哥伦比亚省制定了《好撒玛利亚人法案》，艾伯塔省制定了《紧急医疗救助法案》，新斯科舍省制定了《志愿服务法案》。这些法案规定，自愿或者没有报酬或奖励地为他人提供救助时，救助人无须对其因疏忽而给被救助人造成的损伤负责，除非损伤是因救助人重大过失造成的。参见杨剑龙：《搀扶跌倒老人与〈好撒玛利亚人法〉》，载《检察风云》2011年第20期。

② 看到别人处于危险之中，救还是不救每个人都有自己的判断和自由。德国关于见死不救的法律虽然过于强制，但德国有强大的法定事故保险支撑，这值得我们反思和借鉴。参见张君燕：《德国："见死不救"也犯法》，载《思维与智慧》2017年第2期。

③ 同上。

④ 参见祝乃娟：《"好撒玛利亚人"需要立法和道德相辅相成》，载《21世纪经济报道》2011年11月30日第4版。

■ "好人"施救当免责

2004年美国加州一位名叫亚历山德拉（Alexandra Van Horn）的年轻女子和朋友们在友人丽莎（Lisa Torti）家聚会后，坐车前往酒吧"续摊"。亚历山德拉坐的车不幸撞到了路边的电线杆，她被卡在冒烟的车里，丽莎将其拉出车，后来亚历山德拉因椎骨受伤而不得不截肢，只能靠轮椅生活。于是亚历山德拉将丽莎告上法庭，说丽莎拉她出车时用力过度，才导致她致残，且丽莎提供的并非"医疗照顾"，因而不应适用"好撒玛利亚法"而免责。社会舆论大多支持丽莎，认为不能惩罚做好事的人，即使好心人做好事时会出错误，但加州最高法院判决丽莎败诉。面对民间的质疑，加州议会决定修改相关法律，即在相关条款的紧急"医疗照顾"一语后添加"或者非医疗照顾"，2009年6月提案获表决通过。后丽莎提起上诉，在律师的劝说下，亚历山德拉最后撤诉。[①] 可以说，这个案例成为"好撒玛利亚人法"发展的重要标志，明确了在紧急状态下，无论是专业救护人，还是普通施救者，只要没有重大过失或故意意图，都可以为其不慎造成的伤害免除法律责任。

当然，丽莎之所以会受困于"好心救助却加重伤害"的窘境，很大程度上与其欠缺专业知识有关。换句话说，在为救助者免除后顾之忧的同时，还需要救助者具有专业的救助知识和装备，需要提高急救知识的普及程度和急救设施的便利程度，这样才能真正助人为乐。[②] 例如，《上海市急救医疗服务条例》第42条规定："市民发现需要急救的患者，应当立即拨打'120'专线电话进行急救呼叫，可以在医疗急救指挥调度人员的指导下开展紧急救助，也可以根据现场情况开展紧急救助，为急救提供便利。鼓励具备急救技能的市民，对急危重患者实施紧急现场救护。在配置有自动体外除颤仪等急救器械的场所，经过培训的人员可以使用自动体外除颤仪等急救器械进行紧急现场救护。紧急现场救护行为受法律保护，对患者造成损害的，依法不承担法律责任。……"《上

[①] 参见林海：《加州"好人法"：让普通人也敢救急助难》，载《检察风云》2017年第21期。

[②] 同上。

海市急救医疗服务条例》规定了救助者救助需要医疗急救的人员应具备相应的急救技能要求、救助程序以及责任免除,可以作为我们在今后的紧急情况下提供具体救助行为的参考。

与其他国家或地区有专门的立法不同,我国没有单独规定"好撒玛利亚人法"即见义勇为法律,但有见义勇为法律条款。关于见义勇为条款即因保护他人民事权益受损时的责任承担与补偿办法条款,我国最早在 1986 年《民法通则》第 109 条中作了规定,该条规定:"因防止、制止国家的、集体的财产或者他人的财产、人身遭受侵害而使自己受到损害的,由侵害人承担赔偿责任,受益人也可以给予适当的补偿。"2009 年《侵权责任法》第 23 条也对见义勇为作了规定,即"因防止、制止他人民事权益被侵害而使自己受到损害的,由侵权人承担责任。侵权人逃逸或者无力承担责任,被侵权人请求补偿的,受益人应当给予适当补偿"。这两部现已废止的法律区别主要在于补偿方式上,即从《民法通则》中的"受益人也可以给予适当的补偿"到《侵权责任法》中的"受益人应当给予适当补偿",受益人在适当补偿方面从补偿权利变成了法定义务。我国《民法典》第 183 条对见义勇为问题作了与前两部法律不同的规定,对有无侵权人以及有侵权人但逃逸或无力承担民事责任作了两种类型化处理,分别规定为受益人的权利和法定义务情形,即第一种类型为"因保护他人民事权益使自己受到损害的,由侵权人承担民事责任,受益人可以给予适当补偿",第二种类型为"没有侵权人、侵权人逃逸或者无力承担民事责任,受害人请求补偿的,受益人应当给予适当补偿"。在赔偿或补偿责任承担主体方面,有学者认为,应对因见义勇为而受损害的救助者采取多元救济途径,这种救济顺序依次为侵权责任优先、受益人补偿次之、社会保险或社会公共救助基金或行政补偿再次之、国家对救助者救助进行最后兜底保护。① 例如,公安部《见义勇为人员奖励和保障条例(草案公开征求意见稿)》第 22 条针对不同情形

---

① 参见王雷:《见义勇为行为中的民法学问题研究》,载《法学家》2012 年第 5 期。

作了更为具体的规定:"见义勇为人员的医疗费、康复费等因见义勇为引起的合理费用,由加害人、责任人、受益人依法承担;无加害人、责任人、受益人的,参保见义勇为人员的医疗费用由基本医疗保险按规定支付;加害人、责任人、受益人逃避或者无力承担的,参保见义勇为人员的医疗费用由基本医疗保险按规定先行支付,并有权依法追偿;其余部分由见义勇为行为发生地的县级人民政府解决。"此处的其余费用主要是指关于见义勇为负伤人员治疗期间的收入、见义勇为致残人员待遇、牺牲人员及其家属待遇等,由县级人民政府依法解决。还有,关于见义勇为主体的认定,公安部《见义勇为人员奖励和保障条例(草案公开征求意见稿)》第2条规定:"见义勇为人员,是指不负有法定职责、法定义务或约定义务,为保护国家利益、社会公共利益或者他人的人身财产安全,挺身而出,同正在实施的违法犯罪行为作斗争,或者抢险、救灾、救人,事迹突出的公民。"即见义勇为人员限于"不负有法定职责、法定义务或约定义务"的人,这也符合见义勇为的本质属性。

另外,我国《民法典》第184条规定:"因自愿实施紧急救助行为造成受助人损害的,救助人不承担民事责任。"该条是对于见义勇为致损的免责条款,对于紧急救助人造成他人损害情形进行了无限制性的免责即不承担民事责任。一般来说,"好撒玛利亚人法"保护在一些特定情况下的见义勇为者,使其豁免相关责任,但如果救助过程中有严重的疏忽导致被救助者伤病情况加重或导致死亡情形的,则救助者要承担民事责任。对于我国《民法典》第184条无限制的免责规定,有人提出不同看法,认为应当规定"除重大过失外,救助人不承担民事责任"进行限制,也有人认为应增加"救助人因重大过失造成受助人不应有的重大损害的,承担适当的民事责任"或"受助人能够证明救助人有重大过失造成自己不应有的重大损害的,救助人承担适当的民事责任"作为限制,但在《民法典》审议的过程中,一些代表提出为解决特殊情况下见义勇为者的后顾之忧,倡导培育见义勇为、乐于助人的良好社会风尚,弘扬社会主义核心价值观，法律上不应规定"除有重大过失外"的限制，① 最终这一意见被采纳，《民法典》未作限制性的规定。

当然，在鼓励见义勇为的同时，对"碰瓷"者和诬告者应该进行惩罚。我们现时的立法至多能防止社会出现一些过于离谱的事件发生，实践中一些被救者利用施救者的真诚善良来进行讹诈获利事件的发生，使很多人遇到需要救助的人时都面临两难境地，需要权衡利弊。因搀扶倒地老人而遭到误告、诬告的事件屡见不鲜：2003年4月21日，广东高要市王女士将骑车倒地的黄老汉送往医院，其家属却状告王女士将黄某碰倒致死；2009年10月21日，天津许云鹤扶起跨隔离栏倒地的王老太，却被说是开车撞到了她；2011年4月16日，常州彭承军扶起骑车倒地的梁老太，却被指责说撞人逃逸；2011年8月26日，南通汽运集团飞鹤快客公司驾驶员殷红彬在如皋市停车将倒地受伤的石老太扶起，竟然被诬成肇事者……② 救死扶伤、助人为乐，这是传统美德，也是社会公德。人们精神重塑有赖于一个成熟的、基于契约精神的市场经济社会的确立。

（三）友人之爱与民法——以情谊行为为例

友人之爱或友人关系又称为"友情"或与情谊行为、社交行为相关，是与作为社会制度的人的关系相区别的"内心的人的关系"，包括民法在内的法律一般不应该且不能介入友情关系，它是亚里士多德所认为的"相互之间不以法律的介入为必要的"法律之外的关系。③ 例如，友人赴约迟到或友人关系破裂，就这些纠纷提起诉讼，法院不会受理，因为这并非民法等法律所规制和调整的对象。在考察个人亲密关系的责任感方面，家庭关系创设了一种比友情更多责任的关系，而友情则不会受到更多法律责任的限制，其更多体现的是利他性。婚姻家庭法中的亲

---

① 参见黄薇主编：《中华人民共和国民法典总则编释义》，法律出版社2020年版，第486—490页。
② 参见杨剑龙：《搀扶跌倒老人与〈好撒玛利亚人法〉》，载《检察风云》2011年第20期。
③ 参见〔日〕星野英一：《民法劝学》，张立艳译，北京大学出版社2006年版，第120—121页。

属关系是一种社会构建,主要通过婚姻、收养等实现,受到法律调整。但法律不会对几千年来对人类极其重要的友情关系进行调整,如果对这类关系进行法律规制,可能会使人身关系陷入商品化的危险。亚里士多德在讨论私人间的友情关系类型时认为,友情关系可分为三种类型:一是友情以其能带给朋友一定利益为基础;二是友情能带给朋友快乐;三是别无所求只希望对方好的完善的友情。亚里士多德认为,前两种友情形式分别取决于利益和快乐,能够激发关心他人的好,而完善的友情中的爱朋友是因朋友自身之故而非对朋友有所需求,因而因朋友自身之故而希望朋友好的人才是真正的朋友,这种友情具有利他性,加上人们需要时间和亲密关系才能建立这种完善的友情,因而会使友情保持下去。① 多数的友情类型可称为功利性的或商品化的友情,但完善的友情为人们所推崇的一种利他性的价值模式。情谊行为更多体现的是完善的友情。下面就以情谊行为为例对友人关系与民法之间的关系作分析。

在日常生活中,人们虽然可将某些行为当作法律行为(一般为合同)来实施,但当事人实际并无相关意思,如一个人邀请他人吃饭,其并非想给对方一项可以诉请的履行请求权。因为邀请他人就餐就是为了社交和娱乐,而这是无法通过法律来强求的,由于这类邀请没有财产价值,损害赔偿请求权也不能适用。这类行为就是情谊行为,邀请者与被邀请者不受法律约束。在很多情况下,区分法律行为和没有法律约束力的情谊行为时,是以当事人的意思为判断标准的,② 需要考虑的相关具体因素包括:恩惠的种类、行为动机或目的、行为对于受领人的经济和法律意义、该意义得以体现的情境、双方当事人的利益状况、所托付物品的价值、受益人对给付产生的信赖、给付方因瑕疵给付而陷入的责任风险等。至于行为的无偿性和利他性,并非决定性因素。因为民法上也存在诸多无偿合同,比如赠与合同、无偿委托合同、无偿保管合同、借用合同等,学理上称此类合同为"情谊合同"。此处的"情谊"应解释

---

① 参见〔英〕约翰·伊克拉:《家庭法和私生活》,石雷译,法律出版社2015年版,第34—41页。
② 参见〔德〕迪特尔·梅迪库斯:《德国民法总论》,邵建东译,法律出版社2001年版,第151—153页。

为法律上的无偿行为，并非不设定权利义务，"情谊合同"实际上为无偿合同。无偿给予他人一项好处，可能是情谊行为，但也可能构成无偿的情谊合同，实践中应综合考虑上述因素予以判定，如双方之间已经存在合同关系，一方向另一方提供额外服务或便利或许诺利益，应具有法律约束力，而非情谊行为；比较难以区分的是存在情谊关系与民事法律关系混合情形，如医生提供免费治疗、开发商免费运送乘客看房、商事营利性营业中的无偿保管或免费提供商品、商场用班车免费运送顾客等行为，一般也不会被认定为情谊行为。①

情谊行为诸如好意施惠关系与一般合同的区别在于，当事人之间就其约定，欠缺法律行为上的效果意思，不受其拘束，当事人须明示此点，如表示其约定的属于"君子协定"。由此可见，好意施惠关系等情谊行为不属于合同，没有法律上的约束力，自始不发生给付请求权，如甲乙约定乙搭甲的便车，乙不得向甲主张有搭便车的权利，甲也不就其支出的费用向乙主张权利，因为这个支出的费用是纯经济损失，同样甲让乙搭便车后，不得主张乙受有利益，无法律上原因而成立不当得利。②"一项情谊行为，只有在给付者具有法律上受约束的意思时，才具有法律行为的性质。这种意思，表现为给付者有意使他的行为获得法律行为的效力……亦即他想引起某种法律约束力……而且受领人也是在这个意义上受领这种给付的。如果不存在这种意思，则不得从法律行为的角度来评价这种行为。"③ 这一标准称作受法律约束的意思或法律后果意思。在许多情况下，认为当事人具有受法律约束的意思，是一种缺乏实际基础的拟制。"在一般情况下，无法认定当事人具有一项明示的或默示的受法律约束的意思"，应当"考虑到双方当事人的利益状态，依诚实信用原则，并顾及交易习俗"来对是否存在法律义务作出判断。在不能认定当事人具有真正的意思的情况下，应当根据客观标准来判断

---

① 参见杨代雄：《〈合同法〉第14条（要约的构成）评注》，载《法学家》2018年第4期。
② 参见王泽鉴：《债法原理（第二版）》，北京大学出版社2013年版，第209页。
③ 《联邦最高法院民事裁判集》第21卷，第102、196页。转引自〔德〕迪特尔·梅迪库斯：《德国民法总论》，邵建东译，法律出版社2001年版，第153页。

是否存在受法律约束的义务。客观标准主要涉及两个方面：一是风险，二是能否苛求有关当事人对这种风险承担责任。从这个角度而言，无偿行为一般也不会产生法律约束力，如邻居照看他人孩子的行为，或在繁忙的街道寻求他人帮助，通常都不是法律行为。因此，在日常生活的所谓情谊行为中，在纯粹的社会交往性质的承诺行为中，或者在与此相类似的其他行为过程中，一般情况下不认为行为人具有一项受法律约束的意思。如一对男女同居期间约定女方应服用避孕药，但女方并未遵守而怀孕生下一孩子，女方要求男方承担抚养费，男方却要求女方赔偿损害，法院最后判决男方承担该孩子的抚养费，并驳回男方的诉请，理由是基于同居双方的亲密关系，约定服用避孕药这一意思涉及最为隐秘的个人自由领域，这个领域是不允许通过合同予以约束的，即便当事人例外地具有受法律约束的意思，在他们之间也不成立有效的法律行为。①同居者约定一方服避孕药和不生育子女，这关系到他方利益，由此产生一种特殊的信赖关系，一方故意违反此项约定，破坏此项信赖关系，难以认为符合社会生活的伦理观念，似应受到侵权行为法的规范，但由于涉及个人生育自由，涉及孩子的利益，应认定当事人不具有受法律拘束的意思，这种约定并非合同，即使认定其为合同，也因为其限制个人生育自由，涉及子女的尊严，有悖于公序良俗而无效。②

区分要约与情谊关系中的许诺之意义在于，前者经对方当事人承诺后成立合同，发生合同债权债务关系，后者则不发生意定债权债务关系。这并不意味着情谊行为不会引起任何债权债务关系。目前一种强有力的学说认为，尽管合同外的情谊行为不发生给付请求权，但施惠者尤其是职业人士仍可能承担保护与注意义务。一般认为，这是一种法定债务关系，类似于缔约过程中的先合同义务，二者都属于特别结合关系。在任何特定人之间有意识且有目的进行的业务接触中都应承认这种旨在关照交往伙伴的债务关系。这种接触使受惠者有权信赖其相对人（尤其是作为专业人士的相对人）将以特别的注意对待其和其财产。此项义务

---

① 参见〔德〕迪特尔·梅迪库斯：《德国民法总论》，邵建东译，法律出版社2001年版，第153—156页。
② 参见王泽鉴：《债法原理（第二版）》，北京大学出版社2013年版，第212页。

的归责基础是受惠者对施惠者的具备规范正当性且可归责于施惠者的信赖。如果施惠者违反该义务，需要向遭受损害的受惠者承担债务不履行的赔偿责任。①

情谊关系是因情谊允诺或直接提出的情谊给付而发生的特定主体之间的社会关系。尽管这种关系不产生受益人的履行请求权，但仍然会因权益变动事实而产生法律调整的需要，情谊行为属于非法律行为的范畴并不意味着情谊关系完全游离于法律调整之外。在涉及实际提出情谊给付的情形，由于当事人间彼此发生更为紧密的接触，且情谊关系通常发生在熟人之间，在就情谊给付存在合意的情况下能够产生更大的信赖，相互开启权利领域的范围更大，损害风险更高，不仅一般财产安全（指相对的纯粹经济利益），而且人身、财产等绝对权益也都可能面临来自对方行为的损害危险。情谊关系中因情谊给付的提出而增强了彼此的损害风险，为此产生增强的保护义务。不过，与合同保护义务不同，因情谊关系无直接的法律调整规范，故无法定保护义务的存在余地，情谊关系中的保护义务仅得由裁判者依诚信原则确定。作为以消极方式间接确认权益变动结果的法律调整技术，情谊关系中的损害赔偿问题构成情谊行为理论的核心部分。② 有些情况下，在对法律行为与无约束力的情谊行为作界定时，如因照看他人孩子，或好意让人搭乘，不慎疏忽致其受伤，与合同责任相竞合的侵权责任能否得到减轻？此时也应当遵循在从事纯粹的情谊行为时的准则。同时，如果对某项以法律行为方式实施的给付可适用责任减轻原则，对从事非法律行为性质的情谊行为产生的侵权责任同样应适用责任减轻原则。至于是否进一步减轻侵权责任，应谨慎对待。③ 日常生活中，关于搭便车到某地、火车到站提醒下车等的约定，一方当事人不履行该约定时，他方当事人能否请求损害赔偿，涉及好意施惠关系等情谊行为与合同的区别，主要在于其是否会产生法律效

---

① 参见杨代雄：《〈合同法〉第 14 条（要约的构成）评注》，载《法学家》2018 年第 4 期。
② 参见张家勇：《因情谊给付所致损害的赔偿责任》，载《东方法学》2013 年第 1 期。
③ 参见〔德〕迪特尔·梅迪库斯：《德国民法总论》，邵建东译，法律出版社 2001 年版，第 157 页。

果，是否具有法律上的约束力。在实践中最为常见的是免费搭乘他人机动车的人受到伤害案件。由于驾车带人是一种事务处理行为，受委托方面的法律调整（也有人认为类似于承揽或运输合同），需考察其是否规定了责任减轻情形。在好意载乘情形中，好意施惠之人原则上仍应就其过失不法侵害他人权利的行为负损害赔偿责任，对他人的生命身体健康负有注意义务，不能因其好意施惠而减轻责任，但应将责任承担限于故意或重大过失情形①，除非法律另有规定或当事人之间有明确约定。车祸涉及第三人责任保险，不应因限制加害人责任，影响到被害人获得赔偿的机会。如果被害人明知好意施惠之人饮酒或无驾照而搭乘发生人身损害时，应认为其也有过失。②《最高人民法院关于审理人身损害赔偿案件适用法律若干问题的解释》对类似情形也作了规定，该解释第5条第1款规定："无偿提供劳务的帮工人因帮工活动遭受人身损害的，根据帮工人和被帮工人各自的过错承担相应的责任；被帮工人明确拒绝帮工的，被帮工人不承担赔偿责任，但可以在受益范围内予以适当补偿。"

（四）邻人关系和民法

俗话说，远亲不如近邻。这句话有两层意思：一是当一个人遇有急事需要他人帮助时，很难指望身处远方的亲戚，而近在咫尺的邻居却能及时给予帮助；二是与近邻之间的交往多于远亲，邻里之间关系亲密，甚至会产生一种优于远亲之感情。可见，邻里之间的关系是非常重要的。

邻人关系，又称相邻关系或不动产相邻关系，是指不动产相互毗邻的所有人或使用人之间，在各自行使自己的合法权利时，为调和其冲突以谋共同利益，都要尊重他方的权利，相互间应给予一定的方便或接受一定的限制，而由法律直接规定这种相邻人间的权利义务关系。③自古以来，无论村落还是城市，人们在相互生活中存在着各种各样的协助关系，确定邻地间边界的各种关系尤为重要。自罗马法以来的民法对相邻

---

① 有学者认为，在受惠人受到财产利益损害时，施惠人仅在故意（违反公序良俗）或重大过失时方才承担责任，人身受到损害适用侵权行为的规定。
② 参见王泽鉴：《债法原理（第二版）》，北京大学出版社2013年版，第209页。
③ 参见梁慧星、陈华彬：《物权法（第七版）》，法律出版社2020年版，第213页。

关系作了很多规定。比如，不动产的相邻权利人应当按照有利生产、方便生活、团结互助、公平合理的原则，正确处理相邻关系；不动产权利人应当为相邻权利人用水、排水提供必要的便利；不动产权利人对相邻权利人因通行等必须利用其土地的，应当提供必要的便利；不动产权利人因建造、修缮建筑物以及铺设电线、电缆、水管、暖气和燃气管线等必须利用相邻土地、建筑物的，该土地、建筑物的权利人应当提供必要的便利；建造建筑物，不得违反国家有关工程建设标准，妨碍相邻建筑物的通风、采光和日照；不动产权利人挖掘土地、建造建筑物、铺设管线以及安装设备等，不得危及相邻不动产的安全；不动产权利人因用水、排水、通行、铺设管线等利用相邻不动产的，应当尽量避免对相邻的不动产权利人造成损害，造成损害的，应当给予赔偿。我国《民法典》关于处理相邻关系的原则主要与物权相关，对于基于相邻关系产生的诸如照看未成年人引发的关于人身损害的纠纷，一般适用侵权规定。

在传统的农村熟人社会，人际关系比较紧密且普遍存在互惠性关系，社会同质性比较高，纠纷的解决带有缓和人际关系的功能，通常会请在当地有威望的人处理纠纷，甚至借助于一些民间习惯和风俗来处理，尽管有诸多现代化因素，但农村纠纷并非如城市社会中的纠纷那样复杂。① 如在清代，有许多事务留给了村社与亲邻进行非正式管理，人们最为关心的是在社区的亲邻之间避免诉讼和维持和谐，对家庭和邻里纠纷如无中间人可求助，村民通常会找第三者来解决，第三者一般为社区里在调解纠纷方面有威信的人士。每一个村庄里充当调解人的多是中年以上、家境良好的族中的长老或族长或村庄的领导，或是年老有德和有信用的人等，② 他们主要依据法律、是非观念和妥协以及人情解决邻里纠纷。

我国古代衙门处理邻里纠纷时，一般是让庭外的社区和亲族调解解决，如果是衙门听讼断案，则不进行调解。清代名幕汪辉祖在《学治臆

---

① 参见苏力：《制度是如何形成的（增订版）》，北京大学出版社2007年版，第114—115页。
② 参见黄宗智：《清代的法律、社会与文化：民法的表达与实践》，上海书店出版社2001年版，第57—59页。

说》中指出:"可归和睦者,则莫如亲友之调处。盖听断以法而调处以情。法则泾渭不可不分,情则是非不妨稍借",说的就是庭外通过民间社区和亲友和睦解决纠纷后,大家不伤情,不像法官断案之后败诉方怀恨在心。① 苏力教授认为,从时间和空间上理解,熟人社会和陌生人社会通常与农业社会和现代工商社会相联系。当然,如果从社会组织结构角度来看,农业社会并不必然是熟人社会,可能天然的血缘关系会被地理空间隔断,而现代工商业社会并不必然是陌生人社会,正如埃里克森(Robert C. Ellickson)在《无需法律的秩序:邻人如何解决纠纷》一书中所言,尽管在现代工商业社会高度离散的空间中,人们之间仍有可能因某种共同利益而借助于现代各种交流方式(如网络或城市购房成为邻居)而构成另一类型的特殊的熟人社会,关键在于特定环境下人们之间基于某种需要而进行的交往的密切程度。② 随着社会的发展,中国传统中的"和为贵"等无讼的传统解决争议的理念和方式也发生了改变,熟人社会中的纠纷开始诉请法院解决,特别是建筑区分所有权的出现改变了传统的一家独院的建筑方式,民法中的相邻关系也随之改变为一种新型的相邻关系。

1977 年,日本发生了一起轰动全国的"邻人诉讼事件"。事件发生在日本三重县铃鹿市,当地有个深达 2.5 米且未设置防护栏的蓄水池,其周围是住宅小区,住在小区的原告 A 夫妇与被告 B 夫妇是关系非常亲密的邻居。事发当日,A 夫妇的 3 岁小孩 a 君与 B 夫妇的 4 岁小孩 b 君在 B 家前面的空地玩耍。A 夫人因要外出购物到 B 家准备带走 a 君,但 a 君不愿随其母离开,A 夫人经 B 夫妇劝说将 a 君留在了 B 处,由 B 夫妇在旁边照看。B 夫妇进屋大扫除约 7—8 分钟后,b 君跑回家告诉其父母说 a 君掉到水池里了。B 夫妇立刻和邻居救起 a 君后用救护车送至医院,但 a 君最终因抢救无效死亡。A 夫妇就此死亡事件提起损害赔偿请求。法院判决 B 夫妇承担 a 君的"逸失利益"③ 中 30% 的责任,A 夫

---

① 参见黄宗智:《清代的法律、社会与文化:民法的表达与实践》,上海书店出版社 2001 年版,"重版代序"第 6 页。
② 参见苏力:《制度是如何形成的(增订版)》,北京大学出版社 2007 年版,第 89 页。
③ "逸失利益"又称"所失利益",指本来应当获得但未能获得的利益。

妇自行承担 70% 的责任。A 夫妇和 B 夫妇均提起上诉。

这起诉讼事件在日本社会引起了很大反响,特别是各大媒体非常关注该案判决,有以《邻居好意换来严厉判决》为标题进行报道,尽管隐去了 B 夫妇的姓名,但对 A 夫妇却用了实名,还报道了该小区的街道名。起诉邻居的 A 夫妇收到了来自日本各地指责其恩将仇报的电话和信件,A 夫妇经受不住社会谴责的压力,提出了撤诉请求。但根据日本法律规定,如果 B 夫妇不同意则 A 夫妇无法撤诉。经媒体报道此事后,谴责的电话和信件又迫使 B 夫妇撤回了上诉。①

我国也有一起有名的"邻人诉讼"纠纷。案件中,董老师住在沈阳市苏家屯区某家属楼 2 单元 4 层,和 3 层的邻居郑老师是同事,郑某是郑老师夫妇 8 个月大的女儿。2002 年 1 月 30 日,郑老师回母亲家,妻子程某在家照看不满周岁的女儿。后来程某出门拿东西时门被反锁,但她未带钥匙,被锁屋里的孩子开始大哭,于是程某到 4 楼董老师家借用电话,让丈夫送钥匙回家,但电话未打通,而女儿的哭声越来越大。程某想从 4 楼窗户下去爬进自家未关的窗户进屋。在程某的催促下,董老师找到 3 条绳子。此时,程某已经打通电话,正焦急地等待丈夫回来,但女儿哭得非常厉害,于是她决定从 4 楼下去回家。程某将绳子折成双股系在腰上,董老师将绳的另一头系在暖气管上,自己用手在中间拽着。绳子在程某刚往下顺时就在窗台上被磨断了,程某摔到楼下,董老师赶紧一边跑下楼一边喊人。郑老师此时也到家了,邻居们帮助他将生命垂危的妻子送到医院时,但最后没有救回,郑家老小悲痛万分。董老师非常后悔,表示愿意拿出 8000 元慰问金作为补偿,而郑老师却认为董老师对其妻子死亡负有法律责任,并于 2002 年 4 月 11 日将董老师诉至法院,要求董老师赔偿损失。法院于 2002 年 5 月 17 日作出判决,认定程某对其死亡承担主要责任,郑家承担 70% 的民事赔偿责任,董老师则负次要责任而承担 30% 的民事赔偿责任。但董老师认为自己是在助人为乐,程某死亡属于意外,他不应当承担赔偿责任,不服判决而上

---

① 参见何东、庄燕菲:《"邻人诉讼"事件与日本人法意识研究流变》,载《浙江社会科学》2011 年第 2 期。

诉。后沈阳市中级人民法院终审改判董老师赔偿程某家人各项损失的10%。① 这起邻里之间相互帮助引发的人身损害纠纷，在当地引起了强烈反响，也为中央电视台《今日说法》栏目所报道。

前述这两个案件及其引起的巨大争议表明：

第一，随着产业和人口向少数大城市进行集聚，对大城市中邻接不动产所有权特别是建筑物区分所有权相互间的制约问题带来很大影响。② 与在古代发生的纠纷解决机制不同，人口集中的城市的居民之间因欠缺共通意识，不存在过去那种在居民间有威望的纠纷裁定者，使得过去那种居民自主解决纠纷的做法变得困难甚至不可能，这种情况在居民之间缺乏共有价值观的新兴住宅区中越发突出。

第二，人们对邻人诉讼事件的反应，表达了对用诉讼解决邻人之间纠纷的抵触情绪，认为法律介入邻人关系是不适当的。③ 邻人关系或相邻关系中涉及人身损害事件，能否被诉涉及民法能够规定到人和社会的哪个部分问题，是仅属于情谊行为或社交行为，还是违反了安全注意义务而应承担法律责任，以及如何规范和处理，还需进一步研究。

---

① 参见《好心帮忙为何却成被告》，https://www.qingdaonews.com/content/2005-11/28/content_5666133.htm，2023年3月10日访问；杨婵：《"好意施惠关系"中的责任承担》，载《法学论坛》2005年第1期。

② 参见〔日〕田山辉明：《物权法（增订本）》，陆庆胜译，法律出版社2001年版，第198页。

③ 参见〔日〕星野英一：《民法劝学》，张立艳译，北京大学出版社2006年版，第122—123页。

结　语

拉德布鲁赫认为，从法律规则的本质上讲，法律"为人类共同生活的一般规则的总和"；"法律的概念是一个文化概念，是一个有意识服务于价值的现实的概念"；"法律的概念主要是与正义相关的"，"法律是有意识服务于正义的现实"。① 民法体现了正义理念，民法规范着社会生活和家庭生活的方方面面，确认和保护民事主体的权利，因而民法被称为"权利的宣言书"和"社会生活的百科全书"。

与等级秩序社会中人的不平等不同，"人"的概念在近现代民法上是一个平等概念，每个人都具有独立的人格，享有人格尊严，人是目的而非手段，作为民事主体与民事客体严格区分开来。坚持"人—物二分"原理，就不会出现由动物作为继承人的现象，也不会出现交警将狗列为不承担事故责任当事人的情形。②

随着科技的发展与经济等方面的变化，人类的生活环境与人类自身的改变不断增多，法律应该调整由此带来的不断变化的社会生活关系，至少应暂时引导这些变化步入制度性的轨道。③ 根据我国《民法典》第109条"自然人的人身自由、人格尊严受法律保护"与第1002条"自然人享有生命权。自然人的生命安全和生命尊严受法律保护。任何组织或者个人不得侵害他人的生命权"的规定，人格尊严和生命尊严应受到尊重和法律保护。在正常情况下，作为自然人的生死判断是非常严肃的

---

① 参见〔德〕拉德布鲁赫：《法哲学》，王朴译，法律出版社2013年版，第34—38页。
② 参见"斯达史密特（上海）汽车零部件有限公司诉上海市奉贤区人力资源和社会保障局劳动和社会保障一案"中，上海市奉贤区人民法院认为，"需要指出的是，由于无主动物非法律意义上的责任主体，故奉贤交警支队在制作的认定书上将狗列为不承担事故责任当事人的做法不够严谨"。
③ 参见〔德〕魏德士：《法理学》，丁晓春、吴越译，法律出版社2005年版，第20—22页。

医学问题。尽管现代医学技术不断发展，有了人工辅助生殖技术，但还是要遵守法律和遵循医学伦理的规定。在"基因编辑婴儿"一案中，①南方科技大学原副教授贺建奎与广东省某医疗机构张仁礼、深圳市某医疗机构覃金洲等通过编辑人类胚胎 CCR5 基因实施医疗风险待定的基因编辑技术及辅助生殖技术生育出三名基因编辑婴儿，这种针对体外的胚胎和生殖细胞的"基因编辑"行为违反了国家有关规定，违背了医学伦理与科研伦理的基本要求。该行为最不道德之处在于将人作为手段，将人作为基因"编辑"与"制作"的产物，有使人物化的风险，②侵犯和威胁了人格尊严和生命尊严，甚至给人类带来不可预知的基因突变的风险，挑战了人类伦理道德的底线，必须予以严加规制。

不论是互联网、云计算、大数据、算法还是区块链等计算机科技的发展，都给民法带来了很大的挑战。此处以区块链智能合约为例说明。在数字经济背景下，作为技术进步产物的智能合约可以起到激励或者约束缔约民事主体的行为，限制缔约民事主体的再协商行为，提高变更、撤销或解除合同条款的成本，减少因合同的不完备性而导致的机会主义行为，从而增强所订立合同的完备性，促成最优合同的达成。③智能合约的核心价值在于凭借去中心化的强制履行机制实现价值转移，满足缔约当事人对信任的需求，从而提高交易效率和降低交易成本。

智能合约有广义与狭义之分，其并非仅以合意为必要，既包含单方民事法律行为，也包含双方民事法律行为和多方民事法律行为。智能合约是一种负担行为还是处分行为？广义上的智能合约依其本质应为负担行为与处分行为两者兼具，狭义的智能合约依其本质应为给付请求权的负担行为。所谓广义智能合约，是指包括自动履行、区块链技术使用许可、标的、价款、争议解决方式等约定在内的"合约"，由"自动履行条款"和"非履行条款"组成，非自动履行条款又可分为"普通条款和

---

① 参见刘玲：《"基因编辑婴儿"案一审宣判 贺建奎因非法行医罪被判三年》，https://baijiahao.baidu.com/s?id=16543381049623179182&wfr=spider&for=pc，2023 年 3 月 10 日访问。
② 参见王文娟：《生殖系基因编辑技术风险的样态评价与刑事规制路径》，载《中国人民公安大学学报（社会科学版）》2021 年第 4 期。
③ 参见黄少安、张华庆、刘阳荷：《智能合约环境下最优合同的实现机制》，载《江海学刊》2021 年第 5 期。

去中心化交易的许可条款"。其中，智能合约中的部分条款（如提示性条款、解释条款、程序性条款、免责条款）不具有履行功能，属于区块链智能合约的普通条款；去中心化交易的许可条款是当事人与区块链平台之间签订的区块链智能合约最基本的协议，其本质为当事人授予区块链平台对当事人移交给平台的货币等财产权益进行管理和操作的权源、智能合约平台为当事人提供技术服务的合同约定条款，是当事人签订的非自动履行条款。狭义智能合约仅仅指的是"自动履行条款"。① 智能合约的自动履行条款和作为非自动履行条款的普通条款、去中心化交易的许可条款体现了智能合约的自动履行、兼容性强与去中心化三个特点，分别对应智能合约交易限制当事人私法意思自治、引发当事人交易损失以及监管缺位的三大风险。② 这些风险表明，僵硬化算法技术可能会使智能合约偏离现实交易规则，对交易安全提出了挑战，即算法规则下的强制履行机制会限制当事人撤销、变更、解除合同的自由，有违私法自治；智能合约所谓的"代码即法律"对既有法律规则提出挑战；智能合约对当事人财产权益存在保护不力的较大风险，去中心的自动化交易也会存在人为操纵算法的可能，引发人们对智能合约的信任危机。③

首先，针对智能合约的自动履行条款算法规则的挑战，因预先排除了智能合约订立后当事人的合意变更、解除或基于意思表示瑕疵撤销的可能以及再次进行协商补充协议的可能空间，自动履行具有不可更改性，一旦预设条件成就，平台就会自动强制履行义务，限制甚至阻却当事人行使撤销权、解除权等权利的自由，当事人的相关权利难以得到很好的救济，有违私法自治原理，因而唯有缓和自动履行条款对当事人意思自治的限制，明确智能合约的具体适用规则，规制算法，对智能合约进行法律规制。

其次，针对智能合约自动履行的"代码即法律"观点的挑战，该观点认为代码就是法律，必须遵守。该观点实际上混淆了代码与法律的本

---

① 参见程乐：《双层结构下智能合约条款的建构路径》，载《法学评论》2022年第2期；韩龙、程乐：《区块链智能合约的法律解构与风险纾解》，载《学习与实践》2022年第3期。
② 参见韩龙、程乐：《区块链智能合约的法律解构与风险纾解》，载《学习与实践》2022年第3期。
③ 参见程乐：《双层结构下智能合约条款的建构路径》，载《法学评论》2022年第2期。

质，虽然代码设定和控制民事主体所选择的交往与交易模式，代码从外观上有类似于法律所具有的规范行为功能的特殊规则，但代码规则为设计者所创设，并非真实反映当事人的意思表示，"代码"只有事实判断而无价值判断，无法替代具有价值判断功能的法律，无法对智能合约本身的法律效力作出判断。"代码即法律"忽略了法律的价值判断功能，因而是错误的，它视设计者控制交易的代码为法律，难以保证交往和交易的公平与正义价值，如民事主体的权利被侵害，难以得到公平公正的救济，更难说智能合约的自动履行具有正当性基础。

最后，针对智能合约对当事人的财产权益存在保护不力和去中心的自动化交易存在人为操纵风险的挑战，应当加强去中心化交易模式监管，为当事人提供权利救济途径。

总之，要对具有强制履行功能的"自动履行条款"加强法律规则和包括算法在内的技术的规制，对不具有直接强制义务履行的"非自动履行条款"进行监管和为当事人提供救济，以保证在提高交易效率和交易安全的前提下，实现法律上的公平公正。

总的来说，民法与现代社会以及人们的生活密切相关，有诸多值得研究的领域，特别是一些将来的未知领域。民法是市场经济、社会与家庭生活中最为基本的法律，民法中的民事主体人、客体物、法律行为、婚姻家庭、各种物权与财产权等概念，是婚姻家庭领域和市场经济领域以及其他社会领域不可或缺的最为基础的概念。尽管随着科技的发展，电子商务、网络支付、智能合约、数字权利、数字弱势群体、虚拟身份、网络侵权、污染环境与破坏生态侵权、人工辅助生殖技术、冷冻胚胎、人体器官移植等新事物不断出现，可能需要制定并适用更多相应的特别私法，但这些特别私法的制定，都是以民法技术与民法理念为基础进行构建的。作为一般私法的民法，在这些特别私法没有作出规定时，可以适用。可见，民法还有很多问题需要探讨。尤其是人格权，尽管我国《民法典》《个人信息保护法》《数据安全法》等法律都作出了相关规定，使其得到前所未有的保护，但还有许多问题有待解决。此处需要注意的是，在制定民法制度时，不能简单移植外国法的相关规定，应注重我国的国情和传统文化，在扬弃的基础上借鉴国外相关制度规定。

参考文献

一、著作类

1.〔美〕艾伦·沃森：《民法法系的演变及形成》，李静冰、姚新华译，中国法制出版社2005年版。

2.《奥地利普通民法典》（2012年7月25日修改），周友军、杨垠红译，清华大学出版社2013年版。

3.〔英〕巴里·尼古拉斯：《罗马法概论（第二版）》，黄风译，法律出版社2004年版。

4.〔德〕鲍尔、施蒂尔纳：《德国物权法》（上册），张双根译，法律出版社2004年版。

5.〔德〕本德·吕特斯、阿斯特丽德·施塔德勒：《德国民法总论（第18版）》，于馨淼、张姝译，法律出版社2017年版。

6.〔英〕彼得·斯坦、约翰·香德：《西方社会的法律价值》，王献平译，中国法制出版社2004年版。

7.《不列颠百科全书（国际中文版）》（第9卷），中国大百科全书出版社1999年版。

8.〔德〕C. W. 卡纳里斯：《德国商法》，杨继译，法律出版社2006年版。

9.〔美〕查尔斯·弗里德：《契约即允诺》，郭锐译，北京大学出版社2006年版。

10.〔罗马〕查士丁尼：《法学总论——法学阶梯》，张企泰译，商务印书馆1989年版。

11.常鹏翱：《物权法的展开与反思（第2版）》，法律出版社2017年版。

12.陈金钊等：《法律解释学》，中国政法大学出版社2006年版。

13.陈甦主编：《民法总则评注》（上册），法律出版社2017年版。

14.陈卫佐译注：《德国民法典（第4版）》，法律出版社2015年版。

15.〔德〕茨威格特、克茨：《比较法总论》（上），潘汉典、米健、高鸿钧、贺卫方译，中国法制出版社2017年版。

16. 崔建远等：《民法总论（第二版）》，清华大学出版社 2013 年版。
17. 〔日〕大村敦志：《民法总论》，江溯、张立艳译，北京大学出版社 2004 年版。
18. 〔日〕大木雅夫：《比较法（修订译本）》，范愉译，法律出版社 2006 年版。
19. 〔英〕丹尼斯·罗伊德：《法律的理念》，张茂柏译，新星出版社 2005 年版。
20. 〔法〕狄骥：《宪法论》（第一卷），钱克新译，商务印书馆 1959 年版。
21. 〔德〕迪特尔·梅迪库斯：《德国民法总论》，邵建东译，法律出版社 2001 年版。
22. 〔德〕迪特尔·施瓦布：《德国家庭法》，王葆莳译，法律出版社 2010 年版。
23. 董学立：《民法基本原则研究》，法律出版社 2011 年版。
24. 段匡：《日本的民法解释学》，复旦大学出版社 2005 年版。
25. 《法国民法典》（上、下册），罗结珍译，法律出版社 2005 年版。
26. 范健、王建文：《商法的价值、源流及本体》，中国人民大学出版社 2004 年版。
27. 范健、王建文：《商法基础理论专题研究》，高等教育出版社 2005 年版。
28. 范健主编：《商法（第四版）》，高等教育出版社、北京大学出版社 2011 年版。
29. 〔德〕哈里·韦斯特曼：《德国民法基本概念（第 16 版）（增订版）》，张定军、葛平亮、唐晓琳译，中国人民大学出版社 2013 年版。
30. 〔美〕哈罗德·J. 伯尔曼：《法律与革命》，贺卫方、高鸿钧、张志铭、夏勇译，中国大百科全书出版社 1993 年版。
31. 韩松编著：《民法总论（第三版）》，法律出版社 2017 年版。
32. 〔德〕汉斯·布洛克斯、沃尔夫·迪特里希·瓦尔克：《德国民法总论（第 41 版）》，张艳译、冯楚奇补译，中国人民大学出版社 2019 年版。
33. 何勤华主编：《20 世纪外国司法制度的变革》，法律出版社 2003 年版。
34. 〔德〕黑格尔：《法哲学原理》，范扬、张企泰译，商务印书馆 1961 年版。
35. 〔法〕亨利·莱维·布律尔：《法律社会学》，许钧译，上海人民出版社 1987 年版。
36. 〔英〕亨利·萨姆纳·梅因：《古代法》，郭亮译，法律出版社 2016 年版。
37. 胡长清：《中国民法总论》，中国政法大学出版社 1997 年版。
38. 黄茂荣：《法学方法与现代民法（第五版）》，法律出版社 2007 年版。
39. 黄薇主编：《中华人民共和国民法典合同编释义》，法律出版社 2020 年版。
40. 黄薇主编：《中华人民共和国民法典婚姻家庭编释义》，法律出版社 2020 年版。
41. 黄薇主编：《中华人民共和国民法典继承编释义》，法律出版社 2020 年版。

42. 黄薇主编：《中华人民共和国民法典侵权责任编释义》，法律出版社 2020 年版。

43. 黄薇主编：《中华人民共和国民法典人格权编释义》，法律出版社 2020 年版。

44. 黄薇主编：《中华人民共和国民法典物权编释义》，法律出版社 2020 年版。

45. 黄薇主编：《中华人民共和国民法典总则编释义》，法律出版社 2020 年版。

46. 黄宗智：《清代的法律、社会与文化：民法的表达与实践》，上海书店出版社 2001 年版。

47. 贾文范：《罗马法》，清华大学出版社 2019 年版。

48. 江平主编：《民法学》，中国政法大学出版社 2000 年版。

49. 蒋月：《婚姻家庭法前沿导论（第二版）》，法律出版社 2016 年版。

50. 〔德〕卡尔·拉伦茨：《德国民法通论》（上、下册），王晓晔、邵建东、程建英、徐国建、谢怀栻译，法律出版社 2003 年版。

51. 〔德〕卡尔·拉伦茨：《法学方法论》，陈爱娥译，商务印书馆 2003 年版。

52. 〔德〕卡尔·拉伦茨：《法学方法论（全本·第六版）》，黄家镇译，商务印书馆 2020 年版。

53. 〔德〕康德：《法的形而上学原理——权利的科学》，沈叔平译，商务印书馆 1991 年版。

54. 〔德〕拉德布鲁赫：《法学导论》，米健等译，中国大百科全书出版社 1997 年版。

55. 〔德〕拉德布鲁赫：《法哲学》，王朴译，法律出版社 2013 年版。

56. 〔法〕勒内·达维德：《当代主要法律体系》，漆竹生译，上海译文出版社 1984 年版。

57. 李锡鹤：《民法基本理论若干问题》，人民出版社 2007 年版。

58. 李永军：《民法总论》，法律出版社 2006 年版。

59. 梁慧星：《民法解释学（第四版）》，法律出版社 2015 年版。

60. 梁慧星：《民法总论（第五版）》，法律出版社 2017 年版。

61. 梁慧星、陈华彬：《物权法（第七版）》，法律出版社 2020 年版。

62. 梁慧星主编：《中国民法典草案建议稿》，法律出版社 2013 年版。

63. 梁慧星主编：《中国民法典草案建议稿附理由·总则编》，法律出版社 2004 年版。

64. 梁治平：《寻求自然秩序中的和谐——中国传统法律文化研究》，商务印书馆 2013 年版。

65. 林诚二：《民法总则》（上册），法律出版社 2008 年版。

66. 林来梵：《从宪法规范到规范宪法》，法律出版社 2001 年版。

67. 刘得宽：《民法总则（增订四版）》，中国政法大学出版社 2006 年版。
68. 刘国涛：《人的民法地位》，中国法制出版社 2005 年版。
69. 刘宏渭：《商法总则基本问题研究》，华中科技大学出版社 2013 年版。
70. 刘士国：《中国民法典制定问题研究》，山东人民出版社 2003 年版。
71. 柳经纬：《感悟民法》，人民法院出版社 2006 年版。
72. 柳经纬主编：《商法》（上册），厦门大学出版社 2002 年版。
73. 〔意〕罗道尔夫·萨科：《比较法导论》，费安玲、刘家安、贾婉婷译，商务印书馆 2014 年版。
74. 〔德〕罗尔夫·克尼佩尔：《法律与历史——论〈德国民法典〉的形成与变迁》，朱岩译，法律出版社 2003 年版。
75. 〔德〕马克斯·卡泽尔、罗尔夫·克努特尔：《罗马私法》，田士永译，法律出版社 2018 年版。
76. 〔德〕马克斯·韦伯：《论经济与社会中的法律》，张乃根译，中国大百科全书出版社 1998 年版。
77. 〔德〕马克西米利安·福克斯：《侵权行为法》，齐晓琨译，法律出版社 2006 年版。
78. 马特、袁雪石：《人格权法教程》，中国人民大学出版社 2007 年版。
79. 〔日〕美浓部达吉：《公法与私法》，黄冯明译，中国政法大学出版社 2003 年版。
80. 〔法〕孟德斯鸠：《论法的精神》，夏玲译，红旗出版社 2017 年版。
81. 米健：《比较法学导论》，商务印书馆 2018 年版。
82. 〔加拿大〕欧内斯特·J.温里布：《私法的理念》，徐爱国译，北京大学出版社 2007 年版。
83. 彭万林主编：《民法学》，中国政法大学出版社 1994 年版。
84. 渠涛编译：《最新日本民法》，法律出版社 2006 年版。
85. 任尔昕、石旭雯：《商法理论探索与制度创新》，法律出版社 2005 年版。
86. 任先行、周林彬：《比较商法导论》，北京大学出版社 2000 年版。
87. 《瑞士民法典》，于海涌、赵希璇译，法律出版社 2016 年版。
88. 《瑞士债务法》，戴永盛译，中国政法大学出版社 2016 年版。
89. 〔意〕桑德罗·斯奇巴尼选编：《正义和法》，黄风译，中国政法大学出版社 1992 年版。
90. 史尚宽：《民法总论》，中国政法大学出版社 2000 年版。
91. 史尚宽：《亲属法论》，中国政法大学出版社 2000 年版。
92. 史尚宽：《物权法论》，中国政法大学出版社 2000 年版。
93. 苏力：《制度是如何形成的（增订版）》，北京大学出版社 2007 年版。

94. 〔美〕苏珊·穆勒·奥金：《正义、社会性别与家庭》，王新宇译，中国政法大学出版社 2017 年版。

95. 苏永钦：《寻找新民法（增订版）》，北京大学出版社 2012 年版。

96. 孙莹：《我国民法调整对象的继受与变迁》，法律出版社 2012 年版。

97. 谭启平主编：《中国民法学（第二版）》，法律出版社 2018 年版。

98. 田山辉明：《物权法（增订本）》，陆庆胜译，法律出版社 2001 年版。

99. 佟柔主编：《民法原理（修订本）》，法律出版社 1987 年版。

100. 佟柔主编：《中国民法》，法律出版社 1990 年版。

101. 王保树：《商法总论》，清华大学出版社 2007 年版。

102. 王利明：《民法总则》，中国人民大学出版社 2017 年版。

103. 王利明：《民商法研究（修订本）》（第 1 辑），法律出版社 2001 年。

104. 王利明：《我国民法典重大疑难问题之研究（第二版）》，法律出版社 2016 年版。

105. 王利明主编：《民法（第九版）》（上册），中国人民大学出版社 2022 年版。

106. 王利明主编：《中国民法典草案建议稿及说明》，中国法制出版社 2004 年版。

107. 王泽鉴：《法律思维与民法实例》，中国政法大学出版社 2001 年版。

108. 王泽鉴：《民法学说与判例研究（修订版）》（第一册），中国政法大学出版社 2005 年版。

109. 王泽鉴：《民法总则》，北京大学出版社 2009 年版。

110. 王泽鉴：《侵权行为法》（第一册），中国政法大学出版社 2001 年版。

111. 王泽鉴：《人格权法》，北京大学出版社 2013 年版。

112. 王泽鉴：《债法原理（第二版）》，北京大学出版社 2013 年版。

113. 〔德〕维尔纳·弗卢梅：《法律行为论》，迟颖译，法律出版社 2013 年版。

114. 〔德〕魏德士：《法理学》，丁晓春、吴越译，法律出版社 2005 年版。

115. 魏振瀛主编：《民法（第四版）》，北京大学出版社、高等教育出版社 2010 年版。

116. 吴志忠：《美国商事法研究》，武汉大学出版社 1998 年版。

117. 〔日〕五十岚清：《人格权法》，〔日〕铃木贤、葛敏译，北京大学出版社 2009 年版。

118. 谢怀栻：《外国民商法精要（增补版）》，法律出版社 2006 年版。

119. 谢哲胜、常鹏翱、吴春岐：《中国民法典立法研究》，北京大学出版社 2005 年版。

120. 〔日〕星野英一：《民法劝学》，张立艳译，北京大学出版社 2006 年版。

121. 〔日〕星野英一:《私法中的人》,王闯译,中国法制出版社 2004 年版。
122. 〔日〕星野英一:《现代民法基本问题》,段匡、杨永庄译,上海三联书店 2012 年版。
123. 徐国栋:《民法基本原则解释(增删本)》,中国政法大学出版社 2004 年版。
124. 徐国栋:《民法哲学(增订本)》,中国法制出版社 2015 年版。
125. 徐国栋:《民法总论》,高等教育出版社 2007 年版。
126. 徐国栋主编:《绿色民法典草案》,社会科学文献出版社 2004 年版。
127. 徐学鹿主编:《商法学(修订版)》,中国人民大学出版社 2008 年版。
128. 许中缘、屈茂辉:《民法总则原理》,中国人民大学出版社 2012 年版。
129. 〔法〕雅克·盖斯旦等:《法国民法总论》,陈鹏等译,法律出版社 2004 年版。
130. 杨代雄:《民法总论专题》,清华大学出版社 2012 年版。
131. 杨立新:《民法总则(第二版)》,法律出版社 2017 年版。
132. 叶金强:《信赖原理的私法结构》,北京大学出版社 2014 年版。
133. 叶林、黎建飞主编:《商法学原理与案例教程》,中国人民大学出版社 2006 年版。
134. 〔法〕伊夫·居荣:《法国商法》(第 1 卷),罗结珍、赵海峰译,法律出版社 2004 年版。
135. 俞江:《近代中国民法学中的私权理论》,北京大学出版社 2003 年版。
136. 〔英〕约翰·伊克拉:《家庭法和私生活》,石雷译,法律出版社 2015 年版。
137. 曾世雄:《民法总则之现在与未来》,中国政法大学出版社 2001 年版。
138. 〔英〕詹姆斯·斯蒂芬:《自由·平等·博爱》,冯克利、杨日鹏译,广西师范大学出版社 2007 年版。
139. 张俊浩主编:《民法学原理(修订第三版)》(上册),中国政法大学出版社 2000 年版。
140. 赵万一:《民法的伦理分析》,法律出版社 2003 年版。
141. 赵万一主编:《公序良俗问题的民法解读》,法律出版社 2007 年版。
142. 赵秀梅主编:《民法学(第二版)》,法律出版社 2015 年版。
143. 郑玉波:《民法总则》,中国政法大学出版社 2003 年版。
144. 郑云瑞:《民法总论(第二版)》,北京大学出版社 2007 年版。
145. 中国社会科学院语言研究所词典编辑室:《现代汉语词典(第 7 版)》,商务印书馆 2016 年版。
146. 周枏:《罗马法原论》(上、下册),商务印书馆 2014 年版。

二、期刊类

1. 〔瑞士〕艾姆尼格:《〈瑞士民法典〉之法官与法律的关系》,姜龙、沈建峰译,载《法律科学(西北政法大学学报)》2013年第3期。

2. 柴荣:《中西历史情境中"民法"之共同核心研究》,载《法学家》2014年第2期。

3. 常鹏翱:《另一种物权行为理论——以瑞士法为考察对象》,载《环球法律评论》2010年第2期。

4. 陈本寒:《构建我国添附制度的立法思考》,载《法商研究》2018年第4期。

5. 陈华彬:《瑞士民法典探析》,载《法治研究》2014年第6期。

6. 陈卫佐:《现代民法典编纂的沿革、困境与出路》,载《中国法学》2014年第5期。

7. 程乐:《双层结构下智能合约条款的建构路径》,载《法学评论》2022年第2期。

8. 丛皓:《"摩西十诫"与西方法典的关系》,载《世纪桥》2011年第11期。

9. 〔日〕大村敦志:《近30年来日本的民法研究》,渠涛译,载《清华法学》2012年第3期。

10. 邓福村:《爱我们的邻舍——由好撒玛利亚人的故事所想到的》,载《天风》2002年第4期。

11. 董学立:《方法整合与本体确立——关于民法基本原则的初步研究》,载《比较法研究》2007年第4期。

12. 范健:《当代商法学研究的几个理论问题》,载《南京大学法律评论》1998年秋季号。

13. 范健:《德国商法的历史命运》,载《南京大学法律评论》2002年秋季号。

14. 冯元:《一般人格权的哲学分析》,载《华南理工大学学报(社会科学版)》2009年第1期。

15. 公丕祥:《民法与市民社会关系述要》,载《江苏社会科学》2007年第4期。

16. 郭连法:《"摩西十诫"的文化内涵》,载《中国宗教》2011年第10期。

17. 郭明龙、谢飞:《"民法典颁布与法治中国建设"学术研讨会会议综述》,载《天津法学》2020年第3期。

18. 韩龙、程乐:《区块链智能合约的法律解构与风险纾解》,载《学习与实践》2022年第3期。

19. 〔德〕汉斯·哈腾鲍尔:《民法上的人》,孙宪忠译,载《环球法律评论》2001年冬季号。

20. 何东、庄燕菲：《"邻人诉讼"事件与日本人法意识研究流变》，载《浙江社会科学》2011 年第 2 期。

21. 侯佳儒：《民法是什么？——学说的考察与反思》，载《中国政法大学学报》2014 年第 2 期。

22. 黄少安、张华庆、刘阳荷：《智能合约环境下最优合同的实现机制》，载《江海学刊》2021 年第 5 期。

23. 江平：《中国民法典制订的宏观思考》，载《法学》2002 年第 2 期。

24. 姜福东：《法官如何对待民间规范？——"顶盆过继案"的法理解读》，载《甘肃政法学院学报》2007 年第 4 期。

25. 金可可：《论乌木之所有权归属》，载《东方法学》2015 年第 3 期。

26. 兰奇光：《重评〈十二表法〉》，载《湖南科技大学学报（社会科学版）》2004 年第 2 期。

27. 蓝蓝：《〈民法总则〉法源规定之评析》，载《河南财经政法大学学报》2017 年第 5 期。

28. 李宏：《社会主义核心价值观融入民法典的理论意蕴》，载《河南师范大学学报（哲学社会科学版）》2018 年第 3 期。

29. 李敏：《论法理与学说的民法法源地位》，载《法学》2018 年第 6 期。

30. 李敏：《〈瑞士民法典〉"著名的"第一条——基于法思想、方法论和司法实务的研究》，载《比较法研究》2015 年第 4 期。

31. 李锡鹤：《论民法的概念》，载《法学》1999 年第 2 期。

32. 李忠东：《扬善惩恶的"好撒玛利亚人法"》，载《检察风云》2017 年第 5 期。

33. 梁慧星：《从近代民法到现代民法——二十世纪民法回顾》，载《中外法学》1997 年第 2 期。

34. 梁慧星：《当前关于民法典编纂的三条思路》，载《律师世界》2003 年第 4 期。

35. 梁慧星：《市场经济与公序良俗原则》，载梁慧星主编：《民商法论丛》（第 1 卷），法律出版社 1994 年版。

36. 梁慧星：《中国民法：从何处来，向何处去》，载《中国改革》2006 年第 7 期。

37. 林海：《加州"好人法"：让普通人也敢救急助难》，载《检察风云》2017 年第 21 期。

38. 刘文科：《民法的法源是如何形成的？》，载《郑州大学学报（哲学社会科学版）》2010 年第 4 期。

39. 刘召成：《论具体人格权的生成》，载《法学》2016 年第 3 期。

40. 吕忠梅、窦海阳：《民法典"绿色化"与环境法典的调适》，载《中外法学》2018 年第 4 期。

41. 马骏驹、刘卉：《论法律人格内涵的变迁和人格权的发展——从民法中的人出发》，载《法学评论》2002 年第 1 期。

42. 马俊驹、张翔：《人格权的理论基础及其立法体例》，载《法学研究》2004 年第 6 期。

43. 钱玉林：《禁止权利滥用的法理分析》，载《现代法学》2002 年第 1 期。

44. 单平基：《添附入典的立法表达》，载《现代法学》2019 年第 6 期。

45. 尚连杰：《表意瑕疵视角下除斥期间规则的构建与适用》，载《现代法学》2019 年第 4 期。

46. 沈建峰：《德国法上的法人一般人格权制度及其反思》，载《政治与法律》2012 年第 1 期。

47. 沈寨：《从"伦理人"到"科学人"——以民法为例看近现代中国法律上的"人"的变迁》，载《太平洋学报》2011 年第 8 期。

48. 史际春、陈岳琴：《论商法》，载《中国法学》2001 年第 4 期。

49. 舒国滢：《法律原则适用中的难题何在》，载《苏州大学学报（哲学社会科学版）》2004 年第 6 期。

50. 苏力：《自然法、家庭伦理和女权主义？——〈安提戈涅〉重新解读及其方法论意义》，载《法制与社会发展》2005 年第 6 期。

51. 汪洋：《私法多元法源的观念、历史与中国实践》，载《中外法学》2018 年第 1 期。

52. 王建文、陈丽丽：《论前法典化时期商法独立生长的轨迹与缺陷》，载《当代法学》2008 年第 5 期。

53. 王雷：《见义勇为行为中的民法学问题研究》，载《法学家》2012 年第 5 期。

54. 王磊：《论显失公平规则的内在体系》，载《法律科学（西北政法大学学报）》2018 年第 2 期。

55. 王利明：《民法人格权编（草案室内稿）的亮点及改进思路》，载《中国政法大学学报》2018 年第 4 期。

56. 王利明：《人格权：从消极保护到积极确权》，载《北京日报》2018 年 4 月 9 日第 13 版。

57. 王瑞：《商法本质的变迁》，载《政法论坛》2002 年第 6 期。

58. 王文娟：《生殖系基因编辑技术风险的样态评价与刑事规制路径》，载《中国人民公安大学学报（社会科学版）》2021 年第 4 期。

59. 魏治勋：《早期基督教的人权观念与人权实践》，载《宗教学研究》2011 年第 2 期。

60. 谢鸿飞：《〈民法总则〉的时代特征、价值理念与制度变革》，载《贵州省党校学报》2017 年第 3 期。

61. 谢鸿飞：《现代民法中的"人"》，载《北大法律评论》第 3 卷第 2 辑。

62. 熊谞龙：《权利，抑或法益？——般人格权本质的再讨论》，载《比较法研究》2005 年第 2 期。

63. 徐国栋：《对十二表法的 4 个中译本的比较分析》，载《求是学刊》2002 年第 6 期。

64. 徐国栋：《寻找丢失的人格》，载《法律科学》2004 年第 6 期。

65. 许中缘：《论民法解释学的范式》，载《法学家》2015 年第 1 期。

66. 许中缘：《我国〈民法总则〉对民商合一体例的立法创新》，载《法学》2017 年第 7 期。

67. 薛军：《法律行为"合法性"迷局之破解》，载《法商研究》2008 年第 2 期。

68. 薛军：《"民法—宪法"关系的演变与民法的转型》，载《中国法学》2010 年第 1 期。

69. 杨婵：《"好意施惠关系"中的责任承担》，载《法学论坛》2005 年第 1 期。

70. 杨代雄：《〈合同法〉第 14 条（要约的构成）评注》，载《法学家》2018 年第 4 期。

71. 杨代雄：《伦理人概念对民法体系构造的影响》，载《法制与社会发展》2008 年第 6 期。

72. 杨代雄：《民法上的"逻辑一秒钟"》，载《中外法商评论》2021 年第 1 卷。

73. 杨剑龙：《搀扶跌倒老人与〈好撒玛利亚人法〉》，载《检察风云》2011 年第 20 期。

74. 杨立新：《民法总则中法源制度的得与失》，载《中国经济报告》2017 年第 4 期。

75. 〔德〕耶尔格·诺伊尔：《何为意思表示？》，纪海龙译，载《华东政法大学学报》2014 年第 5 期。

76. 殷安军：《瑞士法上民商合一立法模式的形成——兼评"单一法典"理念》，载《中外法学》2014 年第 6 期。

77. 于飞：《民法总则法源条款的缺失与补充》，载《法学研究》2018 年第 1 期。

78. 于海涌：《中国民法典立法的冷思考》，载《地方立法研究》2018 年第 2 期。

79. 余宸欻：《从"摩西十诫"看法律和宗教的关系》，载《安徽文学》2008 年第 4 期。

80. 俞江：《关于"古代中国有无民法"问题的再思考》，载《现代法学》2001年第6期。

81. 张谷：《商法，这只寄居蟹——兼论商法的独立性及其特点》，载《清华法治论衡》2005年第2期。

82. 张家勇：《因情谊给付所致损害的赔偿责任》，载《东方法学》2013年第1期。

83. 张君燕：《德国："见死不救"也犯法》，载《思维与智慧》2017年第2期。

84. 张力：《民法转型的法源缺陷：形式化、制定法优位及其校正》，载《法学研究》2014年第2期。

85. 张娜：《民法解释学中的利益衡量》，载《人民司法》2015年第15期。

86. 张雅辉：《论商法外观主义对其民法理论基础的超越》，载《中国政法大学学报》2019年第6期。

87. 章礼强：《民法何为——对民法本质追求的思考》，载《河北法学》2006年第8期。

88. 赵万一：《论民法的商法化与商法的民法化——兼谈我国民法典编纂的基本理念和思路》，载《法学论坛》2005年第4期。

89. 赵万一：《民法基本原则：民法总则中如何准确表达》，载《中国政法大学学报》2016年第6期。

90. 赵旭东：《民法典的编纂与商事立法》，载《中国法学》2016年第4期。

91. 郑观、徐伟、熊秉元：《为何民法要分物权和债权？》，载《浙江大学学报（人文社会科学版）》2016年第6期。

92. 钟瑞栋：《社会主义核心价值观融入民法典编纂论纲》，载《暨南学报（哲学社会科学版）》2019年第6期。

93. 周清林：《经典理论理解与人本主义之间——回顾与简评新中国第三次民法典起草中的基础理论》，载《江淮论坛》2007年第3期。

94. 朱虎：《国家所有和国家所有权》，载《华东政法大学学报》2016年第1期。

95. 朱庆育：《法律行为概念疏证》，载《中外法学》2008年第3期。

96. 朱庆育：《物权行为的规范结构与我国之所有权变动》，载《法学家》2013年第6期。

97. 朱世文：《论商法的第二次勃兴》，载《商业时代》2010年第5期。

98. 朱晓喆：《社会法中的人》，载《法学》2002年第8期。

99. 祝乃娟：《"好撒玛利亚人"需要立法和道德相辅相成》，载《21世纪经济报道》2011年11月30日第4版。